高等院校信息管理与信息系统专业系列教材

信息系统分析与设计
（第3版）

杜 娟 主 编
赵春艳 副主编
王洪英 屈春艳 赵晶晶 参编

清华大学出版社
北 京

内 容 简 介

本书从信息系统的概念、分类及应用入手，以信息系统开发过程为主线，全面系统地介绍了从信息系统规划、分析、设计到实施及运行维护与管理各阶段的目标、任务、工作内容和方法；重点阐述了当前信息系统开发的两种主流方法（结构化开发方法和面向对象开发方法）的原理、建模工具及建模思路，并且以实例形式说明了用两种不同方法开发信息系统时的建模过程。

全书共 13 章。前 9 章以理论与方法论为主，引入了适量实例；后 4 章较完整地描述了信息系统实例开发过程，分别以不同的开发方法和建模形式展示了信息系统分析与设计思路，可作为课程设计、毕业设计等实践环节的重要参考。

本书既可作为高等校信息管理与信息系统、信息系统工程、管理工程、软件工程等专业本科生的教材，也可作为软件技术人员、信息系统开发和管理人员以及系统分析与设计人员的培训教材或教学参考书。

本书封面贴有清华大学出版社防伪标签，无标签者不得销售。
版权所有，侵权必究。举报：010-62782989，beiqinquan@tup.tsinghua.edu.cn。

图书在版编目（CIP）数据

信息系统分析与设计/杜娟主编．—3 版．—北京：清华大学出版社，2021.3（2024.10 重印）
高等院校信息管理与信息系统专业系列教材
ISBN 978-7-302-57643-3

Ⅰ.①信… Ⅱ.①杜… Ⅲ.①信息系统－系统分析－高等学校－教材 ②信息系统－系统设计－高等学校－教材 Ⅳ.①G202

中国版本图书馆 CIP 数据核字（2021）第 037436 号

责任编辑：袁勤勇
封面设计：傅瑞学
责任校对：李建庄
责任印制：丛怀宇

出版发行：清华大学出版社
网　　址：https://www.tup.com.cn，https://www.wqxuetang.com
地　　址：北京清华大学学研大厦 A 座　　　　　邮　编：100084
社 总 机：010-83470000　　　　　　　　　　　 邮　购：010-62786544
投稿与读者服务：010-62776969，c-service@tup.tsinghua.edu.cn
质量反馈：010-62772015，zhiliang@tup.tsinghua.edu.cn
课件下载：https://www.tup.com.cn，010-83470236

印 装 者：天津安泰印刷有限公司
经　　销：全国新华书店
开　　本：185mm×260mm　　印　张：20.5　　字　数：477 千字
版　　次：2008 年 3 月第 1 版　2021 年 5 月第 3 版　印　次：2024 年 10 月第 6 次印刷
定　　价：59.00 元

产品编号：089008-01

前言 foreword

2020年注定是不平凡的一年,一场突如其来的新冠肺炎席卷全球,各行各业的办公方式发生了很大变化,线上办公成为很多单位的主要工作方式。以学校教学工作为例,为响应教育部"停课不停学,停课不停教"的号召,网上教学和线上考试成为各大高校最主要的教学形式,各种信息系统和信息平台如雨后春笋般脱颖而出,占领各种市场,争夺各类用户。信息系统的开发与应用在更大范围和更多领域被大家所熟悉,信息系统分析与设计的重要性也在这种推广应用中凸显出来。

2008年《信息系统分析与设计》第1版出版,它是对信息管理与信息系统专业核心课程理论知识的高度概括。在2014年改版时,编者充分认识了信息技术快速发展变化的趋势,将与实际应用有所脱节、影响范围较小、发展受限的部分内容作了删除,加大了习题和实例的比例。而在本次改版前,编者针对信息管理与信息系统专业使用的信息系统分析与设计类教材进行了较系统的调查。目前,国内此类教材总量不多,很多高校使用的教材也多为2014年以前的版本。网上查询2000年以来"研究生/本科/专科教材/经济管理类/信息系统分析与设计",去掉重复信息,总计有37部相关教材。按照销量、好评以及综合排名,笔者主编的本书第2版排名名列前茅。正是在此调查基础上,编者启动了第3版的改版工作。

通过多次企业微信视频会议,编写组成员提出了很多修订建议。由于信息技术领域发展变化非常快速,因此在本次修订过程中增加了相关领域的新发展和新内容,去掉了与当前情况不适应的部分。与第2版相比,第3版更加重视实际应用环节,将原第10章信息系统应用的抽象内容删除,换上了4个实际应用的信息系统开发建模全过程,全书扩展为13章。这些实例以结构化方法和面向对象方法的分析与设计过程为主,借用建模工具,展示了不同的建模技巧和开发思路,更容易让学生领会两种方法建模过程和建模思想的异同,为学生课程设计与毕业设计提供了范本。

赵春艳为改版框架提供了思路,王洪英、屈春艳等各位编者对各理论章节内容进行了调整和补充，赵晶晶在实例筛选和成文中花费了大量精力，在此表示由衷的谢意。

  清华大学出版社对本书的改版工作给予了大力支持，责任编辑袁勤勇提出了许多很好的意见和建议，为本书的编辑出版付出了辛勤劳动，在此表示感谢。

  由于信息管理领域知识包含的内容丰富、覆盖面宽，又是一门综合的交叉学科，因此本书在体系结构、内容取舍和轻重把握上一定有许多需要改进之处。另外，由于编者水平有限，书中难免有不当之处，恳切希望广大读者批评指正。

杜 娟

2021年1月

目 录

第 1 章 信息系统开发概论 …… 1

1.1 信息系统概述 …… 1
- 1.1.1 信息系统的概念 …… 1
- 1.1.2 信息系统的应用 …… 2
- 1.1.3 信息系统开发 …… 7
- 1.1.4 信息系统的生命周期 …… 8
- 1.1.5 信息系统发展的阶段理论 …… 10

1.2 信息系统开发方法 …… 12
- 1.2.1 信息系统开发方法的分类 …… 12
- 1.2.2 结构化系统开发方法 …… 13
- 1.2.3 原型法 …… 15
- 1.2.4 面向对象开发方法 …… 17
- 1.2.5 计算机辅助开发方法 …… 19
- 1.2.6 各种开发方法的比较 …… 20

1.3 信息系统开发环境 …… 21
- 1.3.1 网络开发环境 …… 22
- 1.3.2 网络信息系统体系结构 …… 22
- 1.3.3 C/S 结构与 B/S 结构的分析比较 …… 24

本章小结 …… 25

习题 …… 26

第 2 章 信息系统规划 …… 27

2.1 信息系统规划的目标与内容 …… 27
- 2.1.1 总体目标与主要内容 …… 28
- 2.1.2 信息系统战略规划 …… 30
- 2.1.3 业务流程规划 …… 32
- 2.1.4 总体结构规划 …… 33

2.1.5 项目实施与资源分配规划 …………………………………………………… 34
2.2 信息系统总体结构规划方法 …………………………………………………………… 35
　　2.2.1 关键成功因素法 ………………………………………………………………… 35
　　2.2.2 战略目标集转化法 ……………………………………………………………… 36
　　2.2.3 企业系统规划法 ………………………………………………………………… 38
　　2.2.4 三种规划方法的比较 …………………………………………………………… 39
2.3 企业系统规划法的步骤 ………………………………………………………………… 39
　　2.3.1 准备工作 ………………………………………………………………………… 40
　　2.3.2 定义企业过程 …………………………………………………………………… 42
　　2.3.3 定义数据类 ……………………………………………………………………… 45
　　2.3.4 定义信息系统结构 ……………………………………………………………… 47
　　2.3.5 确定系统优先顺序 ……………………………………………………………… 48
2.4 业务流程重组 …………………………………………………………………………… 51
　　2.4.1 业务流程重组概述 ……………………………………………………………… 51
　　2.4.2 业务流程的识别 ………………………………………………………………… 52
　　2.4.3 业务流程重组的类型 …………………………………………………………… 53
　　2.4.4 基于BPR的信息系统规划 ……………………………………………………… 55
本章小结 ……………………………………………………………………………………… 57
习题 …………………………………………………………………………………………… 57

第3章 信息系统调查分析 …………………………………………………………………… 58

3.1 初步调查 ………………………………………………………………………………… 58
　　3.1.1 初步调查的目标 ………………………………………………………………… 58
　　3.1.2 初步调查的内容 ………………………………………………………………… 59
3.2 可行性研究 ……………………………………………………………………………… 59
　　3.2.1 可行性研究概述 ………………………………………………………………… 59
　　3.2.2 可行性研究的步骤 ……………………………………………………………… 61
　　3.2.3 可行性研究的内容 ……………………………………………………………… 61
　　3.2.4 可行性研究报告 ………………………………………………………………… 64
　　3.2.5 可行性论证会 …………………………………………………………………… 65
3.3 详细调查 ………………………………………………………………………………… 66
　　3.3.1 详细调查的目标 ………………………………………………………………… 67
　　3.3.2 详细调查的范围 ………………………………………………………………… 67
　　3.3.3 详细调查的原则 ………………………………………………………………… 68
　　3.3.4 详细调查的内容 ………………………………………………………………… 69
　　3.3.5 详细调查的方法 ………………………………………………………………… 72
　　3.3.6 实例——书店信息系统的可行性研究报告 …………………………………… 73
本章小结 ……………………………………………………………………………………… 78

习题 78

第4章 结构化系统分析 79

4.1 系统分析的任务 79
4.1.1 系统分析的依据 79
4.1.2 系统分析的难点 80
4.1.3 系统分析员的作用 81
4.1.4 系统分析工具 81
4.1.5 结构化系统分析概述 82

4.2 组织结构分析 83
4.2.1 组织结构调查 83
4.2.2 组织结构图 84

4.3 业务流程分析 85
4.3.1 管理业务流程图 86
4.3.2 表格分配图 87

4.4 数据流程分析 88
4.4.1 数据流程分析的目的 88
4.4.2 数据流程图的构成 89
4.4.3 数据流程图的绘制 90
4.4.4 检查DFD的原则 91
4.4.5 数据流程图中的常见问题 94

4.5 数据字典 95
4.5.1 数据项 96
4.5.2 数据结构 96
4.5.3 数据流 97
4.5.4 数据存储 98
4.5.5 数据处理 99
4.5.6 外部实体 99

4.6 表达处理逻辑的工具 100
4.6.1 结构化语言 100
4.6.2 判定树 104
4.6.3 判定表 105

4.7 数据查询应用分析 107
4.7.1 数据存取要求的基本类型 108
4.7.2 数据立即存取图 109

4.8 系统分析报告 110
4.8.1 系统分析报告的作用 110
4.8.2 系统分析报告的内容 111

4.8.3　新系统逻辑模型的建立 …………………………………… 111
　　　4.8.4　需求规格说明书的模板 …………………………………… 113
　　　4.8.5　系统分析报告的审议 ……………………………………… 113
　　　4.8.6　实例——物业信息管理系统的分析 ……………………… 115
　本章小结 ……………………………………………………………………… 119
　习题 …………………………………………………………………………… 120

第5章　信息系统设计 …………………………………………………………… 122

5.1　系统设计概述 …………………………………………………………… 122
　　5.1.1　系统设计的目标 ………………………………………………… 122
　　5.1.2　系统设计的原则 ………………………………………………… 123
　　5.1.3　系统设计的内容和步骤 ………………………………………… 124
5.2　系统结构设计 …………………………………………………………… 125
　　5.2.1　子系统划分 ……………………………………………………… 125
　　5.2.2　功能模块划分 …………………………………………………… 126
5.3　处理流程设计 …………………………………………………………… 140
　　5.3.1　系统流程设计 …………………………………………………… 140
　　5.3.2　模块处理流程设计 ……………………………………………… 141
　　5.3.3　模块设计说明书 ………………………………………………… 146
5.4　代码设计 ………………………………………………………………… 146
　　5.4.1　代码及其作用 …………………………………………………… 146
　　5.4.2　代码设计的原则 ………………………………………………… 147
　　5.4.3　代码的种类 ……………………………………………………… 148
　　5.4.4　代码校验 ………………………………………………………… 150
　　5.4.5　代码设计步骤 …………………………………………………… 151
5.5　输入/输出设计 ………………………………………………………… 152
　　5.5.1　输出设计 ………………………………………………………… 152
　　5.5.2　输入设计 ………………………………………………………… 155
　　5.5.3　用户界面设计 …………………………………………………… 160
5.6　数据库设计 ……………………………………………………………… 163
　　5.6.1　用户需求分析 …………………………………………………… 163
　　5.6.2　概念结构设计 …………………………………………………… 163
　　5.6.3　逻辑结构设计 …………………………………………………… 165
　　5.6.4　物理结构设计 …………………………………………………… 166
5.7　系统安全性与完整性设计 ……………………………………………… 167
　　5.7.1　影响因素分析 …………………………………………………… 167
　　5.7.2　采取的措施 ……………………………………………………… 168
5.8　物理配置方案设计 ……………………………………………………… 169

5.8.1　设计依据 …………………………………………………………… 170
　　　5.8.2　计算机网络的设计与选择 …………………………………………… 170
　　　5.8.3　计算机硬件设备的选择 ……………………………………………… 171
　　　5.8.4　计算机软件配置的选择 ……………………………………………… 171
　　　5.8.5　计算机物理系统配置方案报告的具体内容 …………………………… 172
　　　5.8.6　应注意的问题 ………………………………………………………… 172
　5.9　系统设计说明书 …………………………………………………………… 173
　　　5.9.1　系统设计说明书内容与格式 ………………………………………… 173
　　　5.9.2　实例——某摩托车生产厂零配件库存管理系统 ……………………… 174
　　　5.9.3　实例——某保险公司网络架构 ……………………………………… 178
　本章小结 ………………………………………………………………………… 180
　习题 ……………………………………………………………………………… 180

第6章　面向对象开发方法 …………………………………………………… 182
　6.1　面向对象概述 ……………………………………………………………… 182
　　　6.1.1　面向过程与面向对象 ………………………………………………… 183
　　　6.1.2　面向对象的基本概念 ………………………………………………… 183
　6.2　统一过程概述 ……………………………………………………………… 187
　　　6.2.1　常用术语 ……………………………………………………………… 187
　　　6.2.2　UP的二维结构生命周期 ……………………………………………… 187
　　　6.2.3　UP的特点 ……………………………………………………………… 189
　6.3　统一建模语言的产生与发展 ……………………………………………… 191
　　　6.3.1　面向对象技术的发展 ………………………………………………… 191
　　　6.3.2　面向对象建模方法的产生 …………………………………………… 192
　　　6.3.3　标准化过程 …………………………………………………………… 192
　　　6.3.4　UML的目标 …………………………………………………………… 193
　6.4　UML建模机制 ……………………………………………………………… 194
　　　6.4.1　事物 …………………………………………………………………… 194
　　　6.4.2　关系 …………………………………………………………………… 196
　　　6.4.3　图 ……………………………………………………………………… 198
　　　6.4.4　扩展机制 ……………………………………………………………… 200
　本章小结 ………………………………………………………………………… 201
　习题 ……………………………………………………………………………… 202

第7章　UML建模 ……………………………………………………………… 203
　7.1　UML用例建模 ……………………………………………………………… 203
　　　7.1.1　提取用例 ……………………………………………………………… 203

  7.1.2 提取参与者 ··· 204
  7.1.3 确定用例之间的关系 ·· 205
  7.1.4 画用例图的主要步骤 ·· 207
 7.2 UML 静态建模 ·· 207
  7.2.1 类图与对象图 ·· 207
  7.2.2 包图 ··· 209
  7.2.3 构件图 ·· 210
  7.2.4 部署图 ·· 211
 7.3 UML 动态建模 ·· 212
  7.3.1 顺序图 ·· 212
  7.3.2 通信图 ·· 213
  7.3.3 状态图 ·· 214
  7.3.4 活动图 ·· 215
 7.4 售票系统 UML 建模 ·· 216
  7.4.1 业务简述 ·· 216
  7.4.2 用例建模 ·· 217
  7.4.3 静态建模 ·· 217
  7.4.4 动态建模 ·· 218
本章小结 ·· 220
习题 ··· 220

第 8 章 信息系统实施 ·· 222

 8.1 系统实施阶段的任务 ··· 222
  8.1.1 主要工作任务 ·· 222
  8.1.2 系统实施计划制订 ··· 223
 8.2 系统实施的环境建设与设备购置 ·· 224
  8.2.1 设备购置 ·· 224
  8.2.2 计算机机房的建设 ··· 224
  8.2.3 设备的安装与调试 ··· 224
 8.3 程序设计 ··· 225
  8.3.1 程序设计的任务与基本要求 ··· 225
  8.3.2 程序设计方法 ·· 225
  8.3.3 程序设计语言的选择 ·· 227
  8.3.4 程序设计的风格 ··· 227
  8.3.5 衡量编程工作的指标 ·· 228
 8.4 系统调试与测试 ··· 228
  8.4.1 调试的策略和基本原则 ··· 229
  8.4.2 测试方法 ·· 229

8.4.3　设计测试用例的技术 …………………………………………… 230
　　　8.4.4　调试步骤 …………………………………………………………… 237
　　　8.4.5　面向对象软件测试 ………………………………………………… 238
　　　8.4.6　调试的排错方法 …………………………………………………… 239
　8.5　系统转换 ……………………………………………………………………… 240
　　　8.5.1　系统转换的条件准备 ……………………………………………… 240
　　　8.5.2　系统试运行 ………………………………………………………… 244
　　　8.5.3　系统转换方式 ……………………………………………………… 244
　本章小结 ……………………………………………………………………………… 246
　习题 …………………………………………………………………………………… 246

第9章　信息系统运行、维护与管理 ……………………………………………… 248

　9.1　系统运行管理与维护 ………………………………………………………… 248
　　　9.1.1　系统运行管理 ……………………………………………………… 248
　　　9.1.2　系统维护 …………………………………………………………… 251
　9.2　系统监理与审计 ……………………………………………………………… 256
　　　9.2.1　系统监理 …………………………………………………………… 256
　　　9.2.2　系统审计 …………………………………………………………… 258
　9.3　系统评价 ……………………………………………………………………… 261
　　　9.3.1　系统评价的内容和指标 …………………………………………… 261
　　　9.3.2　系统评价报告 ……………………………………………………… 263
　本章小结 ……………………………………………………………………………… 263
　习题 …………………………………………………………………………………… 264

第10章　高校医院师生健康管理信息系统开发 ………………………………… 265

　10.1　系统调研 …………………………………………………………………… 265
　　　10.1.1　系统开发背景 …………………………………………………… 265
　　　10.1.2　长春工业大学校医院简介 ……………………………………… 265
　　　10.1.3　系统开发的必要性 ……………………………………………… 266
　　　10.1.4　系统所要达到的目标 …………………………………………… 266
　　　10.1.5　可行性分析 ……………………………………………………… 267
　10.2　系统分析 …………………………………………………………………… 268
　　　10.2.1　组织结构分析 …………………………………………………… 268
　　　10.2.2　业务流程分析 …………………………………………………… 269
　　　10.2.3　数据流程分析 …………………………………………………… 271
　　　10.2.4　数据字典 ………………………………………………………… 273
　　　10.2.5　处理逻辑说明 …………………………………………………… 278

10.3 系统设计 ··· 279
　　10.3.1 系统功能结构设计 ··· 279
　　10.3.2 程序处理流程设计 ··· 279
　　10.3.3 代码设计 ·· 281
　　10.3.4 数据库设计 ··· 282
　　10.3.5 输入输出设计 ··· 283
10.4 系统实现 ··· 283

第 11 章 远程毕业设计指导与答辩系统 ······························· 285

11.1 系统调研与规划 ·· 285
　　11.1.1 开发背景 ·· 285
　　11.1.2 开发必要性 ··· 285
　　11.1.3 可行性分析 ··· 286
11.2 需求分析 ··· 287
　　11.2.1 获取需求 ·· 288
　　11.2.2 规划目标 ·· 288
　　11.2.3 业务需求 ·· 289
11.3 系统分析 ··· 291
　　11.3.1 用例建模 ·· 292
　　11.3.2 静态建模 ·· 298
　　11.3.3 动态建模 ·· 298
11.4 系统实现 ··· 307
　　11.4.1 开发工具简介 ··· 307
　　11.4.2 程序设计 ·· 307
　　11.4.3 系统测试 ·· 309
　　11.4.4 系统部署 ·· 310

第 12 章 海底捞火锅门店管理系统的设计与实现 ··············· 312

第 13 章 品牌旧衣物换购与回收系统的设计与实现 ··········· 313

参考文献 ·· 314

第1章

信息系统开发概论

在如今这个时代,信息及信息技术与人们的生活密切相关,信息系统已渗透到社会生活的各个领域。例如,银行职员通过计算机键盘输入一些必要数据,单击几下鼠标,信息系统便可快速准确地完成各种复杂的银行业务;火车和飞机售票处也是同样的情形,信息系统将所需的信息全面快捷地展现出来,客户可以很方便地知道航班或车次的时间、空位、价格等情况;其他各行各业都在信息系统的支持下运作。这种有效的信息系统要运用科学而系统的方法有步骤、有目的地开发完成,这样才能提高工作效率,降低重复开发率。

1.1 信息系统概述

信息在社会经济系统中始终起着至关重要的作用,它在控制、预测、人类认识和心理等方面极大地影响着系统的运转,而信息处理的手段更是直接关系到上述各个方面。信息技术不仅影响着各个组织系统的状态,更重要的是它不断改变着各组织系统的结构和运行规则。因此,信息系统作为信息技术的主要应用已渗入社会经济系统的各个领域。

1.1.1 信息系统的概念

为掌握信息系统的概念,首要的任务是区分数据与信息。数据是对客观事物进行记录并可以鉴别的物理符号,如数字、文字、符号、图形、图像、声音等;而信息是关于客观事实的可通信的知识、消息和情报。这二者是相辅相成的,信息由数据进行反映,数据是信息的载体;数据具有客观性,而信息具有主观性;同一信息可由不同数据反映;同一数据如果给定不同背景则反映不同信息。信息系统有能力处理的只是数据,通过业务识别和人为反应才会形成对组织决策有影响的信息。

系统由处于一定环境中的相互联系和相互作用的若干组成部分结合而成,是为达到整体目的而存在的集合。它具有整体性、目的性、相关性和环境适应性等特征。在任一组织系统中,"物流"是实物的流动过程,如物资的运输、产品的原材料采购、加工直至销售;"资金流"是伴随物流而产生的资金的流动过程;"事务流"是各项管理活动的工作流程,如原材料的验收、登记、开票和付款;而"信息流"则是伴随着以上各种流的流动,它既是其他各种流的表现和描述,又是用于掌握、指挥和控制其他流运行的软资源。信息系统是用来处理信息和描述信息流动过程的。

信息系统是一个处理数据的系统,包括数据的存储与管理。也就是说,信息系统与其他系统的最主要的区别是数据的存储与管理。另外,为了迅速、准确和方便地操纵与管理数据,需要具有相应手段——交互功能或人机对话功能。计算机具有强大的数据处理能力和巨大的数据存储量,因而被广泛用来构筑各式各样的信息系统。

信息系统中的数据存储和数据处理功能都是由计算机承担的。数据存放在存储介质(如硬盘等)上;数据管理则主要由软件完成;交互功能既涉及软件系统,也涉及硬件系统。这样,信息系统的功能组成除了一般系统的组成外,还包括人(使用者或管理者)、交互功能、数据、硬件和软件,如图 1-1 所示。

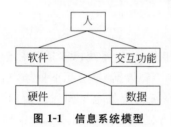

图 1-1 信息系统模型

由此,可得出结论:信息系统是一个由人、计算机硬件系统、软件系统和数据资源组成的人造系统,目的是及时、正确地收集、加工、存储、传递和提供信息,实现组织中各项活动的管理、调节和控制。

信息系统的发展主要经历了三个阶段:电子数据处理系统(Electronic Data Processing System,EDPS)阶段、管理信息系统(Management Information System,MIS)阶段和决策支持系统(Decision Support System,DSS)阶段。EDPS 的特点是数据处理的计算机化;MIS 的特点是能将组织中的数据和信息高度集中起来;DSS 则是把数据库处理与经济管理数学模型的优化计算结合起来,是具有管理、辅助决策和预测功能的管理信息系统,可看成是 MIS 功能的延伸。

1.1.2 信息系统的应用

随着信息技术的快速发展,人们生活的各个角落都离不开信息系统的支持,它的应用已从企业扩展到政府,从单项业务应用发展为多项业务集成,从脱机处理发展到实时控制。这不仅是一个应用数量的积累,更是一个质的飞跃。

1. 信息系统在政府机关中的应用

政府机关的事务工作通常按一个个流程安排或进行,每个流程又分为多个步骤,不同的步骤常由不同的人完成。因此,信息系统在政府机关中的应用主要体现在工作流程的规范管理方面。传统的管理信息系统是以一些相对独立的功能实现这些步骤,不能很好地处理步骤以及流程之间的关联,这在政府机关的工作形式下是不恰当的,增加了用户的使用负担。集成工作流技术与信息系统技术的解决方案不仅解决了这一问题,还具有其他优点。

① 降低劳动强度,提高工作效率。使用时不需要像在传统数据库应用软件中那样在许多不同的窗口、菜单及对话框中寻找和查询,只需要在一个统一的收件箱中就可以找到所有尚待完成的各种不同类型的工作。这一点对于领导特别有用,因为领导往往需要审批多种类型的工作文书。打开邮件后,所要做的工作会以最合适的形式呈现出来,可

以包括相关信息；如果有必要，还可以直接调用有关的数据库应用软件进行进一步的查询或统计。

② 高度自动化和协作化，大大减少重复劳动。通过用邮件传递信息，用数据库存储信息，不再需要人工传递文书。此外，前一阶段工作输入的信息可以自动被后一阶段利用。

③ 无纸化。许多电子邮件软件（如 Outlook、Lotus Notes 等）具备数字加密和数字签名功能。经过数字签名的邮件可以保证其内容的不可更改性和来源的真实性。实际上，数字签名可以实现远比普通印章更为可靠的证明功效，而且更容易验证。数字签名可以构成一个分级体系，用更为权威的，比如组织的数字签名去验证个人的数字签名，也可以实现多重签名，类似于章上盖章和多重公章。使用数字签名的文件存储在计算机中，可以随时复制，快捷传递，永不褪色。另外，数字签名还具有时限，也就是说数字签名本身已经注明其时限。

④ 易学易用。只要会使用电子邮件软件，就能够使用工作流管理信息系统。这大大减少了培训工作量，对用户和开发商都有利。

同时，通过工作流的监控机制可以发现流程的瓶颈，从而为重新整合企业的业务流程提供依据，使之更为有效。

上述这种工作流管理信息系统即工作流＋信息系统（Workflow＋IS, WIS）是把工作流技术与管理信息系统集成起来，其特点是数据库应用流程化。政府机关内的行政事务工作是由一系列环节的业务流程组成的，因此这样的组织需要其软件系统不仅能够解决独立环节的业务问题，而且要自动把这些环节串联起来。它们希望一个环节所做的工作能够自动被下一个环节利用，这是最基本工作流的需求。同时每一个环节常常又需要数据库技术来解决，这样就提出了在工作流中应用数据库技术的要求。也就是说，每个业务处理单位内部需要信息系统的功能进行数据的整理、检索、统计、输出等，但是各个业务处理单位之间必须用工作流的方式串联起来，将各个业务处理单位的工作结果在组织中按照一定的程序流转，并可以进行流程的监督和控制等。

目前一种流行的工作流管理信息系统的解决方案是：电子邮件＋数据库＝工作流信息系统（WIS）。

用电子邮件串联一项工作的不同阶段，把各个阶段的工作用相应的表格进行体现，这些表格包含完成它们所需的信息（例如当前环节的前面各阶段中所完成的工作情况），然后列出它们当前阶段所应当填写的各个输入选项。当一个表格的各个输入完成后，就被以电子邮件的形式发送给下一阶段的工作人员。下一阶段的工作人员将会在他们的邮箱中看到他们应做的所有工作的当前完成情况，对其中任意一项工作（邮件）可以通过人工选择或系统自动的方式展开下一步，也就是说打开下一步工作所应当填写的表格。这样，一项协作性的工作表现为一系列的邮件，是一个信息流（邮件流或工作流）。不仅如此，在这些电子邮件中显示和输入的数据都来自数据库，其意味着必须把电子邮件系统和数据库系统集成起来。

最新的工作流技术结合了数据库技术和基于电子邮件的流程管理技术，既能在邮件中访问企业的业务数据，又能在数据库软件中生成相关邮件。例如，计划人员可以在企业管理信息软件(管理信息系统)中,也可以在电子邮件软件(如 Outlook)中生成采购申请邮件,然后发给有关负责人。负责人收到邮件后,即可在邮件上答复申请,同时还可以超链接到管理信息系统中查看有关细节。一旦申请邮件被答复,计划人员不仅能在管理信息系统中看到批准情况,还可以在邮箱中看到答复意见。此外,负责人在答复的同时可以根据申请自动产生一些相关的协同工作,分派给其他人。

2. 信息系统在企业中的应用

信息技术被引入企业管理起源于 20 世纪 60 年代,当时的信息技术正处于起步阶段,生产资料稀缺现象日益严重,生产制造企业面临着由于规模逐渐扩大而造成的管理工作日趋复杂等问题,因此信息技术与企业管理的结合是从制造行业的企业开始的。

不同类型(行业)企业的管理模式有各自的特点,它们有自己的经营思想和管理理念,并用于指导企业的全部经营管理实践。由于信息在企业管理实践中的重要地位,因此现代企业管理必须与信息技术紧密地结合在一起。企业信息管理模式包含企业的管理思想、软件产品和信息系统三个方面的内容。其中,管理思想是核心;通过信息技术实现其标准的管理模式,即软件产品;在企业中实施软件时引入企业原有的管理经验、业务流程、基础数据等,从而形成企业信息系统。在管理思想、软件产品和信息系统这三个层次中,信息系统是企业最终收益的体现形式,也是管理思想和软件产品所服务的对象,因此企业信息系统是企业实现其管理思想并进行科学管理的坚实而可靠的基础。

(1) 物料需求计划(Material Requirement Planning,MRP)

MRP 是西方企业管理中逐步发展起来的管理技术的精华。它于 20 世纪 60 年代中期由美国生产管理和计算机应用专家 Oliver W. Wight 和 George W. Plosh 首先提出,而 IBM 公司最先在计算机上实现了 MRP 软件产品。MRP 方法用来克服早期库存控制中提出的订货点法的缺陷,其核心是根据生产计划表上何时需要什么物料进行订货,解决未来的物料短缺现象,而且通过预测投料情况进行生产安排,避免库存量过多而造成资金积压。它是建立在以下两个假设条件基础之上的:一是采用无限能力计划,即假设有足够的生产设备和工时保证生产计划的实施;二是假设物料采购计划是可行的,即认为有足够的进货能力保证采购计划的实现。这样就容易产生生产计划与生产能力的不匹配和不平衡问题。因此,在 20 世纪 70 年代,MRP 又增加了能力需求计划等内容,将物料需求计划与能力需求计划进行有机结合,通过相互的信息沟通解决上述问题。但是,MRP 的一个关键问题是,它还不能覆盖整个生产过程,仅涉及生产中的物流方面,而与物流密切相关的还有资金流(即财务管理)以及技术管理、销售管理等方面。

(2) 制造资源规划(Manufacturing Resource Planning,MRP Ⅱ)

在 20 世纪 80 年代,随着计算机网络技术的发展,企业内部信息共享的技术条件逐渐成熟,针对 MRP 理论的缺陷,管理专家在其基础上将企业的生产、财务、销售、技术、采购等各个业务环节结合成一个一体化的系统,并由此形成 MRP Ⅱ 理论。MRP Ⅱ 理论一经产生便受到企业界的重视,已被欧美等先进国家的制造业广泛使用,成为制造业最现代化的管理信息系统。MRP Ⅱ 是一套适合于制造行业企业的先进管理方法,在这套管理方法中,主生产计划(Master Production Schedule,MPS)和 MRP 是其核心功能。借助产品和部件的构成数据(即物料单)、工艺数据和设备状况数据,将市场对产品的需求转变为对加工过程和外购原材料、零部件的需求,用计算机完成主生产计划、物料需求计划、能力平衡计划、采购和库存控制、生产成本核算等,从而实现对企业复杂的生产过程的一定意义上的优化科学管理,从管理角度确保企业的市场应变能力。因此根据 MRPⅡ 管理思想建立的 MRPⅡ 软件及信息系统具有如下特点:它是一个一体化集成系统,把企业中的各个子系统有机地结合起来,特别是财务与生产两个子系统之间的关系尤为密切;它的所有数据来源于企业的中央数据库,各个子系统在统一的数据环境下工作;它具有模拟仿真功能,能根据不同的决策方针模拟出各种未来将会发生的结果,因此是企业上层管理机构的决策工具。

(3) 计算机集成制造系统(Computer Integrated Manufacturing System,CIMS)

CIMS 在 20 世纪 70 年代初由美国的 Dr. Joseph Harrington 提出,其核心内容是提高企业竞争力的系统观点和信息观点,即使用计算机并采取信息集成的方式实现现代化的生产制造,求得企业的整体效益。企业的生产经营各环节是密不可分的,正所谓牵一发而动全身,市场、产品开发、加工制造、管理、销售及服务作为一个整体需要统一考虑,而整个制造生产过程实质上是信息的采集、传递和加工处理的过程。CIMS 正是在这种系统观点和信息观点的指导下,通过多种管理方法和各种技术的集成进而实现技术和经营管理的集成、人和组织的集成以及物流、信息流和资金流的集成。CIMS 一般包含管理信息子系统、产品设计与制造子系统、制造自动(柔性自动化)子系统和质量保证子系统等。管理信息子系统通常以 MRPⅡ 为核心,而产品设计与制造子系统将 CAD/CAPP/CAM 集成为一体,在网络和数据库的支持下,优化或改善企业的设计过程、管理决策过程和加工制造过程,从而进一步提高企业的市场竞争能力和应变能力。

(4) 企业资源规划(Enterprise Resource Planning,ERP)

ERP 是 20 世纪 90 年代由美国著名的信息技术咨询和评估集团 Gartner Group 提出的一整套的企业管理系统体系标准,其实质是将主要面向企业内部资源全面规划管理的 MRPⅡ 思想逐步发展为有效利用和管理整体资源的 ERP 管理思想。ERP 强调供应链的管理,除了传统的 MRPⅡ 系统的制造、财务、销售等功能外,还增加了分销管理、人力资源管理、运输管理、仓库管理、质量管理、设备管理、决策支持等功能。ERP 是一种先进的企业管理理念,它将企业各方面的资源充分调配和平衡,为企业提供多重解决方案,并以客户为导向,将企业与市场连成一体。ERP 软件系统预先包含大量优化的决策方案供选择,为企业的管理者提供更大的决策空间。因此,ERP 软件是一种现代企业管理工具,世界 500 强企业中有 80% 的企业在用它作为决策工具及进行日常工作流程管理。

MRP、MRPⅡ、CIMS、ERP 等只是先进管理思想的一部分,世界各国都存在适合自己国情的先进的企业管理思想,每种理论的产生都有其产生的市场需求和应用环境。事实上,每种理论从思想到产品再到具体实施都需要根据每个企业的具体情况,进行从理想模式到现行模式再到改进模式的不同程度的概念转换,从而使企业运作真正从中得到回报。

3. 信息系统在社会经济生活中的应用

在社会经济生活中,管理信息系统普遍应用于人们日常的文化、教育、社会保障等各种组织。在这些组织中，管理信息系统的应用是各式各样的。这些应用主要以文档管理为主，并且普遍需要多媒体信息的支持。在这些管理信息系统中，除了一般类型组织的管理信息系统中应包括的财务信息管理、人力资源管理、公共财产管理等功能外，还要包括这些组织的一些特殊功能。

(1) 医院信息系统

医院信息系统(Hospital Information System, HIS)是目前管理信息系统领域中发展十分迅速的一个分支，其最重要的功能是以病人为中心，给医务人员提供临床数据通信支持，以辅助医护人员的临床医学决策工作以及医院每天正常运转的信息处理工作。该系统的主要功能包括门诊信息管理、住院信息管理、药剂信息管理、医嘱信息管理、病案信息管理等。门诊信息管理主要包括挂号和收费两个子系统，挂号子系统包括挂号业务、号表处理、统计与报表、信息通信等功能；而收费子系统包括划价处理、收费处理以及收款报账的各项统计（公费、自费等）的管理等功能。住院信息管理包括对住院部的病区、科室、床位等基本信息的管理，对病人的入、出、转的各种基本信息和医疗信息的管理，以及进行来院探视登记、电话预约登记等。药剂信息管理包括药库管理、药房管理、药房计价、药房发药、制剂管理、试剂管理、临床药学、商业情报等。医嘱信息管理包括住科管理、首页管理、医嘱管理以及各种查询等。病案信息管理主要包括病人主索引、病案追踪、首页管理、质量控制等。

(2) 学校管理信息系统

学校管理信息系统也是目前管理信息系统应用中的一个主要部分，这个系统以学生为中心，围绕学校教学工作提供教学管理的所有功能。该系统的主要功能包括教学计划管理、排课管理、学籍管理、教材管理、图书管理、教学辅助系统等。教学计划管理包括对教学总计划、学期教学计划、课程进度计划等的管理。排课管理主要是根据教师、不同类型的教室、实验室、体育场地、课程分布、时间分配、分合班、单双周、教师要求等多方面约束条件安排每个学期各个班级的具体课程表。学籍管理包括对基本信息、学生信息、成绩信息以及毕业生分配等的管理。教材管理包括对学校教材的库存情况、每个课程教材的使用等的管理。图书管理包括对学校图书馆的采购、借阅等的管理，以及通过数字图书馆技术提供远程多媒体阅览等功能。教学辅助系统包括网络教室、专家答疑、网上讨论、网上作业批阅以及其他一些远程教育的功能。

(3) 城市环境管理信息系统

城市环境管理信息系统的主要功能包括数据采集、数据检索、环境评价、环境预测等。数据采集主要包括通过传感器技术进行的自动传输、键盘录入以及数据编辑等功能。数据检索主要包括分类检索、测点分布、环境标准等功能。环境评价主要包括分类统计、图形分析、指标超限检查、空气质量评价等功能。环境预测主要包括时间序列预测和回归预测等功能。通过这些功能可以输出大气报表、降水报表、地面水质报表、降尘报表、交通噪声报表、环境噪声报表等。

(4) 地理信息系统

地理信息系统(Geographic Information System, GIS)是一种基于计算机的工具，它可以对地球上存在的东西和发生的事件进行成图和分析。GIS技术把地图这种独特的视觉化效果和地理分析功能与一般的数据库操作(例如查询和统计分析等)集成在一起。这种能力使 GIS 与其他信息系统相区别,使其在解释事件、预测结果、规划战略等方面具有实用价值。GIS 用来存储有关世界的信息,这些信息是可以通过地理关系连接在一起的所有主题层集合。这个简单却非常有分量和通用的概念对于解决许多现实世界的问题具有巨大的作用,这些问题包括跟踪传输工具、记录计划的详细资料、模拟全球的大气循环等。

(5) 社会保险管理信息系统

所谓社会保险制度,主要是指养老保险、医疗保险、失业保险、工伤保险和生育保险制度(简称"五险")。运用计算机网络手段建立统一的覆盖全国的社会保障技术支持系统有利于实现社会保险的现代化管理,加快统一、规范和完善的社会保障体系的建设。统一的社会保险管理信息系统可为政府宏观决策提供准确的分析数据,为确保养老金社会化发放提供基础性的技术保障,减少企业漏缴、少缴和欠缴社会保险费的现象,加强对个人账户记账和基金监督的管理,提高社会保险经办机构的工作效率。从国际上其他各国社保发展的历史也可以看到,健全完善的社保体系除了要具备科学的制度、严密的组织和精细的管理外,还要采用先进的技术手段建设统一的信息系统。统一的覆盖全国的技术支持体系是社保事业发展的客观要求。

1.1.3 信息系统开发

信息系统开发是指根据用户需求,经过一系列过程,实现一个满足用户需求的信息系统,有些项目还需要进行运行管理与较长时间的维护。这是一个复杂的工程,需要多人合作,涉及的学科领域广泛,采用的技术也多种多样。因此,在信息系统开发过程中,除了利用各种技术与方法支持项目开发外,还需要进行合理的人员组织管理、严密的质量控制和有力的项目管理。这样才能以有限的资金在规定的期限内完成项目开发。从前述内容中可看到,信息系统与其他一般系统的主要区别之一是数据,也就是说数据是信息系统中必不可少的组成部分。因此,信息系统开发不只是设计实现一个计算机应用系统(软件系统和硬件系统),还需要录入大量必要的数据,以支持信息系统的运行(包括调度与试运行)。

信息系统开发的主要工作集中在信息系统中软件系统的设计与实现阶段,如图 1-2 所示,其中交互功能是软件系统提供的。数据虽然存储在硬件上,但它的管理与操纵都是由软件系统完成。系统的主要处理功能也是由软件实现,图中的 P 体现了对输入数据(I)进行处理的过程,其处理结果(O)输出给系统边界外的实体,而系统中的所有数据均以数据库(D)的形式长期保存在计算机中。因此,交互功能、数据等组成部分都可归结到软件系统。信息系统开发大多是指信息系统中的软件系统的开发。

信息系统不仅是一个技术系统,更是一个社会系统,这是由 MIS 的复杂性、所需资源的密集性、用户需求的多样性决定的,它还涉及管理思想、管理制度、管理方法、权力结构和人们习惯的变化。因此信息系统的开发过程具有以下特点。

① 投入资金大。管理信息系统开发的投资是指从信息系统的立项开始到信息系统实施运行以及系统运行期间经营和维护所需费用的总和。一般包括系统设备的购置费、

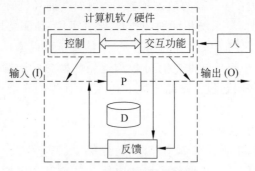

图 1-2 信息系统功能模型

系统开发费以及系统运行与维护费三部分。目前信息系统开发的费用已呈日益增长的趋势,需要上亿元投资的信息系统开发已经屡见不鲜。

② 开发周期长。一个较大信息系统的开发是严格按照系统规划、系统分析、系统设计、系统实施、系统运行管理与评价的开发规范进行的。这也被称为信息系统的开发生命周期。一般比较大的信息系统的开发周期需要 3~5 年,甚至更长。

③ 技术要求高。信息系统的开发需要管理科学、信息科学、系统科学等学科的理论和方法,还要运用计算机技术、现代通信与网络技术、数据库技术、人工智能技术等。掌握这些技术和方法,并且合理地应用以达到预期效果是信息系统的开发主要任务之一,任何一个技术环节的失误都可能导致信息系统的开发前功尽弃,造成重大的经济损失。

④ 影响因素多。信息系统的开发除以上经济和技术上的影响因素外,还涉及各类人员的相互协调、各种环境的适应等因素的影响。尤其是人的行为因素影响,它直接关系到一个信息系统开发的成功与否。

1.1.4 信息系统的生命周期

任何系统都会经历一个发生、发展、成熟和消亡(更新)的过程,信息系统也不例外。一个系统经过系统分析、系统设计和系统实施并投入使用后,经过若干年,由于新情况、新问题的出现,人们会提出新的目标,要求设计更新的系统。这种周而复始、循环不息的过程被称为系统的生命周期,如图 1-3 所示。

从图中可见,信息系统的生命周期可分为系统规划、系统分析、系统设计、系统实施、系统运行管理与评价五个阶段。我们必须严格按照这五个阶段进行信息系统的开发。

1. 系统规划阶段

系统规划阶段的任务是对企业的环境、目标、现行系统的状况进行初步调查,明确问题,确定信息系统的发展战略,对建设新系统的需求做出分析和预测,分析建设新系统所受的各种约束,研究建设新系统的必要性和可能性。根据需要和可能,给出拟建系统的备选方案,从技术和经济角度对方案进行可行性分析,写出可行性分析报告,提交给用户批准后,将系统建设方案及实施计划编写成系统开发任务书,进入系统分析阶段。

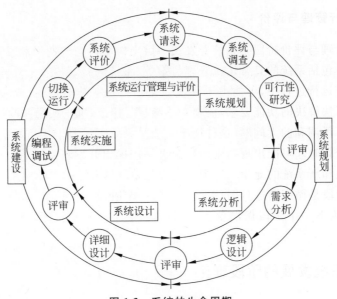

图 1-3 系统的生命周期

2. 系统分析阶段

系统分析阶段的主要内容是对现行系统进行详细调查,在此基础上进行组织机构职能分析、管理业务流程分析、数据与数据流程分析以及功能与数据之间的关系分析,建立新系统逻辑模型,形成综合性的系统分析报告并提交给用户讨论审核,然后转入系统设计阶段。系统分析阶段是整个系统开发中最关键的部分,它要求分析人员不仅掌握一定的信息系统开发技术,还要了解企业业务流程,只有这样才能在全面分析原系统结构的基础上构建出科学合理的新系统的逻辑模型。

3. 系统设计阶段

在系统分析工作的基础上,以系统分析报告为依据,分析系统物理逻辑,进行总体结构设计,然后完成详细设计工作。详细设计内容主要包括代码设计、数据库/文件设计、输入/输出设计、物理配置方案设计、数据完整性与安全性设计等。最终得出系统的物理模型和系统设计报告,提交给用户讨论审核。批准确认后,转入系统实施阶段。

4. 系统实施阶段

系统实施是将设计的系统付诸实现的阶段。根据系统设计的要求,购置有关设备,并且安装调试。实施的主要任务是完成程序设计及程序调试与测试工作,同时进行相关人员培训,做好数据准备和初始化工作。在最后投入运行前,要进行系统的转换与试运行,以保证系统运行阶段数据的安全性与可靠性。

5. 系统运行管理与评价

系统运行管理与评价阶段是系统开发成功后交付用户正式使用和发挥效益的时期。其主要工作内容包括系统的日常运行管理与维护、系统综合评价及系统开发项目的监理审计等。在系统运行过程中，可能由于环境变化导致系统功能不足，或者在开发过程中有未能发现或无法解决的功能要求，需要对系统进行修改、维护或局部调整。

如果出现不可调和的大问题（这种情况一般是系统运行若干年后系统运行的环境已经发生了根本变化时才可能出现），则用户会进一步提出开发新系统的要求，这标志着老系统生命的结束和新系统的诞生。这个全过程就是信息系统的生命周期。

以上各个阶段是循序渐进且循环反复的，每一个阶段都是在上一个阶段成果的基础上开始，同时又为下一个阶段做准备。本书内容的组织也是基于系统生命周期理论完成的。

1.1.5 信息系统发展的阶段理论

在信息系统开发理论中，用来描述信息系统发展进程的是阶段理论。美国哈佛大学教授理查德·诺兰（R. Nolan）在1973年首先提出了信息系统发展的四阶段论，之后经过实践进一步验证和完善，于1980年将其调整为六阶段论。

诺兰在调查和研究了美国200多个公司和部门开发信息系统的经验后，结合S曲线理论，提出了一个实现信息化的阶段模型。他认为，任何一个组织在由手工信息系统发展到以计算机为基础的信息系统时，都存在着一条客观的发展规律，即信息系统成长的四阶段模型（著名的S曲线）。在诺兰的信息系统发展四阶段论中，诺兰按时间顺序将时间横轴划分成4个区间，即开发期、普及期、控制期和成熟期。他把这些区间定义为信息系统的发展阶段，同时用纵轴来表示与信息系统相关联的费用支出。当时计算机主要用于促进组织的业务合理化和省力化，与信息系统相关的支出额与效果之间的关系比较明确。

进入20世纪80年代后，信息系统的用途不断扩大，信息化投资额与它带来的效果之间的关系变得模糊起来。这就带来了评价变量的多样化，此时诺兰又总结出了六阶段论模型，如图1-4所示。诺兰把阶段（时间横轴）分为初始期、普及期、控制期、整合期、数据管理期和成熟期六个阶段，这是一种波浪式的发展历程，前三个阶段具有计算机数据处理时代的特征，后三个阶段则显示出信息技术时代的特点，前后之间的"转折区间"是在整合期中，由于办公自动化机器的普及和终端用户计算环境的进展而导致发展的非连续性，这种非连续性又称为"技术性断点"。

对评价函数变量采用了信息系统的主要目的、信息系统的承担者、关键技术、信息系统部门的计划与控制、用户与信息系统的关联5个变量。

第一阶段是初始期。这个阶段从企业引进第一台计算机开始，一般都是先在财务、统计、物资等部门使用，随着企业对计算机应用认识的深入，人们体会到计算机应用的价值，开始学习、使用、维护计算机。

第二阶段是普及期。随着计算机在一些部门见到成效，从最初的一些应用部门向其

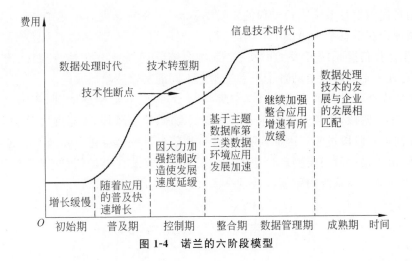

图 1-4 诺兰的六阶段模型

他部门扩散,大量的人工数据处理转向计算机处理,人们对计算机的热情增加,需求增长。

第三阶段是控制期。由于人们对计算机信息处理需求的增长,造成财务支出大幅度上涨,企业领导不得不对之进行控制,注重采用成本/效益去分析应用开发,并针对各项已开发的应用项目之间的不协调和数据冗余等进行统一规划。这一阶段的效益可能比第二阶段还要低。

第四阶段是整合期。即在经过第三阶段的全面分析后,引进数据库技术,在开发数据网络的条件下,数据处理系统又进入一个高速发展阶段,逐步改进原有系统,开发一个能为中、上层管理提供支持,为企业提供各种信息资源的管理系统。

第五阶段是数据管理期。即系统通过集成之后才有可能进入有效的数据管理,实现数据共享,这时的数据已成为企业的重要资源。

第六阶段是成熟期,信息系统成熟表现在它与组织的目标一致,从组织的事务处理到高层的管理与决策都能支持,并能适应任何管理和技术的新变化。

诺兰认为,从各个阶段发展来看,投资信息系统的规律近似一条 S 曲线。在第一、第二阶段,投资迅速增长;在第三阶段,投资趋向平缓;在第四阶段,投资再次迅速上升;在第五、第六阶段,投资又一次在高一级水平上趋于平缓。

诺兰模型是第一个描述信息系统发展阶段的抽象化模型,具有划时代的重要意义。它是在总结了全球,尤其是美国企业近 20 年的计算机应用发展历程后所浓缩出的研究成果,该理论已成为说明企业信息化发展程度的有力工具。在 20 世纪 80 年代,美国和世界上相当多的人都接受了诺兰的观点。该模型在概念层次上对企业中信息化的计划制定过程大有裨益。据权威统计,发达国家大约有近半数的企业在 20 世纪 80 年代末到 90 年代初都认为本企业的信息系统发展处于整合期阶段,从实践中验证了诺兰模型的正确性。

应该指出,诺兰模型提出时计算机网络才刚刚出现,更没有像 Internet 等这样先进的平台,因此与当前的情况不会完全相符,但是该模型所体现的基本思想现在仍然适用。

诺兰模型是揭示信息系统成长过程的阶段模型，对于系统开发有一定的指导意义。诺兰阶段模型理论在信息系统建设中有两方面的重要应用：一是诊断信息系统当前所处的阶段，有利于选择信息系统开发的时机；二是对系统的规划做出安排，控制系统发展的方向，同时对处于不同阶段上的各个子系统制定不同的发展策略。

用诺兰模型衡量我国企业管理信息系统建设现状，我们能够看到，我国大部分企业处于第二、第三阶段，比较先进的企业已发展到第四、第五阶段，少数企业达到第六阶段，或是正在向第六阶段过渡。因此，我国企业管理信息系统建设还有相当长的路要走。

当然，由于诺兰阶段模型理论也有一定的缺陷，即没有指出信息系统成长过程的内在机理，因而对整体系统的更新改造具有多大的指导价值还难以评说。

1.2 信息系统开发方法

信息系统开发方法的分类可以有不同的标准，但其核心是类似的，均源于结构化开发方法中生命周期的思想。

1.2.1 信息系统开发方法的分类

按照开发时间及过程特点进行分类，信息系统开发方法包括：生命周期法（Life Cycle，LC），它在进行系统分析与设计时将系统开发过程划分为系统请求、规划、分析、设计、实施、运行等几个阶段，每个阶段首尾相连，形成系统的一个生命周期；演进原型法（EV），它从一个初型系统不断改进，最后成为一个完善的应用系统；实验原型法（EP），它在建立真实系统模型的基础上由局部模型不断实验改进，最后得到整个系统的模型。

按照系统的分析要素进行分类，信息系统开发方法包括面向处理方法（Processing Oriented，PO）、面向数据方法（Data Oriented，DO）和面向对象方法（Object Oriented，OO）。PO 是指系统分析的出发点在于搞清系统要进行怎样的处理，分为两种：一种是面向功能，从企业的职能出发；另一种是面向过程，从企业的运营流程出发，划分成一些过程进行处理分析。DO 首先分析企业的信息需求，建立企业的信息模型，然后建立全企业共享的数据库。OO 是先分析企业的一些对象，把描述对象的数据和对对象的操作放在一起，如果多个对象共享某些数据和操作，则共享的数据和操作构成对象类。现在十分流行的面向过程的系统分析方法在概念上是把功能与数据结合，从本质上可视为面向对象方法。如果把面向对象方法和面向过程的系统分析结合，则将为系统开发方法注入新的活力。

按照以上两种分类标准，形成的信息系统开发方法的二维分类结果如表 1-1 所示。

表 1-1 信息系统开发方法的二维分类表

按时间过程	按分析要素	面向处理（PO） （结构化法）	面向数据（DO） （信息工程法）	面向对象（OO） （面向对象法）
生命周期法（LC）		LC-PO	LC-DO	LC-OO
原型法（PROT）		PROT-PO	PROT-DO	PROT-OO

按照系统的立足点不同进行分类,信息系统开发方法包括面向功能方法(FO,它强调首先搞清系统功能,按功能收集系统要求和划分子系统)、面向数据方法、面向对象方法和原型法。

按照开发方法体系进行分类,信息系统开发方法包括自顶向下方法(它要求首先将整个系统做结构化划分,然后从高层到低层,从整体到局部,从一个组织的功能、机制、任务到内部每个经营管理活动的细节进行系统分析和设计)、需求分析法(它强调在面对一个复杂的组织及其信息需求时,把握系统的关键和需求进行分析的方法)、原型法、生命周期法和面向对象方法。

其实,按照不同标准得到的分类结果有相似之处。本书中提取出四种方法(即结构化系统开发方法、原型法、面向对象开发方法和计算机辅助软件工程法)进行比较分析。

1.2.2 结构化系统开发方法

结构化系统开发方法(Structured System Analysis and Design,SSA&D)亦称为结构化生命周期法,是自顶向下结构化方法、工程化的系统开发方法和生命周期方法结合的产物,是至今为止所有开发方法中应用最广泛、最成熟的系统开发技术。

1. 基本思想

结构化系统开发方法的基本思想是:用系统工程的思想和工程化的方法,按用户至上的原则,结构化、模块化、自顶向下地对系统进行分析与设计。具体来说,就是先将整个信息系统开发过程划分出若干相对独立的阶段,如系统规划、系统分析、系统设计、系统实施等。在前三个阶段坚持自顶向下地对系统进行结构化划分。在系统调查时,从最顶层的管理业务入手,逐步深入至最低层。在系统分析阶段提出新系统方案和系统设计时,从宏观整体考虑入手,先考虑系统整体的优化,然后再考虑局部的优化问题。在系统实施阶段,则坚持自底向上地逐步实施。也就是说,组织人力从最底层的模块做起,然后按照系统设计的结构,将模块一个个集成到一起进行调试,自底向上逐渐构成整个系统。

2. 主要特点

结构化系统开发方法是将制造业中的工程化设计制造方法移植到软件行业的结构中,其主要特点如下所示。

① 树立面向用户的观点。系统开发是直接为用户服务的,因此在开发的全过程中要有用户的观点,一切从用户利益出发。应尽量吸收用户单位的人员参与开发的全过程,加强与用户的联系,统一认识,加快工作进度,提高系统质量,减少系统开发的盲目性和失败的可能性。

② 严格按阶段进行。整个信息系统开发过程可以划分为若干工作阶段,每个阶段都有明确的任务和目标,各个阶段又可分为若干工作和步骤,逐一完成任务,从而实现预期目标。这种有条不紊的开发方法便于计划和控制,基础扎实,不易返工。

③ 加强调查研究和系统分析。为了使系统更好地满足用户要求,要对现行系统进行

详细的调查研究,尽可能弄清现行系统业务处理的每一个细节,做好总体规划和系统分析,从而描述出符合用户实际需求的新系统逻辑模型。

④ 在系统的分析、设计和实现过程中,要充分考虑可能变化的因素。一般可能发生的变化来自周围环境的变化;来自外部的影响,如上级主管部门要的信息发生变化等;来自系统内部处理模式的变化,如系统内部的组织结构和激励体制发生变化、工艺流程发生变化、系统内部管理形式发生变化等;来自用户要求发生变化,如用户对系统的认识程度不断深化,又提出更高的要求。

⑤ 工作文档资料规范化和标准化。根据系统工程的思想,管理信息系统的各个阶段性的成果必须文档化,只有这样才能更好地实现用户与系统开发人员的交流,才能确保各个阶段的无缝连接。因此,必须充分重视文档资料的规范化和标准化工作,充分发挥文档资料的作用,为提高信息系统的适应性提供可靠保证。

3. 缺点

随着计算机应用的深入以及计算机软/硬件的迅速发展,对系统开发周期的要求越来越高,信息系统更新的步伐越来越快。时间短和费用低不仅成为系统开发的基本要求,而且随着功能强大的辅助开发软件的不断涌现成为可能。面对这种新的趋势,强调规范化和标准化的结构化系统开发方法逐渐暴露出很多缺点和不足,如开发周期过长、难以适应迅速变化的环境、使用的工具落后,主要表现在以下几方面。

① 所需文档资料数量大。使用结构化方法时,人们必须编写数据流图、数据字典、加工说明等大量文档资料,而且随着对问题理解程度的不断加深或者用户环境的变化,这套文档也需要不断修改,因此修改工作是不可避免的。然而这样的工作需要占用大量的人力和物力,同时文档经反复变动后,也难以保持其内容的一致性。虽然已有支持结构化分析的计算机辅助自动工具出现,但要被广大开发人员掌握使用还有一定困难。

② 不少软件系统(特别是管理信息系统)是人机交互式的系统。对交互式系统来说,用户最为关心的问题之一是如何使用该系统,如了解输入命令、系统相应的输出格式等,因此在系统开发早期应特别重视人机交互式的用户需求。但是,结构化分析方法在理解和表达人机界面方面是很差的,数据流图描述和逐步分解技术在这里都发挥不了特长。

③ 结构化分析方法为目标系统描述了一个模型,但这个模型只是书面的,仅能供人们阅读和讨论,而不能运行和试用,因此在澄清和确定用户需求方面能起的作用是有限的。它会导致用户信息反馈太迟,对目标系统的质量也有一定的影响。

尽管结构化系统开发方法存在一些缺点,但其严密的理论基础和系统工程方法仍然是系统开发中不可缺少的。结构化系统开发方法经常应用在大型而复杂的影响企业整体运作的信息系统的开发项目中,也经常应用在政府项目中。随着大量开发工具的引入,开发工作效率大大提高,这使得结构化方法的生命力越来越强。目前它仍然是一种被广泛采用的系统开发方法,特别是当这种方法与其他方法结合使用时效果更好。我们应该领会结构化分析方法的基本思想,结合实际开发过程的特点和差异进行灵活运用,才有可能较好地完成系统分析任务。本书第 4 章和第 5 章将详细介绍结构化分析与设计的建模过程。

1.2.3 原型法

原型法是20世纪80年代随着计算机软件技术的发展,特别是在关系数据库系统(Relational Data Base System,RDBS)、第四代程序生成语言(4th Generation Language,4GL)和各种系统开发生成环境产生的基础上,提出的一种从设计思想到工具以及手段都是全新的系统开发方法。

1. 基本思想

原型法的基本思想是:首先对用户提出的初步需求进行总结,然后构造一个合适的原型并运行,此后通过系统开发人员与用户对原型运行情况的不断分析、修改和研讨,不断扩充和完善系统的结构和功能,直至得到符合用户要求的系统为止。其系统开发过程如图1-5所示。

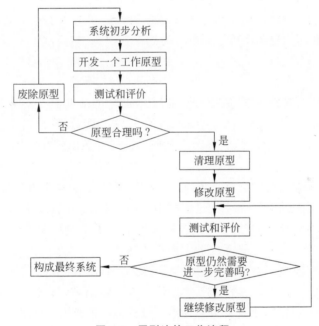

图1-5 原型法的工作流程

2. 主要特点

从原型法的开发步骤可以看出,其原理和流程都是十分简单的,并无任何高深的理论和技术。之所以备受推崇,为广大开发者所接受,主要有如下几方面的特点。

① 提高了用户满意程度。人们对于事物的描述往往是受环境的启发而不断完善的,开始时用户和设计者对于系统的功能要求的认识是不完整的、粗糙的,通过建立原型、演示或使用原型、修改原型的循环过程,设计者可以原型为媒介,及时取得来自用户的反馈

信息,不断发现问题,反复修改并完善系统,确保用户的要求得到较好的满足。这样不仅有助于激发用户主动参与的积极性,而且提高了用户对系统的满意程度。另外,系统开发灵活,修改与扩充都很方便。

② 改善了信息的沟通方式。在分析过程中引入了模拟手段,提供了初始原型,使用户直接参与并引导和启发用户提出准确、完善的系统需求,不断对系统做出改进。大多数情况下,设计中的错误是对用户需求的不完善或不准确的理解造成的,实质上也是一种信息交流问题。当用户和开发人员采用原型法后,改善了信息的沟通状况,设计错误必然大大减少。

③ 容易被用户接受。原型法能使用户很快接触和使用系统,容易为不熟悉计算机应用的用户所接受,用户只要经过简单培训,就能很快掌握使用方法。

④ 降低了开发风险。由于使用原型系统测试开发思想及方案,只有通过原型系统使用户和开发人员对风险程度的意见一致时,才能继续开发最终系统,因而减少了开发失败的可能性。

⑤ 降低了开发成本。在原型法的应用中无需多余的文档资料,而且采用了先进的软件开发工具,提高了开发效率,使系统开发的周期缩短,费用减少。它还减少了用户培训时间,简化了管理,因而也就降低了系统开发成本。

3. 缺点

作为一种具体的开发方法,原型法不是万能的,它的缺点主要表现在以下 5 方面。

① 开发工具要求高。原型法需要现代化的开发工具支持,否则开发工作量太大、成本过高,就失去了采用该方法的优势。应该说,开发工具的水平是原型法能否顺利实现的第一要素。

② 很难解决复杂系统和大型系统问题。对于大型系统,如果不经过系统分析进行整体性划分,要想直接用屏幕一个个地进行模拟是很困难的。功能种类多、技术复杂、实现困难,与性能仿真模拟工具和应用业务领域知识密切相关的复杂系统,进入实用阶段的很少,因此原型法很难解决复杂系统和大型系统问题。

③ 管理水平要求高。对于原基础管理不善、信息处理混乱的问题,使用起来有一定困难。首先是由于对象工作过程不清,构造原型有一定困难;其次是由于基础管理不好,没有科学合理的方法可依,系统开发容易走上机械地模拟原来手动系统的做法。

④ 系统的交互方式必须简单明了。对于有着大量运算、逻辑性较强的程序模块,原型法很难构造一个合适的模型供人评价。原因在于这类问题没有那么多的交互方式,也不是三言两语就可以把问题说清楚的。

⑤ 对于批处理系统,由于其大部分是内部处理,因此用原型法有一定困难。

4. 说明

从严格意义上说,目前的原型法不是一种独立的软件工程方法学,是一种系统开发思想,并没有专门配套的开发工具方法。它只支持在软件开发早期阶段快速生成后期产品样品的过程,没有确定在这个过程中必须使用哪种开发方法。因此,它不是完整意义上的方法论体系。这就注定原型法必须与其他系统开发方法（如结构化系统开发方法）结合使用，才能发挥其效能。特别是对已经使用了信息系统的单位，要以此作为新系统的快速原型，对原信息系统进行扩充、完善和改造，即对原系统进行系统重构，而整个系统按照生命周期法进行开发（见图 1-6）。由于管理任务和管理方式的变化，以及对信息处理的更深层次的要求，使得现有的 MIS 已经不能适应现代信息管理的客观要求。在进行系统重构时，要考虑以下几方面因素。

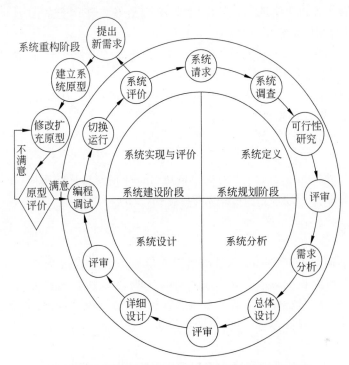

图 1-6　应用"原型＋结构化生命周期法"的开发步骤

① 需要增强新的功能；
② 对数据提出了更高的要求；
③ 更大量的数据管理和更大范围的信息共享。

1.2.4　面向对象开发方法

从事软件开发的工程师们常常有这样的体会：一方面，在软件开发过程中，使用者会不断地提出各种更改要求，即使在软件投入使用后，也常常需要对其做出修改。在用结构化开发的程序中，这种修改往往是很困难的，而且还会因为计划或考虑不周，不但旧错误没有得到彻底改正，又引入了新的错误；另一方面，在过去的程序开发中，代码的重用率很低，使得程序员的效率并不高，为提高软件系统的稳定性、可修改性和可重用性，人们在实践中逐渐创造出软件工程的一种新途径——面向对象开发方法。

1. 基本思想

面向对象开发方法基于类和对象的概念。它把客观世界的一切事物都看成由各种不同的对象组成,每个对象都有各自内部的状态、机制和规律。按照对象的不同特性,可以组成不同的类。不同的对象和类之间的相互联系和相互作用构成了客观世界中的不同事物和系统。面向对象开发方法可描述为如下内容。

① 客观事物是由对象组成的,对象是在原事物基础上抽象的结果。任何复杂的事物都可以通过各种对象的某种组合结构定义和描述。

② 对象是由属性和操作方法组成的,其属性反映了对象的数据信息特征,而操作方法则用来定义改变对象属性状态的各种操作方式。

③ 对象之间的联系通过消息传递机制实现,而消息传递的方式是通过消息传递模式和方法所定义的操作过程完成的。

④ 对象可以按其属性归类。借助类的层次结构,子类可以通过继承机制获得其父类的特征。

⑤ 对象具有封装的特征。一个对象可构成一个严格模块化的实体,在系统开发中可被共享和重复引用,达到软件(程序和模块)重用的目的。

2. 开发阶段

通常认为,面向对象方法的开发过程包括系统调查和需求分析(定义问题)、分析问题的性质和求解问题(识别对象)、详细设计问题、程序实现和系统测试 5 个阶段。

① 系统调查和需求分析。对系统面临的具体管理问题和用户对系统开发的需求进行调查研究,确定系统目标;对所要研究的系统进行系统需求调查分析,弄清系统要干什么的问题。

② 分析问题的性质和求解问题。根据系统目标分析问题和求解问题,在众多的复杂问题域中抽象识别出对象及其行为、结构、属性和方法。"弄清"可能施于对象的操作方法,为对象与操作的关系建立接口。这一阶段一般称为面向对象分析,即 OOA。

③ 详细设计问题,即给出对象的实现描述。整理问题、详细设计对象并对分析结果进一步抽象和归类整理,最终以范式的形式确定下来。这一阶段一般称为面向对象设计,即 OOD。

④ 程序实现。采用面向对象的程序设计语言实现抽象出来的范式形式的对象,使之成为应用程序软件。这一阶段一般称为面向对象程序设计,即 OOP。

⑤ 系统测试。运用面向对象的技术进行软件测试,这一阶段一般称为面向对象测试,即 OOT。

3. 主要特点

面向对象开发方法以对象为基础,利用特定软件工具直接完成从对象客体的描述到软件结构的转换。其主要优点如下。

① 利用全新的面向对象思想,使得系统的描述及信息模型的表示与客观实体相对

应，符合人们的思维习惯，有利于系统开发过程中用户与开发人员的交流和沟通，缩短开发周期，提高系统开发的正确性和效率。

② 系统开发的基础统一于对象之上，各个阶段工作过渡平滑，避免了许多中间转换环节和多余劳动，加快了系统开发的过程。

③ 面向对象技术中的各种概念和特性（如继承、封装、多态性及消息传递机制等）使软件的一致性、模块的独立性、程序的共享和可重用性大大提高，也与分布式处理、多机系统及网络通信等发展趋势相吻合，具有广阔的应用前景。

④ 许多新型软件中采用或包含了面向对象的概念和有关技术，为面向对象开发方法的应用提供了强大的技术支持。

4. 缺点

面向对象开发方法也存在明显的不足。首先，它必须依靠一定的软件技术支持；其次，在大型项目的开发上具有一定的局限性，必须以结构化系统开发方法的自顶向下的整体性系统调查和分析做基础，否则同样会存在系统结构不合理、关系不协调的问题。

面向对象方法把分析、设计和实现很自然地联系在一起。虽然面向对象设计原则上不依赖于特定的实现环境，但是实现结果和实现成本却在很大程度上取决于实现环境。因此，直接支持面向对象设计范式的面向对象程序语言、开发环境及类库对于面向对象实现来说是非常重要的。

为了把面向对象设计结果顺利地转变成面向对象程序，首先应该选择一种适当的程序设计语言。面向对象的程序设计语言适合用来实现面向对象设计结果。事实上，具有方便的开发环境和丰富类库的面向对象程序设计语言是实现面向对象设计的最佳选择。

良好的程序设计风格对于面向对象实现来说格外重要。它既包括传统的程序设计风格准则，也包括与面向对象方法的特点相适应的一些新准则。

面向对象方法使用独特的概念完成软件开发工作，因此在测试面向对象程序时，除继承传统的测试技术外，还必须研究与面向对象程序特点相适应的新测试技术。在这方面需要做的研究工作还很多，目前已逐渐成为国内外软件工程界研究的一个新热门课题，详见第 6 章。

1.2.5 计算机辅助开发方法

在 20 世纪 80 年代，计算机图形处理技术和程序生成技术的出现，缓和了系统开发过程中的系统分析、设计和开发"瓶颈"，即主要靠集图形处理技术、程序生成技术、关系数据库技术和各类开发工具于一身的计算机辅助软件工程（Computer Aided Software Engineering，CASE）工具代替人在信息处理领域中的重复性劳动。

CASE 方法解决问题的基本思路是：对于前面所介绍的任何一种系统开发方法，如果在进行对象系统调查后，系统开发过程中的每一步都可以在一定程度上形成对应关系，那么就可以借助于专门研制的软件工具实现上述一个个的系统开发过程。这些系统开发过程中的对应关系如表 1-2 所示。

表 1-2　开发过程中的对应关系

开发方法	开发过程中的对应关系
结构化开发方法	业务流程分析——数据流程分析——功能模块设计——程序实现
结构化开发方法	业务功能一览表——数据分析/指标体系——数据/过程分析——数据分布和数据库设计——数据库系统
面向对象开发方法	问题抽象——属性、结构和方法定义——对象分类——确定范式——程序实现

虽然目前缺乏全面、完善的 CASE 工具,但与一般的开发方法相比,CASE 方法仍有如下优势。

① 解决了从客观世界对象到软件系统的直接映射,强有力地支持软件/信息系统开发的全过程;
② 使结构化方法更加实用,可用于辅助结构化、原型法和 OO 方法的开发;
③ 自动检测的方法大大提高了软件质量,是高度自动化的系统开发方法;
④ 使原型法和 OO 方法付诸实施;
⑤ 简化了软件的管理和维护;
⑥ 加速了系统的开发过程;
⑦ 使开发者从繁杂的分析/设计图表和程序编写工作中解放出来;
⑧ 使软件的各部分能重复使用;
⑨ 产生统一的标准化的系统文档;
⑩ 使软件开发的速度加快而且功能进一步完善。

1.2.6　各种开发方法的比较

信息系统是现代化管理的工具,而计算机技术又是信息系统的工具,工具技术的特点和发展趋势是越高级、越先进的东西就越简单、越好用。目前计算机技术和信息处理技术的发展日新月异,为建立数据库系统、辅助工程设计、绘制各类图形、生成各种程序模块和管理应用系统等提供了很大的便利,大大缩短了信息系统的开发周期。但是目前这些工具技术的发展主要支持的都是信息系统开发的后几个环节,例如系统分析、系统设计和系统实施中各种流程图的绘制等,这就导致了目前信息系统开发工作中工作量重心的偏移。从国外最新的统计资料看各个环节在信息系统开发中所占比重(如表 1-3 所示),系统调查和分析阶段的工作量占总开发量的 70% 以上,而系统设计和实现环节占总开发工作量的比率不到 30%。这说明信息系统开发工作的重心应向系统调查和系统分析阶段偏移。

表 1-3　信息系统开发的各个环节所占比重

阶　段	调查	分析	设计	实现
工作量	大于 30%	大于 40%	小于 20%	小于 10%

前面讨论过的几种常用方法对系统开发过程中的几个主要环节的支持情况大体相

同,但也各有所侧重。

结构化系统开发方法侧重辅助管理人员对原有的业务进行清理、理顺和优化,使其在技术手段上和管理水平上都有很大提高。它擅长发现和整理系统调查和分析中的问题及疏漏,便于开发人员准确地了解业务处理过程,有利于与用户一起分析新系统中适合企业业务特点的新方法和新模型。这种方法能够对组织的基础数据管理状态、原有信息系统、经营管理业务以及整体管理水平进行全面、系统的分析。

原型法是一种基于4GL的快速模拟方法,它侧重通过模拟以及对模拟后原型的不断讨论和修改,最终建立系统。要想将这样一种方法应用于大型信息系统的开发过程中的所有环节是根本不可能的,因此它多被用于小型局部系统或处理过程比较简单的系统设计到实现的环节。

面向对象开发方法侧重围绕对象进行系统分析和系统设计,然后用面向对象的工具建立系统。这种方法普遍适用于各类信息系统开发,但是它不能涉足系统分析之前的开发环节。

CASE方法是一种除系统调查阶段外全面支持系统开发过程的方法,同时也是一种自动化的系统开发方法。因此,从方法学的特点看,它侧重系统高度自动化。但是值得注意的是,在该方法的应用和CASE工具自身的设计中,自顶向下、模块化和结构化都是贯穿始终的。

综上所述,这四种常用的系统开发方法各有所长,迄今为止还很难绝对地从应用角度评价其优劣。虽然每种方法都是在前一种方法不足的基础上发展起来的,但从目前技术的发展看,这种发展只是局部弥补了不足,就整体而言很难完全替代。另外,这种发展和弥补是在一定技术基础之上的,没有基础一切都无从谈起。具体应用时应该根据实际条件,博采众方法之长,避其之短,而不能生搬硬套。一般来说,只有结构化系统开发方法是真正能够较全面地支持整个系统开发过程的方法。尽管其他方法有许多优点,但都只能作为结构化系统开发方法在局部开发环节上的补充,暂时还都不能替代其在系统开发过程中的主导地位,尤其是在占目前系统开发工作量最大的系统调查和系统分析这两个重要环节。如果系统的功能或要求预先难以确定,在开发过程中可能有重大变化,又或者系统规模较小、结构不太复杂,则适宜用快速原型法或面向对象法。因为它们在设计系统的模型时,只需要提出系统的基本要求,系统要求的扩充和完善可以在开发过程中逐步提出并实现,所以比较容易适应不断变化的环境,缩短系统开发的时间。因此,本书的立足点是在对结构化分析与设计方法的详细介绍基础上引入面向对象方法。

1.3 信息系统开发环境

随着网络技术特别是国际互联网技术的发展,计算机的应用已经从单机环境发展到网络上的应用。越来越多的软件要求在网络环境下运行。信息系统也经历了从单机向网络环境发展的过程。目前,更多的信息系统是在网络环境下实现信息的收集、传递和加工等功能。因此,信息系统的软件结构应充分考虑到在网络环境下的运行效率、可扩展性和可维护性等指标。即使最初开发的系统不需要在网络环境下运行,也应考虑到将来系统扩展或向网络环境移植的可行性。在系统实现阶段，选择程序设计方法和程序设计语言时都应考虑系统的运行环境和移植的问题。

1.3.1　网络开发环境

网络环境下的信息系统对其硬件的性能要求较高：需要有足够大的内存以存放操作系统、数据库管理系统的例行程序、应用软件、系统缓冲区中的数据库的各种表格（如索引表）等；需要有大容量的直接存取的外存储设备；此外还应有较强的通道能力。

网络环境下的信息系统应支持多种操作系统，如 UNIX、Linux、Windows 等。

信息系统开发的常用数据库是关系数据库，关系数据库是以关系模型为基础的数据库，它利用关系描述现实世界。关系模型由三部分组成：关系数据结构、关系操作集合和关系的完整性。信息系统开发中的数据库主要包括面向对象数据库、Web 数据库和多媒体数据库。

① 面向对象数据库。面向对象数据库是面向对象技术与数据库技术相结合的产物，它的优点主要表现在：能够表示复杂的继承与合成语义，将静态数据结构与动态的方法封装以构成完整的数据实体，具有构造多种操作的能力；具有能构造复杂结构模型的能力；具有对模式做扩充与修改的能力；具有能构造多种数据结构和抽象数据类型的能力。

② Web 数据库。由于计算机环境的发展和实际应用的需要，客户/服务器结构的数据库系统已成为一个重要的发展方向。在客户/服务器结构的数据库系统的实现中采用了许多新的软件技术，包括数据库服务器性能优化的各种技术、客户端应用开发工具的工作模型和实现技术、数据库互连技术、分布式数据库管理技术等。其中，开放的数据库访问接口、存储过程和分布式数据管理是在实际开发过程中最常用到的技术。

③ 多媒体数据库。多媒体数据的引入给数据库带来了许多问题，如数据量大且媒体之间的数据量的大小差别极大，这会影响数据库中数据的组织和存取方法；媒体种类繁多，特点各异，数据处理方法也各不相同，从而使数据处理更为复杂和困难等。因此，需要进一步研究适合于进行多媒体数据处理的新方法。

支持信息系统开发及运行的网络平台按照网络覆盖的范围可分成局域网（LAN）、广域网（WAN）和城域网（MAN）。根据组建和管理网络的部门和单位不同，可将计算机网络分为公用网和专用网。公用网包括我国的电信网、广电网和联通网等。专用网包括由学校组建的校园网、由企业组建的企业网等。另外，可以利用公用网组建专用网，如中国教育科研网、全国各大银行的网络等。

1.3.2　网络信息系统体系结构

信息系统体系结构经历了四个发展阶段：基于宿主机结构、文件服务器结构、客户/服务器（Client/Server，C/S）结构和浏览器/服务器（Browser/Server，B/S）结构。目前，应用比较多的软件结构有 C/S 结构和 B/S 结构两种。认识这些结构的特征，并根据实际情况进行系统的选型对于成功开发一个信息系统是非常关键的。

1. C/S 结构

C/S 结构指的是客户机/服务器模式的软件结构。它产生于 20 世纪 90 年代前期,当时是局域网环境中 MIS 应用系统的主流结构。应用程序分为服务器程序和客户机程序。服务器程序负责管理数据资源(如数据库等),并接受客户机的服务请求(如数据的查询或更新等),向客户机提供所需的数据或服务。客户机程序面向用户,接受用户的应用请求并通过一定的协议或接口与服务器进行通信,将服务器提供的数据等资源经过处理后提供给用户,如图 1-7 所示。

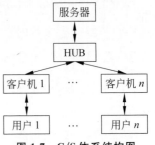

图 1-7　C/S 体系结构图

C/S 结构能够通过网络环境完成数据资源的共享,适合管理信息系统的一般应用,并且系统的开发费用较低、开发周期短。同时,它也存在很多缺点,使得 C/S 结构的应用受到很大限制,主要表现在以下三个方面。

① C/S 结构只能适用于中、小规模的局域网。对于大规模的局域网和广域网,它不能胜任。这就限制了这种软件结构的普遍适用性。

② 当局域网中的用户数量增加并频繁访问服务器中的数据资源时,服务器的负载急剧增加,系统性能明显下降。

③ 由于 C/S 结构的应用程序存在于服务器端和客户机端,并且二者要协同工作,因此给系统的维护工作带来很多麻烦。通常在对应用程序进行修改或升级时,必须同时对两端的应用程序做出相应的修改,还要更新所有客户端的应用程序。这使系统管理和维护工作难以进行。

因此,C/S 结构的应用程序虽然具有开发费用低、开发周期短等优点,但不具有普遍适用性,系统性能得不到保证,系统的可扩展性难以实现。

2. B/S 结构

近几年,B/S 结构的应用不断得到普及,它能很好地克服 C/S 结构的缺点,越来越多地应用在信息系统中。

B/S 结构包括应用服务器和数据库服务器两大部分。由于 Web 技术迅速发展,C/S 体系结构由单一的两个层次扩展到由表示层(浏览器)、功能层(Web 服务器)与数据库服务层(数据库服务器)构成的三层分布式结构,即 B/S 模式的软件结构。B/S 结构采用 Internet/Intranet 技术,使用统一的通信协议 TCP/IP 和统一的基于 Web 浏览器的用户界面,适用于广域网环境。其一部分事务逻辑在前端实现,但是主要事务逻辑在服务器端实现,这种结构通常设有数据库服务器、Web 服务器、应用服务器等。应用程序主要存放在服务器中,客户端只需要配置标准的浏览器,如图 1-8 所示。

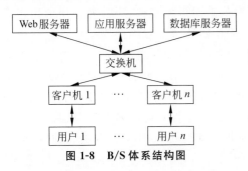

图 1-8　B/S 体系结构图

B/S 结构的特点主要有以下三点。

① 由于 B/S 结构采用 Internet/Intranet 技术,以 TCP/IP 作为通信协议,因此可以适用于局域网和广域网环境,具有普遍适用性。

② B/S 结构中的各服务器分别进行数据处理、业务处理和 Web 页面组织,这使得系统负载均衡分布。当用户增加时,不会引起系统性能的明显下降。

③ 由于客户端都是标准的浏览器,各服务器分工明确,因此整个系统易于扩展,容易管理。

1.3.3　C/S 结构与 B/S 结构的分析比较

C/S 结构是建立在局域网的基础上的,B/S 结构是建立在广域网的基础上的,两种体系结构有明显的区别。

① 硬件环境不同。C/S 结构一般建立在专用的网络上,是小范围的网络环境,局域网之间通过专门服务提供连接和数据交换服务。B/S 结构建立在广域网之上,不必是专门的网络硬件环境,例如可以电话上网、租用设备和信息由自己管理,有比 C/S 结构更强的适应范围,一般只要有操作系统和浏览器就行。它与操作系统平台关系最小,面向不可知的用户群。

② 结构不同。C/S 软件一般采用两层结构,而 B/S 软件采用三层结构。这两种结构的不同点是两层结构中的客户端参与运算,而三层结构中的客户端并不参与运算,只是简单地接受用户的请求,显示最后的结果。由于三层结构中的客户端并不需要参与运算,因此对客户端的计算机配置要求较低。虽然 B/S 结构采用了逻辑上的三层结构,但物理上的网络结构仍然是原来的以太网或环形网。这样,第一层与第二层结构之间的通信以及第二层与第三层结构之间的通信都需要占用同一条网络线路,网络通信量大。而 C/S 结构只有两层结构,网络通信量只包括客户机与服务器之间的通信量,网络通信量低。因此,C/S 结构处理大量信息的能力是 B/S 结构无法比拟的。

③ 处理模式不同。B/S 结构的处理模式与 C/S 结构相比,大大简化了客户端,只要装上操作系统、网络协议软件以及浏览器即可。这时的客户机称为瘦客户机,而服务器上则集中了所有的应用逻辑。

④ 程序架构不同。C/S 程序更加注重流程,可以对权限多层次校验,对系统运行速度较少考虑。B/S 程序对安全以及访问速度的多重考虑建立在需要更加优化的基础之上,比 C/S 程序有更高的要求。B/S 结构的程序架构是发展的趋势。

⑤ 安全要求不同。由于 C/S 结构采用配对的点对点的结构模式,并使用适用于局域网且安全性比较好的网络协议(例如 NT 的 NetBEUI 协议),因此安全性可得到较好的保证。C/S 结构一般面向相对固定的用户群,程序更加注重流程,它可以对权限进行多层次校验,提供更安全的存取模式,对信息安全的控制能力很强。一般高度机密的信息系统采用适宜 C/S 结构。而 B/S 结构采用点对多点、多点对多点的开放结构模式并使用 TCP/IP 这一类运用于 Internet 的开放性协议,其安全性只能靠数据服务器上管理密码的数据库来保证。因此,B/S 结构对安全以及访问速度比 C/S 结构有更高的要求,而 Internet 技术中这些关键的安全问题远未解决。

⑥ 软件重用性不同。C/S 程序由于不可避免的整体性考虑，构件的重用性不如在 B/S 结构下的构件的重用性好。B/S 程序用的是多重结构，要求构件有相对独立的功能，能够相对较好地重用。

⑦ 系统维护不同。系统维护是软件生存周期中开销最大的一部分。C/S 程序由于其本身的整体性，必须整体考察并处理出现的问题。而对于 B/S 结构，客户端不必进行安装及维护。B/S 结构在构件组成方面只变更个别构件，开发、维护等工作都集中在服务器端。当需要升级时，只需要更新服务器端的软件，而不必更换客户端软件，实现系统的无缝升级。这样就减轻了系统维护与升级的成本和工作量，使用户总体拥有成本大大降低。

⑧ 速度不同。由于 C/S 结构在逻辑结构上比 B/S 结构少一层，对于相同的任务，其完成的速度总比 B/S 结构快，更利于处理大量数据。

⑨ 用户接口不同。C/S 结构多是建立在 Windows 平台上，表现方法有限，对程序员普遍要求较高。B/S 结构建立在浏览器上，有更加丰富和生动的表现方式与用户交流，并且大部分难度降低，减低了开发成本。

⑩ 交互性与信息流不同。交互性强是 C/S 结构固有的一个优点。在 C/S 结构中，客户端有一套完整的应用程序，在出错提示、在线帮助等方面都有强大的功能，并且可以在子程序间自由切换。B/S 结构虽然由 JavaScript 和 VBScript 提供了一定的交互能力，但与 C/S 结构的一整套客户应用程序相比是很有限的。C/S 结构的信息流单一，而 B/S 结构可处理如 B2B、B2C、B2G 等信息并具有流向的变化。

综上所述，可见 B/S 与 C/S 这两种技术各有利弊。

C/S 技术是 20 世纪 90 年代的主流开发技术，它主要局限于内部局域网的需要，因而缺乏作为应用平台的一些特性，难以扩展到互联网这样的环境，而且要求开发者自己处理事务管理、消息队列、数据的复制和同步、通信安全等系统级的问题。这对应用开发者提出了较高的要求，而且迫使应用开发者投入很多精力解决应用程序以外的问题。这使得应用程序的维护、移植和互操作变得复杂，成为 C/S 技术的一大缺陷。

不过，与 B/S 技术相比，C/S 技术发展历史更为"悠久"。从技术成熟度及软件设计、开发人员的掌握水平看，C/S 技术更成熟、更可靠。在某些情况下，采用 100% 的 B/S 方式将造成系统响应速度慢、服务器开销大、通信带宽要求高、安全性差、总投资增加等问题。而且，对于一些复杂的应用，B/S 方式目前尚没有合适方法进行开发。

客观地分析 C/S 和 B/S 技术的优劣，可以得出以下结论：建立 C/S 和 B/S 结构相结合的网络构架已成为必然趋势。在实际开发和规划系统时要有的放矢，才能搭建成合适的信息系统。

本 章 小 结

本章介绍了信息系统及信息系统开发的概念，通过对信息系统应用现状的分析，阐述了信息系统应用的普及性及重要性，说明了信息系统开发的特点，分析了信息系统生命周期阶段的划分，这些是本书后续分析与设计的基点。

信息系统开发方法的分类标准不尽相同,结构化系统开发方法、原型法、面向对象开发方法和计算机辅助开发方法目前已得到广泛应用。虽然它们的开发思路略有不同,应用范围也有所区别,但是各种方法的核心问题都是以系统分析与系统设计展开的,这也正是结构化系统开发方法的主要步骤。因此,全面掌握结构化系统开发方法对成功开发信息系统是十分必要的。

信息系统开发环境虽然有单机及网络之分,但信息传输功能的实现为网络资源共享提供了有效平台。因此,要分析信息系统的具体应用环境来选择适用的网络体系结构。

本章还介绍了信息系统发展的阶段理论,重点介绍了诺兰模型,总结了信息系统发展的一般规律,对信息系统开发具有一定的指导作用。

习　　题

1. 什么是信息系统?信息系统的发展主要经历了哪三个阶段?
2. 请列举出三个在企业中常用的信息系统。
3. 信息系统的生命周期包括哪几个主要阶段?
4. 诺兰把信息系统的发展过程划分为几个阶段?各阶段的主要特征是什么?
5. 信息系统有哪些主要开发方法?
6. 结构化系统开发方法的主要特点是什么?
7. 面向对象有哪些优点?
8. C/S 结构和 B/S 结构有哪些区别?

第 2 章 信息系统规划

信息系统对企业来说是一项耗资巨大、技术复杂、管理变革大、经历时间长的工程项目,信息系统建设本身也是复杂度高的社会技术系统工程,如果不经过很好的策划而草率上马将会造成很大浪费,甚至给企业带来混乱。目前,我国开发的信息系统单项应用的多,综合应用的少。有的系统适应性差,难于扩充。有些规模较大的项目由于没有系统规划和科学论证,上马时轰轰烈烈,上马后困难重重而骑虎难下,不仅造成资金和人力的巨大浪费,而且为今后的系统建设留下隐患。许多企业花了巨大代价开发的信息系统不是失败就是无法达到所预想的效果。导致这些问题的原因往往是没有进行正确的信息系统规划。常见的有关信息系统规划的误区如下。

① 认为信息系统(IS)战略和规划只是技术方面的问题。
② 脱离企业实际的信息系统基础设施与业务过程的改变。
③ 企业战略的制订没有信息系统人员的参与。
④ 战略和规划缺乏灵活性。
⑤ 压根没有信息系统规划。

科学的规划可以有效回避这些问题或减少问题发生的概率,使系统具有良好的整体性和较高的适应性,并且使建设工作有良好的阶段性,可缩短系统的开发周期,节约开发费用。

信息系统规划可以从整体上把握管理信息系统的开发,有利于集中全部资源优势,使其得到合理配置与使用;使开发的目标系统与用户建立良好的关系;促进管理信息系统的开发与深化。系统规划报告可作为系统开发的标准,促使管理人员回顾过去的工作,发现可改进的薄弱环节。

信息系统规划阶段的成果包括两方面内容:一方面是系统规划报告,它是系统的技术文档;另一方面是开发计划、开发合同、系统规划报告评审意见等管理文档。

2.1 信息系统规划的目标与内容

信息系统规划指根据组织的战略目标和用户提出的需求,从用户的现状出发,经过调查,对所要开发管理信息系统的技术方案、实施过程、阶段划分、开发组织和开发队伍、投资规模、资金来源及工作进度等,用系统的、科学的、发展的观点进行全面规划。在进行系统规划时,一般应对现行系统进行创造性分析和批判性分析。创造性分析是指对现存问题采用新的方法进行调查分析。批判性分析是指毫无偏见地仔细询问系统中各组成部分是否有效益或效率、是否应建立新的系统以及是否是超越手动作业系统的自动化;询问用户的陈述和假设,选择合理的解决方法;查清及分析有冲突的目标及发展方向。

2.1.1 总体目标与主要内容

信息系统规划是信息系统生命周期的第一阶段。从广义上讲,这一阶段的总体目标是明确系统整个生命周期内的发展方向、系统规模和开发计划,从而建立一个广泛的、多功能的业务过程和通用的信息平台,为企业的战略、业务过程和业务变革提供支持,为企业获取竞争优势。

但是在企业信息系统应用的过程中,整体系统很难一次成型,需要经历不同的阶段逐渐发展完善(如图 2-1 所示)。

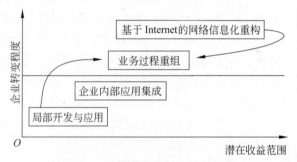

图 2-1 信息系统应用的四个层次

1. 信息系统应用层次

由于每个层次显示了与组织开发能力相关的潜在收益的不同,因此它们对信息系统目的和任务的要求也是不同的。只有在某个阶段对某个企业来说是最佳的层次,而没有一个层次对所有企业来讲都是最好的。因此,要在掌握各层次特点(如表 2-1 所示)基础上针对企业实际情况进行系统规划。

表 2-1 信息系统应用的四个层次

应用层次	特 点	内 容
局部开发与应用	独特特征	运用 IT 优化重点项目,实现企业运作的增值
	主要优势	相对简单的 IT 开发;组织变化的阻力最小
	潜在弱点	存在类似组织复制的可能性;缺乏组织学习;与过去情况相比表现较好,但和第一流的表现有差距
	管理上的挑战	明确高价值领域;用第一流表现来衡量,以实现差异化;选择新的业绩衡量标准

续表

应用层次	特点	内容
企业内部应用集成	独特特征	运用IT创造无缝企业过程；反映技术集成性和组织相关性
	主要优势	支持全面质量管理；优化组织过程以提高效率和改善提供客户服务的能力
	潜在弱点	相对于舍弃旧规则采用新规则的组织，采用历史组织规则进行的自动化可能只发挥有限的作用
	管理上的挑战	关注过程上的整合和技术上的集成；确保业绩衡量标准是按照内部整合度制订的；与第一流能力进行比较
业务过程重组	独特特征	将关键过程重组以实现在将来的竞争力，而不是只对现有过程的修补；将IT能力作为将来组织能力的使能器
	主要优势	具有为客户提供高价值服务的能力；从过时的方式转变到新的商业模式；有先行者优势
	潜在弱点	如果只是被看成对历史或目前过程的修改，则可获得的收益是有限的；过程重组可能受到内外的阻力
	管理上的挑战	明确过程重组的原则；认识到比选择一个能支持过程重组的技术平台更重要的是组织问题
基于Internet的网络信息化重构	独特特征	和合作伙伴联系通过企业网络提供产品和服务；开发IT的学习能力以及合作和控制能力
	主要优势	提高了组织在更大范围和领域内的竞争能力；优化组织关系，保持灵活快速的反应能力，满足个性化的用户需求
	潜在弱点	不同组织之间缺乏良好的合作方式可能造成不能提供差异化的竞争力；如果内部的系统不完善，将阻碍从外部学习的能力
	管理上的挑战	明确网络信息化重构的原则；将企业网络信息化重构的重要性提高到战略地位；合理调整绩效衡量标准

2. 信息系统规划的特点

信息系统规划阶段是概念系统形成的时期。信息系统规划具有以下几个特点。

① 信息系统规划是面向全局、面向长远的关键问题，具有较强的不确定性，结构化程度较低。

② 信息系统规划是高层次的系统分析，高层管理人员是工作的主体。

③ 信息系统规划不宜过细。信息系统规划的目的是为整个系统确定发展战略、总体结构和资源计划，而不是解决系统开发中的具体问题。它要给后续工作以指导，而不是代替后续工作。在信息系统规划阶段，系统结构着眼于子系统的划分，对数据的描述在于划分数据类，进一步的划分是后续工作的任务。

④ 信息系统规划是企业规划的一部分并随环境发展而变化。

信息系统规划阶段是一个管理决策过程。它要应用现代信息技术有效地支持管理决策的总体方案。它也是管理与技术结合的过程，规划人员对管理及技术发展的见识、开创精神和务实态度是信息系统规划成功的关键因素。

3. 信息系统规划的原则

信息系统规划应遵循以下原则。

① 支持企业的总目标。企业的战略目标是信息系统规划的出发点。信息系统规划从企业目标出发,分析企业管理的信息需求,逐步导出信息系统的战略目标和总体结构。

② 整体上着眼于高层管理,兼顾各管理层的要求。

③ 摆脱信息系统对组织机构的依从性。首先要着眼于企业过程。企业最基本的活动和决策可以独立于任何管理层和管理职责。例如,"库存管理"可以定义为"原材料、零件和组件的收发控制和库存量的估计过程"。这个过程可以由一个部门单独完成,也可以由多个部门联合完成。组织机构可以有变动,但库存管理的过程大体上是不变的。对企业过程的了解往往从现行组织机构入手,但只有摆脱对它的依从性,才能提高信息系统的应变能力。

④ 使系统结构有良好的整体性。信息系统规划和实现的过程是一个"自顶向下规划,自底向上实现"的过程。采用自顶向下的规划方法可以保证系统结构的完整性和信息的一致性。

⑤ 便于实施。信息系统规划应给后续工作提供指导,要便于实施。方案选择应追求实效,宜选择最经济、简单、易于实施的方案。技术手段强调实用,不片面求新。

4. 信息系统规划的主要内容

信息系统规划在企业的业务与信息系统之间架起了一座桥梁,它必须在企业战略的指导下进行,指明企业信息系统开发的基本原理、当前状况和管理战略。但是人们一般在信息系统规划的问题上过多地关注于技术,而忽略了业务、管理和组织的内容。为此,信息系统规划的主要内容应包括以下四点。

① 信息系统战略规划:根据组织的发展目标与战略制订业务流程改革与创新的目标和信息系统的发展战略。

② 业务流程规划:制订组织的业务流程规划,确定业务流程改革与创新的方案。

③ 总体结构规划:根据组织目标和业务流程规划确定信息系统的总体结构规划方案。

④ 项目实施与资源分配规划:安排项目实施方案,制订信息系统建设的资源分配方案。

2.1.2 信息系统战略规划

战略问题是指关于一个组织生存与发展的全局性、关键性和长期性的问题。信息系统战略规划就是针对上述这些问题提出来的,它通常包括主要发展目标、发展重点、实现目标的途径和措施等。信息系统战略规划既可以看成企业战略规划下的一个专门性规划,也可以看成企业战略规划的一个重要组成部分。当一个企业制订或调整企业战略规划与核心业务流程时,可以借助已有的信息系统提供支持,因为信息系统能提供各种必要的信息支持企业战略规划的制订和核心业务流程的改革与创新。因此,要强调信息系统战略规划与企业组织的战略规划之间的协调。也就是说,无论信息系统战略规划是作为企业战略规划的一部分,还是作为一个专门性的规划,它都应当与企业战略规划有机地配合。信息系统必须支持与促进组织的变革与发展。如何使一个组织中的信息系统发展战略与组织本身的发展战略保持一致,是信息系统战略规划工作的核心问题之一。

1. 信息系统战略规划与企业战略规划

信息系统战略规划是企业战略规划的重要组成部分。制订信息系统的发展战略是信息系统规划阶段的任务之一。现有的信息系统可以为企业制订或调整企业战略规划提供各种必要的信息支持。因此,信息系统的战略规划应当与企业战略规划有机地配合。信息系统战略规划的核心问题之一就是使信息系统的发展战略与整个企业的发展战略保持一致。

关于企业战略规划,主要包括用于对重大方针计划和业务类型进行规划的企业总体战略;确定行业吸引力和企业竞争地位的竞争经营战略;用于规划营销、融资、制造等业务的职能战略。这些战略规划可划分为三个层次,即执行级、业务级和公司级规划,每一层次又都包含三个内容要素,即方向和目标、约束和政策、计划与指标。因此,组织的战略规划工作形成了如图 2-2 所示的包含 9 个节点的规划内容。同层次节点间形成了相互引导的关系,同内容要素

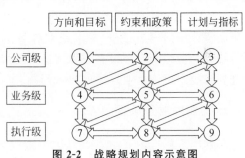

图 2-2 战略规划内容示意图

不同层次间形成了集成关系,下级节点规划工作会受到上级节点相邻内容要素的影响。类似地,信息系统战略规划过程也是环环相扣、互相作用和影响的。

2. 信息系统战略规划的内容

信息系统战略规划并不是一经制订就再也不发生变化的。事实上,各种因素的变化都可能随时影响整个规划的适应性。因此,信息系统战略规划需要不断修改以适应变化。具体来讲,信息系统战略规划主要包括如下内容。

① 信息系统的总目标、发展战略与总体结构。进行信息系统战略规划时,应根据企业的战略目标和内外约束条件,确定信息系统的总目标和总体结构。信息系统的总目标规定信息系统的发展方向,发展战略提出衡量具体工作完成的标准,总体结构则提供系统开发的框架。

② 对当前信息系统状况的了解。充分了解和评价当前信息系统的状况(包括软件配备、硬件设备、人员、各项费用、开发项目的进展及应用系统的情况)是制订战略规划的基础。

③ 对相关信息技术发展的预测。信息系统战略规划必然受到信息技术发展的影响。因此,对规划中涉及的软件/硬件技术和方法论的发展变化及其对信息系统的影响应做

出预测。

④ 近期发展的计划。战略计划涉及时间跨度较长,应对近期的发展做出具体的安排,包括硬件设备的购置、项目开发、系统维护的时间安排、人力和资金的需求计划等。

在信息系统规划中,战略规划阶段的目标是制订与组织机构的目标和战略相一致的支持组织的管理决策与核心业务流程的信息系统目标和战略。由于战略规划涉及的组织内外环境因素较多,不确定性问题较突出,因此目前还没有一种规范的制订信息系统战略规划的方法。一个科学的战略规划更多地取决于规划人员对组织内外环境及其发展趋势的正确估计和深刻理解,以及对发展目标和实现目标的途径的智谋和远见。各种规划方法可以起到辅助作用,具体将在 2.1.3 节中介绍。

2.1.3 业务流程规划

自 20 世纪后半叶以来,企业的生存环境发生了重大变化。社会经济与科学技术发展迅速,知识与信息正在成为社会经济发展的主导因素。经济全球化与市场国际化趋势加速,主要商品市场已由卖方市场转为买方市场,竞争日趋激烈,市场形势复杂多变,产品更新换代周期缩短,用户需求越来越多样化、个性化且愈加苛刻。工业经济时代形成的传统的企业组织管理模式难以适应新的市场竞争形势和社会经济发展的需要,业务流程规划与重组成为企业发展的热点问题。

1. 企业的业务流程

业务流程被定义为一个组织在完成其使命和实现其目标的过程中必需的逻辑上相关的一组活动。由于业务流程比组织内部的机构相对稳定,因此面向业务流程的信息系统在组织机构与管理体制变化时能够保持工作能力。然而,只是从 20 世纪 90 年代以来,业务流程才在管理改革与信息系统建设中受到特别关注。在此之前,人们更多关注的是企业管理的层次结构与职能结构。

2. 业务流程改善与业务流程再造

企业的业务流程直接体现企业的核心能力,是企业完成其使命和实现其目标的基础。传统企业管理模式下的企业业务流程非增值环节多,信息传递缓慢,同一流程各个环节之间和不同流程间关系混乱,特别是完整的业务流程被不同职能部门分割,大大降低了流程的效率与效益,难以及时捕获迅速变化的市场机会,致使整个企业效率与效益低下、竞争力弱,对市场形势与用户需求的变化反应迟钝、应变能力差。因此,必须应用现代信息技术与管理方法,对企业流程进行改革与创新,这样企业才能在新的经济环境与市场形势下生存与发展。

自 20 世纪 80 年代以来,国际管理学术界和企业界兴起了管理改革的热潮。首先兴起的是业务流程改善(Business Process Improvement,BPI),它寻求对企业业务流程的连续而渐进的改善。然而,许多企业发现渐进的改善不能从根本上解决企业面临的挑战。1990 年,美国的哈默博士把"再造"的思想引入管理领域,提出了业务流程再造(Business Process Reengineering,BPR)的概念。哈默认为,BPR 是指对企业业务流程进行根本性的再思考和彻底性的再设计，从而使企业的关键绩效指标（如成本、质量、服务、效率等）获得巨大的提高。哈默主张"推倒重来"，倡导"在一张白纸上重新开始"。

BPR 在 20 世纪 90 年代成为西方管理界与企业界的热门话题，被视为现代管理的一场革命。一些大企业（如福特汽车、通用汽车、IBM 等）从 BPR 中获得了巨大成就。然而，据统计，BPR 项目的失败率高达 70%。这说明，实行 BPI 还是 BPR 须视企业面临的问题和环境而定。2.4 节将对这一问题进行深入探讨，其中所提及的企业业务流程改革的概念统指对业务流程的改善与再造，包含了上述 BPI 和 BPR 两方面的内容。

3. 企业的业务流程改革的主要原则

企业的业务流程改革应遵循以下主要原则。

① 有一个明确的具有启发性的目标，即共同愿景。把企业业务流程看作企业战略的对象，并且把流程与企业联系起来是流程改革项目成功的必要条件。然而，在一个复杂的企业中，战略和流程之间往往存在一条鸿沟。连接企业战略和企业业务流程的桥梁便是流程愿景。因此，流程创新应该从企业战略开始，所期望的战略定位和流程愿景应该是业务流程改革的起点。

② 充分考虑顾客价值。在当今以消费为导向的时代，对市场环境急剧变化做出快速反应，并有效地提供顾客满意的产品和服务是业务流程改革的另一个驱动力。顾客的满意度和企业的竞争力之间存在密切联系，企业必须充分考虑现实顾客和潜在顾客的价值。

③ 必须服从统一指挥。业务流程改革是一个自上而下的过程，同时它又是一个跨部门的综合性的全新工程，为确保业务流程改革的贯彻有序，必须使员工服从统一指挥。同时，要求领导人必须是企业高层的、资深的、有威信的核心人员。

④ 充分做好横向及纵向沟通。一方面，再造从上往下推行，高层管理人员必须讲清楚为什么这样做和如何做，使得全体员工理解再造的方法和目标；另一方面，流程改革势必造成中层管理人员减少，这就要求部门之间多加沟通。

⑤ 认识流程改革的两大要素——信息技术/信息系统和人员组织管理。流程改革将对企业流程进行彻底的革新，这种变化的使能器是信息技术和人与组织的管理。二者相辅相成，缺一不可，它们是企业流程创新的源泉。

⑥ 树立典范、逐步推进，充分利用变革的涟漪效应。业务流程改革在实施过程中，一般不可能所有流程并驾齐驱，这就要求精心挑选适当规模的实验项目，用一般渐进改善无法达到显著的绩效增长，向员工们表明流程改革的有效性，树立典范，再推广到整个组织，从而引起整个组织的变革，实现涟漪效应。

2.1.4 总体结构规划

信息系统总体结构规划是信息系统规划的中心环节，这一环节要完成的任务包括组织的信息需求分析、系统的数据规划、功能规划与子系统的划分以及信息资源配置规划。

组织的信息需求分析是这一环节的基础工作。组织的业务流程（特别是核心业务流程）是由组织的使命、目标与战略决定的。有效地支持业务流程高效率、高效益、高应变能力的运作是信息系统的任务。因此,在准确识别和严格定义业务流程的基础上,要准确识别每个流程的高效率、高效益和高应变能力需要什么信息支持,而这些流程又会产生哪些信息支持其他的运作。

数据是信息系统最重要的资源。科学而系统的数据规划是信息系统成功的基本条件。数据混乱是导致信息系统失败的重要原因之一。因此,必须在组织的信息需求分析的基础上,分类定义各主题数据,严格确定各类数据的来源、用途和规范,为将来系统开发时的数据管理打下坚实基础。

功能规划与子系统划分是信息系统总体结构规划的核心与关键所在。其任务是在识别业务流程、明确组织信息需求和定义主题数据的基础上,确定信息系统为支持组织的目标与战略和业务流程的运作所要及时准确提供的信息,以及为提供这些信息而须收集和加工的信息;根据业务流程的性质和范围划分支持与处理有关信息的子系统,明确这些子系统的功能和子系统之间的数据联系,形成功能规划与子系统划分的方案。

有关总体结构规划方法的内容将在 2.2 节详细介绍。

2.1.5 项目实施与资源分配规划

用于信息系统开发的各类资源总是有限的,这些有限资源无法同时满足全部应用项目的实施。而且,一个组织内部各部分信息系统建设的需求与具备的条件是不平衡的。因此,应该针对这些应用项目的优先顺序给予合理分配。

1. 制订项目实施规划

通常是把规划的整个信息系统划分成若干应用项目,然后分期分批实施;即根据发展战略和系统总体结构,确定系统和应用项目的开发顺序和时间安排。在确定一个应用项目的优先顺序时,应该依据以下五方面进行分析。

① 该项目的实施对组织的改革与发展有显著的推动作用。
② 该项目的实施预计可明显节省费用或增加利润,这是一种定量因素的分析。
③ 对于无法定量分析其实施效果的项目,通过提高职工工资往往可以激发职工的工作积极性,但这种积极性究竟能产生多大的经济效益是无法定量估计的。
④ 制度上的因素,即为了保证整个系统的开发研制工作能有条理地进行,有些原先并没有包括在系统开发工作之内的项目应给予较高优先级。
⑤ 系统管理方面的需要,例如有些项目往往是其他一些项目的前提,那么对于这样的项目就应该优先实施。

2. 制订资源分配方案

对规划中的每个项目实施所需的硬件/软件资源,数据通信设备、人员、技术、服务、资金等进行估计,提出整个系统建设的概算。

2.2 信息系统总体结构规划方法

信息系统规划涉及的时间长、内外因素多、不确定性问题突出,因此合理的规划更多地取决于规划人员的远见卓识以及他们对环境及其发展趋势的理解,各种方法只能起到辅助作用。

用于企业信息系统规划的方法有很多,主要有关键成功因素法(Critical Success Factor,CSF)、战略目标集转化法(Strategy Set Transformation,SST)和企业系统规划法(Business System Planning,BSP)。其他方法还包括基于 BPR 的信息系统战略规划方法、企业信息分析与集成技术(BIA&IT)、投资回收法(ROI)等。在此,主要介绍前面三种方法。

2.2.1 关键成功因素法

在现行系统中,总存在着多个变量影响系统目标的实现,其中有若干因素是关键的和主要的,即关键成功因素。通过对关键成功因素的识别,找出实现目标所需的关键信息集合,从而确定系统开发的优先次序——这是关键成功因素法(CSF)的主要思想。

1970 年,哈佛大学教授 William Zani 在 MIS 模型中使用了关键成功变量,这些变量是决定 MIS 成败的因素。1980 年,麻省理工学院教授 John 把 CSF 提升为信息系统战略规划的方法。所谓关键成功因素指的是企业或组织在规划期内影响企业战略成功实现的关键性的任务。其基本出发点是认为企业的信息系统需求是由少数 CSF 所决定的。

企业的关键成功因素的特点如下所示。
① 少量的易于识别的可操作的目标;
② 可确保企业的成功;
③ 可用于决定组织的信息需求。

CSF 方法的主要工作包括如下方面。
① 从管理人员处收集 CSF;
② 逐个分析每个 CSF;
③ 对整个企业的 CSF 达成一致;
④ 确定企业的 CSF;
⑤ 使用 CSF 确定信息系统开发的优先级。

采用关键成功因素法对企业进行信息系统规划可遵循如图 2-3 所示的流程。

关键成功因素法源于组织的目标,通过进行目标分解和识别、关键成功因素识别和性能指标识别,一直到产生数据字典。识别关键成功因素就是要识别联系组织目标的主要数据类型及其关系。不同组织的关键成功因素是不同的,不同时期的关键成功因素也是不同的。当一个时期内的关键成功因素解决后,新的关键成功因素识别又开始。

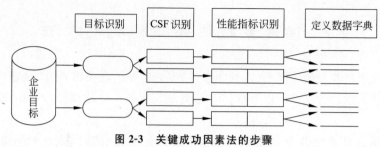

图 2-3 关键成功因素法的步骤

在使用 CSF 时,通过对企业关键成功因素的分析,直接总结出企业的关键业务过程,通过信息系统规划确定需要信息系统实现的业务过程,从而使得信息系统支持企业的关键业务过程。

要识别一个企业的关键成功因素,首先要了解企业的目标。从这个目标出发,可以看到哪些因素与之相关,哪些因素与之无关。在与之相关的因素中,又可以进一步辨识出其中哪些是直接相关(是实现目标的主要影响者)和哪些是间接相关。一般可以采用树枝因果图作为识别的工具。

例如,某企业有一个目标是提高产品竞争能力,可用因果图画出影响它的各种因素以及影响这些因素的子因素,如图 2-4 所示。

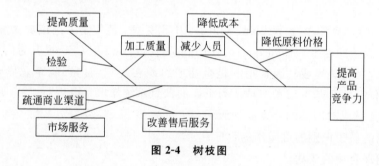

图 2-4 树枝图

不同的企业对 CSF 的评价不同。习惯于高层人员个人决策的企业主要由高层人员个人在此图中选择 CSF;对于习惯于群体决策的企业可以将不同人设想的 CSF 综合起来。CSF 在高层应用效果较好,因为高层领导人员时常考虑什么是 CSF。由于业务流程重组主要是由高层领导人员参与的,因此他们对找到企业的 CSF 是轻车熟路的。这也是选择 CSF 作为重组过程方法的原因之一。

2.2.2 战略目标集转化法

战略目标集转化法(SST)是 William King 于 1978 年提出的,他把整个战略目标看成一个"信息集合",由使命、目标、战略等组成。管理信息系统的规划过程是把组织的战略目标转换成管理信息系统的战略目标的过程,这是战略目标集转化法的基本思想。战略规划的过程则是由组织战略集转换成信息系统战略集的过程。

1. 组织战略集

组织战略集是组织本身战略规划过程的产物,包括组织的使命、目标、战略和其他一些与信息系统有关的组织属性。

组织的使命描述该组织是什么、为什么存在和它能做出什么贡献。简言之,描述该组织属于什么具体的行业或部门。

组织的目标就是它希望达到的目的。这些目标可以是定量的,也可以是定性的。

组织的战略是为达到目标而制订的总方针。

其他战略性组织属性(如管理水平、管理者对信息技术了解的程度、采用新技术的态度等)虽然难以度量,但对信息系统建设影响很大。

2. 信息系统战略集

信息系统战略集由系统目标、系统约束和系统开发战略构成。

系统目标主要定义信息系统的服务要求。其采用类似组织目标的描述,但更加具体。

系统约束包括内部约束和外部约束。内部约束产生于组织本身,如人员组成、资金预算等。外部约束来自企业外部,如政府和企业界对组织报告的要求、同其他系统的接口环境等。

系统开发战略是战略集的重要元素,相当于系统开发中应当遵循的一系列原则,如系统安全可靠等要求、科学的开发方法及合理的管理等。

3. 信息系统战略规划过程

第一步是识别组织的战略集,先考察该组织是否有成文的战略式长期计划,如果没有,就要构造这种战略集合。构造战略集合可以采用以下步骤。

① 描绘出组织的各类人员结构,如卖主、经理、雇员、供应商、客户、贷款人、政府代理人、地区社团及竞争者等。

② 识别每类人员的目标。

③ 对于每类人员识别其使命及战略。

第二步是将组织战略集转换成 MIS 战略,MIS 战略应包括系统目标、约束以及设计原则等。这个转换的过程包括对应组织战略集的每个元素识别对应的 MIS 战略约束,然后提出整个 MIS 的结构。最后,选出一个方案提交给组织的最高管理者审查,收集反馈信息,分析最高管理者同意或不同意的程度,判断战略集元素的优先次序,评价其他战略性组织属性。

以上识别与转换的过程可用图 2-5 进行描述。

由图 2-5 可以看出,目标是由不同群体引出的。例如,组织目标 O1 由股票持有人(S)、债权人(Cr)以及管理者(M)引出;组织战略 S1 由目标 O1 和 O6 引出,以此类推。这样就可以列出 MIS 的目标、约束以及设计战略。

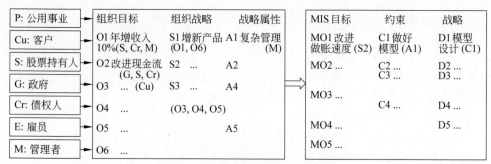

图 2-5 战略目标集转换法的步骤

2.2.3 企业系统规划法

IBM 公司在 20 世纪 70 年代提出了 BSP 方法,用于内部系统开发。它主要基于用信息支持企业运行的思想,是一种自上而下识别系统目标、业务过程和数据,然后再自下而上设计系统以支持目标的 IS 规划方法,其基本过程如图 2-6 所示。

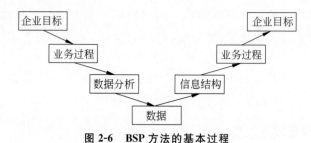

图 2-6 BSP 方法的基本过程

在 BSP 方法的应用中要把握以下 5 个原则。
① 必须支持企业的战略目标。
② 应当表达出企业各个管理层次的需求。
③ 应该向整个企业提供一致信息。
④ 应该经得起组织机构和管理体制的变化。
⑤ 先"自上而下"识别和分析,再"自下而上"设计。

这样设计的 MIS 结构就会支持企业目标的实现,表达所有管理层次的要求,向企业提供一致性信息,对组织机构的变动具有适应性。BSP 方法的作用主要有以下三点。

① 确定未来信息系统的总体结构,明确系统的子系统组成和开发子系统的先后顺序。

② 对数据进行统一规划、管理和控制,明确各子系统之间的数据交换关系,保证信息的一致性。

③ 保证管理信息系统独立于企业的组织机构,也就是能够使信息系统具有对环境变更的适应性。

2.2.4 三种规划方法的比较

以上三种信息系统的规划方法各有利弊。

CSF 方法能抓住主要矛盾,使目标的识别突出重点。用这种方法所确定的目标与传统的方法衔接得比较好,但是一般最有利的只是在确定管理目标上。

SST 方法从另一个角度识别管理目标,它反映了各种人的要求,而且给出了按这种要求的分层,然后转换为信息系统目标的结构化方法。它能保证目标比较全面,疏漏较少,但在突出重点方面不如前者。

BSP 方法虽然也首先强调目标,但它没有明显的目标引出过程。它通过管理人员酝酿"过程"引出系统目标,企业目标到系统目标的转换是通过矩阵分析得到的。这样可以定义新的系统以支持企业过程,把企业的目标转换为系统的目标,因此我们说识别企业过程是 BSP 战略规划的中心。

我们可以把这三种方法结合起来使用,称之为 CSB 方法(即将 CSF、SST 和 BSP 相结合)。这种方法先用 CSF 方法确定企业目标,然后用 SST 方法补充完善企业目标并将这些目标转换为信息系统目标,用 BSP 方法校核两个目标并确定信息系统结构,补充了单个方法的不足。当然这也使得整个方法过于复杂,而削弱了单个方法的灵活性。可以说,迄今为止信息系统战略规划没有一种十全十美的方法。由于战略规划本身的非结构性,可能永远也找不到一个唯一解。进行任何一个企业的规划均不应照搬以上方法,而应具体情况具体分析,选择以上方法的可取思想,灵活运用。本书重点介绍 BSP 方法的应用。

2.3 企业系统规划法的步骤

企业系统规划法是通过全面调查分析企业信息需求以制定信息系统总体方案的一种方法,其工作流程如图 2-7 所示。

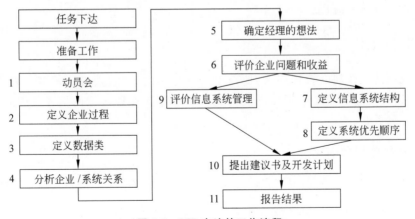

图 2-7 BSP 方法的工作流程

① 做准备工作和开动员会:成立由最高领导牵头的委员会,下设一个规划研究组,

开动员会,提出工作计划。

② 定义企业过程:首先确定各级管理的统一目标,各个部门的目标要服从总体目标。只有明确企业的管理目标,信息系统才可能给企业直接的支持。然后规划组成员通过查阅资料,深入各级管理层,了解企业有关决策过程、组织职能和部门的主要活动和存在的主要问题,识别企业在管理过程中的主要活动,定义企业业务过程。业务过程指的是企业管理中必要的逻辑上相关的和为了完成某种管理功能的一组活动。在业务过程定义的基础上,要进行业务流程重组,找出哪些过程是正确的,哪些过程是低效的;需要在信息技术支持下进行优化处理,对于那些不适合计算机信息处理特点的过程应当取消。

③ 定义数据类:从各项业务过程的角度将与该业务过程有关的输入数据和输出数据按逻辑相关性整理出来归纳成数据类。

④ 分析企业/系统关系:分析企业中各组织是系统过程的主要负责者或决策者还是主要参加者或部分参加者,并且明确各组织是正在使用该系统还是计划使用该系统。

⑤ 确定经理的想法:作为规划组的成员应当准备好采访提纲并进行有效采访,以确定企业领导对企业前景的看法。

⑥ 评价企业问题和收益:根据采访资料进行分析总结,以评价企业的问题和现行收益。

⑦ 定义信息系统结构:刻画未来信息系统的框架和相应的数据类,确定信息系统各个部分及其相关数据之间的关系,利用 U/C 矩阵划分子系统。

⑧ 确定系统优先顺序:确定各子系统实施的先后顺序,排出开发计划。

⑨ 评价信息系统管理:对原信息系统管理过程和企业支持程度进行评价,找出主要问题,分析新系统解决问题的能力。

⑩ 完成 BSP 研究报告,提出建议书和开发计划。

⑪ 提交报告结果。

在以上步骤中,最核心的内容是做好准备工作、定义企业过程、定义数据类、定义信息系统结构和确定系统优先顺序。

2.3.1 准备工作

总体规划涉及较高的管理层次,要与多个管理部门接触,困难比较多。总体规划的成功与否,很大程度上取决于管理部门的支持和对总体规划队伍的信任。因此,规划的准备工作十分重要。

1. 成立总体规划小组

进行 BSP 工作是一项系统工程性工作,要很好地进行准备。准备工作包括接受任务和组织队伍。

一般接受任务是由一个委员会承担。这个委员会要明确规划的方向和范围,在委员会下应有一个系统规划组,这个小组应有一定的权威,在本单位的第一、二把手领导下工作。组长由本单位具有工作实践经验、对管理人员有一定影响的人担任;组长应全时工作并具体参加规划活动。总体规划小组设秘书一人和若干调查小组,其成员除专职系统分析员外,还要有经验丰富的管理人员。顾问可聘请社会上有经验的信息系统专家。企业的所有报告和材料不应对他们保密。

2. 收集数据并制订计划

委员会委员和系统组成员思想上要明确"做什么""为什么做""如何做"以及"希望达到的目标是什么"。为此,需要大量调查,此阶段的调查比系统分析阶段的调查内容要粗一些,范围要广一些,因此被称为系统初步调查。为做好这个调查,要事先准备好调查表和调查提纲。调查表包括目标调查表、业务调查表、信息调查表等。调查提纲包括部门的职责、工作目标及主要指标、存在的问题、改进工作的可能性与困难、对信息系统的需求与估价等。调查表和调查提纲应预先发给调查对象。此外,还要准备必要的条件包括一个工作控制室、一个工作计划、一个采访交谈计划、一个最终报告的提纲以及一些必要的经费。所有这些均落实后,要得到委员会主任认可。在这一过程中,收集的数据包括下列两方面。

① 企业的一般情况:包括组织的环境/地位/特点、管理的基本目标、存在的主要问题、各种统计数字(人数、产值、产品、客户、合同)等。

② 现行信息系统的情况:包括概况、基本目标、技术力量、软/硬件环境、通信条件、经费、近两年来系统运行状况、各类统计数字(如程序量、用户数)等。

根据这些资料,最终要形成总体规划工作的 PERT 图或甘特图。

3. 开好动员会

动员会实际上是总体规划工作的开始,这是很重要的一步。许多企业对总体规划不重视,认为它是"虚"的,不过是几张报告,起不了什么作用。因此,应向管理人员灌输总体规划的基本思想和效益。总体规划所涉及的单位负责人都应出席动员会,由最高层的领导开会动员。

动员会的内容包括下列几方面。

① 宣布总体规划的业务领导,成立规划组,说清工作的期望。

② 规划组介绍企业的现状,包括政治上、经济上和管理上敏感的问题。

③ 规划组介绍企业的决策过程、组织功能、关键人物、用户的期望、用户对现有信息系统的看法等。

④ 规划组还要介绍规划范围、工作进度、新系统的设想及关键问题,并且介绍准备过程中收集到的信息,如国内外同类先进信息系统的情况。

⑤ 信息系统负责人介绍信息人员对于企业的看法,同时应介绍现有项目状况、历史状况以及信息系统的问题,让大家对企业和对信息支持的要求有个全面的了解。

在这里要再强调一下准备工作,如果准备工作没做好,不要仓促上阵。我国许多企业现在仍存在未认真做好准备工作就上马管理信息系统的情况,结果是欲速则不达,危害整个工程。确定总体规划的范围一般要延伸到高层管理。

2.3.2 定义企业过程

定义企业过程是 BSP 方法的核心,要求所有工作人员全力以赴去识别和描述过程,对它们要有透彻的了解,只有这样 BSP 才能成功。整个企业的管理活动由许多企业过程组成。企业过程被定义为逻辑上相关的一组决策和活动的集合,这些决策和活动是管理企业资源所需要的。识别企业过程可对企业如何完成其目标有个深刻的了解,可作为识别信息系统的基础。按照企业过程所建造的信息系统在企业组织变化时可以不必改变,或者说信息系统相对独立于组织。

1. 定义管理目标

为确定拟建的信息系统的目标,需要调查了解企业的目标和为达到这个目标所采取的经营方针以及实现目标的约束条件。一个组织的目标一般包括若干方面,例如对于高等学校来说,一要出人才,二要出科研成果。每个目标可以分解成若干子目标,子目标可以用一定的指标衡量。管理目标调查就是要通过采访各级管理部门,帮助它们提炼、归纳和汇总目标,绘制出目标树。各子目标要服从它所属的目标,目标之间不能互相矛盾,也不应完全相关。子目标的指标是根据上级指标、本企业历年统计、同类组织的最好指标等数字确定的。

定义管理目标十分重要。一个信息系统的优劣不在于它的技术是否先进,而在于它是否适合企业的目标以及能否解决企业需要解决的问题。

2. 识别资源并定义企业过程

这里说的"资源"是广义的,指被管理的对象。根据企业目标分别从计划与控制资源、产品与服务资源以及支持性资源这三方面完成识别资源任务,然后进一步分析、合并、调整或删除,最后得到企业过程分解系统。定义企业过程的步骤见图 2-8。

之所以从以上三方面出发,是因为无论哪种类型的企业,它们的经营活动归纳起来几乎都是由这三方面组成。我们可以称之为三个"源泉",任何活动都由此导出。

第一源为"计划与控制资源",可以把属于企业战略规划和管理控制方面的过程列于其中(见表 2-2)。

表 2-2 "计划与控制资源"业务过程

战 略 规 划	管 理 控 制	战 略 规 划	管 理 控 制
经济预测	市场/产品预测	预测管理	预测
组织计划	工作资金计划	目标开发	测量与评价
政策开发	雇员水平计划	产品线模型	
放弃/追求分析	运营计划		

第二源为"产品与服务资源",它是关键性资源,不同的企业其产品与服务是不同的。机械厂的产品是机械和零部件,科研单位的产品是科研成果,服务公司的产品则是提供各种服务。无论是哪种产品,都有一定的生命周期,它是指一项资源由产生到退出所经

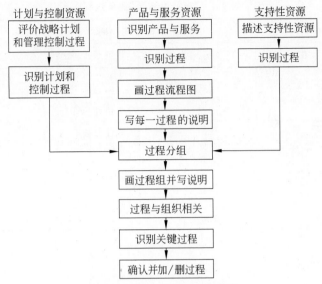

图 2-8 定义企业过程的步骤

历的阶段,一般划分为 4 个阶段。

① 产生阶段。对资源的请求、计划等活动属于这个阶段。

② 获得阶段。它指资源的开发活动,即获得资源的活动,例如产品的生产、学生的入学、人员的聘用等都属于这个阶段。

③ 服务阶段。它指资源的存储和服务的延续活动,如库存控制。

④ 归宿阶段。它指终止资源或服务的活动或决策,如产品的销售。

从以上每一个阶段都可识别出一些相关的过程,如表 2-3 所示。

表 2-3 "产品与服务资源"业务过程

产 生	获 得	服 务	归 宿
市场计划	工程设计开发		
市场研究	产品说明	库存控制	销 售
预 测	工程记录	接 受	订货服务
定 价	生产调度	质量控制	运 输
材料需求	生产运行	包装存储	运输管理
能力计划	购 买		

第三源为"支持性资源",它指为实现企业目标必须使用和消耗的那些资源,如原材料、资金、设备、人员等。从支持性资源可以识别出以下一些业务过程,如表 2-4 所示。

表 2-4 "支持性资源"业务过程

资源	生命周期			
	产 生	获 得	服 务	归 宿
资金	财务计划 成本控制	资金获得 接收	公文管理 银行账 会计总账	会计支付
人事	人事计划 工资管理	招聘 转业	补充和收益 职业发展	终止合同 退休
材料	需求生产	采购 接收	库存控制	订货控制 运输
设备	主设备 计划	设备购买 建设管理	机器维修 家具、附属物	设备报损

3. 识别管理功能组

管理功能组是管理各类资源的各种相关活动和决策的组合。管理人员通过管理这些资源支持管理目标。资源生命周期的概念有助于识别管理功能,为识别功能组提供线索;资源生命周期的 4 个阶段也给出了确定功能的一般规律,如表 2-2～表 2-4 所示。但识别功能并没有固定的公式,并非所有资源的生命周期都一定具有这 4 个阶段,在一个阶段中也不一定只有一个功能,应根据实际情况决定。开始时可以参照类似企业总结出来的情况。总体规划组的每个人都要参加这一工作并识别一套功能,然后一起讨论和汇总,得到统一的认识,同时对每个功能进行较详细的定义。例如,材料需求被定义为"考虑到最优库存和节省订购量等条件,对原材料进行合理计算,以满足生产进度安排"。识别管理功能组的结果是将相关过程组合,以便后续定义信息系统结构时使用。

4. 通用模型

上面介绍的这些业务过程只是理论上的大致过程。事实上,不同企业的情况是不同的,不一定都拥有上面提到的多种过程,但这种方法是通用的,每个企业都可以沿着这三个资源线索去识别本企业存在的各个过程。

识别业务过程也可以通过一个通用模型表示,如图 2-9 所示。

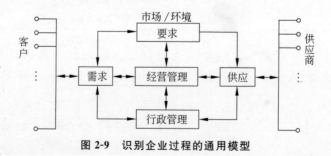

图 2-9 识别企业过程的通用模型

① "供应"是一个将产品生产与资源获取相连的过程,是企业与供应商的接口。
② "需求"连接了市场与生产,外部接口为客户。
③ "要求"包括定义产品/服务和确定产品/服务的过程。
④ "行政管理"连接了人事、资源和设备管理。
⑤ "经营管理"和其他 4 个方面有紧密的联系,对其他 4 个方面进行计划、控制和测量。

图 2-9 所示的都是一些概念较粗的过程,需要对其不断扩展,以适应特殊企业的需要。该模型将外部环境与内部结构相连接,从客户出发,概括了一个经营性的主要业务过程。

如果说前面所讲的识别过程的方法是从宏观到微观的分解,那么采用这种方法时往往需要参考一些典型的案例。各种类型的企业,同类之间有许多相似之处,在寻找过程时可作为参考。对于已确定的过程,应给出简要的过程说明以描述它们的职能。

例如,对于采购过程,以最好的价格及时得到材料、机器和特殊质量的供应,包括如下几方面。
① 供应商的评价和选择:进行评价,选择价格合适的材料、机器、设备、包装和运输服务等。
② 订货的安排和实现:对于已经选中的供应商品进行合适的采购订货,达到生产计划制订的(经理批准的)数量。
③ 接收和检验:接收(拒收)采购的材料、机器和供应品,检验其数量和质量并加以记录登账。

5. 阶段成果

识别过程是 BSP 方法成功的关键,要确保按以上步骤完成各项识别与定义工作并形成相应文件。本阶段输出应有以下文件。
① 一个过程组及过程表。
② 每一过程的简单说明。
③ 一个关键过程的表,即识别满足目标的关键过程。
④ 产品/服务过程的流程图。

通过这些文件,系统组成员能够很好地了解整个企业的运营是如何管理和控制的,至此定义企业过程告一段落。

2.3.3 定义数据类

在总体规划中把系统中密切相关的信息归成一类数据,这一类数据被称为数据类,如客户、产品、合同等都可称为数据类。

识别数据类的目的在于了解企业目前的数据状况和数据要求,查明数据共享的关系,建立数据类/功能矩阵,为定义信息结构提供基本依据。

1. 定义数据类的方法

定义数据类的基本方法仍然是对企业的基本活动进行调查研究。一般采用实体法和功能法分别进行,然后互相参照,归纳出数据类。

① 实体法。企业实体法涉及客户、产品、材料以及人员等客观存在的东西。该方法的第一步是列出企业实体,一般要列出 7～15 个实体。然后将实体列于水平方向,将数据类列于垂直方向,形成数据类/企业实体矩阵,如表 2-5 所示。

表 2-5 数据类/企业实体矩阵

企业实体 数据类	产品	客户	设备	材料	卖主	现金	人员
计划/模型	产品计划	销售领域 市场计划	能力计划 设备计划	材料需求 生产调度		预算	人员计划
统计/汇总	产品需求	销售历史	运行 设备利用	分类需求	卖主行为	财务统计	生产率 盈利历史
库存	产品 成本 零件	客户	设备 机器负荷	原材料 成本 材料单	卖主	财务会计 总账	雇用 工资 技术
业务	订货	运输		采购 订货	材料 接收	接收 支付	

② 功能法。另一种识别数据的方法是功能法,也叫过程法。它利用以前识别的企业过程,分析每一个过程利用什么数据和产生什么数据,或者说分析每一个过程的输入和输出数据是什么。对每个功能标出其输入、输出数据类,与第一种方法得到的数据类进行比较并调整,最后归纳出系统的数据类,一般为 30～60 个数据类。它可以用输入-处理-输出图表示(见图 2-10)。

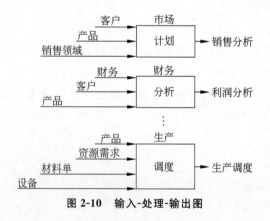

图 2-10 输入-处理-输出图

2. 绘制过程/数据类矩阵(U/C 矩阵图)

企业过程和数据类定义好之后,可以得到一张过程/数据类表格,表达企业过程与数据类之间的联系。以企业过程为行，以数据类为列，按照企业过程生成数据类关系填 C（即 create）和企业过程使用数据类关系填 U（即 use）的方式填充各单元格，形成了初始 U/C 矩阵图。图 2-11 是对某企业过程和数据类识别后绘制的初始 U/C 矩阵图。

过程＼数据类	客户	预算	财务	供应厂家	材料计划	材料库存	产品库存	客户合同	费用	销售	价格	收支	计划	人员	工资	在制品库存	生产进度	机床负荷	采购合同	工艺	产品	设备	零件	材料定额	工时定额
市场分析	U							U		U	U		U								U				
产品调查	U							U		U	U										U				
销售预测	U	C								U	U		C								U				
财务计划		U	U						U				C												
借贷资金		U	C										U												
基金管理		U	U																						
产品设计													U								C		C		
产品工艺																				C	U		U		
制订定额																				U	U		U	C	C
材料计划				U	C	U							U						U		U			U	
采购				C	U	U													C		U			U	
进货				C	U	U													U						
库存控制						C			U								U		U						
作业计划						U							U			U	C	C		U			U		U
在制品控制							U		U							C	U			U			U		
作业安排														U		U	U	U		U					U
设备管理																		U				C			
设备维修																		U				U			
机床安排																		U		U		U			
客户服务	C						U	U		U	U										U				
产品库存管理							C	U	U	U	U														
客户合同管理	U						U	C		C	U														
包装								U													U				
运货	U							U																	
财务记账		U	U					U			U	C							U						
出纳		U	U						U		U	U			U										
现金收支									U			C			U										
费用计算						U	U		C			U			U	U						U			
预算计划		C	U					U	U			U	U			U									
成本计算			U						U		C	U													
利润分析			U						U		U	U													
人员管理			U										U	C	C										
招工													U	U	C										
人员分配														U											U
考勤														U	C										U
支付工资			U											U	U										

图 2-11 初始 U/C 矩阵图

2.3.4 定义信息系统结构

有了初始 U/C 矩阵图后，就可以定义信息系统的结构，实际上就是划分子系统。BSP 方法是根据信息的产生和使用划分子系统的，它会尽量把信息产生的企业过程和使用的企业过程划分在一个子系统中,从而减少子系统之间的信息交换。

1. 调整初始 U/C 矩阵图

在初始 U/C 矩阵图中,数据类和过程是随机排列的,U 和 C 在矩阵中的排列也是分散的。我们以调换过程和数据类的顺序的方法尽量使 C 集中到对角线上排列。

首先,各企业过程按功能组排列,每一功能组中按资源生命周期的 4 个阶段排列。功能组就是同类型的功能,如"市场分析""产品调查""财务计划"等均属于经营计划类功能,归入"经营计划"功能组。以此类推,将相关企业过程排列成一个个功能组,完成行的调整。

其次,排列数据类,使得矩阵中的 C 最靠近主对角线。以行为标准,从左向右寻找 C 关系,即寻找每一个企业过程生成的数据类,找到后整个数据类向左移动,直到全部企业过程分析完为止。这样就形成调整后的 U/C 矩阵图,它将相关企业过程生成的相关数据类集中到一个区域,也就是 C 相对集中分布在矩阵的对角线上。

2. 划分子系统

在调整后的 U/C 矩阵图中画出功能组对应的下边界以及各功能组生成的最右侧相关数据类的右边界,将各集中区域用粗线条框起来,这样形成的框就是一个个子系统,如图 2-12 所示。

2.3.5 确定系统优先顺序

由于资源的限制,系统的开发必须有先后次序,不可能全面开花。划分子系统后,根据企业目标和技术约束确定子系统实现的优先顺序。

1. 分析数据流

在划分了子系统的基础上,用箭头把落在系统框外的 U 与子系统联系起来,表示子系统之间的数据流。粗框外的 U 表示一个系统使用另一个子系统的数据。例如,数据类"预算"由"经营计划"子系统产生,而"会计"子系统要用到这一数据类,则可用垂线连接两个子系统。在连接过程中,如果有的系统间数据流向已表示过,则不必重复绘制。这样数据流分析的绘制过程如图 2-13 所示。

通常先分析矩阵对角线下方从左至右的连接,再分析对角线上方从右至左的连接,可形成逆时针方向的封闭箭线,最后确定信息系统主体结构,这被称为信息系统的数据流图,可简化为图 2-14 所示,用于描述各子系统的数据传递关系。

2. 确定优先顺序

各子系统实施的优先顺序的确定应满足定量分析与定性分析相结合的原则。

① 技术约束分析。对子系统之间的关联情况进行分析,有较多子系统共享的数据应较早实现。当然也要考虑数据的重要性及关联的紧密程度。也就是说,输出数据流较多的子系统优先级别较高,之后再考虑输入数据流和子系统数据流总量。这属于定量分析。

数据类\过程	预算	计划	财务	产品	零件	工艺	材料定额	工时定额	材料计划	供应厂家	采购合同	材料库存	生产进度	机床负荷	在制品库存	设备	客户	产品库存	客户合同	销售	收支	费用	价格	人员	工资
市场分析				U	U												U	U		U			U		
产品调查				U													U	U		U					
销售预测	C	C		U													U			U					
财务计划	U	C	U																			U			
借贷资金	U	U	C																						
基金管理	U		U																						
产品设计			U	C	C																				
产品工艺				U	U	C																			
制订定额				U	U	U	C	C																	
材料计划		U			U		U		C	U	U	U													
采购					U					U	C	U													
进货										U	U	C													
库存控制												U	C	U											
作业计划		U			U		U		U				U	C	C	U									
在制品控制						U	U						U		C			U				U			
作业安排						U	U		U				U	U										U	
设备管理													U	U		C									
设备维修													U			U									
机床安排						U							U	U											
客户服务			U														C	U	U			U			
产品库存管理																		C	U	U					
客户合同管理																	U	U	C	C			U		
包装				U														U							
运货																	U	U							
财务记账	U		U										U					U			C	U			
出纳	U		U																		U	U	U		U
现金收支																					C	U			
费用计算									U					U	U						U	C			U
预算计划	C	U	U																		U	U	C		
成本计算				U																	U	U	C		
利润分析				U																	U	U	U		
人员管理	U	U																						C	C
招工		U																						U	C
人员分配								U																U	
考勤								U																U	C
支付工资			U																					U	U

图 2-12　调整后的 U/C 矩阵图

② 系统需求程度与潜在效益评估。定量分析的结论还不能作为最后优先级顺序，一般来讲，对企业贡献大的、需求迫切的、容易开发的系统要优先开发，因此可进行必要的调整。

通过对管理人员、决策者的调查访问进行定性评估。根据评估准则（如潜在效益、对企业的影响、迫切性等），对每个子系统在管理人员和决策人员中用评分的办法进行评估，每个子系统的得分作为考虑优先顺序的参考。

过程\数据类	预算	计划	财务	产品	零件	工艺	材料定额	工时定额	材料计划	供应厂家	采购合同	材料库存	生产进度	机床负荷	在制品库存	设备	客户	产品库存	客户合同	销售	收支	费用	价格	人员	工资
市场分析		U		U													U	U		U			U		
产品调查				U													U	U		U			U		
销售预测	C	C		U													U	U		U			U		
财务计划	U	C	U																	U					
借贷资金	U	U	U																						
基金管理	U		U																						
产品设计		U		C	C																				
产品工艺				U	U	C																			
制订定额				U	U	U	C	C																	
材料计划		U		U			U		C	U	U	U													
采购				U			U			U	C	U													
进货										U	C	U													
库存控制												U								U					
作业计划		U			U	U						U	C	C	U										
在制品控制					U	U							U	C		U									
作业安排					U								U	U	U									U	
设备管理													U	U		C									
设备维修													U	U		U									
机床安排					U								U	U		U									
客户服务				U												C	U	U	U			U			
产品库存管理																	C	U	U						
客户合同管理																	U	U	C	C					
包装				U														U	U						
运货																	U	U	U						
财务记账	U		U						U											C	U				
出纳	U		U																	U	U	U			U
现金收支																				C	U				
费用计算									U									U		U	U	C			U
预算计划	C	U	U															U			U	U			
成本计算			U																		U	U	C		
利润分析			U																		U	U	U		
人员管理		U	U																					C	C
招工		U																						U	U
人员分配							U																	U	U
考勤							U																	U	C
支付工资																								U	C

图 2-13 系统数据流分析过程图

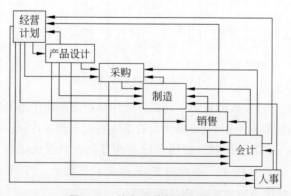

图 2-14 信息系统的数据流图

2.4 业务流程重组

系统规划的过程也是企业流程调整的规划过程。信息化实现后,有可能带来流程上的简化与规范,这对于信息化推动可能产生负面影响,哪怕很小的流程简化与调整过程都有可能引发大的问题。为避免这种现象,规划过程中必须要与企业的管理人员和业务人员充分协商,共同确定流程的简化与调整。信息化过程中的流程简化与改造是必需的,但是规划人员经常忽视流程上的变化同样也需要相应的管理规则的变化,因此在提交信息化规划中,还应该提交《信息化流程与管理规则调整研究报告》。在这份报告提交后,规划工作才算完满。

2.4.1 业务流程重组概述

业务流程重组(BPR)是一种管理思想。它强调以业务流程为改造对象和中心,以关心客户的需求和满意度为目标,对现有的业务流程进行根本性的再思考和彻底性的再设计,利用先进的制造技术、信息技术以及现代化的管理手段最大限度地实现技术上的功能集成和管理上的职能集成,以打破传统的职能型组织结构,建立全新的过程型组织结构,从而实现企业经营在成本、质量、服务和速度等方面绩效的巨大改善。

传统的组织结构建立在职能和等级的基础上。虽然这种模式过去曾经很好地促进了企业的发展壮大,但是面对当今的竞争环境,它对市场的反应已经明显变得缓慢和笨拙。业务流程重组对许多传统的组织构造原则提出了挑战,将业务流程提到了企业管理中的重要位置。通过重新设计流程,可以激发并增进企业的竞争力。

福特汽车公司的故事可能是最著名的业务流程重组的例子。在进行业务流程重组之前,福特汽车公司北美货款支付处有 500 多名雇员。管理部门认为,通过理顺操作程序和装备新的计算机系统,这个部门的人员可以减少约 20%。然而他们发现日本马自达公司只用 5 名员工做同样的工作,即使考虑了两个公司规模和业务量的差别,这一差距也是巨大的。经分析,福特汽车公司北美货款支付处的工作程序是首先接受采购部门的订货单以及其他有关文件和供应商的发票,然后对这些文件进行核对,审查 14 项不同的数据。货款支付处工作人员的大部分时间都花在这些数据中不一致的项目上。经过流程重组,订货单和收货信息直接输入计算机系统并进行自动核对,货款支付处的工作人员不再接受发票,需要核对的数据减少到三项。这样福特公司北美货款支付处的人员减少了 75%,远远超过他们的预期。

1990 年,美国哈佛大学博士迈克尔·哈默(Michael Hammer)和 CSC Index 首席执行官詹姆斯·钱皮(James Champy)在合作的文章 *Reengineering Work:Don't Automate,But Obliterate* 中提出了 BPR 概念并且定义为"BPR 是对企业的业务流程进行根本性思考和彻底性重建,其目的是在成本、质量、服务和速度等方面取得显著性的改善,使得企业能最大限度地适应以客户、竞争和变化为特征的现代企业经营环境"。这一定义中包含了三个关键词:根本性、彻底性和显著性。

所谓根本性指的是在重组过程中，企业人员必须就公司自身以及公司的运营管理自问一些根本性的问题，例如为什么要做现在的事和为什么采用现在的方式做事。提出这些根本性的问题可以迫使他们重新审视自己的企业，由此发现自己所遵循的规则可能是不适用的。

所谓彻底性指的是对事物追根溯源，对既定的现存事物不是进行表面的修改和调整，而是抛弃所有的陈规陋习以及忽视一切规定的结构与过程，创造发明出全新的工作方法。它是对企业进行重新构造，而不是对企业进行改良、增强或调整。

所谓显著性意味着流程重组的目的是通过新的业务流程取代旧的业务流程，取得业绩上的突飞猛进，如大幅度降低成本、减少时间、提高质量等。显著性要求达到这样的数量概念：生产周期缩短70%、成本降低40%、客户满意度和产品质量等提高40%。

2.4.2 业务流程的识别

"流程"一词在英国朗文出版公司出版的《朗文当代英语词典》中被解释为两个意思。

① 一系列相关的有内在联系的活动或事件产生持续的、渐变的、人类难以控制的结果，例如沉陷的森林经过长期的缓慢的化学变化而形成煤就是此类流程。

② 一系列相关的人类活动或操作有意识地产生一种特定的结果，例如收看电视节目需要打开电源、搜索频道等一系列活动就是这种流程。

从流程这一概念的两个解释中可以看出，流程由一系列的活动或事件组成，前者是一种渐变的连续性流程，后者是一种突变的断续性流程。由此可见，流程实质上就是工作的做法或工作的结构，或者是事物发展的逻辑状况，它包含了事情进行的始末或事情发展变化的经过，既可以是事物发展的时间变动顺序，也可以是事物变化的空间过程。

企业就是依赖各式各样的流程而运作的。企业日常运作的各种制度(如开会有会议议程、票据报销有报销手续规定等)形成了一个个流程。那么什么是业务流程我们认为业务流程是指为完成某一目标(或任务)而进行的一系列逻辑相关的活动的有序集合。

企业的业务流程形形色色、各式各样，任何一个企业都有许多流程，如产品开发流程、人事任免流程、决策流程等。企业流程的识别有许多方法，例如基于时间维的识别方法、基于产品-服务-资源的生命周期识别法、逆推判别法、信息载体跟踪法等。按照不同的方法和标准，可以区分不同的基本流程。

1. 按企业活动性质划分流程

企业就其组织而言主要有两大部门：生产部门和支持部门。企业的全部人员就其组织归属划分不是在生产部门就是在支持部门，但企业全部人员的活动按其性质可以分为两类：管理活动和营运活动。这两大类活动组成了企业中的两大类流程，即管理流程和营运流程。

① 管理流程。管理是一项非常复杂的工作，它包含为完成目标而进行的一系列活动，如计划、组织、协调、领导和控制等。这些活动紧密相连，它们的有机结合构成了复杂的管理流程，用于实现管理工作的目标。

② 营运流程。企业的日常营运流程根据其活动性质的不同可分为作业流程和支持

流程。企业从事生产或提供服务的基本活动组成的流程是作业流程，如生产、库存管理、采购等；为基本生产活动提供支持的活动构成的流程是支持流程，如新产品研发、筹资等。

2. 按流程的处理对象划分流程

流程是系列相关活动的集合。它是把一定的投入经过一系列活动的共同作用转化为一定的产出。根据流程的处理对象不同可将流程分为实物流程和信息流程。

① 实物流程。流程的输入和输出中均具有有形实物成分，这些有形成分经过系列活动的作用后发生了变化，这类流程就是实物流程，如物流、资金流。

② 信息流程。信息流程是指流程的输入输出成分中均只有信息类成分，即只有无形的成分，这些成分在流程处理中不被处理，因而只能算作流程的资源，例如新产品的设计流程、决策流程等。

需要说明的是，企业运行的大多数流程都不单纯是实物流程或信息流程，它们往往是实物流程与信息流程的混合，也就是说在企业运行的流程中，既有有形实物的转移，也有无形信息的传递。

3. 按流程跨越组织的范围划分流程

在现行职能型组织中，各业务流程的运行通常需要跨越不同的职能部门，甚至跨越不同的组织。根据传统职能制企业中流程的各活动承担者所属组织的不同，可将企业流程分为个人间流程、部门间流程和企业间流程三种类型。

① 个人间流程。个人间流程是指在一个职能部门内部由不同的人共同完成的流程，如生产部门制订生产计划等。

② 部门间流程。部门间流程是指在一个企业内跨越两个或两个以上职能部门的流程，即流程的系列活动是由不同职能部门的人共同完成。企业的绝大多数流程都是部门间的流程，如银行的贷款发放流程，需要银行信贷部门和会计部门的人员共同承担。部门间流程打破了部门间的壁垒，但它仍然在企业系统内部运作，并没有与外部环境发生联系，若与外界发生联系，则成为组织间流程。

③ 组织间流程。企业是一个开放的系统，它无时无刻不在与外部环境发生物质能量和信息的交换，它需要不断地获得各种信息以使其产品能满足社会的需要；它要不断地从供应商那里采购原材料，以满足不断生产的需要；同时它也要不停地与销售商发生联系，以使其产品能及时转移到消费者手中。另外，现代市场经济的运行少不了政府的干预，因此它还要不断地与政府联系，从而确保企业的运作不会违反政府的有关规定。这就决定了企业的一些活动不仅在企业内部进行，还要企业外部有关组织共同参与，例如企业进行的供应链管理就跨越了供应商、生产商和销售商。

2.4.3 业务流程重组的类型

通常情况下，下面几种类型的企业比较容易推行业务流程重组。

① 企业濒临破产，不改只能倒闭。

② 企业竞争力下滑,需要重新调整战略和进行重构。
③ 企业领导认识到业务流程重组能大大提高企业竞争力,而企业又有此扩张需求。
④ 业务流程重组的策略在与自己相关的企业中获得成功,影响本企业。

但是企业在实施业务流程重组时,通常会陷入两种误区。

第一,重技术轻流程。企业试图通过购买硬件与软件或引进信息技术提高管理效率与效益,结果是投入了大量的硬件设备和软件,却没有收到预期的效果。主要原因是企业虽然大量应用信息技术,但只是原有流程的"计算机翻版",操作方式发生了变化,但流程本身没有改变,仅把信息系统作为实现流程自动化的辅助手段,并没有依靠信息技术改变流程,结果是企业"为了IT而IT"。

第二,重变革轻技术。很多企业重新审视了自身的业务流程,试图通过建立新的管理规范约束员工的行为,引导企业良性发展。但由于没有必要的技术支持和辅助工具,变革往往得不到真正而有效的落实,使得不自觉便回到原来的老路上。结果是管理变革的措施只停留在表面。

业务流程重组只有与信息系统相互配合才会真正发挥作用。信息系统的应用拓展了流程变革的空间,改变了沟通的方式、组织权力的分配和组织的结构,推动了流程管理的实现与组织的变革;而流程重组也为信息系统发挥作用明确了方向和提供了支点。

在一个自动化程度很好、技术含量很高的系统平台上,其内部的流程可能仍然比较复杂和效率低下,这不是信息系统平台的问题,而是如何改善流程的问题。因而,业务需求和管理需求是业务流程重组的根本,信息系统是实现这些需求的保证。

既然信息系统和业务流程重组的结合已成为必然趋势,那么如何结合才能发挥最大的效果呢?根据企业的实际情况不同,可以将业务流程重组分为三种类型。

① 先重组后上系统。对于那些原先管理制度不严、业务流程混乱的企业,在上信息系统之前,必须首先梳理清楚企业的业务流程,对其进行全面的重新设计,然后进行简化和重组,使之与信息系统合拍,最后才实施信息系统,即"先合理化,再自动化"。只有这样,实施信息系统才能收到管理上的实效并保证达到预期效果。

② 先上系统后重组。这种模式主要用于那些经初步调查并不存在与信息系统不符的管理思想和业务流程,而且整体管理体制较完善和业务流程较清晰的企业中。此时可以先暂且不考虑业务流程重组,而是对企业直接实施信息系统。在实施信息系统后若出现不符的流程,可考虑再进行新的流程设计。通常此类情况下,企业开展流程重组已不只是为了实施信息系统,更多的是为了使企业适应市场竞争和提高自身整体水平的需要。

③ 重组与上系统并行。多数企业应采用此种方式,业务流程重组和信息系统的实施同时展开。一方面,随着信息系统的推行,企业可逐渐明确未来的发展方向,找到困扰企业顺利发展的瓶颈,彻底进行流程再造的计划会显得更切合实际和更规范化;另一方面,随着重组计划阶段性的改进和实施,可为企业去除冗余的工作环节,规范管理制度,为信息系统的实施扫除障碍。这样企业不仅大大提高信息系统实施的成功率,而且还会取得事半功倍的效果。

2.4.4 基于 BPR 的信息系统规划

前面已对信息系统规划的步骤和方法作了详细介绍,然而已有的这些信息系统规划方法在定义企业流程时并没有实现面向流程的创新、再造及规范化设计,这样规划的信息系统很难适应环境的变化,需要进行基于 BPR 的信息系统规划。

1. 优势

基于 BPR 的信息系统规划具有如下优势。

① 信息需求的创新性。传统的信息系统规划一般都是以现有的业务流程为基础,按照数据关联和系统划分的原则规划信息系统,这容易导致将现行手动操作方式简单地计算机化。而基于 BPR 的信息系统规划首先要对业务流程进行再思考,它是在流程优化中提出信息需求,而不是简单的自动化。因此,这种信息需求将是创造性的和革新性的。

② 信息需求的明确性。面向职能的信息系统规划主要按职能部门收集企业的内部信息需求,并且通过部门之间的信息接口达到信息一体化。但由于多年来根深蒂固的部门界限,信息在部门之间的传递或多或少会受到阻碍,这些必然会影响信息系统的运行效率。因此,在基于 BPR 的信息系统规划中,信息需求应当来源于流程,而不是职能部门,这样得到的信息将很明确。

③ 信息需求的一致性。各职能部门提出信息需求时会从自己部门的利益出发,提出对自己最有利的信息需求,特别是部门间的接口信息往往会出现需求不一致的情况,规划人员难以确定这些信息需求的合理性。而基于 BPR 的信息系统规划会从流程出发忽略职能部门之间的界限,因此能较完整地找出合理的信息需求。

基于 BPR 的信息系统规划应该在系统规划的整个过程中以流程为主线,先进行流程的规划,然后在此基础上进行数据和功能的规划。我们如果以企业系统规划法为基础,在规划的过程中引入 BPR 的思想,则应做到以下几点。

① 通过分析企业战略,正确调整信息系统建设与企业流程改革的关系。

② 使信息系统规划与业务流程改革相互促进,达到真正意义上的良性循环。

③ 选择核心的流程进行改革,作为突破口,树立标杆,并且为业务流程重组正确定位。

④ 以业务流程为基准进行信息系统规划,并且在此基础上进行系统的数据和功能规划。

2. 步骤

业务流程重组要设计出一个新的业务模型,描述各项业务活动的功能,分析各业务部门之间的相互关系,完成原业务流程的改造,使其能减少冗余,并且使业务活动更加有效。业务流程重组一般可分为以下 5 个主要步骤。

① 提出目标。高层管理人员应在战略高度拓展业务的视野,提出组织的目标。这个目标应该是具有挑战性的,实现这个目标往往要考虑组织结构的重构和业务流程的重新设计。

② 确定需要重组的业务流程。公司应该确定几个可能有较大回报的业务流程作为

重组的候选对象。这些业务流程可能含有过多的数据冗余和大量的无效劳动,需要多次地将一些信息重复输入计算机,而且要花费大量时间去处理各种烦琐的可被计算机替代的常规工作。确定了业务流程,就要分析这些业务流程归哪个部门主管、需要哪些部门的配合才能完成以及还要进行哪些改变等。

③ 理解并评价已有业务流程的执行效果。最好能进行定量的评测,例如如果业务流程重组的目标是减少新产品开发所耗费的时间和成本,就应该对原工作流程的时间和成本进行估测。

④ 找出利用信息技术的机会。设计系统的传统方法一般是先弄清业务职能和业务过程的各种信息需求,然后考虑如何用信息技术支持这些信息需求。显然这样的系统设计是建立在已有的业务过程基础上的。那些业务过程被许多长期存在的假设前提所限定,一旦这些前提被信息技术推翻,则它们完全有可能被重新设计成更理想的方式。

⑤ 建立新业务过程的原型。新业务过程应先建立一个实验的原型系统,然后不断完善、改进直到被批准。

经历上述步骤后,仍然不能确保业务流程重组的成功,因为它不像工程设计那样,总有一些明确的规则和参数,只要正确遵循,就能得到预期的结果。据美国一些管理专家评估,大约有70%的业务流程重组项目没有达到预期的效果。究其原因,业务流程重组的过程(或者说一个新信息系统的建立)不可避免地会引起原有的工作岗位、工作人员、所需技能、工作流程和各部门原有的隶属关系发生变化,直接或间接地影响一些人和部门的权、责、利,对这种未来变化的担心和害怕会滋生抵触和消极情绪,严重时甚至会发生对抗,这些都会成为实行变革的阻力。

3. 成效

成功实施业务流程重组必然给企业带来3个层次上的变化:首先是企业过程及其运营方式的变化,以及由信息技术的应用带来的工作方式上的变化;其次是组织层次上的变化,包括组织结构、运行机制和人力资源管理,这是为适应第一层次上的变化而发生的变化,又反过来作用于第一层次;最后是企业管理理念层次上的变化,包括管理思想、企业文化、价值观念等,这是为适应第一层次和第二层次上的变化而发生的变化,反过来促使这些变化更加有效。业务流程重组所带来的变革还具体表现在以下几方面。

① 减少了管理层次,企业的组织更趋扁平化。

② 打破了职能分工,按企业流程改造企业管理模式,企业管理的指导思想由分工论转为集成论。

③ 信息系统是系统日常运作的主要手段,它保证了企业各部门之间以及企业与用户、企业与合作者之间的信息畅通和工作的高效率。

④ 团队组织和并行工作是企业劳动组织的主要形式。

⑤ 重视人的素质而不单是技能,由重技能培训转向重教育,工作业绩考核重效果而不重工作量。

⑥ 组织将更主动、更积极地面向客户。

本 章 小 结

本章介绍了信息系统规划在信息系统开发中的重要性,并以信息系统规划的4个主要内容为主线探讨了各阶段的主要任务。在比较分析信息系统规划的三种主要方法的基础上,重点介绍了企业系统规划法的主要步骤。企业系统规划法强调管理功能应独立于组织机构,从企业的全部管理工作中分析归纳出相应的管理功能,并且通过U/C矩阵图这种工具的绘制、调整和转换为数据流图的过程,判断各子系统实施的优先顺序,为系统开发确定主线。这样设计的信息系统可以相对独立于组织机构,较少受体制变动的影响。当然,用BSP进行系统规划还存在着不足之处。

① 这一过程的识别仍然缺乏足够严密的原则和方法,因而识别出来的过程随意性很大。

② 过程分解不彻底。过程分解结果往往只有一个层次,缺乏更加详细的分解,没有分解到活动。

本章还强调了信息系统与业务流程重组的相互作用关系,并对业务流程重组的过程、类型及方法进行了详细介绍。

习 题

1. 信息系统规划的主要内容是什么?
2. 信息系统总体结构的规划方法主要有哪些?各有何特点?
3. BSP方法的主要步骤是什么?
4. 如何绘制和调整U/C矩阵?如何将U/C矩阵转换成数据流图?
5. 什么是业务流程重组?如何识别业务流程?业务流程重组有哪些主要类型?
6. 基于BPR的信息系统规划的步骤有哪些?

第 3 章 信息系统调查分析

信息系统调查分析是管理信息系统开发工作的基础,也是非常重要的一个环节。它是对已选定的对象与开发范围进行有目的、有步骤的实际调查和科学分析(虽然调查的具体方法和详尽程度可能不尽相同)。实践表明,系统调查分析工作的好坏在很大程度上决定了系统开发的成败。

系统调查分析的任务是:通过初步调查完成对用户问题的识别,在此基础上对任务进行可行性分析,若任务可行,则根据系统目标对系统进行详细调查,最后得到详细调查结果。

系统调查分析阶段的各项任务、工作流程和各个步骤产生的主要文档如图 3-1 所示。

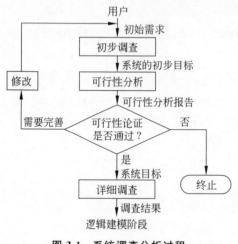

图 3-1 系统调查分析过程

3.1 初步调查

系统的开发工作是从接受用户提出的任务开始的。用户最初提出的任务往往只是一个简单的初始需求,而且常常是罗列一些需要解决的问题。摆在开发人员面前的首要任务是对用户提出的要求作出准确的认识和估计。为此,必须在开展初步调查的基础上明确问题,并且对任务进行可行性分析。

3.1.1 初步调查的目标

开发新系统的要求往往来自对原系统的不满,但在正式立项之前必须进行可行性研究,而可行性研究的基础是对系统的初步调查。原系统可能是手动系统,也可能是正在运行的信息系统。由于存在的问题可能涉及各个方面,导致内容分散,甚至含糊不清,因此初步调查的目标就是掌握用户的概况,对用户提出的各种问题和初始要求进行识别,明确新系统的初步目标,为可行性研究提供基础。

3.1.2 初步调查的内容

初步调查主要围绕规划工作进行,应立足于宏观和全面,不需要过于具体和细致。通常是在使用单位的高层进行,系统分析员站在高层角度观察使用单位的现状,分析现有系统的运行情况。

初步调查的重点是了解用户的组织概况、系统外部环境、现行系统概况和重要性、企业内各部门和相关人员对新系统的态度以及系统研制工作的资源。

初步调查主要由两部分组成:一般调查和信息需求初步调查。前者包括了解使用单位当前的信息流程,明确使用单位改造的需求以及确定系统目标和主要功能;后者是初步调查的主要内容,调查组织系统的工作职责和活动以及各种职能部门所要处理的数据,还需要了解环境信息,包括内部环境和外部环境。

调查的具体内容包括如下几点。

① 组织概况:组织的规模、历史、行业性质、管理目标与模式、人力、物力、技术、设备、组织机构等。

② 组织环境:组织的自然环境和社会经济环境、上下级关系、横向联系,特别是与外部组织的信息来往等。

③ 现行系统概况:现行系统的功能、技术水平、工作效率和可靠性;人才队伍与管理体制;现行系统在组织中的地位和作用以及存在的问题等。

④ 各方面对新系统的态度:组织内部对建立新系统的迫切性、领导的决心以及管理人员和技术人员的积极性。

⑤ 系统研制工作的资源情况:组织内部现有的人力、物力、设备、财力和环境条件;能够投入新系统的人力、物力、资金、时间以及限制条件等。

3.2 可行性研究

可行性研究早在 20 世纪 30 年代美国开发田纳西河流域时就开始运用并取得成效,后来逐步形成一套较为完整的理论、程序和方法。它在第二次世界大战后得到广泛发展,1978 年联合国工业发展组织编制了《工业可行性研究编制手册》。1980 年,该组织与阿拉伯国家工业发展中心共同编制《工业项目评价手册》。中国从 1982 年开始将可行性研究列为基本建设中的一项重要程序。

3.2.1 可行性研究概述

可行性研究也称可行性分析,是所有项目投资、工程建设或重大改革在开始阶段必须进行的一项工作。它是经济活动中经常使用的一种决策程序和手段,也是投资前的必要环节。可行性研究是指在项目正式开发之前,为取得最佳经济效果,先投入一定的精力，通过一套准则，从经济、技术、管理、社会等方面对项目的必要性、可行性、合理性以及项目所面临的重大风险进行全面系统的分析和科学论证，得出项目是否可行的结论，供决策部门参考。简言之，可行性研究是一个特定的过程，用来识别项目可能存在的问题、机会或要求，确定项目目标，描述现有状况和成功后的成果，对问题的不同解决方案进行费用和收益的比较。可行性研究已被广泛应用于新产品开发、基建、工业企业、交通运输、商业设施等项目投资的多个领域。管理信息系统的开发是一项耗资多、周期长、风险性大的工程项目。在展开大规模的开发行动之前，必须对用户提出的目标的必要性和可行性进行论证。可行性研究的结果无非是三种情况：①可行，按计划进行；②基本可行，对项目要求或方案做必要修改；③不可行，不立项或终止项目。

可行性研究必须从系统总体出发，一般需要从经济、技术、社会、管理等多个方面进行综合分析和论证，我们把这四方面的分析工作称为经济可行性分析、技术可行性分析、社会可行性分析和管理可行性分析。经济可行性分析一般对项目进行成本和效益估算，要求效益大于成本。它需要综合进行比较，对一个项目提出几种方案，选择其中投入最小而收益最大的方案，对信息系统项目的效益进行分析时应该注意它的社会效益。除了经济可行性外，还需要从技术上进行论证。要论证项目所涉及的关键技术是否已经成熟以及是否还存在重大的技术风险，只有排除了重大技术风险的项目才能够立项开发。社会可行性包括的范围比较广泛，例如项目所要求的社会环境是否具备；项目的开发对社会公益是否会带来负面影响；是否存在与社会道德、法律、制度等相抵触的地方。对于信息系统来讲，还需要考虑企业员工的信息知识素养、企业管理水平、人们的社会生活习惯等方面的因素。最后，要从管理角度论证项目的可行性，管理可行性主要指管理人员对开发应用项目的态度和管理方面的条件。经济、技术、社会和管理四方面互有联系，需要综合考虑，以确定建设项目是否可行，为正确进行投资决策提供科学依据。项目的可行性研究是对多因素、多目标系统进行的不断分析研究、评价和决策的过程，它需要有各方面知识的专业人才通力合作才能完成。

信息系统可行性研究工作十分重要。首先要对信息系统的总体规划进行可行性论证；其次，要对在信息系统建设过程中各阶段的信息系统项目进行可行性分析；此外，随着环境、需求和技术的发展变化，还要及时根据变化对信息系统建设带来的影响进行可行性分析。

信息系统规划的可行性研究主要分析所制订的信息系统规划是否符合企业发展的实际，也是从经济、技术、社会和管理等方面进行分析。但更多地要考虑所制订的信息系统规划是否符合企业战略目标的需要、是否存在近期无法排除的重大风险、规划的安排是否符合企业现状等方面的问题。由于信息系统规划是企业信息系统建设的总纲领，它要指导企业信息系统长远建设，因此对信息系统规划的可行性研究必须慎之又慎。

信息系统建设是一个漫长的过程，需要分阶段、分步骤完成，对每一个时期计划开发的信息系统项目也需要进行可行性分析。这是因为信息系统规划的可行性研究是立足于长远和宏观的信息系统总体建设，每一时期所要开发的信息系统项目则比较具体，需要对其可行性进行深入细致的分析。对于不可行的项目要提前改换目标、需求或方案，否则会终止项目开发，造成无谓的损失。

3.2.2 可行性研究的步骤

典型的可行性研究由以下 8 个步骤组成。

① 复查系统目标和规模。分析员应访问关键人员,仔细阅读和分析有关材料,以便进一步复查确认系统的目标和规模,改正含糊或不确切的叙述,清晰地描述对目标系统的一切限制和约束。这个步骤的工作实际是为确保分析员正在解决的问题确实是要求他解决的问题。

② 研究目前正在使用的系统。分析员应该仔细阅读和分析现有系统的文档资料及使用手册,并且实地考察现有系统,了解它的使用情况。注意,这个步骤的目的是了解现有系统能做什么,而不是了解它如何做这些工作,故不必花费太多时间了解系统实现的细节。在这个步骤中,分析员应该画出描绘现有系统的高层系统流程图,记录现有系统和其他系统之间的接口情况,并且请有关人员检验其正确与否。

③ 导出新系统的高层逻辑模型。通过前一步的工作,分析员对目标系统应具有的基本功能和约束条件已有一定的了解,能够从现有的物理系统出发导出其逻辑模型,描绘数据在系统中的流动和处理情况,从而概括地表达出对新系统的设想。

④ 重新定义问题。新系统的逻辑模型实质上表达了分析员对新系统必须做什么的思考。那么用户是否也认同呢?分析员应该和用户一起复查问题定义,再次确定工程规模、目标和约束条件,并且修改已发现的错误。

可行性研究的前四个步骤实际上构成一个循环:分析员定义问题,分析这个问题,导出一个试探性的解;在此基础上再次定义问题,再次分析,再次修改……继续这个过程,直到提出的逻辑模型完全符合系统目标为止。

⑤ 导出和评价供选择的方案。分析员从系统的逻辑模型出发,导出若干较高层次的(较抽象的)物理解法供比较和选择。从技术、经济、操作等方面进行分析比较并估算开发成本、运行费用和纯收入。在此基础上对每个可能的系统进行成本/效益分析。

⑥ 推荐一个方案并说明理由。如果分析员认为值得继续进行这项开发工程,则应推荐一个最好的方案,并且说明选择这个方案的理由。对被推荐的方案还需要进行仔细的成本/效益分析,这样才能让使用部门的负责人根据经济上是否划算决定该工程能否上马。

⑦ 草拟开发计划。分析员进一步为推荐的系统草拟一份开发计划,包括工程进度表以及各种开发人员和各种资源的需求情况,并且指明什么时候使用以及使用多长时间。

⑧ 书写文档并提交审查。把上述可行性研究各步骤的结果写成清晰的文档(即可行性研究报告),请用户和使用部门的负责人仔细审查,以决定是否继续这项工程以及是否接受分析员推荐的方案。

3.2.3 可行性研究的内容

可行性研究的内容包括通常人们所说的必要性和可行性。

1. 必要性

必要性来自组织内部对建立系统的需要和组织外部的要求,是从管理对信息系统的客观要求及现行系统的可满足性两个角度来分析新系统开发是否必要。如果发现管理人员对信息的需求并不迫切,或者感到原信息系统没有更换的必要,那么新系统的研制就不具备可行性。如果现行信息系统的处理速度和处理内容满足不了日益发展的管理要求,则认为系统开发是必要的。

2. 可行性

可行性研究的目的不是解决问题,而是研究在当前的具体条件下开发新系统是否具备必要的资源和其他条件。为达到这个目的,必须认真了解用户的要求及现实环境,探索若干可供选择的主要解法,并且对每种解法的可行性进行仔细论证。一般来说应从以下几方面进行论证。

(1) 经济可行性

经济可行性分析也叫投资/效益分析或成本/效益分析,它是分析信息系统项目所需的花费和项目开发成功之后所能带来的经济效益。通俗地讲,分析信息系统的经济可行性就是分析该信息系统是否值得开发。显然,在可行性分析中,经济可行性应该是最重要的。企业所追求的目的就是效益和利润,如果收益小于支出,企业显然不会做这种亏本的生意。

投资/效益分析需要确定所要开发的信息系统的总成本和总收益。然后对总成本和总收益进行比较,当总收益大于总成本时,这个项目才值得开发。信息系统总成本包括开发成本和运行成本,信息系统总效益包括直接经济效益和间接社会效益。

开发成本是指从立项到投入运行所需要的费用,而运行成本则是指信息系统投入使用之后运行、管理和维护所需要的费用。例如,新建一个图书馆需要规划、设计和施工,还需要购买所有的建筑材料。图书馆一旦建成投入使用,要保证日常运行,需要管理、操作和维护费用,如水电费、管理费、维护费和人员费用等。图书馆每年的运行管理费用可能只是整个开发成本的一个零头,但在图书馆的使用期中每年都需要运行管理费,因此累计的运行管理费不一定比建设费少。通常总成本主要由以下几项组成。

① 设备成本:购买计算机硬件、输入/输出设备、空调、电源和机房设施以及进行软件配置所需的一切费用。

② 人员成本:系统开发人员、运行人员和维护人员的工资、加班费和技术培训费等。

③ 材料成本:系统开发用的材料、各种能源与消耗品所需的费用。

④ 其他成本:由于新系统带来工作方式的改变而需要的其他开支、系统正常运行期间的设备维修与保养费等。

在进行成本估算时,往往要加大一定的比例,以防由于意外或物价变动因素而出现预算偏低的现象。

直接经济效益是信息系统能够直接获取的并且能够用资金度量的效益。例如降低的成本、提高的资金周转率、减少的人员成本以及减少的消耗等都是信息系统的直接经济效益,它们可以用资金进行计算。间接社会效益是能够整体提升企业信誉和形象、提高企业管理水平,但不能简单地或无法用资金计算的那部分效益。间接社会效益常常需要系统分析员根据本企业的状况和不同企业之间的类比进行估计。

通过比较成本和效益,可以决定将要立项的信息系统是不是值得开发。一般可获得的结论有以下三种。

① 效益大于成本,开发对企业有价值。

② 成本大于效益,不值得开发。

③ 效益和成本基本持平。

在进行成本/效益分析时不要忽视信息系统给企业所带来的间接社会效益,对于信息系统开发尤其要注意间接社会效益。简单地从经济角度看,有些信息系统可能投入大于直接效益,但它们给企业带来的间接效益很大,这类系统仍然要立项开发。

(2) 技术可行性

技术可行性是分析特定条件下技术资源的可用性和这些技术资源用于解决信息系统问题的可能性和现实性。在进行技术可行性分析时,一定要注意下述几方面问题。

① 应该全面考虑信息系统开发过程涉及的所有技术问题。信息系统开发过程涉及开发方法、软硬件平台、网络结构、系统布局和结构、输入输出技术、系统相关技术等,应该全面和客观地分析信息系统开发所涉及的技术以及这些技术的成熟度和现实性。

② 尽可能采用成熟技术。成熟技术是被多人采用并被反复证明行之有效的技术,因此一般具有较高的成功率。另外,成熟技术经过长时间的大范围使用、补充和优化,其精细程度、优化程度、可操作性和经济性要比新技术好。鉴于以上原因,在开发信息系统过程中,在可以满足系统开发需要、适应系统发展和保证开发成本的条件下,应该尽量采用成熟技术。

③ 慎重引入先进技术。在信息系统开发过程中,有时为解决系统的一些特定问题,使所开发的信息系统具有更好的适应性,也需要采用某些先进或前沿技术。在选用先进技术时,需要全面分析所选技术的成熟程度。有许多报道的先进技术和科研成果实际上仍处在实验室阶段,其实用性和适应性并没有得到完全解决,也没有经过大量实践验证,在选择这种技术时必须慎重。

④ 着眼于具体的开发环境和开发人员。许多技术总的来看可能是成熟和可行的,但在开发队伍中如果没有人掌握这种技术,而且在项目组中又没有引进掌握这种技术的人员,那么该技术对本系统的开发是不可行的。例如,分布对象技术是分布式系统的一种通用技术,但如果在开发队伍中没有人掌握这种技术,那么从技术可行性上看就是不可行的。

(3) 社会可行性

社会可行性具有比较广泛的内容,它需要从政策、法律、道德、制度、管理、人员等社会因素论证信息系统开发的可能性和现实性。例如,对于信息系统所服务的行业以及应用领域,国家和地方已经颁布的法律和行政法规是否与所开发的系统相抵触?企业的管理制度与信息系统开发是否存在矛盾的地方?人员的素质和心理是否为信息系统开发和运行做好了准备？诸如此类问题都属于社会可行性需要研究的问题。

社会可行性还需要考虑操作可行性。操作可行性是指分析和测定给定信息系统在确定环境中能够有效地工作并被用户方便使用的程度和能力。操作可行性需要考虑以下几方面。

① 问题域的手动业务流程和新系统的流程的相近程度和差距；
② 系统业务的专业化程度；
③ 系统对用户的使用要求；
④ 系统界面的友好程度以及操作的方便程度；
⑤ 用户的实际能力。

分析操作可行性必须立足于实际操作和使用信息系统的用户环境。例如，A 公司的全体收款员都能够熟练地运用收款计算机进行收款业务，这并不意味着 B 公司的收款员也能做同样的事情。可行性研究的内容之一就是要判断 B 公司收款员当前所具有的能力，以便下一步为他们的改变做出适当的决定。

(4) 管理可行性

最后，还要从组织管理上分析新系统开发的可行性。主管领导不支持的项目肯定不行。如果高中层管理人员的抵触情绪很大，那就需要积极做工作，创造条件。此外还要考虑管理方法是否科学、相应管理制度改革的时机是否成熟、规章制度是否齐全以及原始数据是否正确等。其包括如下内容。

① 企业领导、部门主管对新系统开发是否支持以及态度是否坚决。
② 管理人员对新系统开发的态度以及配合情况如何。
③ 管理基础工作如何、现行管理系统的业务处理是否规范等。
④ 新系统的开发运行会导致管理模式、数据处理方式及工作习惯的改变，这些工作的变动量如何以及管理人员能否接受。

3.2.4 可行性研究报告

可行性研究完成之后要编写可行性研究报告。可行性研究报告是在制订某一建设项目或科研项目之前，对该项目实施的可能性、有效性、技术方案及技术政策进行具体、深入、细致的技术论证和经济评价，以求确定一个在技术上合理、经济上合算的最优方案而写的书面报告。

1. 可行性研究报告的书写要求

可行性报告的内容千差万别，由于涉及的问题多、覆盖面广，因此一般都由集体汇写而成。写作上的要求各不相同，但在结构上都包括首页、正文、附件、日期等几部分。在写可行性报告时，要注意叙事清楚、文字简明、实事求是、客观公正、分析全面而准确。可行性报告的首页是可行性报告正文前面内容的统称，一般包括标题、研究人员名单、目录、前言几部分。

可行性报告的正文是可行性报告的主体部分,其核心是论证项目的可行性。要围绕影响项目的各种因素,运用大量的数据材料,以系统分析为主要方法进行论证。可行性报告写作的成功与否主要看这一部分写得是否有说服力以及是否清楚地说明投资人所关心和需要明确答复的问题。例如,项目实施的主客观条件有哪些?什么时机实施项目最佳?项目在实施过程中可能遇到什么问题?是否能解决?如何解决?项目实施后会获得什么样的经济效益?

可行性报告的附件主要包括项目建议书和批准书、有关的写作意向书、可行性研究委托书、实验数据、论证材料、计算附表附图、选址报告、环境调查报告、市场预测资料、工程项目时间表、工程设备材料一览表、上级主管部门的有关文件批复等。不同可行性研究报告会有不同类型的附件材料,其作用是补充说明正文,避免因在正文中出现过多说明而影响正文内容的表达。在编制可行性报告时,要特别注意图表的绘制和编写以及附件涉及材料的完备性、准确性和合法性。正文的叙述内容与图表及附件要保持一致。

2. 可行性研究报告的主要内容

① 开发任务的提出:建立系统的背景、必要性和意义。

② 系统的目标:系统的名称、目标功能和开发的进度要求。

③ 初步调查概况:用户的组织与现行系统概况、用户的认识基础和资源条件等。

④ 初步实施方案与比较:系统的规模、组成和结构;投资的数量与来源;人力的投入与培训计划等。如果有几种方案,应对它们进行比较并提出选择的意见。

⑤ 可行性研究:技术、经济、社会和管理四方面的可行性分析。

⑥ 结论:根据分析的结果,对新系统开发做出以下三种结论之一。

- 项目可行,条件成熟,可以立即开发。
- 需要修改目标,追加资源或等待条件。
- 不可能或没有必要进行,项目终止。

可行性研究报告是系统开发人员经过初步调查与可行性研究后所做的工作总结,反映了开发人员对建立新系统的看法。因此,必须认真起草并经过系统分析人员的集体讨论,然后提交给上级主管部门。为了对可行性研究报告有更直观的认识,图3-2给出了可行性研究报告正文的简要提纲。注意,这只是个例子,不是范本。

3.2.5 可行性论证会

可行性研究报告提交给上级主管部门后,按规定应召开由主管部门主持,用户单位、研制单位和其他单位的专家学者参加的可行性论证会。这是第一次交流,要做好详细的会议记录。在会上,首先让系统分析人员或可行性研究小组的代表进行较详细的介绍和说明,然后让各方面的专家代表进行广泛而深入的讨论和研究。特别应引导与会者对各种方案进行比较分析,对少数人的意见要给予重视,充分估计各种可能出现的问题。只有这样,才能做出尽可能符合客观实际的判断。

可行性研究报告(正文部分)
1. 引言
　1.1　编写目的
　1.2　背景
　1.3　参考资料
2. 现行组织系统概况
　2.1　组织目标和战略
　2.2　业务概况
　2.3　存在的主要问题
3. 拟建立的信息系统
　3.1　简要说明
　3.2　初步建设计划
　3.3　对组织的意义和影响
4. 经济可行性分析
　4.1　支出
　4.2　收益
　4.3　支出/收益分析
5. 技术可行性分析
　5.1　主要技术路线
　5.2　技术可行性
6. 社会可行性分析
　6.1　社会法律政策可行性
　6.2　社会公共环境可行性
　6.3　操作可行性
7. 结论
　7.1　可行性研究结论
　7.2　结论的解释

图 3-2　可行性研究报告提纲(正文部分)

讨论的结果有两种可能：一种是同意或基本同意报告中的结论，立即执行或修改目标、追加资源和等待条件，或者取消研制项目；另一种是对报告持不同意见，对某些问题的判断有不同看法。如果不同点不影响整个问题的结论，那么可以把问题留待详细调查时解决，项目可以照常进行；如果影响整个问题的结论，那么就要回过头去重新进行调查分析，当然这时的调查应侧重于有不同意见的问题。

可行性研究报告一旦通过，这个报告就不再只是系统开发人员自己的看法，而是整个组织的领导、管理人员和系统开发人员的共同认识。这个文件不但明确规定了系统开发工作要达到的目标、工作量和进度要求，而且规定了所需的资源条件以及开发工作与各方面的关系。这样一个文件将成为以后工作的依据，因此必须有一个正式的报告文本和可行性论证会的结论。

3.3　详细调查

项目的可行性一旦被认定后，系统的开发就进入实质性的阶段。通过初步调查，我们已对组织机构、系统功能等有了大致的了解，但对具体的业务处理过程及方法仍不十分清楚，需要做进一步的详细调查。详细调查是系统开发工作中最重要的环节之一，实事求是地全面调查是分析与设计的基础，也就是说，这一步工作的质量对于整个开发工作的成败来说是决定性的。

详细调查与初步调查不同，目的主要是了解组织内部信息的处理和流通情况。其工作量比初步调查要大得多，细致程度要高得多，所涉及的业务和人、数据、信息都非常多。因此，除了需要增加人力的投入外，还要提倡深入调查研究的工作作风。

详细调查的重要性在于细致、准确地掌握用户信息处理的具体情况，为建立一个符合实际要求的逻辑模型以及顺利开展系统的设计与实现工作打下良好基础。

3.3.1 详细调查的目标

详细调查的对象是现行系统（包括手动系统和已采用计算机的管理信息系统）。

详细调查的目的在于完整掌握现行系统的现状，查明其执行过程，发现问题和薄弱环节，收集资料和数据，为下一步的系统化分析和提出新系统的逻辑设计做好准备。具体的调查内容包括管理业务状况与数据流程的调查和分析。

详细调查要目标明确，调查的内容紧紧围绕系统的任务。调查中要注意调查方法，不断积累和分析有关资料，并且利用各种系统分析技术和工具，把系统确切地描述出来。

系统调查分析从一开始就应成立调查组。调查组由使用单位的业务人员和领导人员与设计单位的系统分析员和系统设计员共同组成。设计单位人员虽然掌握计算机应用技术，但对使用单位的业务不了解，而使用单位的人员则熟悉本身业务，通过二者结合就能取长补短，从计算机系统的观点更深入地了解对象系统及存在的问题，共同研讨解决的方案。为全面及时地完成调查分析工作，调查组应拟定详细的调查计划，规定调查研究的范围，明确调查组每个成员的工作任务。

3.3.2 详细调查的范围

详细调查的范围是组织内部信息流所涉及领域的各个方面。但要注意的是，信息流是通过物流而产生的，物流和信息流又都是在组织中流动的。故调查的范围就不能仅局限于信息和信息流，而应该包括企业的生产、经营、管理等各个方面，可大致归纳为以下 9 方面的问题。

① 组织机构和功能业务；
② 组织目标和发展战略；
③ 工艺流程和产品构成；
④ 数据和数据流；
⑤ 业务流程和工作形式；
⑥ 管理方式和具体业务的管理方法；
⑦ 决策方式和决策过程；
⑧ 可用资源和限制条件；
⑨ 现存问题和改进意见。

以上是一种大致的划分，实际工作中应视具体情况增加或修改。

围绕上述问题，可根据具体情况设计调查问卷或问卷调查表的栏目。总之，目的只有一个，就是真正弄清对象现阶段工作的详细情况，为后面的分析设计工作做准备。

3.3.3 详细调查的原则

在进行详细调查过程中应始终坚持正确的方法，以确保调查工作的客观性、正确性。详细调查工作应该遵循如下几点。

① 自顶向下全面展开。详细调查工作应严格按照自顶向下的系统化观点全面展开。首先从组织管理工作的最顶层开始，调查为确保最顶层工作完成的下一层（第二层）的管理工作支持。完成这两层的调查后，再深入一步调查为确保第二层管理工作完成的下一层（第三层）的管理工作支持。以此类推，直至摸清组织的全部管理工作。这样做的目的是使调查者既不会被组织内部庞大的管理机构搞得不知所措，又不会因调查工作量太大而顾此失彼。

② 用户参与。详细调查应遵循用户参与的原则，即由使用部门的业务人员和领导人员与设计部门的系统分析人员和系统设计人员共同进行，二者结合就能互补不足，更深入地发现对象系统存在的问题，共同研讨解决的方案。

③ 分析系统有无改进的可能性。组织内部的每一个管理部门和每一项管理工作都是根据组织的具体情况和管理需要而设置的。详细调查工作的目的是要搞清这些管理工作存在的道理、环境条件以及工作的详细过程，然后再通过系统分析讨论其在新的信息系统支持下有无优化的可行性。因此，在详细调查时应保持头脑冷静和敞开，实实在在地搞清现实工作及其所在的环境条件，否则某些先入为主的想法会妨碍你接受调查的现实情况信息。这样往往会造成还未接触实质问题，就感觉到各种不合理，以致无法客观地了解实际问题。

④ 工程化的工作方式。对于任何一个工业企业来说，其内部的管理机构都是庞大的，这就给详细调查工作带来一定的困难。对于一个大型系统的详细调查一般都是由多个系统分析人员共同完成的，按工程化的方法组织调查可以避免调查工作中一些可能出现的问题。所谓工程化的方法就是将工作中的每一步都事先计划好，对多个人的工作方法和调查所用的表格及图例都统一规范化处理，以使群体之间相互沟通，协调工作。另外，所有规范化调查结果（如表格、问题、图、所收集的报表等）都应整理后归档，以便供进一步工作的使用。

⑤ 全面与重点相结合。如果是开发整个组织的 MIS，则开展全面的调查工作是必然的。如果近期内只需要开展组织内部某一局部的信息系统，那就必须坚持全面铺开与重点调查相结合的方法；即自顶向下全面展开，但每次都只侧重于与局部相关的分支。例如，若只需要开发企业生产的作业计划部分，调查工作必须是从组织管理的顶层开始，先了解总经理或厂长的工作、公司或工厂管理委员会的分工、下设各个部的主要工作、企业年度综合计划的制订过程以及所涉及的部门和信息，然后略去其他无关部门的具体业务调查，将工作重点放在生产部的计划调度和物资供应的具体业务上。

⑥ 主动沟通和友善的工作方式。详细调查涉及组织内部管理工作的各个方面，也涉

及各种不同类型的人。故调查者主动地与被调查者在业务上进行沟通是十分重要的。创造出一种积极、主动、友善的工作环境和人际关系是调查工作顺利开展的基础,一个好的人际关系可能导致调查和系统开发工作事半功倍,反之则可能根本进行不下去。但是这项工作说起来容易,做起来却很难。它对开发者有主观上积极主动和行为心理方面的要求。

3.3.4 详细调查的内容

在详细调查阶段,以下几项活动必须全部完成,它们之间是互补的,并且通常同时完成。

1. 收集信息

收集信息是指通过各种方式获取所需的信息。它是信息得以利用的第一步,也是关键的一步。信息收集工作的好坏直接关系到整个信息管理工作的质量。为保证信息收集的质量,应坚持以下原则。

① 准确性原则:该原则要求所收集到的信息要真实可靠。当然,这个原则是信息收集工作的最基本要求。为达到这样的要求,信息收集者必须对收集到的信息反复核实,不断检验,力求把误差减少到最低限度。

② 全面性原则:该原则要求所搜集到的信息要广泛、全面和完整。只有广泛、全面地搜集信息,才能完整地反映管理活动和决策对象发展的全貌,为决策的科学性提供保障。当然,实际所收集到的信息不可能做到绝对的全面完整,因此,如何在不完整、不完备的信息下做出科学的决策是一个非常值得探讨的问题。

③ 时效性原则:信息的利用价值取决于该信息是否能及时地提供,即它的时效性。信息只有及时、迅速地提供给它的使用者才能有效地发挥作用。特别是决策对信息的要求是"事前"的消息和情报,而不是"马后炮"。因此,只有信息是"事前"的,对决策才是有效的。

详细调查阶段需要收集大量的信息。系统分析员可从系统的使用者那里通过和他们交谈或者通过观察他们的工作得到一些信息。通过回顾计划文档和方案说明,分析员可得到另外一些信息。注意,现有系统的文档也要进行仔细的研究。此外,分析员还可以通过参考其他公司(尤其是供应商)在遇到相似的问题时的做法获得一些额外的信息。简而言之,分析员需要和几乎每一个要使用新系统或已经使用类似系统的人进行交谈,并且要阅读所有和现有系统有关的资料。

分析员必须成为系统所支持的商业领域的专家。例如,如果你要实现一个订单录入系统,就必须熟悉订单的处理方法(包括计算在内);如果你要实现一个贷款处理系统,就需要精通用来验证信用的一套规则;如果你为银行工作,就要把自己当作一个银行家。成功的分析员应完全融入其公司的主要业务中。

分析员应该通过对现有用户和未来用户的活动的区分、对目前和将来活动的发生地点的区分以及对公司内部和外部所有其他系统的接口的区分理解现有的系统。除此之外,还需要确定用来满足系统需求的软件包。

在完成这项活动时,应该回答的关键问题是"我们是否已经拥有全部的信息来定义系统必须完成的工作"。

2. 系统需求建模

如果已经收集到所有的必要信息,把它们记录下来是很重要的。其中有一部分信息是描述技术需求的(例如所需的系统性能或期望的交易数目等),其他的信息包含了功能需求,即需要系统完成什么样的工作。定义功能需求并不是简单地写下一些事实和数据,而是要创建许多不同类型的模型帮助记录和关联系统需求。

随着模型的建立,分析员越来越了解系统。在对各种信息进行收集的同时,建模过程也在继续,这一期间分析员要不断与最终的用户一起确保每个模型的完整性和正确性。此外,分析员还要研究每一个模型,对它们进行添加和重排,并且要检查它们相互之间是否彼此合适。就算分析员相当确定系统的需求已经完全说明了,一份附加的信息说明仍可能需要更多的修改,要再一次精练。建模需要持续相当长的一段时间,并且通常没有明确的结束标志。

在详细调查阶段,要完成的是系统需求建模。需求模型(或模型的集合)是一种逻辑模型,它能够很详细地展示系统需要完成哪些功能,而不依赖任何技术。从中立的角度看待技术,开发组首先要将精力集中在"需要什么"上,而不是"它将采用什么形式"。例如,某个模型可以将系统的输出规范成一个数据元素列表,而不需要考虑其在纸张或屏幕上显示的形式。这种模型所关注的是用户需要什么样的信息。而另一方面,物理模型展示了系统实际上是如何实现的,输出的物理模型将会包括形式上的各种细节。

在完成这项活动时,应该回答的关键问题是"我们需要系统做什么(详细的)"。

结构化需求建模方法将在第 4 章介绍,面向对象需求建模方法将在第 6 章介绍。

3. 需求的优先级划分

一旦我们充分了解了系统的需求,并且需求的细节模型也已经设计完成,这时候确定哪种系统需求和技术需求对系统来说最重要是非常关键的。有时,用户建议了一些额外的系统功能,但这些功能不是必需的。因此,用户和分析员都要问问自己到底哪些功能是真正重要的,而哪些功能也很重要但却并不是绝对需要的。那些理解公司和用户所做工作的分析员在解决这个问题上会更有洞察力。

为什么要对用户提出的功能进行优先级的划分呢?因为资源往往是有限的,分析员时常需要判断系统的作用域,所以了解究竟什么是绝对需要的非常重要。除非分析员仔细地评估优先级,否则系统的需求会随着用户不断提出的要求而不断膨胀(这种现象被称为需求扩充)。

在完成这项活动时,应该回答的关键问题是"系统要完成的最重要的事是什么"。

4. 构建系统原型,检验可行性并发现问题

在系统分析过程中,构建新系统的一些原型是非常有价值的。在分析过程中构建原型(通常称之为发现原型)的主要目的是更好地理解用户的需求。发现原型的构建不是用来实现所有的功能,而是用来检验业务需求某种实现方法的可行性。许多时候,用户总是试着不断提高业务处理效率或使处理过程流线化。因此,为了简化对新的业务处理过程的调查工作,分析员需要构建原型。通过使用简单的投影或报告,分析员可以和用户讨论新系统如何支持新的处理过程,他们可以示范新系统的新的业务处理过程。这些原型有助于用户发现一些以前从未考虑过的问题,可以使他们(包括分析员在内)跳出原来的思维模式。

如果系统含有一些新技术的话,在项目刚开始时对这种技术是否具有解决业务需求的能力进行评价是非常重要的。那样项目组才可以确保技术的可行性。利用原型,我们可以验证该技术所能够实现的功能。同样,如果系统含有一些创新的技术的话,用户在定义他们的需求的时候,需要把新技术所能提供的各种可能性可视化。利用原型,可以满足这样的要求。

在系统分析阶段中的原型构建有助于回答两个关键问题"我们是否可以证明这种技术能够实现我们想让它完成的那些功能"和"我们是否已经构建出一些原型,可以使用户完全理解新系统的潜在功能"。

5. 产生和评估候选方案

系统的最终设计和实现会有各种不同的方案,因此,仔细地定义并评估所有的可能性是很重要的。当需求的优先级确定后,分析员可以产生几个可选方案,消除一些不重要的需求。此外,技术也可以给系统带来一些解决方案。除了上面要考虑的那些因素外,诸如是自行开发系统还是让外面的公司进行开发的决定也影响着最终的开销。一般一个或多个成型的软件包就可能满足用户的所有需求。

对项目组来说,有很多可以参考的方案,每一种方案都需要在一个高的(概括的)层次上进行描述或建模。我们对每一种方案的开销、利润以及其他一些特点需要进行认真的衡量和评估,然后才可以选出最好的方案。不过,选择一种方案并不像听起来那么容易,因为开销和利润是很难计算的。并且许多设计细节还不是很确定。在项目计划阶段,分析员始终考虑的是项目总体的可行性,而在分析阶段才确定每种方案的可行性。

在完成这项活动时,应该回答的关键问题是"创建系统的最好方案是什么"。

6. 和管理部门一起复查各种建议

收集信息、定义需求、划分需求的优先级、可行性的发现原型以及产生评估各种方案——所有这些活动都是并行执行的,而分析阶段的最后一项活动——和管理部门一起复查各种建议,通常是在所有分析活动已经完成或将要完成时进行。管理部门应该可以通过定期的项目报告了解整个项目的进程。最后,项目经理需要提交一份解决方案并从管理部门那里获得最终的决定。分析员所要考虑的问题包括:项目是否应该继续下去?如果要继续,哪一个是最好的方案?如果已经有了推荐的方案,完成这个项目修订后的所需预算以及进度表又是什么?

向资深的主管人员提交一份推荐书是整个项目管理中的一个主要检验点。每一个可选方案(包括已取消的)都必须探究。尽管项目中大量的工作事先已经进行了调研,但是取消这个项目仍可能是最好选择。也许利润并不像原先设想的那么多,也许开销要比原先设想的多得多,或者是由于千变万化的商业环境,从项目提出后公司的目标发生了改变,使得这个项目对公司来说并不重要了。一旦出现这些情况,最好的方案就是取消这个项目。

如果这个项目值得去做,并且项目组已经详细地做了关于系统需求的文档说明和建议的设计方案,项目经理就要制订出一份更加准确的预算估计和进度表。如果高层的管理者理解继续执行项目的基本原理,他们就可能会提供所申请的各种资源。要牢记,将项目带入设计阶段从来不是自动完成的。好的项目管理技术需要对项目的可行性进行反复的评估,并且需要经常进行正式的管理总结。

在完成这项活动时,应该回答的关键问题是"我们应不应该继续设计和实现我们提出的系统"。

如前面讨论的那样,每一项活动都有自己专门的目标,它们可以用问题的形式描述(如表 3-1 所示)。

表 3-1　分析阶段的活动及相应的关键问题

分析阶段的活动	关　键　问　题
收集信息	是否已经拥有全部的信息来定义系统必须完成的工作
系统需求建模	需要系统做什么
需求的优先级划分	系统要完成的最重要的事是什么
构建可行性的发现原型	是否可以证明这种技术能够实现我们想让它完成的那些功能、是否已经构建出一些原型可以使用户完全理解新系统的潜在功能
产生和评估方案	创建系统的最好方案是什么
和管理部门一起复查各种建议	应不应该继续、设计和实现我们提出的系统

3.3.5　详细调查的方法

为了便于分析员和管理人员之间进行业务交流,在调查过程中应尽量使用各种形象而直观的图表工具。图表工具的种类很多,通常用组织结构图描述组织的结构,用管理业务流程图和表格分配图描述管理业务状况,用数据流程图描述和分析数据、数据流程及各项功能,用判定树和决策表等描述处理功能和决策模型。

1. 收集资料

将各部门、科室和车间日常业务中所用的计划、原始凭证、单据和报表等的格式或样本统统收集起来,以便对它们进行分类研究。

2. 发调查表征求意见

发调查表征求意见主要有两种方式:一种是重点询问调查,即列出影响信息系统成败的关键因素,编制一个调查问卷表,然后自顶向下对组织的各个管理层次进行访问,并分类整理结果,从而了解各部门的全部工作和设想;另一种是全面业务需求分析的问卷调查,即根据系统特点,针对所需调查的各项内容,设计相应形式的调查表,用调查表向有关单位和个人征求意见和设计数据,然后分析整理这些调查表,逐步得出我们所要调查的内容。这种方式适用于需要向许多单位进行调查,而调查的信息量又不大的情况,调查表要抓住中心,提问要简单、直接。

常见的调查表有如下这些。

① 上级单位对企业的要求调查表;

② 系统功能需求调查表;

③ 企业业务流程调查表;

④ 企业各业务部门组织结构及业务范围调查表;

⑤ 信息需求调查表;

⑥ 业务文件/报表调查表。

3. 开调查会

开调查会是一种集中征询意见的方法,适合于对系统作定性调查。开调查会可按两种方法进行组织:一种是按职能部门召开座谈会,了解各个部门的业务范围、工作内容、业务特点以及对新系统的想法和建议;另一种是各类人员联合座谈,着重听取使用单位提出的目前作业方式存在的问题以及对新系统的要求。

4. 访问

虽然开调查会有助于大家的见解互相补充,以便形成较为完整的印象。但是,由于时间限制等其他因素,不能完全反映每个与会者的意见,因此需要在会后再进行个别访问。访问是收集数据的主要来源之一,可以充分听取各方面的要求和建议。

5. 深入实际的调查方式

深入实际的调查方式即参加业务实践。如果条件允许,直接参加业务实践是了解当前系统的最好方法。通过实践,可以较深入地了解现行系统中数据产生、传递、加工、存储、输出等环节的工作内容。对于复杂的计算过程如能亲自实践,对以后设计和编写程序设计说明书都是很有益的一步。一个好办法是在这个阶段收集一套将来可供程序调试用的试验数据,这对系统实施阶段考核程序的正确性很有用处。

3.3.6 实例——书店信息系统的可行性研究报告

1. 引言

(1) 编写目的

某书店信息系统由长春市某软件开发公司承担开发,本报告是对该系统进行可行性研究后的综合报告。

(2) 背景

长期以来,该书店业务一直采用手动管理。图书采购、库存、销售和核算的手动信息管理存在工作量大、服务质量差、工作效率低、耗费人员多以及图书的市场、库存、销售、读者反馈等信息不能及时提供等问题。为彻底改善书店图书信息管理的落后局面,特提出开发本系统。"书店信息系统"的建设对提升书店服务质量、提高工作效率、加快信息反馈和增强竞争实力有着重大意义。

(3) 参考资料

① 书店提供的所有业务和管理资料。
② 可行性研究报告编写规范。
③ 信息系统分析与设计。

2. 现行组织系统概况

(1) 组织目标和战略

书店的目标是以优质服务和具有竞争力的价格向本市读者提供丰富的图书,以使书店能够顺利发展。具体分解为以下内容。

① 最方便地供读者阅读和购买图书,减少30%的读者购书时间。
② 近三年每年增加30%的新图书品种。
③ 能够快速掌握国内最新出版的各类图书。
④ 能够快速统计和掌握本市读者的购书要求,及时掌握畅销书、滞销书的信息。
⑤ 入库、出库、盘库的工作效率提高20%。
⑥ 每年在本市建立一个分店,5年内实现全市图书连锁销售。

为实现书店目标,书店计划采取的重大战略如下。

① 采取开架售书,摆放读书桌椅,为读者提供方便阅读和购书的条件。
② 更改售书结算方法,减少读者结账时间,提高工作效率。
③ 建立全国出版社、供书商数据库,掌握最新图书动态。
④ 修改购书资金计划,每年增加30%的购书资金,以增加图书品种。
⑤ 对销售图书进行动态统计,及时掌握畅销书、滞销书的信息。
⑥ 修改库存管理办法,提高效率,方便管理。
⑦ 更新结算系统。
⑧ 建立书店信息系统,全面提高管理水平和工作效率。

(2) 业务概况

该书店为中等规模的书店,读者覆盖面占全市20%。书店设有计划市场部、书库、销售部和办公室四个部门。计划市场部负责编制图书订购计划、图书订购、图书征订等业务。书库负责图书入库、出库、盘库、保管和过期图书的报损等工作。图书销售部负责图书的销售工作,具体包括从书库领书、图书销售、结算等。办公室负责书店的一般事务管理工作。

(3) 存在的主要问题

长期以来,该书店业务一直采用手工管理。图书采购、库存、销售和核算的手工信息管理存在工作量大、服务质量差、工作效率低、耗费人员多,图书的市场、库存、销售、读者反馈等信息不能及时提供等问题。

3. 拟建立的信息系统

(1) 简要说明

为提高书店的工作效率和管理水平,书店计划投入一定资金建立书店信息系统,以全面管理图书业务。书店领导以及工作人员对信息系统有以下基本需求。

① 建立对书店业务提供全面管理的书店信息系统。

② 对所有图书、一般读者、工作人员提供全面管理。

③ 对市场、进货、出版社、图书商提供全面管理。

④ 对书库的入库、出库、盘库、报损等业务提供全面管理。

⑤ 对图书销售、结算、安全提供全面管理。

(2) 初步建设计划

项目计划开发期 6 个月,试运行期 3 个月,试运行正常后正式投入运行。

(3) 对组织的意义和影响

该系统的开发能够提高工作效率、扩大服务范围、增加书店收入、及时获取信息、减少决策失误、减少库存积压及提高资金周转。该系统还能够及时提供图书市场信息、出版商信息、库存信息、销售信息和读者反馈信息,提高决策正确率。并且在此基础上,通过对各种信息的综合分析,改进图书品种、提高服务质量、满足不同读者的阅读要求,使书店管理向高质量、科学化发展。

4. 经济可行性分析

(1) 支出

支出包括系统开发费用和系统运行费用两部分。系统开发费用由以下几项构成。

① 人员费用。该系统的开发期为 24 周,试运行期为 12 周。开发期需要开发人员 5 人,试运行期需要开发人员 2 人。开发需 91 周,折合 3 人/年(每年有效工作周按 30 周计算),每人/年按 8 万元计算,人员费用为 24 万元。

② 硬件设备费。系统所需的硬件设备列于表 3-2 中,费用为 13.26 万元。

表 3-2 硬件设备费

硬件设备	费用/元	硬件设备	费用/元
服务器 1 台	32 000	网络设备和布线	10 000
微型计算机 8 台	56 000	不间断电源 1 台	3000
打印机 8 台	12 000	工作台 8 台	1600
条形码扫描仪 10 台	18 000		

③ 软件费。系统所需的软件列于表 3-3 中,费用为 2.1 万元。

表 3-3 软件费

软 件	费用/元	软 件	费用/元
Windows NT	5000	Java 环境	5000
SQL Server	6000	Rose 建模工具	5000

④ 耗材费。系统所需的消耗材料费估计为 0.8 万元。

⑤ 咨询和评审费。系统所需的咨询和评审费约为 1.2 万元。

⑥ 调研和差旅费。系统所需的调研和差旅费估计为 1.0 万元。

⑦ 不可预见费。按开发总费用的 15% 计算。

系统开发总费用为 48.71 万元。

假定该系统的运行期为 10 年,每年的系统运行费用如下所示。

① 系统维护费。一年需要 0.5 人/年进行系统维护,维护费为 $0.5 \times 8 = 4.0$ 万元。

② 设备维护费。假设设备的运行更新期为 5 年,并且 5 年以后的设备价格以现价计算,则设备更新费为 13.26 万元。假设设备日常故障维护费每年 0.6 万元,则平均每年设备维护费为 $13.26/10 + 0.6 = 1.926$ 万元。

③ 消耗材料费。每年消耗材料费按 0.8 万元计算。

系统年运行费用为 6.726 万元,则 10 年的累计系统运行费为 67.26 万元。

综上所述,系统开发和运行总费用为 115.97 万元,折合 11.6 万元/年。

(2) 收益

书店信息系统获得的直接经济效益可从以下几方面计算。

① 提高工作效率,减少工作人员。该系统投入运行可以提高计划订购管理、书库管理、销售管理和核算信息管理的效率,累计可以综合提高工作效率达 30%。可以减少现有 15% 的工作人员,书店现有人员按 30 人计算,可减少 4.5 人。每人月平均工资按 1500 元计算,节约人员工资 $0.15 \times 12 \times 4.5 = 8.1$ 万元/年。

② 扩大服务范围,增加书店收入。由于提高了工作效率,因此书店可以增加图书品种和销售规模。假定在原有基础上可以增加 10% 的销售量,书店每年的总利润按 300 万元计算,则可以增加收入 30 万元。

③ 及时获取信息,减少决策失误。提高订书的合理性和准确率。因此,每年可以增加收入 12 万元以上。

④ 减少库存积压,提高资金周转率。通过书库的计算机管理,可以及时获取库存信息,争取最优库存,提高资金的周转率。每年可以因此减少库存积压浪费 18 万元以上。

通过以上计算,该系统每年可以获得经济效益 $8.1 + 30 + 12 + 18 = 68.1$ 万元。累计 10 年获经济效益 681 万元。

建设书店信息系统除可以获得直接经济效益外,还可以获得多方面的社会效益,主要包括如下这些。

① 提高工作效率,减少读者的购书时间。

② 提高工作效率,减轻工作人员的劳动量。

③ 提高工作质量,增强读者对书店管理的信任感和亲善感,改善书店形象。

④ 提高管理水平。系统能够及时提供图书市场信息、出版商信息、库存信息、销售信息、读者反馈信息，提高决策正确率；并在此基础上，通过对各种信息的综合分析，以改进图书品种、提高服务质量、满足不同读者的阅读要求，使书店管理向高质量、科学化发展。

(3) 支出/收益分析

在 10 年期内，系统投资和收益情况如表 3-4 所示。其中，系统总投入为 115.97 万元，系统总收入为 681 万元，两年可以收回开发投资。从经济上考虑，该系统完全有必要开发。

表 3-4 书店信息系统的支出/收益分析表

项目支出		项目收益	
项　目	费用/元	项　目	费用/元
10 年系统总投入	1 159 700	10 年系统总收益	6 810 000
系统开发费用	487 100	年系统直接经济收益	681 000
人员费用	240 000	年提高效率减少人员	81 000
硬件设备费	132 600	年扩大范围增加收入	300 000
软件费	21 000	年获取信息减少失误	120 000
耗材费	8 000	年减少积压提高周转	180 000
咨询和评审费	12 000	社会效益	
调研和差旅费	10 000	减少读者购书时间	
不可预见费	73 000	减少工作劳动量	
系统运行总费用	672 600	提高工作质量	
年系统运行费用	67 260	提高书店管理水平	
年系统维护费	40 000		
年设备维护费	19 260		
年消耗材料费	8000		

综上所述，通过对该系统财务评价结果的分析，可看到系统经济效益较高，投资回收期适中，财务净现值远大于零。从各项经济指标看，该项目在经济上是可行的。

5. 技术可行性分析

该系统开发涉及的技术因素有以下几点。

① 信息系统开发方法。在开发小组中有熟练掌握用面向对象方法开发软件系统的资深的系统分析员和程序员，在信息系统开发方法上不存在任何问题。

② 网络和通信技术。本开发小组有专门的网络技术人员，有 5 年的大型组网经验。

③ C/S 结构规划和设计技术。开发小组有丰富的 C/S 开发经验。

④ 数据库技术。开发小组有丰富的应用数据库开发经验。

⑤ Java 开发技术。开发小组的所有人员都能够熟练使用 Java 编程。

综上所述，该系统开发技术是完全可行的。

6. 社会可行性分析

目前已有很多成功开发书店信息系统的先例，社会需要书店管理的现代化和信息化。书店信息系统开发和运行与国家的政策法规不存在任何冲突和抵触之处。另外，它所采用的操作和工作方式符合工作人员和读者的日常习惯，而且操作方便灵活，便于学习。因此，该系统具有社会可行性。

7. 可行性研究结论

通过经济、技术和社会等方面的可行性分析，可以确定该系统的开发完全必要，而且是可行的，可以立项开发。

本 章 小 结

本章主要介绍了初步调查的目标、内容，可行性研究的概述、步骤、内容、可行性研究报告会和可行性论证会以及详细调查的目标、范围、原则、内容和方法。

初步调查的目标是掌握用户的概况，对用户提出的各种问题和初始要求进行识别，明确新系统的初步目标，为可行性研究提供工作的基础。调查的内容包括组织概况、组织环境、现行系统概况、各方面对新系统的态度以及系统研制工作的资源情况等。

可行性研究也称可行性分析，是所有项目投资、工程建设或重大改革在开始阶段必须进行的一项工作。可行性研究必须从系统总体出发，一般需要从经济、技术、社会、管理等多个方面进行综合分析和论证。结果无非是以下三种情况：

① 可行，按计划进行；
② 基本可行，对项目要求或方案做必要修改；
③ 不可行，不立项或终止项目。

详细调查的对象是现行系统(包括手动系统和已采用计算机的管理信息系统)。其目的在于完整掌握现行系统的现状，查明其执行过程，发现问题和薄弱环节，收集资料、数据，为下一步的系统化分析和提出新系统的逻辑设计做好准备。具体的调查内容包括管理业务状况与数据流程的调查和分析。常见的详细调查方法有收集资料、发调查表征求意见、开调查会、访问和深入实际的调查方式。

习 题

1. 什么是可行性研究？在信息系统的调查分析阶段为什么要进行可行性研究？
2. 信息系统的可行性研究主要包括哪些内容？如何撰写可行性研究报告？
3. 详细调查的内容和方法有哪些？试用本章所讲的内容调查你所了解的某单位的信息管理系统情况。

第 4 章 结构化系统分析

第 1 章已论述过信息系统的开发方法,结构化分析(SA)方法是应用的基础,它的生命周期理论适用于任一系统的开发过程,其最核心的内容就是系统分析和系统设计,在此过程中需要开发两种系统模型。需求模型(或模型的集合)是一种逻辑模型,逻辑模型能够很详细地展示系统需要完成哪些功能,而不依赖任何技术,从中立的角度上来看待技术,开发组首先要将精力集中在"需要什么"上,而不是"它将采用什么形式"。物理模型展示了系统实际上是如何实现的,输出的物理模型将会包括形式上的各种细节。逻辑模型和物理模型之间的区别是区分系统分析和系统设计的关键,通常系统分析包括创建详细的逻辑模型,系统设计则包括创建详细的物理模型。在使用不同方法进行系统分析和系统设计建模时,目的是相同的,只是所用的建模工具不同,本章详细阐述用结构化方法进行系统分析建模的工具。

4.1 系统分析的任务

在信息系统的开发生命周期中,系统分析是最重要也是最困难的阶段,它是应用系统思想和方法把复杂的对象分解成简单的组成部分,找出这些部分的基本属性和彼此间关系的过程。这一阶段产生的系统分析说明书既是后续开发工作的依据,也是衡量一个信息系统优劣的依据。在这个阶段,不仅要在对原系统进行详细调查的基础上分析其业务和数据处理过程,还要构造出新系统的逻辑模型。

系统分析阶段的基本任务是系统分析员与用户一起充分了解用户的要求并把双方的理解用系统分析说明书表达出来。系统分析说明书审核通过后,将成为系统设计的依据,也是将来验收系统的依据。

4.1.1 系统分析的依据

在系统分析中,拟建的信息系统既要源于原系统,又要高于原系统。所谓"高于原系统",就是要比现行系统功能更强、效率更高、使用更方便。但新系统不是无源之水,无本之木,而"源"就是现行信息系统。因此,系统分析员要在信息系统总体规划的基础上,与用户密切配合,用系统的思想和方法对企业的业务活动进行全面的调查分析;要详细掌握有关的工作流程，收集票据、账单、报表等资料，分析现行系统的局限性和不足之处，找出制约现行系统的"瓶颈"，确定新系统的逻辑功能，根据企业的条件找出几种可行的解决方案，分析比较这些方案所需的投资和可能的收益。

4.1.2 系统分析的难点

系统分析的困难主要来自三方面：对问题空间的理解、人与人之间的沟通和环境的不断变化。

1. 对问题空间的理解

系统分析要回答新系统"做什么"这个关键性的问题。只有明确了问题，才有可能解决问题；否则，方向不明，无的放矢。实际工作中常常有这种情形，即业务人员认为信息系统的开发只是技术人员的事，开发人员根据对用户要求的肤浅理解匆忙进行系统设计和编写程序。交给用户使用时，用户往往会说"这不是我要的系统"。对系统分析缺乏足够的重视是导致研制工期一再延长甚至以失败告终的重要原因，也是系统分析难于进行的主观原因。

2. 人与人之间的沟通

一方面，由于系统分析员缺乏足够的业务知识，在系统调查中往往无从下手，不知道该问用户一些什么问题，或者被各种具体数字、大量的资料、庞杂的业务流程搞得眼花缭乱。一个规模较大的系统会有反映各种业务情况的数据、报表和账页，业务人员手中各种正规的、非正规的手册和技术资料等数量相当大，各种业务之间的联系繁杂。不熟悉业务情况的系统分析员往往感到好像处在不见天日的大森林中，各种信息流程像一堆乱麻，不知如何理出头绪，更谈不上如何分析制约现系统的"瓶颈"。

另一方面，用户往往缺乏计算机方面的足够知识，不了解计算机能做什么和不能做什么。许多用户虽然精通自己的业务，但往往不善于把业务过程明确地表达出来，不知道该给系统分析员介绍什么。对一些具体的业务，他认为理所当然就该这样或那样做，尤其是某些决策问题。这种情况下，系统分析员很难从业务人员那里获得充分有用的信息。

俗话说"隔行如隔山"，系统分析员与用户的知识构成不同，经历不同，使得双方的交流十分困难，因而系统调查容易出现遗漏和误解。这些误解和遗漏是研制系统的隐患，会使系统开发偏离正确方向，另外还使编写系统分析报告变得十分困难。系统分析报告是这一阶段工作的结晶，它实际上是用户与研制人员之间的技术合同。作为设计基础和验收依据，系统分析报告应当严谨准确，尽可能详尽；作为技术人员与用户之间的交流工具，它应当简单明确，尽量不用技术上的专业术语。这些要求不容易达到，但必须努力达到。

3. 环境的不断变化

最使系统分析员困惑的是环境的变化。系统分析阶段要通过调查分析，抽象出新系统的概念模型，锁定系统边界、功能、处理过程和信息结构，为系统设计奠定基础。但是，信息系统生存在不断变化的环境中，环境对它不断提出新的要求。只有适应这些要求，信息系统才能生存下去。在系统分析阶段，要完全确定系统环境是困难的，有时甚至是办不到的。

4.1.3 系统分析员的作用

在系统开发中，系统分析员起着十分重要的作用。系统分析这一重要而困难的任务主要由系统分析员承担。他要与各类人员打交道，是用户和技术人员之间的桥梁和"翻译"并为管理者提供控制开发的手段。系统分析员还必须考虑系统的硬件设备、数据输入、系统安全等各个方面。总之，系统分析员必须考虑系统的各个方面。

系统分析员的知识水平和工作能力决定了系统的成败。一个称职的系统分析员不但应具备坚实的信息系统知识，了解计算机技术的发展，还必须具备管理科学的知识。缺乏必要的管理科学知识，就没有与各级管理人员打交道的"共同语言"。很难想象，缺乏财务基础知识的人能设计出实用的财务系统。系统分析员应有较强的系统观点和较好的逻辑分析能力，能够从复杂的事物中抽象出系统模型；他还应具备较好的口头和书面表达能力以及较强的组织能力，善于与人共事。总之，系统分析员应是具有现代科学知识的且具有改革思想和改革能力的专家。

为做好系统分析工作，需要系统分析员与用户精诚合作。系统分析员应牢固树立"用户第一"的思想，虚心向用户学习。虽然隔行如隔山，但"隔行不隔理"。这个"理"就是人们认识事物的共同规律，就是系统的思想与方法，这是我们分析复杂事物的有力武器。系统论的思想方法强调系统的整体性、综合性、层次性以及系统元素之间的有机联系。这也就是我们常说的要全面地看问题，认识事物要由表及里、去伪存真，要从事物之间的联系去认识事物，而不要孤立地看待事物。

4.1.4 系统分析工具

在进行信息系统分析时，关键工作是进行初步调查与详细调查，这是构造新系统逻辑模型的基础。而由于信息系统本身是具有复杂性的，这给系统开发带来了一系列难题。为此，要让一个复杂的信息系统易于理解，就必须建模，必须通过分析与设计方法把这种复杂性从非正式的层面转换为正式的描述语言，以消除各方面的歧义。

自 20 世纪 70 年代以来，出现了多种这样的建模工具，如现场工作流程图、作业流程图、实体生命周期图和数据流程图等。在建模过程中，虽然使用的工具不同，但是"活动"都是核心标准。所有的活动都可以根据不同的角度进行划分，如按活动的顺序过程、按相关的基本功能、按相似的处理对象或按相互关联的任务等，这样就会获得不同的模型视图。

① 流程视图。流程视图是从活动的逻辑顺序和时间顺序的角度分析系统，其中流程是由相互关联的各个系统层面上的一系列活动构成的相对封闭的单元，如流程图、顺序图、面向岗位的过程图等。

② 功能视图。功能视图是从基本功能的相关性和相似性的角度分析系统,其中功能是由相互关联的各个系统层面上的相关和类似的基本功能构成的相对封闭的单元,如功能模块图、数据流程图、用例图等。

③ 对象视图。对象视图是从对象基本处理要素的角度分析系统,其中对象是由相互关联的各个系统层面上的处理要素构成的相对封闭的单元,如状态转换图、类图、协作图等。

④ 任务/岗位视图。任务/岗位视图是从活动的岗位和人员分配的角度分析系统,其中任务是由相互关联的从各个系统层面上分配到各个岗位的活动构成的相对封闭的单元,如面向岗位的信息流图、岗位功能图、工作对象图等。

这些视图贯穿于信息系统分析与设计的始终,分别在不同系统开发方法中被广泛应用。为此,本书主要从结构化方法和面向对象方法两方面分析这些工具的应用,而本章则是对结构化分析中的模型应用作详细介绍。

4.1.5 结构化系统分析概述

结构化系统分析是结构化生命周期法中系统分析阶段要做的工作,这一阶段要在详细调查用户需要、用户业务流程等基础上,分析、规划新系统的数据处理流程,并采用特定的图表工具表达分析结果,形成新系统逻辑模型。结构化系统分析阶段采用的重要工具——数据流程图体现了自顶向下、逐层分解的结构化开发思想,这也是结构化系统分析得名的原因。

结构化系统分析采用介于形式语言和自然语言之间的描述方式,通过一套分层次的数据流程图,辅以数据字典、处理逻辑小说明等工具来描述系统。结构化建模的主要工作也就是构建系统数据流程图。一个系统的数据流程图不是一张图,而是一组图,图4-1所示就是这样一组数据流程图的关系示意图。图中上层数据流程图中的一个处理框被分解为一张下层的数据流程图。顶层的处理框 P0 分解为第一层数据流程图,含有 P1、

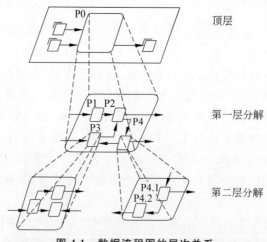

图 4-1 数据流程图的层次关系

P2、P3、P4等处理框。第一层分解图中的处理框又分解为第二层数据流程图,例如处理框P4被分解为含有P4.1、P4.2等处理框的流程图。以此类推,分而治之,这正是系统工程的思路。分解时分层进行,先考虑问题最本质的属性,暂时略去具体细节,然后再逐层添加细节,直到最详细的内容,这就是抽象。把大问题分解成小问题,然后分别解决,这就是分解。结构化系统分析方法正是通过这种自顶向下、逐层分解的方法,利用分解和抽象这两个基本手段控制系统的复杂性。

实践证明,结构化系统分析是一种简单实用的方法。在结构化需求建模中,要建立起以数据流程图为核心,以数据字典和处理逻辑小说明为补充的新系统的逻辑模型。为此,要完成系统初步调查和详细调查,进行组织结构分析、业务流程分析、数据流程分析,构造原系统的逻辑模型,并在此基础上补充或更新数据流程图,完成新系统的建模工作。

4.2 组织结构分析

为获得正确的信息需求和设计合理的信息系统,将组织作为一个整体来理解是最重要的。所有系统都由子系统(其中包括信息系统)组成,因此当研究一个组织时,需要分析更小的系统是如何融入整个系统的以及它们是如何行使职能的。

组织作为一个大的系统,由一系列相关的子系统组成。子系统受到三个主要管理层(业务层、中级管理层和战略管理层)的决策者的影响,三个管理层横贯组织系统,组织文化和亚文化都会对相关子系统中的人的行为方式产生影响。本书强调信息系统要尽可能摆脱对组织机构的依赖,但现行组织机构是我们了解企业基本活动的切入点,即使它不尽合理或许要有些变动,为分析和设计合理的信息系统,系统分析员必须了解组织,分析组织结构,调查工作也是从组织机构开始。

4.2.1 组织结构调查

在调查分析组织结构时,要按系统的形式进行概念化,这样不仅有利于通过组织雇用的人和其他资源分析组织系统实现的预定目标,还有利于用系统原理使分析员洞察组织的运作方式。组织是由一系列更小的、相互关联的行使具体职能的系统(部门、单位和分队)构成的。典型的职能包括会计、营销、生产、数据处理和管理,具体职能部门(更小的系统)通过各种机制最终重新整合成一个有效的组织整体。组织结构是一个组织内部部门的划分及其相互之间的关系,组织内各部门间在交换物资和资金的过程中会产生信息流,而组织既是信息的接收者,有时又是信息的输出者,这种信息的传递也会受到组织层次性的影响。

所有的系统和子系统都是相互关联和相互依赖的。这一事实对组织和系统分析员都蕴含着重要的意义,因为他们会尽力帮助组织更好地实现目标。当系统中的任意一个元素发生变化或被取消时,系统中的其他元素或子系统也会受到影响。

例如,假设一个组织的主管决定不再雇用私人秘书,而由连接到网络的个人计算机完成相应的职能。这一决策不仅对秘书和主管有潜在的影响,而且对组织内负责建立通信网络以取代即将离去的秘书的所有成员也会有潜在的影响。

按系统形式概念化组织,是所有系统都被一组将它们与环境分开的边界所包围。组织的边界存在于一个连续体中,该连续体的特性范围从极易渗透到几乎不可渗透。为能持续地适应和生存,组织首先必须能够通过边界导入人、原材料和信息(输入),然后与外界交换成品、服务和信息(输出)。

组织边界之外的任何事物都被视为环境。无数具有不同稳定程度的环境构成了组织的生存环境,这些环境包括组织的自然地理位置所在地的社区环境、经济环境(受市场因素影响)、政治环境。环境会影响组织,但是完成系统各功能的还是系统边界内的部门,因此在系统分析过程中,确定边界问题是很重要的,因为它定义了系统的处理范围。在进行组织结构调查时,与系统相关的部门要尽量调查全面,而与系统无关的部门可以忽略不计,也是这个道理。

使用系统覆盖来理解组织可以帮助我们确认系统由子系统组成的思想,分析各子系统之间的相互关联性和依赖性,明确允许或阻止系统内部各部门之间以及其他子系统的元素和环境之间进行交互的边界,定义由开放程度或封闭程度刻画的内部环境(这些内部环境在部门、单位或项目之间可能各不相同)。

因此,组织结构调查的主要内容应包括弄清组织内部的部门划分、各部门的主要职能、各部门之间的领导与被领导关系、信息资料的传递关系、物资流动关系与资金流动关系。此外,还应详细了解各级组织存在的问题以及对新系统的要求等。

4.2.2 组织结构图

每个企业通常都有现成的组织机构图,但仅了解纵向的层次领导关系还不够,更重要的是要了解组织机构的各种联系,如信息传递关系、资金流动关系、物资流动关系等。组织结构图是把组织分成若干部分并标明行政隶属关系后补充其他关系的一种图表工具。它是一种类树结构,树的分枝是根据上下级、行政隶属关系绘制的,如主管生产的副经理与各车间的关系(如图 4-2 所示)。通常,企业中的组织结构图都只描述了这种隶属

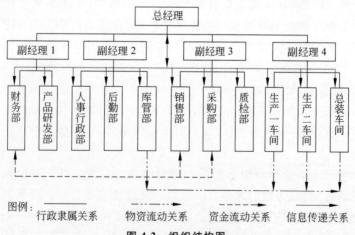

图 4-2 组织结构图

关系,而在信息系统开发时,有必要补充其他关系,以便进一步明确组织系统功能。这些关系主要包括:物资流动关系,如原料库、车间和成品库间的关系;资金流动关系,如财务部、采购部和销售部间的关系;信息传递关系,如上级下达指令、下级信息反馈、各处室间信息沟通等。组织结构图的画法并不统一,需要针对具体组织进行描述,关键是区分各种关系。

此外,在进行组织机构调查时还要注意下列三点。

① 组织结构图中关系要明确且尽量全面。

② 现行机构名与实职不同时要深入了解。因为现行组织机构的名称有时不能确切地反映该部门实际负责的工作,所以要切实地了解该部门的职责。由于企业机构改革可能带来"名不副实"的问题,也就是有的部门已不再行使以往的权利,其部分职能可能已被剥离,这就要根据当前它的实际业务进行更名,让它"名副其实"。例如,现在各高等学校几乎都有学生工作部,但工作范围不尽相同。有的学校的招生、政治思想教育、学生日常管理、毕业分配都是学生工作部的工作,而有的学校的学生工作部管毕业分配,招生由教务处负责,还有的学校的学生工作部只负责学生日常教育与管理。有时,也可能存在多个部门负责同样的或很相近的工作的情况,这就要考虑变更组织机构,根据实际工作的密切程度予以归并。

③ 描述组织边界以内的机构,重点是与信息系统有关的部分。组织机构划分的实际情况往往很复杂,总是随着功能的扩展或缩小、人员的变动等因素的变化而变化,我们不可能也没有必要收集所有信息。因此,在画组织机构图时,根据总体规划的范围,画出有关的部分即可。如果要研制的是生产管理信息系统,行政科等部门就可以不画。

4.3 业务流程分析

如果以功能为基点分析问题,则系统会相对于组织的变化而有一定的独立性,即可获得较强的生命力。因此在分析组织情况时还应该画出其业务功能一览表。这样做可以使我们在了解组织结构的同时,对于依附于组织结构的各项业务功能有一个概貌性的了解,也可以对于各项交叉管理、交叉部分各层次的深度以及各种不合理的现象有一个总体的了解。这就是业务流程分析的目的。

调查管理业务流程应顺着原系统信息流动的过程逐步地进行,内容包括各环节的业务处理、信息来源、处理方法、计算方法、信息流经去向、信息提供的时间和形态(报告、单据、屏幕显示等)。业务流程分析可以帮助我们了解业务的具体处理过程,发现和处理系统调查工作中的错误和疏漏,修改和删除原系统的不合理部分,在新系统的基础上优化业务处理流程。描述管理业务流程的图表工具主要有管理业务流程图和表格分配图。虽然目前有些信息系统开发方法中已不再使用它们,可用物理数据流程图直接替代或采用 UML 中的活动图,但是仍有部分系统分析员看重其简单、易懂、消除歧义等特点,在开发中应用这些工具。

4.3.1 管理业务流程图

管理业务流程图(Transaction Flow Diagram,TFD)是用一些规定的符号及连线表示某个具体业务处理过程的图表,即描述系统内各单位及人员之间业务关系、作业顺序和管理信息流向的图表,通常简称为业务流程图。

业务流程图是按照业务的实际处理步骤和过程绘制的。其基本图形符号有四种:内部实体、外部实体、业务流、单据/报表/账目(如图 4-3 所示)。

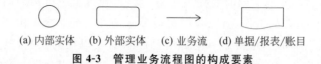

图 4-3 管理业务流程图的构成要素

在绘制业务流程图时,要依据业务调查的语义描述进行分析,其关键是找出业务流程中的内部实体与外部实体,这二者的主要区别在于外部实体是为系统传递信息或接收系统处理后信息的实体,而内部实体是参与系统的信息处理流程并完成某一处理动作的角色、岗位或部门。在业务流程图中,实体间必须用单据、报表或账目连接,外部实体间的业务关系不必表述,重点是调查分析外部实体与内部实体以及内部实体之间的信息传递关系。图中不必描述处理过程,也不应该出现资金流和物流。在结构化分析中,它是描述业务处理结果的主要图表工具。下面通过一个例题可以很清楚地了解业务流程图的绘制方法。

【例 4-1】 某企业物资采购及库存管理业务的语义描述如下。

① 车间填写领料单到仓库领料,库长根据用料计划审批领料单,未批准的退回车间。

② 库工收到已批准的领料单后,首先查阅库存账。若有货,则通知车间前来领取所需物料并登记用料流水账;否则将缺货通知发送给采购人员。

③ 采购人员根据缺货通知,查阅订货合同单。若已订货,则向供货单位发出催货请求;否则临时申请补充订货。

④ 供货单位发出货物后,立即向订货单位发出提货通知。采购人员收到提货通知单后,就可办理入库手续。接着是库工验收入库并通知车间领料。

⑤ 此外,仓库库工还要依据库存账和用料流水账定期生成库存报表,呈送有关部门。

在按此语义绘制管理业务流程图时,首先要区分系统的内部实体与外部实体。车间是为系统传递信息的,供货单位不仅为系统提供信息还获得系统信息,相关部门是接收系统处理后的信息的,它们都不参与系统处理过程,因此都是外部实体。而库长、库工、采购员是参与系统工作的角色,因此他们都是内部实体。这些内部实体接收单据后,做相应的处理(具体处理过程在此不作考虑),形成新的单据传向下一个角色,直到外部实体获得所需要的单据为止。管理业务流程图如图 4-4 所示。

需要注意的是,在绘制业务流程图时,有时要对调查所得的语义进行再分析和再定义,甚至可能需要重新调查。例如上例中,"采购人员收到提货通知单后,就可办理入库手续"的描述是具有不确定性的。通过调查可知,它指的是采购员根据订货到货情况对

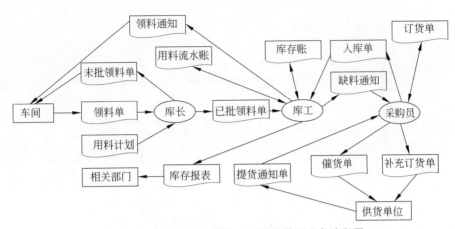

图 4-4 物资采购及库存管理系统的管理业务流程图

订货单进行分类识别或在原单据中打上"已执行"或"已到货"标记,并且填写入库单交给库工检验。这些都要反映在图中。

4.3.2 表格分配图

在描述企业业务流程时,如果遇到所传递的单据、报表或账目多数都是一式多份的情况,用表格分配图更能明确地表述其中的关系。表格分配图是表明报告副本的份数以及报告或单据都与哪些部门发生业务联系的图表工具,由四个要素构成:业务处理、单据/报表/账目、信息流、存档(如图 4-5 所示)。

图 4-5 表格分配图的构成要素

在绘制表格分配图时,先要找到系统内的部门,以此为列区分副本单据的去向。单据通常用编号标识,以示区别。

【例 4-2】 某企业物资采购业务的语义描述如下。

① 采购部门根据实际情况准备好采购单(一式四份)。

② 第一张采购单交给卖方;第二张交到收货部门,用来登记收货清单;第三张交给财会部门,登记应付账;第四张存档。

③ 到货时,收货部门按待收清单校对货物是否齐全后填写收货单(一式四份)。

④ 第一张收货单交财务部门,通知付款;第二张通知采购部门取货;第三张存档;第四张交给卖方。

在以上业务语义描述中,单据一式多份的情况较多,因此可用表格分配图描述业务过程,如图 4-6 所示。

需要注意的是,表格分配图与业务流程图相同,它也不表述物流和资金流关系。但与业务流程图不同的是,它要描述业务处理。

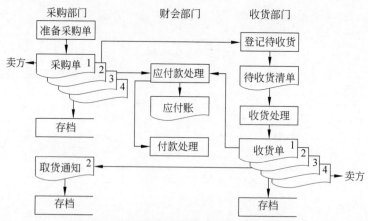

图 4-6　某企业物资采购系统的表格分配图

4.4　数据流程分析

数据流程指数据在系统中产生、传输、加工处理、使用和存储的过程。数据流程分析就是把数据在组织(或原系统)内部的流动情况抽象出来,舍去具体组织机构、信息载体、处理工作、物资、材料等,单从数据流动过程考察实际业务的数据处理模式。数据流程分析主要包括对信息的流动、传递、处理、存储等的分析。

4.4.1　数据流程分析的目的

数据流程分析的目的是要发现和解决数据流通中的问题。这些问题包括数据流程不畅、前后数据不匹配、数据处理过程不合理等。

问题产生的原因有的属于原系统管理混乱,数据处理流程本身有问题;有的可能是我们调查了解数据流程有误或作图有误。总之这些问题都应该尽量地暴露并加以解决。一个通畅的数据流程是新系统用于实现这个业务处理过程的基础。因此,在数据流程分析中首要的任务就是完成数据流程的调查工作。调查过程中收集的资料包括如下这些。

① 收集原系统全部输入单据(如入库单、收据、凭证)、输出报表和数据存储介质(如账本、清单)的典型格式。

② 弄清各环节上的处理方法和计算方法。

③ 在上述各种单据、报表、账本的典型样品上或用附页注明制作单位、报送单位、存放地点、发生频度(如每月制作几张)、发生的高峰时间及发生量等。

④ 在上述各种单据、报表、账册的典型样品上注明各项数据的类型(数字、字符)、长度、取值范围(指最大值和最小值)。

然后,根据数据流程调查的结果完成语义描述并进行数据流程分析。在结构化分析中,数据流程分析的结果用数据流程图表示。

4.4.2 数据流程图的构成

数据流程图(Data Flow Diagram,DFD)是一种图形化的系统模型,它在一张图中按照系统的观点将信息系统建模为输入、处理、输出和数据存储。DFD 非常简单,易于理解,这也是其应用广泛的一个原因。系统分析员用数据流程图自顶向下分析系统信息流程;可在图上画出计算机处理的部分;根据逻辑存储进一步作数据分析,可向数据库设计过渡;根据数据流向确定存取方式;对应一个处理过程,可用相应的描述语言表达处理方法,向程序设计过渡。

DFD 表达了信息系统的功能模型,描述了系统中所有的计算;但值得注意的是,DFD 不表示控制信息,因为功能模型只表明了一个计算如何从输入值得到输出值,而不考虑所计算的值的次序。DFD 表示了系统中值之间的函数关系,其中值包括输入值(输入数据流)、输出值(输出数据流)和内部的数据存储。它将具体的组织机构、工作场所、人员、物质流等去掉,只剩下数据的存储、流动、加工、使用的情况,这是 DFD 的抽象性。在数据流程图中,这种抽象性能使我们总结出信息处理的内部规律性。DFD 把系统对各种业务的处理过程联系起来考虑,形成一个总体,这是 DFD 的概括性,它能使我们从系统的观点分析问题。DFD 将概括性与抽象性有机地结合起来,反映出各业务之间的数据关系,而业务流程图只能孤立地分析各个业务,因此数据流程图是系统逻辑模型的核心。

常见的数据流程图有两种。一种是以方框、连线及其变形作为基本图例符号表示数据流动过程,在国外经典优秀教材中多以这种方式绘图;另一种是以圆圈及连接弧线作为其基本符号表示数据流动过程,其绘图结果有如儿童吹出的肥皂泡,因此俗称泡泡图。这两种方法实际表示一个数据流程时大同小异,就是用不同的符号描述 DFD 的四个相同的构成要素:外部实体、数据处理、数据流和数据存储(如图 4-7 和图 4-8 所示)。两种不同画法没有本质区别,但图 4-7 的画法描述数据流程更为详细,因此本书后续的系统分析主要使用第一种画法。

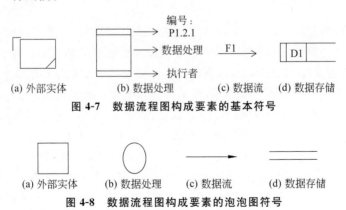

图 4-7　数据流程图构成要素的基本符号

图 4-8　数据流程图构成要素的泡泡图符号

外部实体是一种主动的对象,它通过生成或使用数据值驱动 DFD;它可以是人、机构或其他实体。通常,为系统提供数据的外部实体被称为数据源点,而接收系统处理结果的是数据汇点。在一张数据流程图上,出于合理布局或美观的考虑,可能会将同一外部实体在不同位置多次绘制，此时需要在外部实体的右下角画一斜线作为重复标记。泡泡图中的外部实体用正方形描述。

数据处理过程用于改变数据值，代表将输入值转换为输出值的算法或程序，最底层的处理过程是纯粹的函数。但是它只说明所有可能的函数路径，并不表示实际将出现的路径，系统实际出现的路径取决于用户实际的使用场景。一般用矩形描述数据处理，分三部分。第一部分是数据处理的编号，通常以 P 开头且数据处理编号与其所在 DFD 的层次相关（如图 4-1 所示）；第二部分是名称，通常由动词或动宾结构命名；第三部分是执行者名称。在数据处理符号中，第一和第二部分通常是不可缺少的部分；在执行者角色清晰、一目了然时，第三部分可以省略。泡泡图中的数据处理用圆圈表示，内部注明名称。

数据流表示数据的流向，它将外部实体与处理过程以及数据存储与处理过程之间联系起来。在一个计算中，用数据流表示中间数据值。数据流不能改变数据值，只有处理过程才能对其进行变换。数据流用箭头表示，方向是从数据值的产生对象指向接收对象，编号通常以 F 开头。其中，与外部实体相连的数据流表示该 DFD 的输入/输出流。泡泡图中的数据流也用箭头表示，但图中多数箭头方向都是斜向绘制的，而第一种方法中的数据流都是水平或垂直的。

数据存储本身不产生任何操作，它仅响应存储和访问数据的要求；数据存储用缺边的矩形表示，第一部分是编号，通常以 D 开头，第二部分是数据存储的名称。与外部实体类似，如果同一数据存储在一张图上多次绘制，要在矩形左侧边上多画一条竖线作为重复标记。数据存储的输入箭头表示更改所存储的数据的信息或操作，输出箭头表示从存储中查找的信息。泡泡图中用平行线描述数据存储，名称写在平行线附近。

需要注意的是，在外部实体与数据存储之间不存在直接相连的数据流，这是因为外部实体处于系统之外，而数据存储是 DFD 中的被动对象，用来存储数据。

4.4.3　数据流程图的绘制

绘制数据流程图时一定要注意，是针对系统数据处理的特点绘制一组图而不是一张图，这组图是依赖分解原理逐渐解决问题的。因此，绘制时的精要是"自顶向下、由外向里、逐层细化、完善求精"。具体来讲，数据流程图绘制的主要步骤如下所示。

① 确定所开发系统的外部项（外部实体），即系统的数据来源和去处。

② 确定整个系统的输入数据流和输出数据流，把系统作为一个加工环节，画出顶层图。一般应把数据源点置于图的左侧，把数据汇点置于图的右侧。

③ 确定系统的主要信息处理功能，按此将整个系统分解成几个加工环节（子系统）。确定每个加工的输入与输出数据流以及与这些加工有关的数据存储。根据各加工环节和数据存储环节以及输入与输出数据流的关系，将外部项、各加工、数据存储环节用数据流连接起来；为各数据流、各加工和数据存储环节命名和编号，这样就形成所开发系统的数据流程图的一层图（总图）的草图。

④ 分解数据流程图草图。一般情况下，下层的一张数据流程图对应于其上层数据流程图中的一个加工环节，当上层数据流程图的加工环节所分解的下层加工环节数量较少

时,下层的一张数据流程图亦可对应于上层图中一个以上的加工环节。

⑤ 重复步骤④,直到逐层分解结束。分解结束的标志是对于每一个最底层的加工(即各层数据流程图中不做进一步分解的加工),其逻辑功能已足够简单、明确和具体,可以用一张 A4 规格的纸写出清晰的说明。

⑥ 对草图进行检查和合理布局,主要检查分解是否恰当、彻底,DFD 中各成分是否有遗漏、重复和冲突之处,各层 DFD 及同层 DFD 之间关系是否正确以及命名和编号是否确切、合理等,对错误与不当之处进行修改。

⑦ 和用户进行交流,在用户完全理解数据流程图的内容的基础上征求用户的意见。和用户讨论的主要问题是:系统逻辑功能的设置和描述是否合理,能否满足用户的信息需求,数据流和数据存储的内容以及数据源点和数据汇点是否符合实际,描述是否准确、合理;用户在了解数据流程图的全部内容后对系统逻辑功能有什么进一步的意见与要求。系统分析员根据与用户讨论的结果对数据流程图的草图进行修订。

⑧ 用计算机或其他制图、编辑工具画出正规的数据流程图。

⑨ 将正规的数据流程图提交给系统分析负责人复审。若有修改之处,则组织人员修改;否则通过复审,数据流程图绘制过程结束。

【例 4-3】 银行存取款业务的流程如下。

① 储户凭身份证在银行开户,银行账户中保存储户姓名、联系电话、家庭住址等基本信息,并且保存储户每笔存取款业务数据。

② 储户存款时,需要提交存折/卡号,由业务员在银行账户及存折/卡上登记存款信息。

③ 储户取款时,还需要提交密码,以确认身份。在验证取款合法性后,更新银行账户。

④ 统计员每日统计存、取款情况,形成日存取款汇总表,提供给信贷管理处作为信贷主要依据。

根据以上语义描述,按照数据流程图的绘制步骤,可绘制出此项业务的顶层图(如图 4-9 所示)和一层图(如图 4-10 所示)。

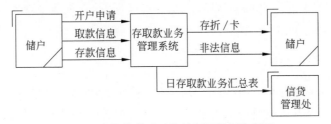

图 4-9　存取款管理系统的顶层数据流程图

4.4.4　检查 DFD 的原则

高质量的、可读的、内部一致的 DFD 可以准确表示系统的需求。通过在 DFD 结构

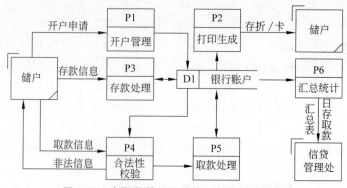

图 4-10 存取款管理系统的一层数据流程图

上应用一些简单的规则,一个项目小组可以保证 DFD 的可读性和内部一致性。分析员在开发 DFD 时应该按照以下原则对 DFD 的质量进行检查和更正。

1. 减小复杂性

数据流程图的绘制过程是系统分析的重要组成部分,这一过程自顶向下、逐层分解,是由系统外部至系统内部、由总体到局部、由抽象到具体建立系统逻辑模型的过程。在整个绘制过程中,始终要把握住对系统总体目标与功能的要求,在给定的系统边界范围内进行工作。为了使数据流程图简洁清晰、功能明确和方便交流,分解的层次和每张图的内容要适当。如果每张图分解的加工环节少,要做到彻底分解,则导致层次增多、查询复杂化;如果过分压缩层次,则导致每张图布局拥挤、结构复杂,难以做到使读者一目了然。

通常人们对复杂问题的处理和理解是比较困难的,因此可通过分层的结构将过程或活动组织成更小的部分。在一个层次中安排多少个处理部件可依据 7±2 的经验法则。7±2 来源于心理学的研究,也称为 Miller 数。心理学研究表明,一个人可同时记住或操纵的信息块的数量为 5~9,信息块的数量太大会引起信息过载。因此,建议单个 DFD 中不应有超过 7±2 个过程,单个 DFD 不应超过 7±2 个数据流进出一个过程、数据存储和数据元素。当然,这只是一些经验法则,不是不可违反的,这种违规现象应视为对潜在问题的一个警告。

2. 保证一致性和平衡性

数据流程图的逐层分解以加工的分解为中心,属于功能分解性质。在分解中,要保持各层成分的一致性和平衡性。我们把上层被分解的加工环节称为父加工环节,分解后的环节称为子加工环节。从逻辑上讲,父加工环节的功能为对应的子加工环节功能之和,因而在分解时要防止功能的削弱、畸变或增添。

加工的分解可能导致数据流的分解、数据存储的分解甚至外部项的分解。分解时一定要保持父项(被分解项)的内容为对应各子项(即分解后的各项)的内容之和。防止任意增、删、改,保持各层数据流程图之间数据的平衡。如果分解后的各子加工与上层图中某个外部项的不同组成部分相联系,而外部项的分解有助于更明确描述系统某些部分的功能与信息需求,则下层图要对分解后的外部项加以定义和命名,不应出现不属于上层图外部项的子项的新外部项。

下层数据流程图可以出现不属于上层图的数据存储环节子项的新的数据存储环节。因为随着加工的分解,分解后的加工之间的界面可能是上层图未定义的数据存储,这就需要在下层图中加以定义、命名与编号。

需要强调的是,下层数据流程图决不允许出现不属于上层图的数据流子项的新数据流。通过查找DFD中各种类型数据流的不一致性可以发现错误或被忽略的东西。以下是三个经常发生且易判别的一致性错误。

① 一个过程和它的过程分解在数据流内容中有差别;
② 有数据流出但没有相应的数据流入;
③ 有数据流入但没有相应的数据流出。

过程分解以一种更详细的形式展示了一个高层过程的内部细节。在大多数情况下,DFD层次中流入和流出过程的数据内容应与分解后的DFD中流入和流出所有过程的数据内容一致,这种一致性叫作平衡。需要注意的是,这里使用的是数据内容这个术语。数据流的名称在不同的层次可能不一样,其原因很多,例如将一个组合的数据流分解为更小的数据流。因此,必须仔细地看清楚数据流的内容而不只是看到它的名称。由于这个原因,只有在所有的数据流均已定义后方可进行平衡的详细分析。如果由于在高层忽略了一些数据流而引起数据流程图不平衡,则不平衡的DFD也是可接受的。例如,一个大系统的顶层图和一层图通常忽略一些不重要的细节,而在过程的分解图中可以加上一个过程和一些数据流去处理这些细节。此外,DFD的不一致性还可以发生在单个过程或数据存储的数据流入或流出之间。在一个逻辑DFD中,数据不应该没有意义地传给过程,流入过程的所有数据必须流出该过程或用于产生流出该过程的数据,流出过程的所有数据必须曾流入过该过程或是由流入该过程的数据产生。

3. 侧重逻辑处理模型

分析阶段的要点是基于逻辑DFD进行活动。所谓逻辑模型是不考虑具体的物理实现,只考虑用户所关注的功能或过程,分析阶段假设可以通过完美的技术实现该需求,具体采用何种技术是设计阶段所关注的。物理DFD的建模与逻辑建模的基点不同,它侧重的是物理实现细节,可在系统设计的总体设计中完成,然后映射转换成系统结构图,有关内容将在第5章详细介绍。在逻辑DFD中要尽量避免有关具体实现的描述,其中包括如下内容。

① 特定的技术过程;
② 特定参与者的过程名称;
③ 特定的技术或参与者过程顺序;
④ 冗余的技术、数据流和文件。

例如,依据上述原则,如果DFD中存在"销售员将客户提交的订单通过键盘输入订单数据库"的数据处理,就应改为"增加订单"。至于如何输入,留待设计时考虑,可能该订单客户通过 Internet 直接提供,也可能通过销售员手动输入。在分析阶段关注的是多了一个客户的订单。

4.4.5 数据流程图中的常见问题

根据以上原则,在检查数据流程图时,要注意以下常见问题。

① 交叉的流线要用半圆弧区分。在绘制 DFD 时,应尽量避免数据流线间的交叉,这可以通过外部实体和数据存储的重复使用达到目的。对于较复杂系统,当数据流线很难避免交叉时,交叉点处用圆弧处理,如图 4-11 所示。

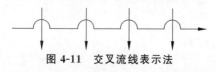

图 4-11 交叉流线表示法

② 除顶层图外,各 DFD 中有且仅有四个元素,而且处理块必须编号。初画 DFD 时,可忽略琐碎细节,而后进行调节,因此顶层图中只描述系统边界,数据存储可不细述。随着 DFD 逐层细化,数据存储也会逐渐分解出现。顶层图中可将系统看成一个大的处理,因此可不必编号,也不必遵循数据处理的命名规则。

③ 数据存储与外部实体不直接相连接。数据存储环节一般作为两个加工环节的界面进行安排。只与一个加工环节有关的数据存储如果不是公用的或特别重要的,可不在数据流程图上画出。直接从外部项来与直接到外部项去的数据流应直接与加工环节相连,不应通过数据存储环节相连。

④ 数据流必须封闭在外部实体之间。数据流不能直接连接两个外部实体、两个数据存储以及数据存储与外部实体,数据流至少一端应为处理。

⑤ 每个加工都至少有一个输入流和一个输出流。加工的分解要抓住主要问题,每个分解后的加工环节要功能明确、易理解。一般分解后的加工先确定输出数据流,再确定输入数据流,然后定义加工的内容并进行命名和编号。在进行处理时依据仅有的输入无法导出输出数据,这说明可能缺少输入数据或处理分解有误。图上不应有无输入或无输出的加工环节。一个处理只有输入而没有输出(称为"黑洞")或只有输出而没有输入(称为"奇迹")都是不正确的。

⑥ 图上每个元素都必须有名称,命名的规则如下。

- 名称要反映被命名成分的真实和全部的意义,不能只反映部分内容。处理的名称一般为动宾结构,不能仅为一个动词,例如"增加""计算"应改为"增加学生信息""计算分数"。

- 名称要意义明确、易理解,不会造成错觉或混乱。尤其在进行数据流名称定义时,更应该注意这一点。数据流表明处理之间数据的传递关系,而非控制和时间的先后次序关系。例如,"更正错误的学生信息"应改为"错误的学生信息"或"更正后的学生信息"。另外,流入处理的数据应与流出处理的数据不相同;若相同,则可能表明该处理没有存在的价值。例如,流入"处理订单"的信息为"订单",流出的信息也为"订单",对于该情况应将流入的"订单"更正为"客户订单",流出的"订单"更正为"已处理的订单"。虽然有可能具体内容是一样的,但具体含义却不一样,为避免混淆,应分别给它们取不同的名称以示区别。

⑦ 要注意以下三种常见数据流的方向。
- 建立、存入数据流，如图 4-12(a)所示。
- 只读的数据流，如图 4-12(b)所示。
- 更新后写回文件的数据流，如图 4-12(c)所示。

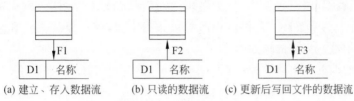

(a) 建立、存入数据流　　(b) 只读的数据流　　(c) 更新后写回文件的数据流

图 4-12　三种常见数据流

按照系统的观点，系统由子系统组成，子系统若仍然比较复杂，则可进一步分解，直到无法分解或已分解为人们易于理解的部分为止。同样，DFD 中对处理的分解也是如此。最高一级的处理即等于系统；然后按传统的分解方式将系统按职能或功能进行分解，一个处理被分解为多个子功能；以此类推，最后一层的处理被称为任务。

然而，自 Hammer 提出 BPR 以来，基于功能分解对企业系统进行分析的方法逐渐被过程所替代。例如，传统企业将企业信息系统从功能上分为金字塔结构；而现代企业则通过基于价值链的过程组织企业系统。

早期基于功能的系统是以企业内部为核心组织信息系统的；而在以市场和客户为导向的现代企业中，以过程为核心组织企业活动是大势所趋，过程应以完成外部客户的目标为基础组织其内部活动。事件是系统的外部视图，用户触发事件，系统过程响应事件并满足用户的需求。因此，许多现代的结构化分析方法对传统的结构化分析方法进行了改进，以流程的方式分解系统。

4.5　数据字典

数据流程图描述了系统的"分解"，即描述了系统由哪几部分组成、各部分之间有什么联系、系统数据流向和加工等情况，但并没有说明系统中各个成分是什么含义，或者说各个成分的具体含义仍然不清楚或不明确。因此，仅一套数据流程图并不能构成系统分析报告，只有图中出现的每一个成分都给出定义后，才是较完整地描述一个系统，在实际中常采用数据字典这一基本工具对其做进一步的详细说明。数据字典用于对数据流程图中出现的所有成分给出定义，它使数据流程图上的数据流名称、加工名称和数据存储名称具有确切的解释。每一条解释就是一个词条，按一定的顺序将所有词条排列起来，就构成数据字典，就像日常使用的英汉字典、新华字典一样。

所谓数据字典(Data Dictionary, DD)是在新系统数据流程图的基础上进一步定义和描述所有数据的工具，包括对一切动态数据(数据流)和静态数据(数据存储)的数据结构和相互关系的说明。它是数据分析和数据管理的重要工具，是系统设计阶段进行数据库(文件)设计的参考依据。

数据流程图与数据字典是密切联系的,两者结合在一起才构成"需求说明书"。数据流程图中出现的每一个数据流名、文件名和加工名在字典中都应有一个条目给出相应定义。此外,在定义数据流、文件和加工时,要引用到它们的组成部分,因此每一个组成部分在字典中也应有一个条目给出它们的定义。因此,数据字典的内容主要是对数据流程图中的数据项、数据结构、数据流、处理逻辑、数据存储和外部实体六方面进行具体的定义,每一方面称为一个条目。数据流程图配以数据字典,就可以从图形和文字两方面对系统的逻辑模型进行完整的描述。

数据字典的编撰方式有两种:卡片式或表格式。卡片式以每个条目中的各具体项为单位组织数据字典,表格式以每个条目组织数据字典。卡片式描述具体内容比较清晰、美观,但对于较大系统来讲,字典量大,不易保管;表格式较为经济实用,但由于分页造成的表格不连续性会给查询带来不便。

4.5.1 数据项

数据项又称数据元素,是数据的最小单位。分析数据特性应从静态和动态两方面进行,而在数据字典中仅定义数据的静态特性,具体包括如下内容。

① 数据项的名称、编号、别名和简述。
② 数据项的长度。
③ 数据项的取值范围。

【例 4-4】 订单管理系统中"材料编号"数据项的描述如表 4-1 所示。

表 4-1 数据项的描述

项 目	描 述	项 目	描 述
数据项编号	ID201	简述	某种材料的代码
数据项名称	材料编号	类型及宽度	字符型,4 位
别名	材料编码	取值范围	0001～9999

4.5.2 数据结构

数据结构描述某些数据项之间的关系。一个数据结构可以由若干数据项组成,也可以由若干数据结构组成,还可以由若干数据项和数据结构组成。

如表 4-2 所示,订货单就是由三个数据结构组成的数据结构,表中用 DS 表示数据结构,用 I 表示数据项。

数据字典中对数据结构的定义包括以下内容。

① 数据结构的名称和编号。
② 简述。
③ 数据结构的组成。

表 4-2 订货单结构表

DS03-01：用户订货单		
DS03-02：订货单标识	DS03-03：用户情况	DS03-04：配件情况
I1：订货单编号	I3：用户代码	I10：配件代码
I2：日期	I4：用户名称	I11：配件名称
	I5：用户地址	I12：配件规格
	I6：用户姓名	I13：订货数量
	I7：电话	
	I8：开户银行	
	I9：账号	

【例 4-5】 用户订货单的数据结构描述如表 4-3 所示。

表 4-3 数据结构的描述

项 目	描 述
数据结构编号	DS03-01
数据结构名称	用户订货单
简述	用户所填用户情况及订货要求等信息
数据结构组成	DS03-02＋DS03-03＋DS03-04

4.5.3 数据流

数据流由一个或一组固定的数据项组成。定义数据流时,不仅要说明数据流的名称、组成等,还应指明它的来源、去向和数据流量等。

【例 4-6】 领料单的数据流描述如表 4-4 所示。

表 4-4 数据流的描述

项 目	描 述
数据流编号	F03-08
数据流名称	领料单
简述	车间开出的领料单
数据流来源	车间
数据流去向	发料处理模块
数据流组成	材料编号＋材料名称＋领用数量＋日期＋领用单位
数据流量	10 份/时
高峰流量	20 份/时(上午 9:00～11:00)

在数据流的定义式中,采用自上而下、逐层分解的方式对每一条数据流进行定义,其中数据流的组成是系统最关心的内容,它通常采用表 4-5 中的符号进行定义。

表 4-5　定义式中的常用符号

符　号	含　义
＝	被定义为
＋	与
m..n	界域
[...,...]	或，选择括号内的某一项
[...|...]	或，选择括号内的某一项
{...}	重复，花括号内的项多次重复出现，重复次数的上、下限也可在括号边上标出
(...)	可选，圆括号内的项可出现也可不出现
"..."	引号内给出的是基本数据元素，它们无须进一步定义

【例 4-7】 在大学教务管理系统中，部分数据流的组成可按以下方式定义。

(D01)学生证＝学号＋密码

(D02)申请单＝学号＋(课程号＋选课学期)

(D03)谢绝＝["非法证件"|"不合格单"|"证单不符"]

(D04)注册＝学号

(D05)选课＝学号＋课程号＋选课学期

(D06)无此课＝学号＋课程号＋"无此课"

(D07)注册记录无效＝学号＋"注册无效"

(d01.1)学号＝"00000001".."99999999"

(d01.2)密码＝"000001".."999999"

(d02.2)课程号＝1{"英文字母"}4＋"0001".."9999"

(d02.3)选课学期＝"0001".."9999"＋["春季"|"秋季"]

4.5.4　数据存储

数据存储在数据字典中只描述数据的逻辑存储结构，而不涉及它的物理组织。有两种类型的数据存储：一种是文件形式，另一种是数据库形式。对于文件形式，其定义包括定义文件组成数据项和文件组织方式两项内容，其中文件组成数据项的定义方式与数据流的定义方式相同。

【例 4-8】 图书馆借书系统数据流程图中的文件按以下方式定义。

文件组成数据项：

(F1)借书记录＝{证号＋姓名＋书号＋书名＋借书日期}

(F2)库存书目＝{书号＋书名＋"库存总数"＋"现库存数"}

(F1.5)借书日期＝日期

文件组织方式：

借书记录＝按借书日期先后排列

库存书目＝按书名先后排列

对于数据库形式，指出数据库中有哪些数据文件即可。

完整的数据存储的描述除了重点描述其组成外，还要指明它的编号、名称、关键字和相关的数据处理。

【例 4-9】"库存账"数据存储的描述如表 4-6 所示。

表 4-6 数据存储的描述

项 目	描 述
数据存储编号	D03-08
数据存储名称	库存账
简述	存放配件的库存量和单价
数据存储组成	配件编号＋配件名称＋单价＋库存量＋备注
关键字	配件编号
相关联的处理	P2、P3

4.5.5 数据处理

处理逻辑的定义仅对数据流程图中最底层的处理逻辑加以说明。数据字典中只需要列出基本加工的定义即可,因为任何一个加工最后总能分解成一些基本加工,只要有了基本加工的定义,就可以理解其他加工。它是用简短自然语言对数据处理过程的高度概括,而不是具体的处理逻辑。

【例 4-10】 表 4-7 是对计算电费数据处理的描述。

表 4-7 数据处理的描述

项 目	描 述
处理逻辑编号	P2.3
处理逻辑名称	计算电费
简述	计算应交纳的电费
输入的数据流	电费价格；用电量和用户类别
处理过程	根据数据流"用电量"和"用户信息",检索用户文件,确定该用户类别;再根据已确定的该用户类别,检索数据存储价格表文件,以确定该用户的收费标准,得到单价;将单价和用电量相乘得到该用户应交纳的电费
输出的数据流	去外部项用户；写入数据存储用户电费账目文件
处理频率	对每个用户每月处理一次

有关处理过程的详细描述,要用处理逻辑小说明工具表示,它是对 DD 的补充,在 4.6 节将详细介绍这些描述工具。

4.5.6 外部实体

外部实体的定义包括外部实体编号、名称、简述及有关数据流的输入和输出。

【例 4-11】 表 4-8 是对外部实体"用户"的描述。

表 4-8 外部实体的描述

项 目	描 述	项 目	描 述
外部实体编号	S03-01	输入的数据流	D03-06、D03-08
外部实体名称	用户	输出的数据流	D03-01
简述	购置本单位配件的用户		

4.6 表达处理逻辑的工具

将一个大型复杂系统逐层分解成许多个足够简单的基本加工,然后分别理解每个基本加工并为其详尽地写下"小说明",再将所有这些"小说明"组织起来就可得到整个系统的说明书。应特别注意的是,分析阶段的任务是理解和表达"用户的要求",而不是具体考虑系统如何实现。因此对一个加工应描述的是用户要求这个加工"做什么",而不是用编程语言描述具体的加工过程。也就是说,小说明中应包括加工的激发条件、加工逻辑、优先级、执行频率、出错处理等,其中最基本的部分是加工逻辑。

加工处理逻辑指的是业务人员处理业务的算法和逻辑关系。加工处理逻辑的分析是对业务流程分析和数据流程分析的补充,也是系统处理模块的设计依据。每个加工处理必然有处理的原始数据和输出数据,以及处理的逻辑关系和算法。如果用文字表达这种多元的逻辑关系,不仅十分烦琐,而且难以看清,而采用处理逻辑小说明工具可以清晰地表达条件、决策规则和应采取的行动之间的逻辑关系,容易为管理人员和系统分析员所接受。处理逻辑过程可以用判定树、判定表或结构化语言等处理逻辑小说明工具加以描述。

4.6.1 结构化语言

结构化语言是一种模仿计算机语言的处理逻辑描述方法,它是介于自然语言和形式语言之间的一种半形式语言,简单易懂。但它不是真正的"语言",因此也称为"伪码"或 PDL 语言。

结构化语言描述处理逻辑的原则如下所示。

- 尽可能精确,避免二义性。
- 尽可能简单,使用户易于理解。
- 可用带有一定结构的汉语描写加工逻辑。

1. 主要结构

结构化语言的结构通常可分成外层和最内层两大层,其中外层可以有多层,相互嵌套。外层语法比较具体,最内层语法则比较灵活。外层语法用来描述控制结构,通常采用人们已熟知的几种标准结构,如顺序、选择和循环。这些控制结构将加工中的各个操作连接起来,使用由 IF、THEN、ELSE 等词组成的规范化语言。

内层语法具有以下特点。

- 只有祈使句一种,它能明确地表达"做什么"。

- 名词都是字典中定义过的词或自定义的词。
- 动词避免用空洞的词。
- 没有形容词、副词等修饰语。
- 可以用一些常用的运算符、关系符等。

总体来看,构成结构化语言的主要成分有以下三种。

(1) 祈使语句

描述处理中决策方案的部分通常用祈使语句,例如"先付款再发货""先按库存发货""不发货"等。

(2) 判断结构

判断结构采用的是计算机语言的类似结构。

```
IF<条件>
THEN 决策 1
ELSE<非条件>/OTHERWISE<非条件>
SO 决策 2
```

IF 与 ELSE 对应的是同一条件的是与非,因此一个结构只能对一种条件进行判断。当要描述多个条件的处理逻辑时,可通过嵌套结构实现,而且要求各个结构的引导词配对出现。

(3) 循环结构

循环结构采用了计算机语言的类似结构并有两种描述方式。

```
WHILE<条件>
DO 决策
```

或

```
REPEAT 决策
UNTIL<条件>
```

其中,WHILE-DO 型结构是满足条件才进入循环,执行决策动作这一循环体;而 REPEAT-UNTIL 型是先进入循环,执行一次后再判断条件是否满足,若满足条件,则退出循环。

2. 应用举例

【例 4-12】 外层语法中选择结构的应用,其结构化语言如下所示。

```
If the Current_Capital_Value is Less Than $1000.
    Then,
        Set Depreciated_Amount to Current_Capital_Value.
        Set Current_Capital_Value to Zero.
    Otherwise,
        Set Depreciated_Amount to 10% of Current_Capital_Value.
        Reduce Current_Capital_Value by 10%.
```

【例 4-13】 外层语法中用 Case 结构引导条件，其结构化语言如下所示。

```
Select The Case Which Applies:
    Case 1(No Bounced_Checks In Customer_Record):
        Write Exemplary_Customer_Citation To Annual_Summary.
    Case 2(One Bounced_Check):
        If Yearly_Average_Balance Exceeds $1000.
            Remove Bounced_Check From Customer_Record.
        Otherwise,
            Reduce Credit_Limit By 10%.
    Case 3(Multiple Bounced_Checks):
        For Each Bounced_Check.
        Reduce Credit_Limit By 15%.
        Set Credit_Rating To Deadbeat.
        Write Scathing_Comment To Annual_Summary.
        Write Customer_Name_And_Address To IRS_Enemies_List.
```

【例 4-14】 外层语法中对不同对象进行相同处理时用到循环结构，其结构化语言如下所示。

```
For Each Passenger_Record in The Reservation_File:
    Accumulate Amount_Due into the Running_Total.
    Build A New_Debit_Record.
    Write The New_Debit_Record to Daily_Ledger.
Repeat The Following:
    Take The Next Priority_Message from the Message_Stack.
    Write Message_Text to Message_Log.
    Write Message_Header and Log_Number To Priority_Queue.
Until there are No More Priority_Messages.
```

【例 4-15】 在处理逻辑描述中，为了将层次清晰化，可用缩排法、编号和大小写等来区分各成分。其结构化语言如下所示。

```
For Each Buy_Order in Accumulated_Orders_Stacks.
    Add Time_Of_Day.
    Separate Order_Carbon_Copy.
    Enter Into Buy_Book By Security_Name,Bid_Price.
    And Time_Of_Day.
For Each Sell_Order In Sell_Book:
    Find First Buy_Order With Matching Security_Name.
    If Found,
        If Qty_Bid Equals Qty_Asked And Price_Bid If Within
            1/8 Point Of Price_Asked,
                Combine Buy_Order And Sell_Order Into Trade.
For Each Customer_Record In Account_File:
    If Account_Status Equal Suspended,
```

```
            If Today_Date Minus Date_Of_Last_Transaction Exceeds 30,
                Then,
                        Set Account_Status Equal Retired.
                        Set Date_Of_Last_Transaction Equal Todays_Date.
                        Write Customer_Record To History_Log.
                        Delete Customer_Record.
① Access The Customer_Account_Record.
② If Account_Status Is Delinquent.
                        2.1 Write Account_Number To Officer_Action_Report.
                Otherwise,
                        2.2 If Account_Balance Less Than $1,
                            2.2.1 Set Account_Status To Pending.
                            ⋮
③ Accumulate Account_Balance Into Running_Total.
```

另外,还可以用汉语描述其中的条件或处理块。

【例 4-16】 某公司给购货在 5 万元以上的顾客以不同的折扣率,否则无折扣。如果这样的顾客最近 3 个月无欠款,则折扣率为 15%;虽然有欠款但与公司已有 10 年以上的贸易关系,则折扣率为 10%,否则折扣率为 5%。公司这一折扣政策的处理逻辑用结构化语言可描述如下。

```
IF   购货额在 5 万元以上
   IF   最近 3 个月无欠款
   THEN  折扣率 15%
   ELSE  最近 3 个月有欠款
       IF   与公司交易 10 年以上
       THEN  折扣率 10%
       ELSE  与公司交易不足 10 年
       SO   折扣率 5%
ELSE  购货额不足 5 万元
SO   无折扣
```

3. 补充说明

结构化语言作为数据字典的补充说明工具,连同数据流程图可以完整地描述系统逻辑模型。

【例 4-17】 图 4-13 是销售管理系统中的一个 DFD 片段。

图 4-13 的数据流程图描述了加工 Writing_Sales(开发票)、输入数据流 Incoming_Order(订货单)、输出数据流 Sales_Form(发票)以及加工需要读取的文件 Price_File(价目表)。由于数据流程图中出现了三个数据名,因此需要编写三个数据字典条目分别

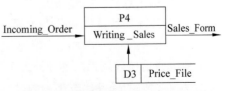

图 4-13 销售管理系统的 DFD 片段

说明这三个数据名的组成。

```
Incoming_Order=Part_Number+Quantity_Ordered
Sales_Form=Unit_Price+Sub_Total+Sales_Tax+Total
Price_File-Record=Part_Number+Unit_Price
```

另外,需要为加工 Writing_Sales 编写一个小说明,其加工逻辑可用下面一段结构化语言表示。

```
Access Price_File by Part_Number From The Incoming_Order.
Copy Unit_Price from Price_File_Record Into Unit_Price Of Sales_Form.
Set Sub_Total to Product Of Unit_Price And Quantity_Ordered
Set Sales Tax to 3%Of Sub_Total
Set Total to Sub_Total Plus Sales_Tax
```

这段结构化语言由顺序排列的 5 个简单句构成。其中每个语句都是祈使句,其句型基本是"动词+名词"的结构,因此简单明了。句中出现的数据名在字典中都已有定义(或自定义),同时没有使用形容词、副词等易引起混淆的修饰语,因此能比较明确地描述用户要求这个加工做什么。

可以看出,用数据流程图、数据字典和处理逻辑小说明三者配合描述用户需求是比较自然和合理的。

4.6.2 判定树

为简洁地表达数据流程图中处理逻辑的逻辑判断功能,用树型结构图描述对各种情况的处理,这就是判定树(决策树)。判定树一般都是自上而下生成的。每个决策或事件(即自然状态)都可能引出两个或多个事件,导致不同的结果。我们把这种决策分支画成很像一棵树的枝干的图形,故称其为判定树。选择分割的方法有好几种,但目的都是一致的:对目标类尝试进行最佳的分割。从根到叶子节点都有一条路径,这条路径就是一条"规则"。判定树可以是二叉树,也可以是多叉树。

判定树主要由三部分组成。首先是定义要决策的问题的决策结点;以条件为列,从决策结点连接形成的分支结构是方案分支,它往往是根据条件值的多少决定分支的数量;在最后一个条件列后加入的是决策结果,不同方案分支通过不同路径得出决策结果,从而形成树型分叉图。

用判定树描述处理逻辑的优点如下所示。
① 可以生成容易理解的规则。
② 计算量相对来说不是很大。
③ 可以处理连续条件和分类条件。
④ 可以清晰地显示哪些条件比较重要。
用判定树描述处理逻辑的缺点如下所示。
① 对连续值的条件比较难预测。
② 对有时间顺序的条件需要很多预处理的工作。

③ 当类别太多时，错误可能会急剧增加。

④ 进行一般的算法分类时只是根据一个条件分类。

【例 4-18】 用判定树对例 4-16 中的销售折扣政策处理逻辑进行描述，结果如图 4-14 所示。

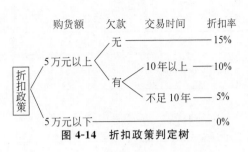

图 4-14 折扣政策判定树

4.6.3 判定表

判定表是一种表格状的决策分析工具，它可以在条件复杂的情况下很直观地表达出具体条件、决策规则和应当采取的行动之间的逻辑关系。当需要描述的加工由一组操作组成，是否执行某些操作又取决于一组条件时，用判定表写加工逻辑将比较合适。判定表的优点在于清晰易懂，但它只适合描述条件，描述循环则比较困难。

判定表通常由四部分组成（如图 4-15 所示），其间用双线条或粗线条分开。左上部为条件桩，它列出决定一组条件的对象，用 C_i 表示；右上部为条件条目，它列出各种可能的条件值的组合状态，如果每个条件值都是两个，则可用 Y/N 代表是否满足条件，如果有的条件值个数较多，则用 1,2,3,… 代表该条件的第 n 个取值；左下部为操作桩，它列出所有的操作，也就是决策方案，用 A_i 表示；右下部为操作条目，它列出在对应的条件组合下所选的操作，也就是决策方案的选择情况，用 √ 或 × 代表选择方案。

判定表的绘制较为复杂，原因在于条件值的组合状态较多，要考虑周全。要获得最终的判定表，通常需要绘制三张表。首先要定义条件的取值及含义，然后按所有组合状态绘制出初始判定表，最后将相关列合并形成最终判定表。在合并时，按操作桩中选择同一决策方案的不同条件进行判断。首先要找到条件条目的共同点，再分析其不同条件值的组合是否被相关列遍历。如果遍历，则相关列合并，否则不合并。

条件桩 C_i	条件条目
操作桩 A_i	操作条目

图 4-15 判定表的结构

【例 4-19】 某厂对一部分职工重新分配工作，分配原则如下。

① 年龄不满 18 岁，文化程度是小学者脱产学习，文化程度是中学者当电工。

② 若年龄满 18 岁但不足 40 岁，文化程度是小学或中学者，男性当钳工，女性当车工。

③ 若年龄满 40 岁及以上，文化程度是小学或中学者当材料员。

④ 凡是大学毕业生，都当技术员。

这种分配逻辑如果用判定表表达，通常可以分三步完成。

1. 确定条件

仔细分析题目内容，从中找出基本条件。本题中性别、年龄和文化程度为基本条件，因此可以绘制如表 4-9 所示的条件定义表。

表 4-9 条件定义表

条 件	取 值	含 义
C1：性别	1 2	男 女
C2：年龄	1 2 3	不满 18 岁 满 18 岁但不足 40 岁 满 40 岁及以上
C3：文化程度	1 2 3	小学 中学 大学

2. 找出条件组合及决策结果

对基本条件进行全排列组合。本题中，三个条件值的个数分别是 2、3、3，因此全排列后的列数应为 $2 \times 3 \times 3 = 18$ 列。据题分析，决策结果有 6 个。根据不同条件值所选择的决策结果不同，填写表右下方单元格，形成初始判定表，如表 4-10 所示。

表 4-10 初始判定表

	1	2	3	4	5	6	7	8	9	10	11	12	13	14	15	16	17	18
C1：性别	1	1	1	1	1	1	1	1	1	2	2	2	2	2	2	2	2	2
C2：年龄	1	1	1	2	2	2	3	3	3	1	1	2	2	2	2	3	3	3
C3：文化程度	1	2	3	1	2	3	1	2	3	1	2	3	1	2	3	1	2	3
A1：脱产学习	√									√								
A2：电工		√									√							
A3：钳工				√	√													
A4：车工													√	√				
A5：技术员			√			√		√	√			√			√			√
A6：材料员							√	√								√	√	

3. 相关列合并

按操作桩进行合并分析。在选择同一操作的条件条目具有共同特征的前提下，不同条件条目项的组合若被相关列遍历，则可以合并。首先找出选择 A1 方案的状态（第 1 列和第 10 列），其状态特征是 1-1-1 和 2-1-1，C1 条件不同。而 C1 在表 4-10 中的值共有两个，第 1 列和第 10 列分别取的是 C1 的两个不同的值，也就 C1 值被遍历了，因此两列可以合并。合并后的结果就是指不考虑 C1 条件的具体值，只要 C2 和 C3 的值都是 1 时，就选择 A1 方案。同理，第 2 列和第 11 列也可合并。但我们再看第 4 列和第 5 列，它们虽然都是选择 A3 方案，状态特征是 1-2-1 和 1-2-2，但不同条件的 C3 值总共有三个，没有被遍历，因此这两列不能合并。同理，第 13 列和第 14 列也不能合并。选择 A5 方案的状态有 6 个，它们不同的状态条件是 C1 和 C2，C1 和 C2 值分别有 2 个和 3 个，这两个条件所有值的组合有 6 种，而这 6 列恰好遍历了这 6 种组合，因此这 6 列可合并为一列。选择 A6 方案的 4 列中，不同条件的是 C1 和 C3，它们的值的组合也有 6 种，很明显不能合并为一列,但这并不代表其中的某些列也不可以合并,例如第 7 列和第 16 列可以合并,第 8 列和第 17 列也可以合并。全部合并后的结果形成了最终判定表,如表 4-11 所示。

表 4-11 最终判定表

	1	2	3	4	5	6	7	8	9
C1:性别	—	—	—	1	1	—	—	2	2
C2:年龄	1	1	—	2	2	3	3	2	2
C3:文化程度	1	2	3	1	2	1	2	1	2
A1:脱产学习	√								
A2:电工		√							
A3:钳工				√	√				
A4:车工								√	√
A5:技术员			√						
A6:材料员						√	√		

4. 检验

由于初学者在进行组合条件过滤时可能产生错误,因此在完成判定表后应对内容进行检查,以保证该表的正确性。首先,如果某一列组合条件与行动结果无对应关系,则需要确定该组合条件是否为多余的应该删除的条件;其次,如果存在若干组合条件对应相同的行动结果,则需要再次确定这些组合条件是否需要合并。

通过以上步骤的操作可以发现,对于所有问题的分析是从最简单的确定基本条件开始的,只要能够找出基本条件,最困难的查找条件组合的工作可以通过一种规范化的过程完成,避免了条件遗漏和重复,减小了出现错误的概率。实践表明,通过上述方法,规范了操作过程,能够在较短时间内掌握处理逻辑描述工具的使用方法,同时提高了解题过程的准确性,在实际教学过程中收到了满意的效果。以上介绍的三种处理逻辑描述工具各有千秋,其适用范围可概括为:判定树适用于 10~15 种行动的一般复杂程度的决策;判定表适合于多个条件的复杂组合,虽然它也适用于很多数目的行动或条件组合,但数目庞大时使用并不方便;如果一个判断包含了以一般顺序执行的动作或循环执行的动作,则最好用结构化语言表达。

4.7 数据查询应用分析

数据流图定义了数据存储,数据字典对每个数据存储的结构进行了描述,但没有详细说明哪些需要立即存取以及哪些查询需要实时响应。数据立即存取图(Data Immediate-Access Diagram,DIAD)是说明这些问题的工具。

在系统分析阶段,系统分析员要详细了解用户对系统的要求。往往在开始时,由于用户对计算机缺乏了解而提不出具体要求。这就需要系统分析员根据对业务情况的了解进行立即存取分析,用适当的工具表达用户的立即存取要求,与用户讨论确定必要的立即存取要求。这是系统分析员的一项重要工作。

4.7.1 数据存取要求的基本类型

由于用户有各自的业务要求,因此会提出各种数据存取要求。概括起来,一般有 6 种基本类型。

在下面的讨论中,我们用 E 表示实体,用 A 表示实体的属性,用 V 表示属性的值。能唯一标识一个实体的属性称为主关键字,简称关键字。一个主关键字可由一个或一个以上的属性组成。有时还需要若干次关键字。它们虽然不能唯一地标识一个实体,但能标识具有某种特性的所有实体。

【例 4-20】 描述汽车配件这一实体及其属性,如图 4-16 所示。

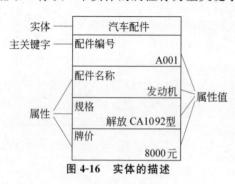

图 4-16 实体的描述

(1) 类型 1

$$A(E)=?$$

说明:已知一个给定的实体 E,求某一个特定属性 A 的属性值是什么。这是一种最常见的数据请求,即查询某实体的属性值。例如,查询已知汽车配件的编号是 A001,询问牌价是多少。

(2) 类型 2

$$A(?)\begin{Bmatrix}=\\ \neq\\ <\\ >\end{Bmatrix}V$$

说明:对于一个给定的属性 A,已知其属性值 V,查询所有具有属性 A 并且其属性值等于、不等于、大于或小于 V 的实体,例如查询"配件名称是发动机的汽车配件有哪些"。这也是一种常见的数据请求,即查询具有某种特性的实体。

(3) 类型 3

$$?(E)\begin{Bmatrix}=\\ \neq\\ <\\ >\end{Bmatrix}V$$

说明:已知一个实体 E 和一个特定的值 V,求这个实体的哪些属性的值是 V。例如,查询汽车配件有哪些属性信息是 5000 元。

(4) 类型 4

$$?(E)=?$$

说明:给定一个实体 E,它各个属性的值是什么?这往往要编制详细报表。例如,列出所有汽车配件的所有信息。

(5) 类型 5

$$A(?)=?$$

说明：对于一个给定的属性 A，求每一个实体的属性 A 的值。也就是请求查询具有某种特征的全部实体，例如，列出所有配件的配件编号。

(6) 类型 6

$$?(?)\begin{Bmatrix} = \\ \neq \\ < \\ > \end{Bmatrix} V$$

说明：已知某个值 V，要查询哪些实体的哪些属性具有这个值 V。例如，要列出哪些配件的哪些属性高于 5000 元。

4.7.2 数据立即存取图

通过上面的分析，我们看到某些查询要求立即响应，所需的内外存开销较大，实现也比较困难。原因在于这些查询不是依靠关键码通过读文件或排序得到信息，而是采用多重目录、倒排文件等方法。系统分析员在了解用户的立即存取要求后，要运用关于数据库存取的理论知识，结合新系统的实际条件进行分析，与用户商量舍去一些不重要的和难以实现的查询项目，确定哪些实时查询需要实现，画出相应的数据立即存取图。根据特定的应用要求定义数据存储路径的图形工具就是数据立即存取图。这是数据库设计和对话设计的重要依据之一。

【例 4-21】 图 4-17 是关于书籍信息查询的数据立即存取图。从中可看到，书籍这个实体的关键码是国际标准书号，其他属性有作者、书名、价格、出版社、出版时间、页数和主题词。此图表示用户要求输入主题词、作者或书名进行实时查询。因此，进行数据库设计时必须考虑如何通过这些非关键码进行检索。

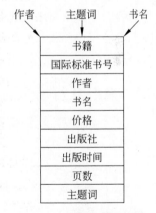

图 4-17　书籍信息查询的数据立即存取图

【例 4-22】 用户的一次查询往往涉及多个数据存储。在某个物资供应系统中，"商品""商品-厂家""生产厂家"的实体的结构如图 4-18 所示。用户如果想通过查询确定向哪个厂家订货可以做到物美价廉，将涉及这三个数据存储。实现步骤如下所示。

在"商品"数据存储中通过"商品名称""规格"查询"商品编号"，这是通过属性查实体，即 $A(?)=V$。

用得到的"商品编号"在"商品-厂家"数据存储中查询全部相应的"厂家编号"。因为"厂家编号""商品编号"组合构成"商品-厂家"实体的关键码，所以这也是通过属性查实体，即 $A(?)=V$。

在"商品-厂家"数据存储中通过"厂家编号""商品编号"组合码查找出厂价格，即

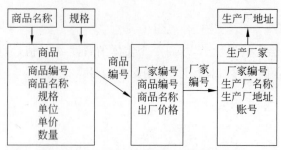

图 4-18　物资供应的数据立即存取图

$A(E)=?$。通过比较，找出最低价 $V\min$。

在"商品-厂家"数据存储中，通过 $V\min$ 查找相应的厂家编号。这是 $A(?)=V\min$ 型查询。

通过"厂家编号"在"生产厂家"数据存储中查找该厂家的全部信息，以便订货。这是 $?(E)=?$ 型查询。

4.8　系统分析报告

系统分析阶段的成果就是系统分析报告，它反映了这一阶段调查分析的全部情况，是下一步设计与实现系统的纲领性文件。系统分析报告形成后必须组织各方面的人员（包括组织的领导、管理人员、专业技术人员、系统分析人员等）一起对已经形成的逻辑方案进行论证，尽可能地发现其中的问题、误解和疏漏；对于问题和疏漏要及时纠正；对于有争论的问题要重新核实当初的原始调查资料或进一步地深入调查研究；对于重大的问题甚至可能需要调整或修改系统目标并重新进行系统分析。总之，系统分析报告是非常重要的文件。

4.8.1　系统分析报告的作用

系统分析阶段工作结束后，系统分析员应编写系统分析报告。系统分析报告的作用如下所示。

① 它是系统分析员的工作成果。
② 它是信息系统的总体设计说明书。
③ 它是系统设计阶段工作的依据。
④ 它是与用户交流的工具。

编写系统分析报告应遵循 SA 方法的原则，尽量用图表工具表达并加上一定的文字报告。文字报告应尽量简洁，起到联系各种图表的作用，表达图表不能表达的东西。报告过于冗长会使读者望而生畏。由于系统开发周期较长，因此阅读报告时必须注意环境变化引起的内容与当前事实的差异，这是生命周期法的缺点。

4.8.2 系统分析报告的内容

系统分析报告由两部分组成：一是文字报告；二是附录(包括各种图表)。

一份好的系统分析报告不但要能够充分展示前段调查的结果，而且还要反映系统分析结果(新系统逻辑方案)，这是非常重要的。

系统分析报告要包括以下内容。

1. 组织情况简述

组织情况简述是对分析对象的基本情况做概括性的描述，它包括组织的结构、组织的目标、组织的工作过程和性质、业务功能、对外联系，以及组织与外部实体间有哪些物质和信息的交换关系、研制系统工作的背景如何等。

2. 系统目标和开发的可行性

系统的目标是系统拟采用什么样的开发战略和开发方法、人力、资金及时间的安排、系统计划实现后各部分应该完成什么样的功能、某些指标预期达到程度、有哪些工作是原系统没有而计划在新系统中增补的等。

3. 现行系统运行状况

以一些工具(主要是业务流程图和数据流程图)为主，详细描述现行系统作业及信息流动情况。另外，各个主要环节对业务的处理量、总的数据存储量、处理主要查询和处理方式、现有的各种技术手段等都应做一个扼要的说明。

4. 新系统逻辑方案

新系统逻辑方案是系统分析报告的主体，主要反映分析的结果以及建造新系统的设想，应包括本章各节分析的结果和主要内容。

① 新系统拟定的业务流程及业务处理工作方式；
② 新系统拟定的数据指标体系和分析优化后的数据流程，以及计算机系统工作部分；
③ 新系统在各个业务处理环节拟采用的管理方法、算法或模型；
④ 与新的系统相配套的管理制度和运行体制的建立；
⑤ 系统开发资源与时间进度估计。

4.8.3 新系统逻辑模型的建立

新系统逻辑方案是指经分析优化后新系统拟采用的管理模型和信息处理方法，它是系统分析阶段的最终成果，是形成系统分析报告的主体。新系统逻辑方案的内容包括下列四点。

① 对系统业务流程分析整理的结果。这是业务流程分析和业务流程优化重组后的

结果，包括原系统的业务流程的不足及其优化过程、新系统的业务流程、新系统业务流程中的人机界面划分。

② 对数据及数据流程分析整理的结果。这是数据流程分析的结果，包括原数据流程的不合理之处及优化过程、新系统的数据流程、新数据流程中的人机界面划分。

③ 子系统划分的结果。它是指新系统的逻辑结构，即新系统中的子系统划分，还包括新系统中数据资源的分布，即确定数据资源如何分布在服务器或主机中。

④ 各个具体的业务处理过程以及根据实际情况应建立的管理模型和管理方法。

管理模型是系统在每个具体管理环节上所采用的管理方法。在老的手动系统中，由于受信息获取、传递和处理手段的限制，只能采用一些简单的管理模型，而在计算机技术支持下，许多复杂的计算在瞬间即可完成，这样像 ERP 等现代管理方法的应用就具有了实现的可能性。在管理信息系统的系统分析中，要根据业务流程和数据流程的分析结果，对每个处理过程进行认真分析，研究每个管理过程的信息处理特点，找出相适应的管理模型，这是使管理信息系统充分发挥作用的前提。这个问题一般应根据系统分析的结果和管理科学方面的知识来定，在此无法给出一个预先规定的新系统模型或产生该模型的条条框框。这里给出若干新系统管理模型以供参考。

1. 综合计划模型

综合计划是企业生产和经营活动的总规划。一个切实可靠的综合计划方案基本上奠定了企业生产和经营活动的基础。综合计划模型一般由综合发展计划模型和资源限制模型两大部分组成。

综合发展模型是企业的近期发展目标模型，包括盈利指标、生产规模等，常用模型有企业中长期计划模型、厂长任期目标分解模型、新产品开发和生产结构调整模型和中长期计划滚动模型等。

资源限制模型反映了企业各种资源对企业发展模型的制约，常用模型有数学规划模型、资源分配限制模型。

2. 生产计划管理模型

生产计划的制订主要包括两方面的内容：一是生产计划大纲的编制；二是详细的生产作业计划。

生产计划大纲主要安排与综合生产计划有关的生产指标，常用模型有数学规划模型（如优化生产计划模型）、物料需求计划模型、能力需求计划模型和投入产出模型等。

作业计划模型具体安排了生产产品数量、加工路线、加工进度、材料供应、能力平衡等，常用模型有投入产出矩阵、网络计划、关键路径模型、排序模型、物料需求、设备能力平衡、滚动作业计划和甘特图等。

3. 库存管理模型

库存管理有很多不同的模型，如最佳经济批量模型等，但常用程序化库存管理模型有库存物资分类法、库存管理模型等。

据统计分析,一般库存物资都遵循 ABC 分类规律：A 类物资品种数占库存物资总数不到 10%,但金额数却占总数的 75%；B 类物资这两项比例数均为 20% 左右；C 类物资这两项比例则为 70% 和 5%。

4. 财务成本管理模型

成本核算模型包括直接生产过程的消耗和间接费用的分配,常用的方法为品种法、分步法、逐步结转法、平行结转法、定额差异法等,用于直接生产过程消耗的计算；完全成本法和变动成本法用于间接费用的分配。

成本预测模型有数量经济模型、投入产出模型、回归分析模型、指数平滑模型等。

成本分析模型主要有实际成本与定额成本比较模型、本期成本与历史同期可比产品成本比较模型、产品成本与计划指标比较模型、产品成本差额管理模型和量本利分析模型等。

5. 统计分析模型

统计分析模型一般用来反映销售、市场、质量、财务状况等的变化情况及未来发展的趋势,内容包括市场占有率分析、消费变化趋势分析、利润变化、质量状况与指标分布、综合经济效益指标分析等。

6. 预测模型

常用的预测模型有多元回归预测模型、时间序列预测模型和普通类比外推模型等。

由于管理模型是一个广义的概念,涉及管理的方方面面,同时不同单位由于环境条件各不相同,对管理模型也会有不同的要求,因此在系统分析阶段必须与用户协商,共同决定采用哪些模型。

4.8.4 需求规格说明书的模板

当需求调查和分析工作告一段落时,需要将这些需求进行规格化描述,整理成文,即软件需求规格说明书(SRS),如图 4-19 所示。这是软件项目开发过程中最有价值的一个文档。国际标准化组织(ISO)所提供的标准虽然已经时间久远,但还是颇具参考价值的。

4.8.5 系统分析报告的审议

系统分析报告是系统分析阶段的技术文档,也是这一阶段的工作报告,它是提交审议的一份工作文件。系统分析报告一旦审议通过,则成为有约束力的指导性文件、用户与技术人员之间的技术合同以及下阶段系统设计的依据。因此,系统分析报告的编写很重要。它应简明扼要,抓住本质,反映系统的全貌和系统分析员的设想。系统分析报告的优劣是系统分析人员水平和经验的体现,也是系统分析员对任务和情况了解深度的体现。

1. 引言
    1.1 编写的目的
        [说明编写这份需求说明书的目的,指出预期的读者。]
    1.2 背景
        a. 待开发的系统的名称;
        b. 本项目的任务提出者、开发者和用户;
        c. 该系统同其他系统或其他机构的基本的相互来往关系。
    1.3 定义
        [列出本文件中用到的专门术语的定义和外文首字母组词的原词组。]
    1.4 参考资料
        [列出会用到的参考资料。]
2. 任务概述
    2.1 目标
        [叙述该系统开发的意图、应用目标、作用范围以及其他应向读者说明的有关该系统开发的背景材料。解释被开发系统与其他有关系统之间的关系。]
    2.2 用户的特点
        [列出本系统的最终用户的特点,充分说明操作人员、维护人员的教育水平和技术专长,以及本系统的预期使用频度。]
    2.3 假定和约束
        [列出进行本系统开发工作的假定和约束。]
3. 需求规定
    3.1 对功能的规定
        [用列表的方式,逐项定量和定性地叙述对系统所提出的功能要求,说明输入什么量、经怎么样的处理、得到什么输出,并且说明系统的容量,包括系统应支持的终端数和应支持的并行操作的用户数等指标。]
    3.2 对性能的规定
        3.2.1 精度
            [说明对该系统的输入、输出数据精度的要求,可能包括传输过程中的精度。]
        3.2.2 时间特性要求
            [说明对于该系统的时间特性要求。]
        3.2.3 灵活性
            [说明对该系统的灵活性的要求,即当需求发生某些变化时,该系统对这些变化的适应能力。]
    3.3 输入输出要求
        [解释各输入输出数据类型并逐项说明其媒体、格式、数值范围、精度等。对系统的数据输出及必须标明的控制输出量进行解释并举例。]
    3.4 数据管理能力要求(针对软件系统)
        [说明需要管理的文卷和记录的个数、表和文卷的大小规模,要按可预见的增长对数据及其分量的存储要求做出估算。]
    3.5 故障处理要求
        [列出可能的软件、硬件故障以及对各项性能而言所产生的后果和对故障处理的要求。]
    3.6 其他专门要求
        [如用户单位对安全保密的要求,对使用方便的要求,对可维护性、可补充性、易读性、可靠性、运行环境可转换性的特殊要求等。]
4. 运行环境规定
    4.1 设备
        [列出运行该软件所需要的硬设备。说明其中的新型设备及其专门功能,包括:
        a. 处理器型号及内存容量;
        b. 外存容量、联机或脱机、媒体及其存储格式、设备的型号/数量;
        c. 输入及输出设备的型号/数量、联机或脱机;
        d. 数据通信设备的型号/数量;
        e. 功能键及其他专用硬件]
    4.2 支持软件
        [列出支持软件,包括要用到的操作系统、编译程序、测试支持软件等。]
    4.3 接口
        [说明该系统同其他系统之间的接口、数据通信协议等。]
    4.4 控制
        [说明控制该系统的运行的方法和控制信号并说明这些控制信号的来源。]

图 4-19 软件需求规格说明书

对系统分析报告的审议是整个系统研制过程中一个重要的里程碑。审议应由研制人员、企业领导、管理人员、局外系统分析专家共同进行。审议通过后,系统分析报告就成为系统研制人员与企业对该项目共同意志的体现,系统分析作为一个工作阶段宣告结束。若有关人员在审议中对所提方案不满意或者发现研制人员对系统的了解有比较重大的遗漏或误解,则需要返回,详细调查,重新分析。当然也有可能发现条件不具备、不成熟,导致项目中止或暂缓。一般说来,经过认真的可行性分析后,不应该出现后一种情况,除非情况有重大变动。这里提到的局外专家指研制过类似系统而又与本企业无直接关系的人。他们一方面协助审查研制人员对系统的了解是否全面、准确,另一方面审查提出的方案,特别是对实施后会给企业的运行带来的影响做出评估。

4.8.6 实例——物业信息管理系统的分析

住宅小区物业管理业务涉及对房屋建筑主体、小区环境卫生、小区绿化、业主车辆停放、物业档案资料等的管理与维护,其业务较为繁杂,管理过程中需要处理多方面信息,适合建立信息系统进行信息管理,物业信息管理系统是比较典型的小型信息系统的应用项目。下面以长春市航空家园小区物业信息系统为例,来展示一下信息系统分析的工作内容。

1. 组织结构分析

长春市航空家园小区物业管理公司自 2006 年成立以来,为小区住户提供了全方位的服务,其主要业务部门包括如下。

① 一门市:主要负责小区进户、退户、更户、减户、并户、分户、售房、产权分房、差价换房、注销房产、新增房产以及报修管理等业务的受理。

② 记账室:负责日常收取房租、管理费、清洁保安费、电梯运行费、水电费等。

③ 财务部:负责统计日常收入及开支并登记账簿。

④ 管理处:负责售房登记、日常业务核实、协调各项业务等。

⑤ 资料室:负责管理各种报表及存档资料。

⑥ 电脑房:负责日常报表打印、系统维护、数据库管理、局域网管理等工作。

⑦ 经理室:负责各项业务的审核、批复工作,以及公司日常事务性工作的处理。

物业公司各部门通过公司局域网实现信息共享和网上办公,其系统结构如图 4-20 所示。

业主可以通过网上查询或电话咨询等方式获得各项收费信息,其信息来自远程抄表系统对水表、电表、煤气表及热能表数据的实时采集并由物业管理公司在网上发布。其结构如图 4-21 所示。

2. 业务流程分析

小区物业管理的基本职能分为管理和服务两方面。

(1) 管理方面

① 户籍、产权、产业、租赁、租金、设备等方面的管理工作。

② 掌握房产的变动和使用情况,使房屋及时得到修理,保持房屋基本功能。

③ 把房屋的数量、建筑形式、完好程度、设备使用情况及时准确地记录下来,随时变

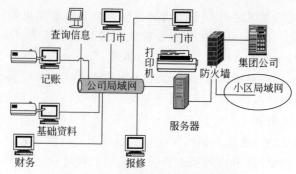

图 4-20 物业公司局域网系统的结构

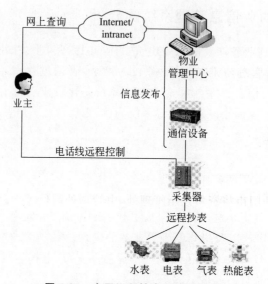

图 4-21 小区远程抄表系统示意图

更原始记录。

(2) 服务方面

① 及时登门进行日常服务,检修上下水管道、暖气管道,水管的防冻保暖,换纱窗,检修门锁,修换灯口、电线、开关等。

② 及时检修锅炉,保证供暖。

③ 及时检修泵房、变电所,保证供水、供电。

④ 及时检修煤气管道,保证安全供气。

⑤ 及时检修电梯,确保其安全运行。

⑥ 服务管理,例如对于房屋、设备的点交、登记并建立保管卡。

⑦ 在房屋交接时向用户清楚点交相关设备,明确保管责任。

⑧ 在日常工作中宣传使用房屋设备的常识,加强爱护房屋设备的意识并注意记录设备变化情况。

⑨ 用户迁入或迁出时要进行清点。

⑩ 物业管理公司可以将房屋的环境卫生承包给专业的清洁公司;将保安工作委托给

专业保安公司;将小区环境绿化承包给专业绿化队。住户只需要根据物价部门批准的收费标准,按物业管理公司的收费通知单按时缴纳费用。

总之,物业管理的职能可归纳为下列几点。

- 管理物业资料,负责组织对房屋进行大中修。
- 管理住户资料,负责记录户籍、产权、租赁情况、设备情况。
- 负责收取租金、物业管理费、保洁保安费、电梯运行费。
- 经住户申请,对房屋进行有偿维护。

通过调查可得,这些业务的具体处理过程如下。

① 住户到一门市办理业务。若是进户及更户要求,可在一门市直接办理,以更新物业管理基本信息;其他业务需求要制作管理签报,连同各种相关材料送管理处处理。

② 管理处3天内完成核实情况工作,制作售房登录表后送资料室。

③ 资料室3天内完成核对和整理,将签报送经理室,售房登录表送电脑房。

④ 经理对签报报表进行审核。若不同意,则退回资料室并当天返回管理处,以补充规定有关材料或向住户说明不批准原因;同意的材料由资料室在2日内完成注记工作,开租赁凭证后送一门市。

⑤ 计算机房收到资料室传来的售房登录表后,2日内制作完成售房计算表送一门市。

⑥ 一门市2日内填写售房合同,等待住户签订合同,将合同交住户付款。

⑦ 住户凭付款凭证办理退房等相关业务,结清租金。

⑧ 办结完成后,一门市将资料送至管理处,由管理处制作动态签报送资料室。

⑨ 资料室3天内完成整理所有资料的工作并报经理室,经理室3日内审批后送记账室,更新物业管理基本信息。所有信息由统计员制作各种报表以备相关人员查询打印。

根据以上业务描述,可绘制日常管理业务流程图(如图4-22所示)。

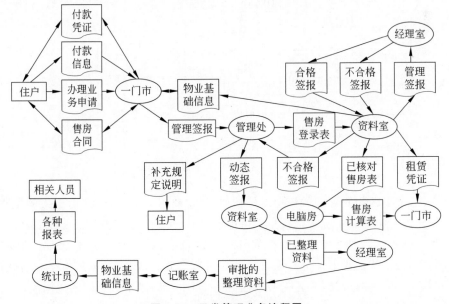

图4-22 日常管理业务流程图

3. 数据流程分析

通过分析可得,在日常管理中,主要的数据处理流程如下。

① 门市接收住户的申请,根据基础信息决定是否受理。
② 决定受理后,填写动态签报,进行审核、确认。
③ 记账员根据动态签报进行租金调整。
④ 记账员根据动态签报进行账目调整。
⑤ 记账员根据回执进行回执录入。
⑥ 资料室根据动态签报进行基础信息修改。
⑦ 记账室和资料室根据基础信息和账目信息进行查询,生成报表。

根据以上的数据流程分析可绘制系统顶层图和一层图,如图 4-23 和图 4-24 所示。

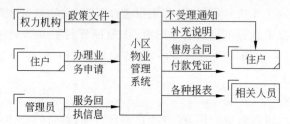

图 4-23 小区物业管理系统的顶层图

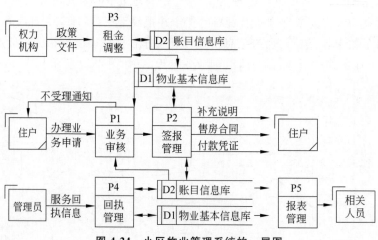

图 4-24 小区物业管理系统的一层图

当然,每个小区物业管理的流程虽然相似,但也略有差异。同时,由于人的主观性导致在系统分析中建立的系统逻辑模型也可能有所不同。图 4-25～图 4-27 就是针对小区物业管理系统数据处理流程分析所得的另一个逻辑模型,虽然在表述方式上有所不同,但目的是相同的,就是找出系统内部数据处理流程。在图 4-27 的描述中,细化部分被框起来,用于区分细化的边界,并且指明数据流向 D5 和 P6,以形成封闭的数据流。

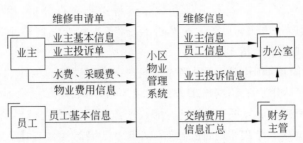

图 4-25 小区物业管理系统的顶层图

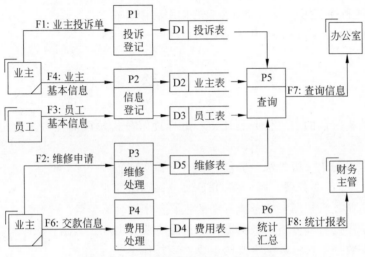

图 4-26 小区物业管理系统的一层图

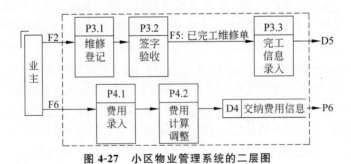

图 4-27 小区物业管理系统的二层图

本 章 小 结

本章介绍了信息系统开发中结构化分析(SA)方法的主要内容,强调 SA 方法的基本思想为"自顶向下逐层分解",这是软件工程中的一条基本原则。SA 方法实施步骤的主线是:先分析当前现实环境中已存在的人工系统,再考虑即将开发的软件系统。为此,要在详细调查中围绕组织结构、业务流程和数据流程进行重点分析,找出原系统存在的问题并提出新系统的改进方案,用数据流程图、数据字典和处理逻辑小说明工具构造新系统的逻辑模型,形成系统分析报告。

虽然 SA 方法简单清晰,易于学习掌握,但它也存在着明显的薄弱环节。

- 在理解和表达用户的数据需求方面比较局限,与数据库技术不能较好地衔接。
- 在理解和表达人机界面方面很差,用数据流程图描绘人机界面不太合适,逐层分解在这里起不了什么作用,而且该方法通常要到最后才考虑人机界面。
- 强调分析数据流,而对时间、控制方面的描述恰恰是不精确的,原则上不适用于实时系统。
- 在澄清和确定用户需求方面能起的作用有限。

这些问题都将在第 6 章中得以解决。

习 题

1. 需求分析阶段的主要任务是什么?怎样理解分析阶段的任务是决定"做什么"而不是"如何做"?
2. 什么是结构化分析方法?要经过哪些步骤实现?
3. 为什么 DFD 要分层?画分层 DFD 要遵循哪些原则?
4. 什么是业务流程图?业务流程图的主要作用是什么?
5. 什么是数据流程分析?数据流程分析的主要目的和工具是什么?
6. 什么是数据字典?数据字典的主要作用是什么?
7. 什么是新系统逻辑方案?新系统逻辑方案包括哪些内容?
8. 试根据下述业务过程画出物资订货的业务流程图:采购员从仓库收到缺货通知单后,查阅订货合同单。若已订货,向供货单位发出催货请求;否则填写订货单交供货单位。供货单位发出货物后,立即向采购员发出取货通知。
9. 某仓库管理系统按以下步骤进行信息处理,试画出其数据流程图。保管员根据当日的出库单和入库单通过出库处理和入库处理分别将数据输入"出库流水账"和"入库流水账"并修改"库存台账";根据库存台账由统计、打印程序输出库存日报表;需要查询时,可利用查询程序在输入查询条件后,到库存台账去查询并显示查询结果。
10. 请根据以下描述的逻辑关系画出判定树:移动通信公司为促进业务的发展发行各种优惠卡,其中包括金卡、银卡和普通卡三种,用户可以依据其信用度享受不同额度的透支。其中金卡、银卡和普通卡允许透支的额度分别为 1000 元、500 元和 100 元。

发生的规则如下:从未发生过话费拖欠且每月通话费在 300 元(含)以上者可获金卡,每月通话费在 150 元(含)以上者可获银卡,低于 150 元者可获普通卡;发生过话费拖欠但能在规定时间内补清欠款,每月通话费在 300 元(含)以上者可获银卡,每月通话费在 150 元(含)以上者可获普通卡;发生过话费拖欠并未能在规定时间内补清欠款,无论每月话费多少均不能获得优惠卡。

11. 某旅游票预订系统规定:在旅游旺季 7~9 月份以及 12 月份,如果订票超过 50

张,则优惠票价的 15%;50 张以下(含 50 张)优惠 5%。在旅游淡季 1～6 月份以及 10 月份和 11 月份,若订票超过 50 张,优惠 30%;50 张以下(含 50 张)则只优惠 20%。请分别用结构化语言和判定表表达这一处理逻辑。

12. 某公司承担空中和地面运输业务,计算货物托运费的比率有如下规定。

空运:如果货物重量小于等于 2kg,则一律收费 6 元;如果货物重量大于 2kg 而又小于等于 20kg,则收费 3 元/kg;如果货物重量大于 20kg,则收费 4 元/kg。

地运:若为慢件,每 kg 收费为 1 元;若为快件,当重量小于等于 20kg 时收费为 2 元/kg,当货物重量大于 20kg 时,则收费为 3 元/kg。

请画出对应于计算托运费比率的判定树和判定表。

13. 航空公司规定,行李托运费的处理逻辑如下:乘客可以免费托运 30kg 的行李。当重量超过 30kg 时,对头等舱的国内乘客超重部分收费 4 元/kg;对其他舱的国内乘客超重部分收费 6 元/kg;对外国乘客收费多一倍;对残疾乘客收费减半。用判定表描述以上处理逻辑。

第 5 章 信息系统设计

在经过结构化系统分析阶段的各项工作建立新系统的逻辑模型,解决了系统"做什么"的问题后,如果审议通过了系统分析报告,那么接下来的工作就是进行系统设计。结构化系统设计是结构化生命周期法中的又一重要阶段,这一阶段要从系统逻辑模型出发,在已获准的系统分析报告的基础上,结合实际的经济、技术条件及时间要求,进行系统物理模型设计,解决系统"如何做"的问题,为后续各项系统实施工作做好具体实施方案。

5.1 系统设计概述

系统设计又称物理设计,就是根据新系统逻辑模型所提出的各项功能要求,结合实际条件,科学、合理地设计出新系统的解决方案,并且为系统实施阶段的各项工作准备好必要的技术资料和有关文件。

系统设计通常可分为两个阶段进行。首先是总体设计,其任务是设计系统的框架和概貌并向用户单位和领导部门作详细报告;若获得认可,在此基础上进行第二阶段——详细设计。这两部分工作是互相联系的,需要交叉进行。概要设计包括系统结构设计、网络设计、数据库设计、输入输出设计等;详细设计则是对概要设计的结果进一步细化,包括处理过程设计、详细的数据库设计、详细的输入/输出设计等内容。本章将这两部分内容结合起来进行介绍。

系统设计工作由开发人员负责,他们将系统分析阶段得到的目标系统的逻辑模型转换为目标系统的物理模型,该阶段得到的工作成果——系统设计说明书是下一阶段——系统实施的工作依据。

5.1.1 系统设计的目标

系统设计的目标是在保证实现逻辑模型功能的基础上,尽可能提高目标系统的性能,使所设计的系统安全可靠、易于理解、便于维护并具有良好的经济性,将分析阶段所获得的系统逻辑模型转换成一个具体的计算机实现方案的物理模型,包括计算机物理系统配置方案报告和一份系统设计说明书。

系统设计的目标是评价和衡量系统设计方案优劣的基本标准,也是选择系统设计方案的主要依据。评价与衡量系统设计目标实现程度的主要指标有以下几方面。

(1) 系统的可靠性

系统的可靠性是指系统抵御外界干扰的能力及受外界干扰时的恢复能力。可靠性是对系统的基本要求。

对系统的外界干扰来自很多方面,大致可分为对硬件、软件以及数据的干扰。这些干扰可能是无意的操作错误或恶意的侵入与篡改,也可能是外界不可控因素造成的。

提高系统的可靠性可以从立法,系统的硬件、软件、运行环境以及运行规程等多方面综合考虑。要选用可靠性较高的设备,适当考虑硬件结构的冗余度。在软件中设置身份验证及数据操作校验等各种检验及保证措施,以防止误操作和非法使用。要设置防火墙及杀毒软件等各种安全保障措施,制定明确的规章制度及运行规程。

(2) 系统的可变更性

系统的可变更性指系统的可维护性或可修改性。系统投入运行后,由于系统的环境和条件会不断变化,系统在设计上的缺陷和功能上的不完善以及在使用过程中出现的硬件、软件故障等会影响系统的正常运行。因此,系统要不断修改和完善。可变更性强的系统便于维护和扩充完善。软件设计水平是影响系统可变更性的主要因素。结构化模块设计、提高数据存储结构规范化程度、系统功能设计的前瞻性等都是提高系统可变更性的重要措施。

(3) 系统的效率

系统的效率可以通过系统对处理的响应时间或单位时间内处理的业务量进行衡量。系统的效率主要与硬件平台的选择、系统软件的性能、参数的设置情况、应用软件结构设计的合理性及中间文件调用的次数和数量等因素有关。

(4) 系统的通用性

系统的通用性是指同一软件系统在不同使用单位中的可应用程度。提高软件系统的通用性可以扩大它的应用范围,降低研发成本,减少系统扩充时的工作量和费用,增强系统的生命力。这一指标对于商品化软件尤为重要。为提高系统的通用性,要进行充分的系统分析,使业务处理规范化、标准化、完善化。

(5) 系统的工作质量

系统的工作质量是指系统处理数据的准确性、输出各种信息的易懂性和系统操作的方便性等。系统的工作质量与系统的硬件设备及软件质量有直接关系。系统设计阶段的各项工作几乎都与系统的工作质量有关,直接影响系统的使用效果。因此,在系统设计时既要考虑到实现系统功能的要求,又要考虑到使用者的要求和反应。

5.1.2 系统设计的原则

为保证系统设计的质量,在系统设计时要遵循以下原则。

① 系统性原则。系统是一个有机整体。因此,要从整个系统的角度进行考虑,系统中的信息代码要统一,设计规范要统一、标准,对系统的数据采集要做到数出一处、全局共享,使一次输入得到多次利用,系统功能应尽量完整。

② 灵活性原则。信息系统是需要修改和维护的。因此，系统设计人员要有一定的预见性，要从通用的角度考虑系统设计，系统应具有较好的开放性和结构的可变性，采用模块化结构，提高各模块的独立性，尽可能减少模块间的耦合，使各子系统间的数据依赖减至最低限度。

③ 可靠性原则。一个成功的信息系统必须具有较高的可靠性，如安全保密性、检错及纠错能力、抗病毒能力、系统恢复能力等。只有系统是可靠的，才能得到用户的认可与接受。

④ 经济性原则。经济性指在满足系统需求的前提下，尽可能减小系统的开销。一方面，在硬件投资上不能盲目追求技术上的先进，而应以满足应用需要为前提；另一方面，系统设计中应尽量避免不必要的复杂化，各模块应尽量简洁，以便缩短处理流程，减少处理费用。

⑤ 管理可接受原则。一个系统能否发挥作用和具有较强的生命力在很大程度上取决于管理上是否可以接受。因此，在系统设计时，要考虑到用户的业务类型、用户的基础管理工作、用户的人员素质、人机界面的友好程度、掌握系统操作的难易程度等诸多因素的影响，设计出用户可接受的系统。

5.1.3 系统设计的内容和步骤

系统设计一般分为初步设计和详细设计两个阶段。初步设计又称总体设计或概要设计，它的主要任务是完成系统总体结构和基本框架的设计。详细设计的主要任务是在系统初步设计的基础上，将设计方案进一步具体化、条理化和规范化。具体来说，系统设计的主要内容可以概括如下。

① 系统总体结构设计。系统总体结构设计是指根据系统分析阶段确定的新系统的目标和逻辑模型，科学合理地将系统划分成若干子系统和模块，确立模块间的调用关系和数据传递关系。

② 处理流程设计。主要包括系统处理流程设计和模块处理流程设计两方面。

③ 代码设计。为系统处理的实体或属性设计易于处理和识别的代码。

④ 人机界面设计。从系统角度出发，按照统一、友好、漂亮、简洁、清晰的原则设计人机界面。

⑤ 输出设计。根据用户的要求设计报表或其他类型输出信息的格式及内容。

⑥ 输入设计。设计系统运行所需输入的各种数据的输入格式，使其操作简单。

⑦ 数据库设计。根据数据字典和数据存取要求，确定数据库的结构。

⑧ 安全保密设计。为确保信息系统的运行安全和数据保密，提出安全保密设计方案。

⑨ 系统物理配置方案设计。进行具体的计算机软硬件及网络的选择和配置。

⑩ 编写系统设计说明书。将系统设计阶段的各种资料进行整理，按照规定的格式编写，为系统实施提供依据。

5.2 系统结构设计

系统结构设计也称系统总体结构设计,是指根据系统分析阶段确定的新系统的目标和逻辑模型,科学合理地将系统划分成若干子系统和模块,确立模块间的调用关系和数据传递关系。

一个实际应用的信息系统通常要支持复杂的业务,需要实现业务需要的全部功能,其包含的软件数量是庞大的。这就需要对这些软件进行良好的组织,使系统结构合理,方便用户使用,运行效果良好。因此,对复杂的系统首先要进行子系统的划分,然后针对每个子系统再进行功能模块的划分及细化,完成系统结构的设计,使系统具有合理的功能结构。

系统结构设计的好坏将直接影响系统的质量和整体特性,在系统结构设计中要牢记"整体大于部分之和"思想,力求系统的整体性能最佳而不是各个局部性能最佳。

5.2.1 子系统划分

子系统划分就是综合考虑管理要求、业务特点、环境条件和开发工作等各方面因素将系统划分成若干相对独立的子系统。

在系统分析阶段,已经进行了初步的子系统划分,本阶段是从计算机实现的角度出发,对系统分析阶段划分的子系统进行校核,使其界面更加清楚和明确。目前,对子系统的划分并没有公认的准则,可以按功能、按业务先后顺序、按业务处理过程、按实际环境和网络分布等方法进行子系统的划分,而且在实际划分时还会受到个人实际工作经验及对问题理解程度等因素的影响。尽管没有确定的标准,但在进行系统划分时要遵循以下得到普遍认可的原则。

1. 划分的结构要易于理解

所划分的各子系统功能要明确,规模要适中且均衡,减少复杂性。划分时在合理可行的前提下应尽可能考虑现行系统的结构和用户的习惯,使划分的子系统易于用户理解和接受,便于新旧系统的转换。

2. 各子系统要具有相对独立性

尽量使子系统在逻辑上相对独立,让每个子系统支持某一方面的管理功能,以便于系统的分阶段实施。

3. 减少各子系统之间的依赖性

子系统之间的联系要尽量减少,接口要简单、明确。要尽量将联系较多的模块都划入子系统内部,使子系统内部联系强,这样必然会减少各子系统之间的联系。

4. 子系统的划分应考虑今后发展的需要

应充分考虑组织未来业务发展的需要，使子系统具有扩展性，如对外的接口、通信以及业务逻辑的可扩展性，并且适当考虑一些更高层次的管理决策需求。

5. 子系统的划分结果应尽量减少数据冗余

子系统划分不合理会使相关数据分布到各个不同的子系统中，这会导致子系统之间数据传递量增大或在子系统之间存在重复数据，增加系统的复杂性及易出现数据不一致性错误。

6. 应考虑各类资源的充分利用

恰当的系统划分应该既有利于各种设备资源的搭配使用，又能使各类信息资源的分布合理和充分使用，有效减少系统对网络资源的过分依赖，减少输入、输出、通信等设备压力。

5.2.2 功能模块划分

所谓功能模块划分是在子系统划分的基础上，以系统的逻辑功能和数据流关系为基础，借助于一套标准的设计准则和图表工具，通过"自上而下"和"自下而上"的多次反复，把各子系统分解为若干大小适当、功能明确，具有一定的独立性且容易实现的模块，从而把复杂系统的设计转变为多个简单模块的设计。合理地进行模块的分解和定义是系统结构设计的主要内容。

1. 模块及模块化

模块是系统结构中的基本组成单位，模块化是进行系统结构设计的重要指导思想。

1) 模块

模块是组成目标系统逻辑模型和物理模型的基本单位，是可以组合、分解和更换的单元。系统中的任何一个处理功能都可以被看成一个模块。

一个模块应具备四个要素。

① 输入和输出。模块的输入来源和输出去向都是同一个调用者，即一个模块从调用者那里取得输入，进行加工后再把输出返回调用者。

② 处理功能。指模块把输入转换成输出所做的工作。

③ 内部数据。指仅供该模块本身引用的数据。

④ 程序代码。指用来实现模块功能的程序。

前两个要素是模块的外部特性，反映了模块的外貌，后两个要素是模块的内部特性。在结构化设计中，主要考虑的是模块的外部特性，对其内部特性只做必要了解，具体的实现将在系统实施阶段完成。

2) 模块化

模块化是把系统分割成能完成独立功能的模块,明确规定各模块的输入输出规格,使模块的界面清楚,功能明确,每个模块可独立命名和编址。在计算机软件领域,模块化的概念已被推崇40多年。目前,几乎所有的软件体系结构都体现了模块化的思想,即把软件划分为多个模块,每个模块完成一个子功能。当把所有模块组装到一起成为一个整体时,便可以完成指定的功能。

采用模块化原理的优点如下所示。

① 减少复杂性。模块化可以使软件结构清晰,容易设计、阅读和理解、测试和调试。

② 提高软件的可靠性和可维护性,因为变动往往只涉及少数几个模块。

③ 有助于软件开发工程的组织管理。一个复杂的大型程序可以由许多程序员分工编写不同的模块,并且可以进一步分配技术熟练的程序员编写困难的模块。

2. 模块独立性的度量

模块独立是模块化的具体表现。在一个信息系统中,系统的各组成部分之间总是存在着各种联系。将系统或子系统划分成若干模块,则在一个模块内部存在着块内联系,在模块之间存在着块间联系。模块的独立性与块内联系及块间联系的紧密程度密切相关,因此引入模块耦合和内聚的概念对模块的独立性进行度量。

1) 耦合

耦合是对软件程序结构中各个模块之间相互依赖程度的一种度量,其强弱取决于模块间接口的复杂程度。一般由模块之间的调用方式、传递信息的类型和数量决定。在设计软件时应追求尽可能松散耦合的系统。因为对这类系统中任一模块的设计、测试和维护相对独立。

耦合可分为以下几种类型。

① 非直接耦合。如果两模块中任一个都不依赖对方而能独立工作,也就是说两个模块之间没有直接关系,它们之间的联系完全是通过主模块的控制和调用实现的,则称这两个模块为非直接耦合。这种耦合的模块独立性最强。但是,在一个软件系统中不可能所有模块之间都没有任何联系。

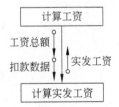

图 5-1 模块间的数据耦合

② 数据耦合。如果两模块间通过参数交换信息,而传递的信息仅限于数据,则称这两模块间为数据耦合,如图 5-1 所示。数据耦合是松散的耦合,模块的独立性也比较强。在软件程序结构中至少要有这类耦合,而且数据耦合也是模块间进行数据传输的一种不可缺少的形式。模块之间传输的数据元素越少,产生模块间相互影响的不利因素就越少。因此,要尽量减少两个模块之间不必要的数据传输,从而使模块之间的接口尽量简单。

③ 标记耦合。如果两个模块通过传递数据结构(不是简单数据,而是记录、数组等)加以联系,或者都与一个数据结构有关系,则称这两个模块间存在标记耦合。标记耦合要求这些模块都必须清楚该数据结构并按结构要求对它进行操作。在设计中应尽量避免这种耦合,因为它使在数据结构上的操作复杂化了。如果把在数据结构上的操作全部

集中在一个模块中,或者给不同的模块只传递与本模块相关的数据,则可以消除这种耦合。这种耦合介于数据耦合与控制耦合之间。

④ 控制耦合。如果一个模块把控制信息传递到另一个模块,对其功能进行控制,这种耦合就是控制耦合。例如,一个模块通过传送开关、标志、名称等控制信息明显地控制另一模块的内部选择功能。控制耦合意味着控制模块必须知道所控制模块内部的逻辑关系,而且对所控制模块的任何修改都会影响控制模块,这些都会降低模块的独立性。一般软件系统中都存在控制耦合,它是完成某些功能所必需的,但控制耦合通常会增加系统的复杂性,有时适当分解模块可以消除控制耦合。

⑤ 外部耦合。当若干模块均与同一个外部环境关联并受到约束时,它们之间便存在外部耦合。例如,I/O 处理使得所有 I/O 模块与特定的设备、格式和通信协议相关联。这是一种耦合程度比较强的耦合,外部耦合尽管需要,但应限制在少数几个模块上。

⑥ 公共耦合。当若干模块通过全局的数据环境相互作用时(一组模块都访问同一个公共数据环境),则它们之间存在公共耦合。全局数据环境中可能含有全局变量、公用区、内存公共覆盖区、任何存储介质上的文件、物理设备等。这种耦合的耦合程度较高,若修改某个数据,将会影响所有模块,而且无法控制各个模块对公共数据的存取,严重影响软件模块的可靠性和适应性。对公共数据的使用也会明显降低程序的可读性。

⑦ 内容耦合。当出现下列情形之一时,模块之间的耦合就是内容耦合。
- 一个模块直接访问另一个模块的内部数据。
- 一个模块不通过正常入口转到另一模块内部。
- 两个模块有一部分程序代码重叠(只可能出现在汇编语言中)。
- 一个模块有多个入口。一个模块要直接使用另一模块内部的数据或控制信息,或一个模块直接转移到另一模块内部,等等。

在内容耦合的情形中,所访问模块的任何变更或者用不同的编译器对它再编译都会造成程序出错。这种耦合应坚决避免。好在大多数高级程序设计语言已经设计成不允许出现内容耦合。它一般出现在汇编语言程序中。这种耦合是模块独立性最弱的耦合。

不同类型耦合与模块独立性的关系如图 5-2 所示。

图 5-2 耦合类型与模块独立性的关系

一般说来,设计软件时应尽量使用数据耦合,减少控制耦合,限制外部环境耦合和公共数据耦合,杜绝内容耦合。以上 7 种耦合类型只是从耦合的机制上所做的分类,按耦合的松紧程度的排列只是相对的关系,但它给设计人员在设计程序结构时提供了一个决策准则。有时,并不需要完全确定多个模块之间到底属于什么类型的耦合,只要大体掌握这个顺序,设计时尽量避免高耦合即可。

2) 内聚

内聚是信息隐蔽和局部化概念的自然扩展,它标志一个模块内部各成分彼此结合的紧密程度。理想的模块只完成一个功能,模块设计的目标之一是尽可能高地内聚。内聚有以下几类。

① 偶然内聚。它是指一个模块内各成分为完成一组功能而组合在一起,模块内各部分之间没有关系或关系很松散。常见情形是:当程序员写完一个程序后发现有一组语句多处出现,为节省内存便将这些语句单独组成一个模块,如图 5-3 所示。

这种模块的缺点首先是不易修改和维护。当修改此模块时,会涉及多个调用模块,有可能因相互制约而无法修改。其次,这种模块的内容不易理解,很难描述它所完成的功能,增加了程序的模糊性。因此,在通常情况下应避免构造这种模块。

图 5-3 偶然内聚示例

② 逻辑内聚。如果一个模块完成的诸任务逻辑上相同或相关,则称之为逻辑内聚。这种模块把几种相关的功能组合在一起,每次调用时,由传送给模块的判定参数确定该模块应执行哪一种功能。这种模块是单入口多功能模块。例如错误处理模块,它接收出错信号,对不同类型的错误打印出不同的出错信息。逻辑内聚模块比偶然内聚模块的内聚程度要高,但是它所执行的不是一种功能,而是执行若干功能中的一种,因此它不易修改。另外,当调用时需要进行控制参数的传递,这就增加了模块间的控制耦合。而将未用的部分也调入内存将降低系统的效率。

③ 时间内聚。如果一个模块包含的诸任务必须在同一时间段内执行,则称之为时间内聚(又称经典内聚)。这种模块大多为多功能模块,但模块的各个功能的执行与时间有关,通常要求所有功能必须在同一时间段内执行,例如初始化模块、退出模块及紧急处理模块。而且,在一般情形下,时间内聚模块中各部分可以任意的顺序执行,因此它的内部逻辑更简单,存在的开关(或判定)转移更少。因而,时间内聚模块比逻辑内聚模块的内聚程度又高一些。

上述三种内聚形式通常被认为是低级内聚,其内聚程度较低。

④ 过程内聚。如果模块内各个组成部分的处理动作各不相同、彼此相关,并且受同一控制流支配,必须按特定的次序执行,则称之为过程内聚,例如统计并打印库存信息。过程内聚中各步骤连续发生,是一种较弱的内聚,并且隐含着时间内聚。这类模块的内聚程度比时间内聚的内聚程度更强一些,但是因为过程内聚模块的功能不唯一,所以它的内聚程度仍然较低,模块间的耦合程度还比较高。

⑤ 通信内聚。如果一个模块内各功能部分都使用了相同的输入数据或产生了相同的输出数据,则称之为通信内聚模块。例如产生工资报表及计算平均工资模块,模块中的两部分功能都使用工资记录。通信内聚模块的内聚程度比过程内聚模块的内聚程度要高,因为在通信内聚模块中包括了许多独立的功能。但是,这种模块的缺点是它容易产生重复的联结或重复的功能,因此维护起来不方便。

以上两种形式的内聚为中级内聚。

⑥ 顺序内聚。如果一个模块内的各个组成部分顺序执行几个处理动作,前一个处理动作产生的输出数据是下一个处理动作的输入数据,则称之为顺序内聚。顺序内聚的模

块中某一部分的执行依赖于另一部分,因此有高强度的内部紧凑性。但是,模块中可能包含了几个功能,也可能仅包含某个功能的一部分。因此,还不是最强的内聚。

⑦ 功能内聚。如果模块内所有成分形成一个整体,完成单个功能,则称为功能内聚。功能内聚模块中各个部分都是为完成某一具体功能所必不可少的组成部分,是紧密联系,不可分割的。如果把一个功能分成两个模块,就会导致模块之间有很强的耦合,而且它们不易单独理解和实现。功能内聚模块符合"黑盒"特性,即其他模块不必了解它的内部结构,就可以使用它,其内聚程度最高。功能内聚模块的优点是容易修改和维护。在把一个系统分解成模块的过程中,应当尽可能使模块达到功能内聚这一级,便于主程序的调用和控制。

以上两种形式的内聚为高级内聚。

各种内聚类型与模块独立性的关系如图 5-4 所示,其中偶然内聚是最低程度的内聚形式,功能内聚是最高程度的内聚形式。对于模块内聚类型的判定,可以通过如图 5-5 所示的判断树完成。对于任一给定的模块,都可以按照判断树所提的问题进行分析,当把问题回答出来以后,模块属于哪一种内聚也就清楚了。

图 5-4 内聚类型与模块独立性的关系

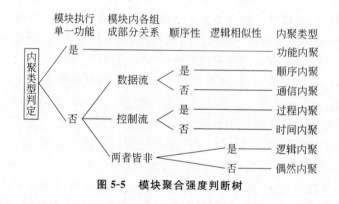

图 5-5 模块聚合强度判断树

事实上,没有必要精确确定内聚的级别。重要的是设计软件时应当识别内聚度的高低并通过修改设计尽可能提高模块内聚度,从而获得较高的模块独立性。内聚和耦合是相互关联的。在程序结构中各模块的内聚程度越高,模块间的耦合程度就越低。但这也不是绝对的。在设计时要力求增加模块的内聚,尽量减少模块间的耦合;但增加内聚比减少耦合更重要,应当把更多的注意力集中到提高模块的内聚程度上。

3. 启发式规则

除上面介绍的基本原理和概念外,人们在开发计算机软件的长期实践中积累了丰富的经验,通过总结这些经验得出了一些启发式规则。这些启发式规则往往能帮助软件设计者找到改进软件结构,提高软件质量的途径。

1) 通过模块分解或合并提高模块独立性

设计出软件的初始结构后，应该审查分析这个结构，通过模块分解或合并，力求降低耦合提高内聚。例如多个模块共有的一个子功能，可以将此功能独立成一个模块，由原模块调用；有时也可以通过分解或合并模块以减少控制信息的传递及对全程数据的引用，并且降低接口的复杂程度。如图 5-6(a)所示，C1、C2 有类似功能，也有不同功能，可把功能类似的部分分离出来，增加一个公共下属模块 C，如图 5-6(b)所示。如果余下的 C_1'、C_2' 比较简单，也可以分别与其上级模块合并成 A' 和 B'，以减少控制的传递和全局数据的引用，如图 5-6(c)所示。

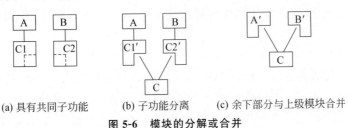

(a) 具有共同子功能　　(b) 子功能分离　　(c) 余下部分与上级模块合并

图 5-6　模块的分解或合并

2) 模块规模应该适中

模块的大小可以用模块中所含语句的数量的多少衡量。经验表明，一个模块的规模不应过大，最好能写在一页纸内(通常不超过 60 行语句)，控制在 50~100 行。语句行数过多会显著降低程序的可理解性。

过大的模块往往是由于分解不够充分，因此可以对功能进一步分解，生成一些下级模块或同层模块。但是进一步分解必须符合问题结构，一般说来，分解后不应该降低模块的独立性。

过小的模块开销大于有效操作，而且模块数目过多将使系统接口复杂。因此过小的模块有时不值得单独存在，特别是只有一个模块调用它时，通常可以把它合并到上级模块中去而不必单独存在。但是如果这个模块是功能内聚性模块，它为多个模块所共享，或者调用它的上级模块很复杂，则一定不要把它合并到其他模块中去。

3) 深度、宽度、扇出和扇入都应适当

深度表示软件结构中控制的层数，它往往能粗略地标志一个系统的大小和复杂程度。深度和程序长度之间应该有粗略的对应关系，当然这个对应关系是在一定范围内变化的。如果层数过多，则应该考虑是否有许多管理模块可适当合并，如图 5-7 所示。

宽度是软件结构内同一个层数上的模块总数的最大值。一般来说，宽度越大，系统越复杂。对宽度影响最大的因素是模块的扇出。

扇出是一个模块直接控制(调用)的子模块数目。扇出过大意味着模块过分复杂，需要控制和协调过多的下级模块；扇出过小也不好。经验表明，一个设计良好的典型系统的平均扇

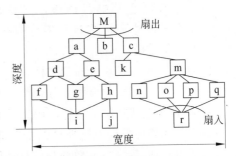

图 5-7　模块的深度、宽度及扇入和扇出

出通常是 3 或 4(扇出的上限通常是 5~9)。

扇出太大一般是因为缺乏中间层次,应该适当增加中间层次的控制模块。扇出太小时可以把下级模块进一步分解成若干子功能模块或者合并到它的上级模块中去。当然分解模块或合并模块必须符合问题结构,不能违背模块独立原理。

一个模块的扇入表明有多少个上级模块直接调用它,扇入越大则共享该模块的上级模块数目越多,这是有好处的。但是,不能违背模块独立原理单纯追求高扇入。如果一个模块的扇入太大(例如超过 8),而它又不是公用模块,说明该模块可能具有多个功能,则应当对它进一步分析并将其功能分解。

经验证明,一个设计良好的软件模块结构通常顶层扇出比较高,中间层次扇出比较少,底层模块有高扇入。

4) 模块的作用范围应在控制范围之内

模块的作用范围是受该模块内判定影响的所有模块的集合。模块的控制范围包括这个模块本身及其所有直接或间接从属于它的模块的集合。如图 5-8 所示,模块 A 的控制范围为 A、B、C、D、E、F,模块 C 的控制范围为模块 C、D、E、F。如果一个判定的作用范围包含在这个判定所在模块的控制范围之内,则这种结构是简单的,否则它的结构是不简单的。

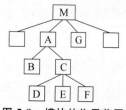

图 5-8 模块的作用范围和控制范围

例如图 5-8 中,模块 A 做出的判定只影响模块 B,那么是符合这条规则的。但是,如果模块 A 做出的判定同时还影响模块 G 中的处理过程,会有什么坏处呢?首先,这样的结构使得软件难于理解。其次,为了使得 A 中的判定能影响 G 中的处理过程,通常需要在 A 中给一个标记设置状态以指示判定的结果,并且应该把这个标记传递给 A 和 G 的公共上级模块 M,再由 M 把它传给 G。这个标记是控制信息而不是数据,因此将使模块间出现控制耦合。

若 F 中有判定,影响到 B,则产生不好的结果:F 的作用范围为 B、F,控制范围为 F。这样,作用范围不属于控制范围的子集。F 中的判定为了要影响模块 B 的处理,必须通过模块 C 和 A 这一不必要的路径传递参数。

若 M 中有判定,影响到 B 和 F,可用但不佳:M 的作用范围为 B、F,控制范围为所有模块。控制范围相对于作用范围来说太大,判定在模块层次中的位置太高。

若 C 中有判定,影响到 D 和 F,则是最理想的设计。

如果在设计过程中,发现作用范围不在控制范围内,可采用如下办法把作用范围转移到控制范围之内。

① 将判定所在模块合并到父模块中,使判定处于较高层次;

② 将受判定影响的模块下移到控制范围内;

③ 将判定上移到层次中较高的位置。

到底采用哪种方法改进软件结构需要根据具体问题统筹考虑。一方面应该考虑哪种方法更易实现,另一方面应该使软件结构能最好地体现问题原来的结构。

5) 力争降低模块接口的复杂程度

模块接口复杂是软件发生错误的一个主要原因。应该仔细设计模块接口,使信息传递变得简单并且和模块的功能一致。在模块中进行数据传递时,尽量用简单数据结构(如变量),而不用复杂数据结构(如数组)。

例如,求一元二次方程的根的模块 QUAD-ROOT(TBL,X),其中用数组 TBL 传送方程的系数,用数组 X 回送求得的根。这种传递信息的方法不利于对这个模块的理解,不仅在维护期间容易引起混淆,在开发期间也可能发生错误。下面这种接口可能是比较简单的。

QUAD-ROOT(A,B,C,ROOT1,ROOT2),其中 A、B、C 是方程的系数,ROOT1 和 ROOT2 是算出的两个根。

接口复杂或不一致(即看起来传递的数据之间没有联系)是紧耦合或低内聚的征兆,应该重新分析这个模块的独立性。

6) 设计单入口单出口的模块

这条启发式规则警告软件工程师不要使模块间出现内容耦合。当从顶部进入模块并从底部退出来时,软件是比较容易理解的,因此也是比较容易维护的。

7) 模块功能应该可以预测

模块的功能应该能够预测,但也要防止模块功能过分局限。

如果一个模块可以作为一个黑盒子,也就是说,无论内部处理细节如何,只要输入的数据相同就产生同样的输出,这个模块的功能就是可以预测的。

如果一个模块只完成一个单独的子功能,则呈现高内聚。但是,如果一个模块过分限制局部数据结构的大小,过分限制在控制流中可以做出的选择或者外部接口的模式,那么这种模块的功能就过分局限,使用范围也就过分狭窄,将很难适应用户新的要求或环境的变更,会给将来的软件维护造成很大的困难。因此为了能够适应将来的变更,软件模块中局部数据结构的大小应当是可控制的,调用者可以通过模块接口上的参数表或一些预定义外部参数来规定或改变局部数据结构的大小。另外,控制流的选择对于调用者来说应当是可预测的。与外界的接口应当是灵活的,也可以用改变某些参数的值来调整接口的信息,以适应未来的变更。

以上列出的启发式规则多数是经验规律,对改进设计、提高软件质量往往有重要的参考价值;但是,它们既不是设计的目标也不是设计时应该普遍遵循的原理。

4. 模块结构图

模块结构图(Structure Chart,SC)是用于描述系统模块结构的图形工具,它不仅描述了系统的子系统结构与分层的模块结构,还清楚地表示了每个模块的功能,直观地反映了块内联系和块间联系等特性。

模块结构图是结构化设计中描述系统模块结构的图形工具。模块结构图能严格地定义模块的名称、功能和接口,同时还能反映出结构化设计的思想。模块结构图由模块、调用、数据、控制信息等基本符号组成,如图5-9所示。

① 模块:在模块结构图中,用长方形框表示一个模块,长方形中间标上能反映模块

处理功能的模块名称。模块名通常由一个动词和一个作为宾语的名词组成。

② 调用：在模块结构图中，用连接两个模块的箭线表示调用，箭头总是由调用模块指向被调用模块，但是应该理解成被调用模块执行后又返回到调用模块。

如果一个模块是否调用一个从属模块取决于调用模块内部的判断条件，则该调用称为模块间的判断调用，采用菱形符号表示。如果一个模块通过其内部的循环功能循环调用一个或多个从属模块，则该调用称为循环调用，用弧形箭头表示。调用、判断调用和循环调用的表示方法如图 5-10 所示。

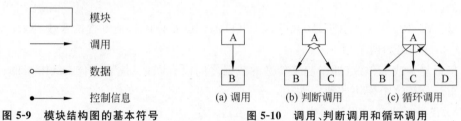

图 5-9　模块结构图的基本符号　　　　图 5-10　调用、判断调用和循环调用

图 5-11 是一个判断调用的例子。"确定录取学生"模块根据考生的成绩，如达到录取标准，则调用"产生录取通知"模块；否则，调用"产生不录取通知"模块。

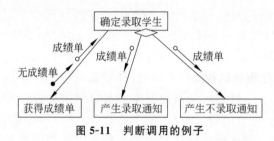

图 5-11　判断调用的例子

图 5-12 是循环调用的例子，对于每个学生的成绩单，内层循环用于控制计算每个人的总成绩，外层循环用于控制取出每个学生的成绩单，计算每个学生的总成绩及平均成绩。

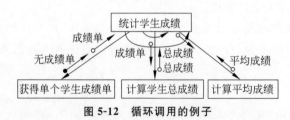

图 5-12　循环调用的例子

③ 数据：当一个模块调用另一个模块时，调用模块可以把数据传送到被调用模块处供处理，而被调用模块又可以将处理的结果数据送回到调用模块。在模块之间传送的数据，使用与调用箭头平行的带空心圆的箭头表示并在旁边标上数据名。

④ 控制信息：为指导程序下一步的执行，模块间有时还必须传送某些控制信息。例如，数据输入完成后给出的结束标志、文件读到末尾所产生的文件结束标志等。控制信

息与数据的主要区别是前者只反映数据的某种状态,不必进行处理。在模块结构图中,用带实心圆点的箭头表示控制信息。

5. 模块分解的原则和步骤

模块分解是根据目标系统数据流程图的分解过程,遵照模块分解的原则,将系统处理逐层分解的过程。一个合理的子系统或模块划分应该是内部联系强,子系统或模块间尽可能独立,接口明确、简单,尽量适应用户的组织体系,有适当的共用性。为能够合理地划分系统的各个模块,使其具有较强的独立性,要遵循的总原则是:尽量把密切相关的子问题划归到同一模块;把不相关的子问题划归到系统的不同模块。分解完成的系列处理模块应反映数据流程图所规定的各项任务和处理顺序,但并非一定是数据流程图中各处理的简单排列,而是根据模块分解基本原则所进行的优化分解的结果。

模块分解没有固定的答案,通常情况下,各子系统都设立原始数据的输入模块、查询模块、报表输出模块、统计分析模块,以及其他特殊处理模块。另外,还设立系统管理模块,用于系统的初始化、数据备份、系统用户的管理。

模块分解的具体步骤如下:
① 根据顶层数据流程图的分解情况,将目标系统分解成若干子系统。
② 根据各子系统的分解过程,将子系统逐步分解为若干按层次分布的模块。
③ 按照模块分解的基本原则,为便于管理和应用,优化模块分解,调整模块调用关系。
④ 绘制系统层次化模块结构图。

6. 结构化设计

系统结构设计在技术上有相当的难度,为此需要有一定的设计方法和设计工具来指导。自 20 世纪 70 年代以来,出现了多种设计方法,比较有代表性的是杰克逊方法、帕纳斯方法、结构化设计方法,其中结构化设计方法是较为典型的方法。本节将对结构化设计方法进行论述并介绍它的设计工具。

1) 结构化设计

结构化设计(Structured Design,SD)方法是使用最广的一种设计方法,是 20 世纪 70 年代中期由美国 IBM 公司提出的一种面向数据流的设计方法,重点是确定软件的结构,其目的是提出满足软件需求的最佳软件结构。面向数据流的设计方法定义了一些不同的"映射",利用这些映射可以把数据流图变换成软件结构。因为任何软件系统都可以用数据流图表示,所以面向数据流的设计方法理论上可以设计任何软件的结构。该方法适合于软件系统的总体设计和详细设计,特别是将一个复杂的系统转换成模块化结构系统,该方法具有优势。在使用过程中可将结构化设计方法与结构化分析(SA)方法及编程阶段的结构化程序设计方法(SP)前后衔接起来。

2) 结构化设计的概念与原理

根据 Yourdon 和 Constantine 的定义,"结构化设计就是采用最佳可能方法设计系统的各个组成部分以及各成分之间的内部联系的技术"。

结构化设计的基本思想是使系统模块化,即把一个系统自上而下逐步分解为若干彼此独立而又有一定联系的组成部分,这些组成部分被称为模块。任何一个系统都可以按功能逐步由上到下、由抽象到具体,逐层分解为一个由多层次的、具有相对独立功能的模块所组成的系统。在这一基本思想的指导下,系统设计人员以逻辑模型为基础,并且借助于一套标准的设计准则和图表等工具,逐层地将系统分解成多个大小适当、功能单一、具有一定独立性的模块,从而把一个复杂的系统转化成易于实现、易于维护的模块化结构系统。

结构化设计的工作过程可分为两步:第一步是根据数据流程图导出系统的初始结构,第二步是对初始结构图进行优化。

3) 结构化设计方法的特点

结构化设计方法具有以下特点。

① 设计结果是相对独立、功能单一的模块结构。结构化设计的基本思想是将系统设计成由多个相对独立、功能单一的模块组成的结构。因此,对于复杂的系统,可以用分解的方法予以简化。由于模块之间相对独立,因此每一模块就可以单独地被理解、编写、测试、排错和修改,从而有效地防止错误在模块之间扩散蔓延,提高了系统的质量(可维护性、可靠性等)。因而,大大简化了系统研制开发的工作。

② 有一组基本的设计原则与方法。在从数据流程图导出初始结构图时,有确定的方法可以遵循,如变换型或事务型设计方法。

③ 有一组评价标准和质量优化技术。"高内聚,低耦合"是结构化设计中衡量模块"相对独立"性能的标准。对于模块内聚性的衡量及块间联系紧密程度的度量都有明确的标准及优化的技术。

④ 采用模块结构图的描述方式。模块结构图是结构化设计的主要工具,它不仅可以表示一个系统的层次结构关系,还反映了模块的调用关系和模块之间数据流及控制流的传递关系等特性。

7. 导出初始结构图的方法

1) 判断信息流的类型

无论数据流程图如何庞大复杂,其信息流一般可分为变换流和事物流。信息流的类型决定了映射的方法。

(1) 变换流

变换流的数据流图是一个线性结构,由输入、变换和输出三部分组成,如图5-13所示。信息沿输入通路进入系统,同时由外部形式变换成内部形式,进入系统的信息通过变换中心,经加工处理以后再沿输出通路变换成外部形式离开软件系统。当数据流图具有这些特征时,这种信息流就被称为变换流。

变换是系统的变换中心,变换输入端的数据流为系统的逻辑输入,输出端为逻辑输出。而系统输入端的数据流为物理输入,输出端为物理输出。变换型数据处理的工作过程大致分为三步,即取得数据、变换数据和给出数据。这三步反映了变换型问题DFD的基本思想。其中,变换数据是数据处理过程的核心工作,而取得数据是为它做准备,给出数据则是对变换后的数据进行后处理工作。

(2) 事务流

基本系统模型意味着变换流。因此，原则上所有信息流都可以归结为这一类。但是，当数据流图具有与图 5-14 类似的形状时，这种数据流是"以事务为中心的"，也就是说，数据沿输入通路到达一个处理 T，这个处理根据输入数据的类型在若干动作序列中选出一个来执行。

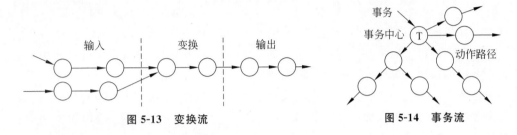

图 5-13　变换流　　　　　图 5-14　事务流

这类数据流应该划为一类特殊的数据流，被称为事务流。图中的处理 T 称为事务中心，它完成下述任务。

① 接收输入数据（输入数据又称为事务）；
② 分析每个事务以确定它的类型；
③ 根据事务类型选取一条活动通路。

对于具有变换流或事物流的 DFD，在从 DFD 映射成软件结构时，要分别进行变换分析或事物分析。

2）从数据流图导出初始结构图的步骤

从数据流图导出初始结构图，一般要经过以下步骤。

① 对 DFD 图进行复审，必要时修改或细化；
② 根据 DFD 图确定软件结构属于变换型还是事务型；
③ 把 DFD 图映射成 SC 图；
④ 改进 SC 图，使设计更加合理。

3）变换分析

变换分析是一系列设计步骤的总结，经过这些步骤把具有变换流特点的数据流图按预先确定的模式映射成软件结构。变换分析方法由以下几步组成：区分有效（逻辑）输入、有效（逻辑）输出和中心变换部分；进行一级分解，设计上层模块；进行二级分解，设计中、下层模块。具体过程见例 5-1。

【例 5-1】　对图 5-15 所示的数据流图进行结构设计。

① 在数据流图上区分系统的逻辑输入、逻辑输出和中心变换部分。首先，从输入的数据源开始，沿着每一个由数据源传入的数据流的移动方向进行跟踪，逐个分析它所经过的处理逻辑功能。如果只是对传入的数据流做形式上的转换，逻辑上还没有进行实际的数据处理功能，则这些处理逻辑都属于系统的输入处理部分，沿着传入的数据流的移动方向，一直跟踪到它被真正地处理为止。从输入设备获得的物理输入一般要经过编辑、数制转换、格式变换、合法性检查等一系列预处理，最后才变成逻辑输入传送给中心

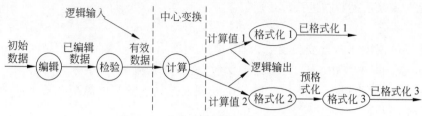

图 5-15　具有变换数据流的数据流图

变换部分。其次，从输出结果的地方开始，沿每一个传递出去的数据流回溯，逐个分析它所经过的处理逻辑。如果只是对传送出去的数据流做形式上的转换，这些处理逻辑都属于整个系统的输出处理部分，一直回溯到它被真正地产生出来为止。从中心变换部分产生的是逻辑输出，它要经过格式转换、组成物理块等一系列处理后，才成为物理输出。中心变换部分是系统的中心加工部分。这样，就区分出系统的逻辑输入、逻辑输出和中心变换部分。

② 进行一级分解，设计系统模块结构的顶层和第一层。首先设计一个主模块并用系统的名称为它命名，然后将它画在与中心变换相对应的位置上。作为系统的顶层，它的功能是调用下一层模块，完成各下层模块的协调工作。

主模块设计好后，下面的程序结构就可按输入、中心变换和输出等分支处理。程序结构的第一层可以这样设计：为每一个逻辑输入设计一个输入模块，它的功能是为主模块提供数据；为每一个逻辑输出设计一个输出模块，它的功能是将主模块提供的数据输出；为中心变换设计一个变换模块，它的功能是将逻辑输入转换成逻辑输出。

第一层模块与主模块之间传送的数据应与数据流图相对应，参见图 5-16。在图中，主模块控制并协调第一层的输入模块、变换模块和输出模块的工作。一般说来，它要根据一些逻辑条件或循环来控制对这些模块的调用。

③ 进行二级分解，设计输入、中心变换和输出部分的中下层模块。自顶向下，逐层细化，为第一层的每一个输入模块、输出模块、变换模块设计它们的从属模块。设计下层模块的顺序是任意的。但一般是先设计输入模块的下层模块。因为输入模块的功能是向调用它的上级模块提供数据，所以它必须要有一个数据来源。因而它必须有两个下属模块：一个是接收数据；另一个是把这些数据变换成它的上级模块所需的数据。如果接收数据模块又是输入模块，要重复上述工作。如果输入模块已经是物理输入端，则细化工作停止。因此，对于每一个逻辑输入，在数据流图上向物理输入端方向逆向移动，只要还有加工，就在相应输入模块下面建立一个子输入模块和一个子变换模块。

同样，输出模块是从调用它的上级模块接收数据，用于输出，因而也应当有两个下属模块：一个是将上级模块提供的数据变换成输出的形式，另一个是将它们输出。因此，对于每一个逻辑输出，在数据流图上向物理输出端方向正向移动，只要还有加工框，就在相应输出模块下面建立一个子变换模块和一个子输出模块。

设计中心变换模块的下层模块没有通用的方法，一般应参照数据流图的中心变换部分和功能分解的原则考虑如何对中心变换模块进行分解。图 5-16 是对图 5-15 进行变换分析的结果。

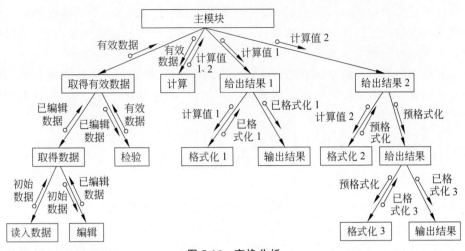

图 5-16 变换分析

4) 事务分析

与变换分析一样,事务分析也是从分析数据流图开始。自顶向下,逐步分解,建立系统的结构图。进行事务分析时,通常采用以下步骤。

① 在 DFD 上确定事务中心、接收部分和发送部分。

② 画出初始 SC 框架,把 DFD 上的三部分分别映射为事务控制模块、接收模块和动作发送模块。

③ 分解细化接收分支和发送分支,完成初始 SC。

【例 5-2】 对图 5-17 所示的数据流图进行结构设计。

例如,图 5-17 是一个以事务为中心的数据流图。显然,加工 T 是它的事务中心,由该数据流图经事务分析所得到的模块结构图如图 5-18 所示。

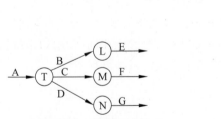

图 5-17 具有事务型数据流的数据流图

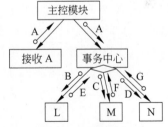

图 5-18 事务分析

变换分析是软件系统结构设计的主要方法。因为大部分软件系统都可以应用变换分析进行设计。但是,在一些情况下,仅使用变换分析是不够的,还需要其他方法作为补充。事务分析就是最重要的一种方法。如果数据流不具有显著的事务特点,最好使用变换分析;反之,如果具有明显的事务中心,则应该采用事务分析技术。通常,一个大型的软件系统是变换型结构和事务型结构的混合结构。因此,我们通常利用以变换分析为主,事务分析为辅的方式进行软件结构设计。在系统结构设计时,首先利用变换分析方法把软件系统分为输入、中心变换和输出三部分,设计上层模块,即主模块和第一层模块。然后根据数据流图各部分的结构特点,适当地利用变换分析或事务分析,就可以得到初始系统结构图的某个方案。

在采用面向数据流的设计方法得到初始的结构图后,还要根据对模块独立性的度量准则及模块设计的启发规则对初始结构图进行优化,经过反复优化以后,得到系统功能结构图。功能结构图的形式参阅本章后面的图 5-36。

5.3 处理流程设计

系统结构设计的重点在于描述系统的功能特征及模块之间的调用关系。但是,它并不能表达出系统中数据的存储情况、系统对数据的处理过程以及各功能模块的输入数据、处理过程和输出数据之间的逻辑关系。因此,为进一步表达系统的处理过程和系统中数据的传递关系,还必须进行系统处理流程设计和具体模块的处理流程设计,以便为程序设计提供详细资料。

5.3.1 系统流程设计

在实际工作中,许多业务和功能都是通过数据存储文件联系起来的,这个情况在模块结构图中未能反映出来。例如,某一模块向某一数据文件中存入数据,而另一个功能模块则从该数据文件中读取数据。系统流程设计主要是通过系统处理流程图描述数据在计算机存储介质间的流动、转换和存储情况,以便为模块的处理流程设计提供详细的输入输出依据。系统流程图以新系统的数据流图和模块结构图为基础,首先找出数据之间的关系,即由什么输入数据,产生什么中间输出数据(可建立一个临时中间文件),最后得到什么输出信息。然后,把各个处理功能与数据关系结合起来,形成整个系统的信息系统流程图。绘制系统流程图应使用统一的符号。国际国内都有关于系统流程图的符号标准,我国国家标准 GB 1526-79《信息处理流程图图形符号》与国际标准化组织标准 ISO 1028、2636 以及美国国家标准协会(ANSI)的符号大致相同,常用的系统流程图的符号如图 5-19 所示。例如,图 5-20 是工资管理子系统的系统流程图。

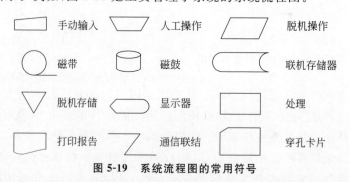

图 5-19 系统流程图的常用符号

该子系统有主文件更新模块、形成扣款文件模块和计算及打印模块三个处理模块。

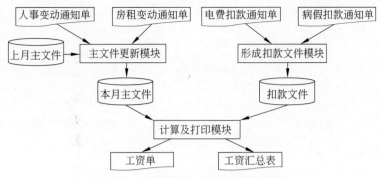

图 5-20　工资管理子系统的系统流程图

系统的数据分别放在主文件和扣款文件中。主文件中所放数据为相对固定的数据,变动量很少,而扣款文件中放的都是每月变动量很大的文件,如各种扣款数据。每月根据各种扣款通知单,形成扣款文件。每月要进行工资发放时,由计算及打印模块对主文件和扣款文件进行相关处理,计算出每个职工的工资项目及汇总数据,并且打印出工资单和工资汇总表。由于并不要求处理流程图提供详细的处理细节,因此对它的设计可以粗略一些,只要反映出相关的处理模块即可。

系统流程图可用于描述现行系统的工作流程、新系统的工作流程以及处理功能的工作流程情况。通过系统流程图可以反映出系统处理的方式,各个数据文件存放的介质,处理程序的目的和个数,数据在系统中的流动、处理和存储过程,处理程序的输入输出形式和内容,对计算机外部设备的要求以及对各类文件保存形式的要求等内容。

5.3.2　模块处理流程设计

模块处理流程设计也称为程序处理流程设计,是指用统一规定的标准符号描述某一模块内部具体运行步骤的设计过程,为程序员提供详细的技术资料。

对模块处理流程的设计是在系统处理流程图的基础上,通过将具体的处理模块在计算机中的主要运行步骤表示出来而形成模块处理流程图,作为程序设计的最基本依据。模块处理流程设计主要采用程序流程图、盒图、PAD 图和 PDL 语言作为设计工具。

1. 程序流程图

程序流程图(Flow Chart,FC)又称框图,是经常使用的程序细节描述工具。它由 Goldstine 于 1946 年首先采用,是历史最悠久、使用最广泛的描述软件设计的方法。框图的特点是清晰易懂,能直观地描述过程的控制流程,便于初学者掌握。然而它也是用得最混乱的一种方法。常用的程序流程图符号如图 5-21 所示。

图 5-21　程序流程图的常用符号

基于结构化的程序设计,框图包括五种基本结构,如图 5-22 所示。

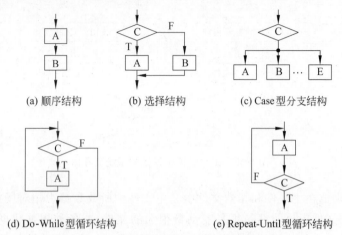

(a) 顺序结构　　(b) 选择结构　　(c) Case 型分支结构

(d) Do-While 型循环结构　　(e) Repeat-Until 型循环结构

图 5-22　结构化程序流程图的五种基本结构

在结构化程序设计出现之前,框图一直可用箭头实现向程序任何位置的转移(即 goto 语句),往往不能引导设计人员用结构化方法进行详细设计。箭头使用不当会使框图非常难懂,而且无法维护。因此在使用框图时要注意箭头的流向,坚持使用结构化的程序流程图符号,以保证所设计的程序处理流程符合结构化程序设计的需要。从 20 世纪 40 年代末到 70 年代中期,程序流程图一直是软件设计的主要工具。它的主要优点是对控制流程的描绘很直观,便于初学者掌握。由于程序流程图历史悠久,为最广泛的人所熟悉,尽管它有种种缺点,许多人建议停止使用它,但至今仍在广泛使用着。不过总的趋势是越来越多的人不再使用它。

【例 5-3】　给出一串数,求出正数的数目、负数的数目以及所有正数的和。若所遇到的数是 0 或者正数的和超过 1000,那么程序就停止。用程序流程图表达处理过程,其结果如图 5-23 所示。

2. 盒图

1973 年,Nassi 和 Shneiderman 提出了盒图(又称 N-S 图)。每个处理步骤都用一个盒子表示,这些处理步骤可以是语句或语句序列。在需要时,盒子中还可以嵌套另一个盒子,嵌套深度一般没有限制,只要整张图可以在一张纸上容纳下就行。它有下述特点。

① 功能域(即一个特定控制结构的作用域)明确,可以从盒图上一眼就看出来。

② 由于只能从上边进入盒子然后从下面走出盒子,除此之外没有其他的入口和出口,因此盒图限制了任意的控制转移,保证程序有良好的结构。

③ 很容易确定局部和全局数据的作用域。

④ 很容易表现嵌套关系,也可以表示模块的层次结构。

图 5-24 给出了结构化控制结构的盒图表示,也给出了调用子程序的盒图表示方法。

盒图没有箭头,因此不允许随意转移控制。坚持使用盒图作为详细设计的工具可以

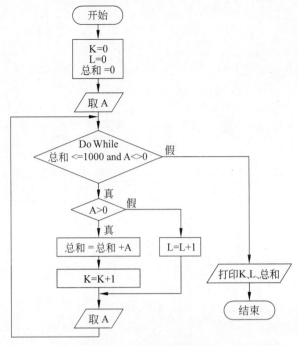

图 5-23　程序流程图示例

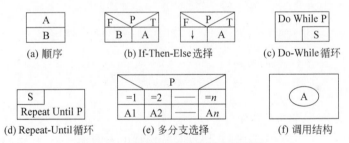

图 5-24　结构化控制结构的盒图符号

使程序员逐步养成用结构化的方式思考问题和解决问题的习惯。

【例 5-4】 用 N-S 图表示例 5-3，如图 5-25 所示。

3. PAD 图

PAD 是问题分析图（Problem Analysis Diagram）的英文缩写，自 1973 年由日本日立公司发明以后，已得到一定程度的推广。它由程序流程图演化而来，用二维树形结构的图表示程序的控制流。将这种图翻译成程序代码比较容易。图 5-26 给出了 PAD 图的基本符号。

PAD 图的基本原理是：采用自顶向下、逐步细化和结构化设计的原则，力求将模糊的问题解的概念逐步转换为确定的和详尽的过程，使之最终可采用计算机直接进行处理。

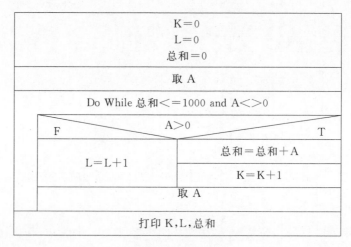

图 5-25 盒图示例

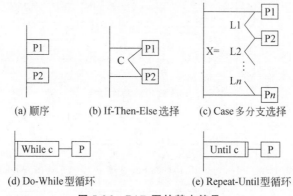

(a) 顺序　　(b) If-Then-Else 选择　　(c) Case 多分支选择

(d) Do-While 型循环　　(e) Repeat-Until 型循环

图 5-26 PAD 图的基本符号

PAD 图的主要优点如下所示。

① 使用表示结构化控制结构的 PAD 符号设计出来的程序必然是结构化程序。

② PAD 图所描绘的程序结构十分清晰。图中最左边的竖线是程序的主线,即第一层结构。随着程序层次的增加,PAD 图逐渐向右延伸,每增加一个层次,图形向右扩展一条竖线。PAD 图中竖线的总条数是程序的层次数。

③ 用 PAD 图表现程序逻辑,易读、易懂、易记。PAD 图是二维树形结构的图形,程序从图中最左竖线上端的结点开始执行,自上而下,从左向右顺序执行,遍历所有结点。

④ 容易将 PAD 图转换成高级语言源程序,这种转换可用软件工具自动完成,从而省去人工编码的工作,有利于提高软件可靠性和软件生产率。

⑤ 既可用于表示程序逻辑,又可用于描绘数据结构。

⑥ PAD 图的符号支持自顶向下、逐步求精方法的使用。开始时设计者可以定义一个抽象的程序,随着设计工作的深入而使用 def 符号逐步增加细节,直至完成详细设计。如图 5-27 所示。

【例 5-5】 用 PAD 图表示例 5-3,如图 5-28 所示。

PAD 图是面向高级程序设计语言的,为 FORTRAN、Cobol 和 Pascal 等每种常用的

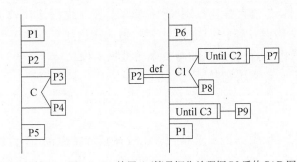

(a) 初始 PAD 图　　(b) 使用 def 符号细化处理框 P2 后的 PAD 图

图 5-27　PAD 图中定义符号的使用

高级程序设计语言提供了一整套相应的图形符号。由于每种控制语句都有一个图形符号与之对应,因此将 PAD 图转换成与之对应的高级语言程序比较容易。PAD 的执行顺序从最左主干线的上端的结点开始,自上而下依次执行。每遇到判断或循环,就自左而右进入下一层,从表示下一层的纵线上端开始执行,直到该纵线下端,再返回上一层的纵线的转入处。如此继续,直到执行到主干线的下端为止。

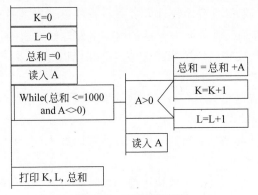

图 5-28　PAD 图示例

4. 过程设计语言

过程设计语言(Process Design Language,PDL)是一种用于描述功能模块的算法设计和加工细节的语言。它是一种伪码。伪码的语法规则一般分为外语法和内语法。外语法应当符合一般程序设计语言常用语句的语法规则,而内语法可以用英语中一些简单的句子、短语和通用的数学符号描述程序应执行的功能。

PDL 就是这样一种伪码,它具有严格的关键字外语法,用于定义控制结构和数据结构,同时它的表示实际操作和条件的内语法又是灵活自由的,可使用自然语言的词汇。PDL 作为一种用于描述程序逻辑设计的语言,具有以下特点。

① 有固定的关键字外语法,提供全部结构化控制结构、数据说明和模块特征。属于外语法的关键字是有限的词汇集,它们能对 PDL 正文进行结构分割,使之变得易于理解。为区别关键字,规定关键字一律大写,其他单词一律小写。

② 内语法使用自然语言描述处理特性，易写易读。内语法比较灵活，只要写清楚就可以，不必考虑语法错误，以利于人们把主要精力放在描述算法的逻辑上。

③ 有数据说明机制，包括简单的与复杂的数据结构。

④ 有子程序定义与调用机制，用于表达各种方式的接口说明。

⑤ 可以使用普通的正文编辑程序或文字处理系统，很方便地完成 PDL 的书写和编辑工作。

使用 PDL 语言可以做到逐步求精：从比较概括和抽象的 PDL 程序起，逐步写出更详细的更精确的描述。PDL 较好地表达了设计细则。PDL 可直接嵌在源代码中作为设计文档和注释，减少维护的困难；PDL 描述可用一般正文编译器或字处理软件编辑；PDL 自动处理器已经面世并有可能开发出"代码自动产生器"。然而，这并不意味着其他的设计工具一定弱于 PDL，例如流程图和盒图能直观地表示控制流程。经验表明，具体选择过程设计工具时，人的因素可能比技术因素更具有影响力。

5.3.3　模块设计说明书

模块设计说明书是模块的说明文件，由系统设计人员编写，交给程序设计人员使用。详细的模块设计说明书不仅是程序设计人员进行程序设计时的重要参考，也是系统维护时的重要参考依据。模块设计说明书包括的内容主要有如下这些。

① 模块名称：包括反映模块功能的文字名称和标识符。

② 模块所属的系统及子系统名称。

③ 输入数据的方式与格式：当有多种数据输入时，应当分别对每种数据的输入方式和格式做出具体而详细的说明。

④ 输出信息的方式与格式：当有多种信息按不同方式输出时，应当分别说明按各种方式输出的格式要求。

⑤ 模块处理过程说明：包括在模块中使用的计算公式、数学模型和控制方法等。

⑥ 程序运行环境的说明：主要是对保证程序能够正常运行需要的输入/输出设备的类型和数量、内存储器的容量，以及支持程序运行的操作系统等内容进行说明。

5.4　代码设计

在信息系统中，需要保存大量的各类对象信息，对不同的对象要能有效区分。设计一套良好的代码体系对于系统开发及提高系统的处理效率乃至简化用户的操作都具有十分重要的意义。

5.4.1　代码及其作用

在信息系统中需要保存大量的各种业务涉及的对象信息，有效区分各种对象是管理这些对象信息的前提，给各个对象赋予代码就是解决这个问题的有效手段。

1. 代码的定义

代码是人为确定的用于代表客观事物(实体)名称、属性或状态等的数字、字母等符号。管理信息系统的主要任务就是对管理活动中产生的大量数据进行加工整理,以满足各种管理职能和各个管理层次对信息的需求。在现代管理活动中,产生的数据量大,需要的信息种类多,必须对数据进行分类整理后才能更有效地利用。在信息系统中,代码是人和机器的共同语言,是系统进行信息分类、校对、统计和检索的依据。

2. 作用

代码的作用主要表现在以下几方面。

① 利用代码便于反映数据或信息间的逻辑关系并使其具有唯一性。最简单、最常见的例子就是职工编号。在人事档案管理中我们不难发现,人的姓名不管在一个多么小的单位里都很难避免重名。为避免二义性以唯一地标识每一个人,人们编制了职工代码。

② 便于利用计算机进行识别和处理,提高计算机的工作效率。合理的编码方式能通过代码反映编码对象本身的特性,且代码短小精悍,因此利用代码进行检索、分类、统计等操作方便快捷。

③ 利用代码可以节省计算机的存储空间,提高运算速度。通过合理地设计数据库中数据表的结构,可以减少数据的冗余,大大节省计算机的存储空间,提高计算机的运算速度。

④ 利用代码可以提高系统的可靠性。通过在代码中加入校验码,可以在输入数据时利用计算机进行检验,以保证输入的数据准确可靠,从而可以提高整个系统的可靠性。

5.4.2 代码设计的原则

代码设计是一项重要的工作,合理的编码结构是使信息系统具有生命力的重要因素。设计代码的基本原则如下所示。

① 唯一性。每一个代码都仅代表唯一的实体或属性;而一个实体或实体属性也只能由一个代码唯一地表示。

② 标准化与通用性。凡国家和主管部门对某些信息分类和代码有统一规定和要求的,都应采用标准形式的代码,以提高其通用化程度及方便代码的使用。

③ 可扩充性。要考虑今后的发展,为增加新代码留有余地。当某个代码在条件或代表的实体改变时,应容易进行变更。

④ 简单性。代码的长度会影响所占据的内存空间、处理速度以及输入时的出错概率,因此要尽量短小。简短的代码便于输入和记忆,可以减少读写的差错。

⑤ 规律性及适用性,便于编码和识别。代码设计应与编码对象的分类体系相适应,应具有逻辑性强、直观性好的特点,要尽量反映编码对象的特点,便于用户识别和记忆。

⑥ 规范化。代码的结构、类型、编码格式必须严格统一,以便于计算机处理。

⑦ 无歧义性。在编码时不要使用易于混淆的字符,以免引起误解,例如 O、Z、I、S、V 易与 0、2、1、5、U 混淆;不要把空格作代码;时间用 24 小时制表示。

⑧ 要注意避免使用易于出错的编码结构。对于字母数字混合码来说,字母-字母-数字(如 AD6)的结构要比字母-数字-字母的结构(如 A6D)发生错误的几率小,且前者更便于用户输入。

5.4.3 代码的种类

我们可从不同的角度对代码进行不同的分类,这里从代码的组成元素及编码方式两方面对代码进行分类。

1. 按代码的组成元素分类

(1) 数字码

数字码就是用一位或多位阿拉伯数字组成的代码。这一类代码应用很广泛,如我国居民身份证号编码、邮政编码、会计科目编码等都是数字码。数字码的优点是结构简单,编码容易,使用方便,易于处理。其缺点是对编码对象特征表示不直观,不便于记忆。

(2) 字符码

字符码是使用一个或多个纯字符(英文字母)进行编码的代码。这类编码常见于程序设计中的程序名、变量名等的编码,或者对某些事物进行大的分类,例如《中国图书馆分类法》中对图书大类的分类就用字符码(如用 K 表示历史、地理类图书)。这种编码的优点是可辅助记忆,但这种编码不易校对,不易反映分类的结构。

(3) 混合码

由数字、字母混合组成的代码即为混合码。混合码在各类管理中应用很广泛,例如《中国图书馆分类法》中对图书分类就采用混合码方式,例如 G64 表示高等教育类。在每类图书中还可以再进一步细分,就是在每类后继续添加分类数字。国家标准也是采用混合码方式进行编码的,由字母 GB 加数字表示国家标准,如国家标准 GB 2312—1980《信息交换用汉字编码字符集基本集》。另外,在信息系统中常用混合码编码方式,例如某单位员工编号是由代表部门的字母加部门内顺序号组成。这种编码的优点是易于表现对象的系列性、易于识别和记忆,缺点是不易校验。

2. 按编码方式进行分类

目前人们对代码分类的看法很不一致。一般来说,代码可按文字种类或功能进行分类。按文字种类可分为数字代码、字母代码(英语字母或汉语拼音字母)和数字字母混合码;按功能则可分为以下几类。

(1) 顺序码

用连续数字代表编码对象,通常从 1 开始编码。

例如,一个公司里的各个部门可采用顺序编码。

01 人事处

02 销售处

03 生产处

⋮

10 后勤管理处

顺序码的优点是简单、易处理；缺点是不能反映编码对象的特征,代码本身无任何含义。另外,由于代码按顺序排列,新增加的数据只能排在最后,删除数据则会造成空码,缺乏灵活性,因此通常作为其他编码的一个组成部分。

(2) 层次码

层次码也称区间码。它是将代码的各数字位分成若干区间,每一区间都规定不同的含义。因此该码中的数字和位置都代表一定意义。

例如,全国行政区邮政编码即为典型的区间码。这种代码由 6 位数字组成,分成三个区段,每个区段的含义见图 5-29。

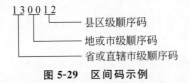

图 5-29　区间码示例

层次码的优点是从结构上反映了数据的类别,便于计算机分类处理,排序、分类、插入和删除也比较容易。它的缺点是代码的位数一般都比较多。层次码往往要和顺序码混合使用。

(3) 归组分类码

将信息按一定的标准分为大类、中类、小类,每类分配顺序代码,就构成归组分类码。

与层次码不同的是,不是按整个代码分组,而是按代码的代号分组,各组内的位数没有限制。表 5-1 是归组分类码的例子。

表 5-1　归组分类码示例

信息	代码
哲学	100
宗教	200
社会科学	300
法律	320
商法	325
公司法	3252
股份公司法	32524
合股公司法	32525

(4) 助记码

将编码对象的名称、规格等作为代码的一部分,以帮助记忆。助记码多用汉语拼音、英文字母、数字等混合组成。例如

TVB14　　　　　　14 英寸黑白电视机

TVC20　　　　　20英寸彩色电视机

DFI1×8×20　　规格1英寸×8英寸×20英寸的国产热轧平板钢

助记码的优点是直观、便于记忆和使用；缺点是不利于计算机处理，当编码对象较多时，容易引起联想出错，主要用于数据量较小的人工系统。

5.4.4　代码校验

代码作为系统中实体或实体属性的代表，是系统中的重要输入内容之一。代码的正确性直接影响计算机处理的质量，因此需要对输入计算机中的代码进行校验。

校验代码的一种常用做法是事先在计算机中建立一个代码字典，然后将输入的代码与字典中的内容进行比较，若不一致则说明输入的代码有错。

校验代码的另一种做法是设校验位，即设计代码结构时，在原有代码基础上另外加上一个校验位，使其成为代码的一个组成部分，校验值通过事先规定的数学方法计算出来。当代码输入后，计算机会以同样的数学方法按输入的代码计算出校验值并将它与输入的校验值进行比较，以证实是否有错。

校验位可以发现以下几种错误。

- 抄写错误，例如1234写成1334。
- 易位错误，例如1234写成1324。
- 双易位错误，例如1234写成1423。
- 随机错误，以上两种或三种错误综合形成的错误。

产生校验值的方法有许多种，各具不同的优缺点。下面介绍较适用于信息系统的一种方法——"加权取余"的校验方法。

(1) 校验值的生成过程

第一步：对原代码中的每一位乘以一个权数，然后求它们的乘积之和 S。

设原 n 位代码为 $C_1, C_2, C_3, \cdots, C_n$。权因子为 $P_1, P_2, P_3, \cdots, P_n$。加权和为 $S = C_1 \times P_1 + C_2 \times P_2 + C_3 \times P_3 + \cdots + C_n \times P_n$。

其中，权因子可任意选取，常用的有：自然数列 $1, 2, 3, 4, \cdots$；摆动数列 $1, 2, 1, 2, \cdots$ 或 $1, 3, 1, 3, \cdots$；质数列 $3, 5, 7, 11, 13, \cdots$；算术级数列（等差数列）$2, 5, 8, 11, \cdots$；几何级数列（等比数列）$2, 4, 8, 16, 32, \cdots$。

第二步：求余数 R。

用加权和 S 除以模数 M 可得余数 R。即

$$S/M = Q \cdots R, \quad Q \text{ 为商数}$$

其中，模数 M 也可任意选取，常用的模数有 7、9、10、11、37、97 等。

最后取码，即选择校验值。

可选用下述方法中的一种获得校验值：余数 R 直接作为校验值，称为取余法；或者把模数 M 和余数 R 之差（即 $M-R$）作为校验值，称为减余法。把获得的校验值放在原代码的最后作为整个代码的组成部分。

(2) 用校验值检查代码的过程

此过程是上述生成过程的逆过程，如果采用的是模数与余数之差作为校验位，可利

用下面的公式对输入的代码进行校验,若
$$(原代码与权数乘积之和＋校验码)/模＝整数$$
则认为输入是正确的,否则认为输入有错。

如果采用余数作为校验位,可利用下面的公式对输入的代码进行校验,若
$$(原代码与权数乘积之和－校验码)/模＝整数$$
则认为输入是正确的,否则认为输入有错。

【例 5-6】 为原代码 11862 生成一个校验位并写出校验过程。

校验值生成过程:

首先选取加权值 1,2,1,2,1,然后求加权和 S。
$$S＝1×1+1×2+8×1+6×2+2×1＝25$$
取 $M＝10$,求余数:$S/M＝25/10＝2\cdots5(R)$。

加上校验值 5 以后的代码:118625。

代码校验过程:
$$(1×1+1×2+8×1+6×2+2×1-5)/10＝2$$

结果 2 为整数,则输入正确。

若输入的是 178625,则 $(1×1+7×2+8×1+6×2+2×1-5)/10＝3.2$,为小数,证明输入有错。

5.4.5 代码设计步骤

所谓代码设计是将系统中具有某些共同属性或特征的信息归并在一起并通过一些便于计算机或人类识别和处理的符号表示各类信息。代码设计的任务是要设计出一套能为系统各部门公用的、便于计算机处理的优化的代码系统,这是实现计算机管理的一个前提条件。代码设计的步骤如下所示。

① 确定编码对象。一般系统中涉及的各类实体都是需要编码的对象。

② 明确编码目的。确定各类对象的代码的应用场合,如识别、分类、排序等。

③ 确定代码的个数。确定需要编码的每类对象中对象的个数及未来可能的扩充数。

④ 确定代码使用范围和使用期限。

⑤ 确定是否已有标准代码。如果没有,应参照国际标准化组织、其他国家、部门或单位的编码标准,以便将来标准化。

⑥ 确定代码类型及代码位数。根据代码的使用范围、使用时间和编码对象的个数、特征等实际情况确定代码的类型及代码位数。

⑦ 确定编码规则。明确代码每位或每区段的含义及取值。

⑧ 考虑代码的检验性能。根据代码的重要程度考虑是否加校验位。

⑨ 填写代码设计书。代码设计书见表 5-2。

⑩ 编写代码及编写代码词典。按确定的代码类型、代码位数及编码规则编写代码,并且编写代码词典,对代码做详细的说明并通知有关部门,以便正确使用代码。

表 5-2 代码设计书

代码对象名：学生学号		使用范围：校内使用
代码类型：层次码	位数：8	校验位：无
代码数量：20000	使用期限：2018.01.01 以后	使用范围：校内使用
代码结构 ××××　××　×× 入学年份　班级　班内顺序号		
代码组成元素类型及取值范围：代码由阿拉伯数字组成，第 1～4 位取值范围为 2018～9999；第 5～6 位取值范围为 01～99；第 7～8 位取值范围为 01～50		
代码示例：20180322　2018 年入学 03 班 22 号		
备注：		
设计人：张恒	审核人：陈轩	2017 年 10 月 10 日

5.5 输入/输出设计

输入/输出部分主要负责系统与用户之间的交互，输入/输出界面的质量直接关系到用户的使用效果。符合用户习惯、设计良好的输入/输出界面能够为用户建立良好的工作环境，方便用户操作，使目标系统易于为用户所接受。

5.5.1 输出设计

输出是系统产生的结果或提供的信息。系统的各种输出是管理人员处理日常业务和各级领导进行经营决策所需的信息。对于 MIS 来说，输出是系统开发的目的和评价系统开发成功与否的标准，输出设计的目的是为正确及时地反映和组成用于管理各部门所需要的信息。输出设计要确定输出的内容及格式，选择输出方式。

1. 确定输出的内容

为满足用户的使用要求，在确定输出的内容时要考虑以下几方面的问题。

① 有关输出信息使用方面的情况。包括信息的使用者、使用目的、信息量、输出周期、有效期、保管方法和输出份数等。

② 输出信息的内容。包括输出项目、长度、精度、信息形式（文字、数字）。

③ 输出格式。如表格、报告、图形等。

④ 输出设备和介质。设备有打印机、显示器等；介质有磁盘、磁带、纸张（普通、专用）等。

2. 输出形式

在系统设计阶段,设计人员应给出系统输出的说明,这个说明既是将来编程人员在软件开发中进行实际输出设计的依据,也是用户评价系统实用性的依据。因此,设计人员要能选择合适的输出方法并以清楚的方式表达出来。

从输出内容的表现形式来看,输出形式主要有以下几种。

① 表格。表格是一种常用的输出信息形式,一般用来表示详细的信息。

② 图形。信息系统用到的图形信息主要有直方图、圆饼图、曲线图、地图等。图形信息在表示事物的趋势、多方面的比较等方面有较大的优势,在进行各种类比分析中起着数据报表所没有的显著作用。图形表示方式直观,常为决策层用户所喜爱。

③ 文字。一般用于输出内容无固定格式的文字信息的输出。

④ 报告。可综合运用前三种输出形式,一般用于输出内容较多且既含有说明文字又包括较多有格式数据的情况。

⑤ 多媒体数据。包括声音和视频。

3. 输出设备与输出方式

(1) 输出设备

当前常用的输出设备及介质见表5-3。

表5-3 常用的输出设备与介质

设 备	介 质	用 途	特 点
行式打印机	打印纸	打印各种报表和图形	费用低且便于保存
磁带机	磁带	保存磁带档案文件	容量大且适用于顺序存取文件
磁盘机	磁盘	保存磁盘档案文件	容量大且适用于随机存取文件
光盘机	光盘	保存档案文件	容量大且适用于长期保存文件
终端	屏幕	显示各种报表和图形	立即响应、灵活且便于人机对话
绘图仪	绘图纸	绘制图形	图形精度高
微缩胶卷输出器	微缩胶卷	保存图形资料数据	体积小且易保存

(2) 输出方式

常见的输出方式有以下几种。

① 屏幕显示输出。将输出内容按用户要求以一定格式在屏幕上显示出来,供用户查看。这种方式的优点是实时性强,但输出的信息不保存。通常在进行功能选择、结果预览及显示结果不需要长期保存的信息查询/检索时采用。

② 打印输出。通过打印机将输出结果打在打印纸上。打印输出一般用于输出报表、发票等,这种方式输出的信息可以长期保存和传递。输出介质主要是各种规格的打印用纸,包括专用纸和通用纸。通用纸用于我们通常用的打印机,输出内容全部需打印。专用纸是事先印刷好的报表或票据,输出时只要打印有关的数据即可,不需要打印表格框架等。

③ 电子文档。是常用的输出方式,将处理结果以文件形式存储到存储介质中,文件

可长期保存,有利于进一步处理及重复使用。音频及视频文件也属于电子文档类。存储在磁盘或磁带上的电子文档往往作为一种备份(保存)数据的手段。

④ 语音播报及视频播放。这是近些年在信息系统领域应用的输出形式,如导航系统的语音播报及图形指示、银行/医院的语音叫号服务等。这种输出形式便于用户接收,但不便于长期记忆,数据进一步处理也不方便,适用于内容较少的提醒、提示、实时指挥控制等方面,一般不需要长期保存输出结果。

⑤ 网络传输和卫星通信。将输出结果转换成可以在网上传输的网络信号或能被卫星监测到的卫星信号传递给其他网络节点。这种方式传输速率高,通过网络传送可以使发送方所发出的信息直接转换为接收方的输入,减少了数据的不必要的重复输入。网络输出要求信息的发送方和接收方都要在统一的网络协议和数据标准规范下来完成相应的输入和输出。

4. 输出设计评价

输出是为用户服务的,系统设计人员必须站在用户的角度对自己的输出设计结果做出正确、全面的评价。进行输出设计评价时,主要看设计结果是否满足以下几方面的要求。

① 能否为用户提供及时、准确、全面的信息服务;
② 是否便于阅读和理解以及符合用户的习惯;
③ 是否充分考虑和利用了输出设备的功能;
④ 是否为今后的发展变化预留一定的余地;
⑤ 规格是否标准化,文字和术语是否统一。

为提高系统的规范化程度和编程效率,在输出设计上应尽量保持输出内容和格式的统一性。设计屏幕输出格式时,除了合理安排数据项的显示位置,还应注意适当的色彩搭配,美观的屏幕格式能给人以享受,容易获得用户的好感。设计纸质报表的格式时,要先了解打印机的特性,包括对各种制表符号、打印字体大小、换页走纸命令的熟悉,因为不少打印机往往其控制方式有独特之处。

5. 数据输出显示设计

进行数据输出显示设计时,应当了解数据显示的要求,解决应该显示哪些数据、屏幕上一次显示多少信息的问题。画面显示信息过少,则用户需要不断切换屏幕才能找到所需的数据;画面显示过多,则发生"只见森林,不见树木"的现象。因此,显示的信息对于用户任务来说应当是适当的,不要过于拥挤。

① 选择显示内容时应当只显示必需的数据,与用户需求无直接关系的一律省略,在一起使用的数据应显示在一起。要根据用户要求,将数据分组,然后将每组数据按一定的结构形式来安排,总的目的是使得用户感到使用方便,通过结构形式便于了解数据项的含义。

② 安排显示结构时,应按逻辑方式把数据分组。例如,根据使用频率、操作顺序或功能分组,这取决于用户的需要。安排数据要考虑是否有益于用户的使用,关键词和识别

符应安排在显示部分的左上角,其余数据可按其重要性、使用频率、正常使用顺序来安排。可根据一个或多个关键因素将数据分类,使得每组数据同属同一类型。如果需要,可显示数据的抽象特性并用图表说明这些特性的趋势、联系和区别。显示设计要使得相关的数据成组地出现并由用户与系统的会话来控制。若不使用覆盖技术,则可根据屏幕的大小,使每帧屏幕包含若干子区域,让每个子区域显示不同的信息。

③ 屏幕布局时应当尽量少使用代码和缩写,显示的数据对于读者来说,应是易于理解的。显示画面中应提供明了的标题、栏目以及其他提示信息,帮助用户浏览各种显示画面。

④ 要遵循用户的习惯,在画面中保留用户使用的术语。对于重要的数据,可采用颜色、字符大小、下画线或不同的字体等方式强化显示效果。

6. 填写输出设计说明书

输出设计各项内容完成后,要填写输出设计说明书。具体内容请参见表 5-4。在输出设计说明书中要标明输出的名称、所包含的具体项目、输出格式、处理周期、份数等内容。

表 5-4 输出设计说明书

编号	kc002	填表人	×××	填表日期	2019.07.05
输出名称		产品()月库存统计表		处理周期	每月 1 次
输出形式:表格		输出方式:打印输出		份数	4
报送		财务处,销售处,经理办公室			
项目号	项目名	类型及宽度	计算方法		备注
1	产品编号	C(6)			
2	产品名称	C(20)			
3	单价	N(8,2)			
4	入库数量	N(8)			
5	出库数量	N(8)			
6	上月结余	N(8)			
7	库存数量	N(8)	上月结余+入库数量−出库数量		
8	资金占用	N(10,2)	单价*库存数量		
9	合计资金占用	N(12,2)	各产品资金占用之和		
格式	产品(3)月库存统计表　　　　　　　　　　　　　　　　　　2020.3.31				
	产品编号	产品名称	单价(元)	入库数量(个)	出库数量(个)	上月结余(个)	库存数量(个)	资金占用(元)
	100121	手把	20	1000	1050	300	250	5000
	……	……	……	……	……	……	……	……
	合计资金占用:6 890 650(元)							

5.5.2 输入设计

输出设计完成后,可根据输出的要求进行输入设计。良好的输入是系统正确运行的基本保障,输入设计的重要性可以用这样一句话形容:"进去的是垃圾,出来的也还是垃圾。",即要想输出高质量的信息,首先就要求输入高质量的信息。如果输入数据不正确,即使处理过程毫无差错,也不会得到正确的结果。因此,输入设计的目标是:在保证输入信息正确性和满足输出需要的前提下,应做到输入内容少,输入方法简便、迅速、经济。

1. 输入设计的原则

在输入设计中,提高效率和减少错误是两个最根本的原则,具体来说输入设计应遵循以下基本原则。

① 输入量应保持在能满足处理要求的最低限度。输入的数据越多,则可能产生的错误也越多。在数据录入时,系统大多数时间都处于等待状态,系统效率显著降低,而且会浪费大量的人力,增加系统的运行成本。因此,在输入设计时,只需要输入基本的信息,其他可以通过计算、统计、检索得到的信息则应由系统自动产生。在软件设计的范围,可以通过以下方式减少用户输入的工作量:对共同的输入内容设置默认值;使用代码或缩写;自动填入已输入过的内容或需要重复输入的内容;如果输入内容是来自一个有限的备选集,可以采用列表选择(下拉列表框)或指点方式。

② 杜绝重复输入,特别是数据能共享的大系统、多子系统一定要避免重复输入。

③ 减少输入延迟。为减少输入数据时的延迟,可以采用周转文件、批量输入等方式。

④ 输入数据应尽早地用其处理所需的形式进行记录,以便减少或避免数据由一种介质转换到另一种介质时可能产生的错误。

⑤ 界面友好,容错能力强。要提供数据校验功能,以便使错误及时得到改正。对于用户操作上的错误(如击错键、未按要求操作)、数据输入错误(如类型错误、数据不合理、数据越界等)、多用户环境冲突等必须给予提示,并且让用户予以纠正。

⑥ 输入过程应尽量简化。在输入设计时,应尽量避免不必要的输入步骤,要尽量减少汉字的输入。可根据实际情况,提供默认值。要提供全屏幕输入功能,避免出现"只能下不能上,只能右不能左"的不良现象。在为用户提供纠错和输入校验的同时,要保证输入过程简便易用,不能因查错、纠错而使输入复杂化,增加用户负担。

⑦ 处理方便、快速。尽量缩短数据输入时系统的查找和计算时间,以避免用户出现烦躁与不安。

⑧ 输入过程随意、灵活。用户在数据输入过程中,应处于主导地位,随意灵活。用户可一次性输入所有单据,也可分批输入,用户可输入,也可修改;用户可通过运行其他功能缓解数据输入的单调感受和疲劳感觉。总之,输入界面应减少约束、增加自由。

2. 确定输入数据的内容及输入格式

系统的输入数据在系统分析阶段已基本确定,这一阶段主要是结合系统输出的需要,详细确定输入数据的项目名称、数据类型、取值范围和精度、输入数据存放的逻辑位置等内容。

需要输入的数据一般包括各种日常发生的业务数据及控制系统运行的各种操作指令。确定好输入数据的内容后,还要设计供数据录入的输入格式即输入界面。合适的输入格式能简化用户的操作,提高输入效率及输入数据的准确性。应根据输入数据的特点及业务处理的需要在输入界面中设置相应的数据输入形式。在界面中数据输入的形式一般有如下三种。

(1) 问答式数据输入

根据问答式对话进行数据输入,其优点是输入数据简单易用,但它单调、冗长且慢速,因此不适用于大量的数据输入。除了生疏型用户和简单系统外,现在一般不使用这种输入界面。

(2) 填表输入

填表输入是常用的数据输入形式,屏幕显示一张待充填的表格,表格中有明确的输入项目提示,用户可以按提示填入合适的数据。填表输入可将系统需要的数据按提示准确输入,用户不用学习和训练,也不必记忆有关的语义、语法规则,便可以在系统引导下完成数据输入工作。填表输入界面充分有效地利用了屏幕空间,表中信息之间联系紧密,有利于用户识别输入,而且填表输入过程是可视的,出现的错误可显示、可修改。对于大量相关信息的输入(如数据库数据的输入),填表输入是最合适的数据输入方法。

(3) 点取输入

在面向对象编程环境下,可以利用组合框或列表框显示要输入的内容,通过移动光标进行查找并按键选取来完成数据的输入。显然,点取输入界面输入简单、方便,不会出错。但是,输入数据被限定在预定范围内,如果数据量很大,会有一定的系统开销。

在进行输入格式设计时,应该针对输入设备的特点进行设计。若选用键盘方式人机交互输入数据,则输入格式的编排应尽量做到计算机屏幕显示格式与单据格式一致。数据内容应当根据它们的使用频率、重要性、功能关系或它们的使用次序进行组织。在用户输入时,应对要输入的内容有明确的提示。在输入过程中,应允许用户对已输入的内容进行修改,应提供复原功能,允许用户恢复输入以前的状态,这在编辑和修改错误的操作中经常用到。

3. 数据输入方式

数据的输入方式有两种类型,即联机输入与脱机输入。联机输入方式有键盘输入、数/模和模/数转换方式、网络数据传送等形式;脱机输入方式有磁/光盘读入等形式。

① 键盘输入。适用于常规数据和控制信息的输入以及原始数据的录入。这种方式不适合大批中间处理性质的数据的输入。由数据录入员通过工作站录入,经拼写检查和可靠性验证后存入磁记录介质(如磁带、磁盘等)。

② 数/模和模/数转换方式。数/模和模/数转换方式(D/A 和 A/D)是当前比较流行的基础数据输入方式。这是一种直接通过光电设备对实际数据进行采集并将其转换成数字信息的方法,是一种既省事又安全可靠的数据输入方式。这种方法最常见的有以下几种。

• 条码(棒码)输入:将统一规范化的条码贴于商品的包装上,然后通过光学符号阅读器(Optical Character Reader, OCR)采集和统计商品的流通信息。这种数据采集和输入方式现已普遍地被应用于商业企业、工商、质检、海关等部门的信息系统中。

- 用扫描仪输入:这种方式与条码输入原理类似。它被大量地用于图形和图像的输入、大段印刷体文字的输入、标准考试试卷的自动阅卷、投票和公决的统计等方面。
- 传感器输入:即利用各类传感器接收和采集物理信息,然后再通过 A/D 将其转换为数字信息,这也是一种用来采集和输入生产过程数据的方法。

③ 触摸式。它是在屏幕表面直接安装透明的二维光敏器件阵列,通过用户直接用手指接触它时光束的被阻断来检测位置。它适用于简单的内容选择,而不适用于编辑或绘图。

④ 网络传送数据。网络传送数据既是一种输入数据的方式,又是一种输出数据的方式,使用网络可以方便快捷地传输数据。网络传送有以下两种方式。

- 利用数字网络直接传送数据;
- 利用电话网络(通过调制解调器)传送数据。

⑤ 磁盘传送数据。也具有输入与输出两重性。这种方式是一种非常方便的输入数据方式,随着磁盘容量的增大,通过磁盘可以同时传送大量的数据。

⑥ 手写输入。利用手写设备进行文字输入或绘制图形,在银行柜台业务及在线教学等场合应用较多。

⑦ 语音输入。利用语音设备直接接受声音转换成文字输入。

⑧ 摄录。利用摄录设备(摄像头、语音设备等)直接拍摄图像、录制影音资料等多媒体数据。

4. 确定输入设备与介质

(1) 输入设备与介质

常用的输入设备、数据存储介质及特点如表 5-5 所示。

表 5-5 输入设备与介质

设备	介质	特点
磁带机	磁带	成本低,速度快,易于保存和携带,适用于大量数据输入
USB 输入设备	U 盘	成本低,速度快,便于携带,适用于大量数据输入
终端、控制台键盘		适用于数据的直接输入
磁性墨水阅读器	磁性墨水记录的单据	输入效率高,适合于少量数据的输入
光学标记读出器	光学标记、条码	输入效率高,适合于少量数据的输入
光阅读器	纸	价格高,速度快,正处于发展阶段;错误率高,但具有发展前景
手写板+手写笔		可直接手写形成文字或绘制图形,既可识别文字也可保存图形
语音装置		可将语音转成文字,输入速度快,但识别文字有误差
摄像头+语音装置		可直接录入声音、图像等多媒体数据

(2) 设备选择的注意事项

确定输入设备时应注意以下几点。

① 输入的数据量与频度；

② 输入信息的来源和形式；

③ 输入类型与格式的灵活程度；

④ 输入的速度和准确性的要求；

⑤ 输入的校验方法、允许的错误率及纠正的难易程度；

⑥ 数据记录的要求、特点、保密性等；

⑦ 数据收集的环境，以及对于其他系统是否适应；

⑧ 可选用的设备和费用等。

5．输入数据的校验

对于大多数信息系统来说，输入数据是经常发生的业务。输入数据过程中出现错误是不可避免的，对于系统中的主要数据，确保其正确性是非常重要的。因此，在输入这些数据时，要采取各种校验措施，以保证它们的正确性。

(1) 校验对象

最重要的校验对象是主文件数据，其次是各种金额和数量数据。

(2) 数据出错的种类

① 数据内容的错误：由于原始单据有错误或录入时产生的错误。

② 数据多余和不足：数据收集中的差错，由于原始单据丢失、遗漏或重复而引起的。

③ 数据的延误：不是内容和数量的错误，仅因为时间上延误而产生的差错。

(3) 数据的校验方法

① 重复校验：将同一数据多次(一般为两次)进行输入，然后由系统进行对比的校验方法。由于工作量较大，一般用于数据比较重要的场合。

② 视觉校验：输入数据后，由系统将输入数据显示在屏幕上或打印出来，由人工进行检验。这种方法常用于少量数据或控制字符输入的校验，一般安排在原始数据转换到介质上时执行。其查错率一般为 $75\%\sim85\%$，是一种效率较高而又简便易行的校验方法。

③ 分批汇总校验：这种方法常用于对财务报表和统计报表等这类完全数字型报表的输入校验中。具体做法是在原始报表的每行或每列中增加一位数字小计字段，然后在设计新系统的输入时另设一个累计值，先让计算机将输入的数据累加起来，然后再将累加的结果与原始报表中的数字小计字段值自动比较。

④ 数据类型校验：校验数据是否为规定的数据类型，例如数字型还是字母型。

⑤ 格式校验：校验记录中各项数据的位数和位置是否符合预先确定的格式。

⑥ 逻辑校验：也称合理性校验，根据业务上各种数据的逻辑性，检查数据项是否符合逻辑。例如，人的年龄不会是负值，如果输入的值小于 0，则输入有错。

⑦ 界限校验：指某数据项输入是否位于预先指定的范围之内，界限校验分上限、下限和范围三种。例如规定职工的年龄在 18～65 岁，如果输入的职工年龄不在此范围内，则输入有错。

⑧ 记录计数校验：通过计算记录的个数检查数据记录是否有遗漏和重复。

⑨ 平衡校验：主要用于检查相反项间是否平衡。例如，会计工作中检查借方会计科目合计与贷方会计科目合计是否一致。

⑩ 对照校验：将输入的数据与基本文件的相关数据相核对，检查二者是否一致。例如，当输入零件编号时，可将其与零件代码总表相核对，如找不到相应的代码，则认为输入有错。

（4）差错的纠正

差错的改正方法应根据出错的类型和原因而异。如果发现原始数据有错时，应将原始单据送交填写单据的原单位修改，不能由数据输入人员想当然地予以修改。如果是由程序查出的差错，出错的恢复方法有以下几种。

① 剔出出错数据留待纠正，正确数据照常处理。

② 出错数据查出后马上进行纠正，纠正后再与正确数据一起输入处理。

③ 废弃出错数据，只用正确数据进行处理。一般用于某些统计分析等业务，只要大体上正确即可。

6. 输入设计说明书

输入设计各项内容完成后，要填写输入设计说明书，其具体内容见表5-6。

表 5-6　输入设计说明书

编号		Kc001	填表人	×××	填表日期	2019.07.20
输入名称		入库单		输入方式	键盘录入	
输入内容	项目号	项目名称	类型及宽度	取值范围		备注
	1	零件编号	C(7)	零件表中所有零件号		
	2	零件名称	C(20)	零件表中所有零件名称		
	3	单价	N(8,2)	大于0		
	4	供应单位	C(30)	供应商档案中已有供应单位		
	5	入库数量	N(6)	大于0		
	6	入库日期	D(8)			
	7	库管员	C(8)	全部库管员		
输入格式				参见图5-38		

5.5.3　用户界面设计

用户界面也称人机界面（Human Computer Interface，HCI），它介于用户和计算机系统之间，是用户与系统进行交互的接口，也是控制系统运行的主要途径。通过人机界面，用户向计算机系统提供命令、数据等输入信息。这些信息经计算机系统处理后，又通过人机界面将产生的输出信息回送给用户。人机界面是用户使用计算机系统的综合操作环境。用户界面设计就是从方便用户使用的角度出发，对界面的显示内容及风格、用户操作方式等进行设计,使用户界面友好,使用简单,有吸引性,为用户所喜爱。用户界面设计还要考虑系统响应时间、用户帮助设施、出错信息处理等问题。

1. 用户界面设计应注意的几个问题

用户界面设计的质量直接影响用户对信息系统的评价,设计一个友好的用户界面应注意以下问题。

(1) 响应时间的及时性

从用户完成某个控制动作(按回车键或单击鼠标)到软件给出预期的响应之间的时间称为系统响应时间。响应时间长度要适当,不能过长或过短,且对于相同或相似操作,响应时间应相差不多。

(2) 提供用户帮助设施

系统应提供帮助功能,帮助用户学习使用系统。帮助信息应该在用户出现操作困难时随时提供。帮助信息可以是综合性的内容介绍,也可以是与系统当前状态相关的针对性信息。可通过帮助菜单、特殊功能键或 Help 命令提供帮助信息,帮助信息界面应具有返回正常交互的手段。

(3) 用户界面一致性

用户界面的一致性是指在菜单选择、命令输入、数据显示或输入等操作时,要具有相似的界面外观和布局,具有相似的人机交互方式及相似的信息显示格式等。一致性原则有助于用户学习和掌握系统操作,减少用户的学习量。

(4) 提供有意义的反馈

反馈表示计算机对用户的操作所做的反应。如果系统没有反馈,用户就无法判断其操作是否为计算机所接受、操作是否正确、操作的效果如何。反馈信息可以以多种方式呈现,如响铃提示出错、高亮度提示选择、信息窗口提示信息等。如果执行某个功能或命令需要较长的时间时,则应给用户提供状态反馈,使用户能了解工作的进展情况。

(5) 尽量减少用户记忆

用户在操作计算机时需要一定量的存于大脑中的知识和经验,即记忆的提取。一个界面良好的系统应该尽量减少用户的记忆要求。对话、多窗口显示、帮助等形式都可减少用户的记忆要求。

(6) 及时的出错信息提示

当用户操作错误时,系统应该能够对出现的错误进行检测和处理并给出相关的错误信息提示。出错信息包含出错位置、出错原因及修改出错建议等方面的内容,出错信息应清楚、易理解。良好的系统还应能预防错误的发生,例如应该具备保护功能,防止因用户的误操作而破坏系统的运行状态和信息存储。

(7) 使用图形

图形具有直观、形象、信息量大等优点,使用图形作为人机界面可使用户操作及信息反馈可视、逼真。

(8) 允许取消操作

系统应能方便地取消已完成的操作,用于帮助用户将系统恢复到误操作前的状态。

(9) 提高效率

在界面中,要尽量减少击键的次数和鼠标移动的距离,避免用户提问。

(10) 执行有较大破坏性动作之前要求用户确认。

2. 用户界面的形式

界面设计包括菜单式、填表式、选择性问答式及按钮式。

(1) 菜单式

菜单的形式可以多种多样,通过屏幕显示出可选择的功能代码,由操作者根据需要进行选择。将菜单设计成层次结构,则通过层层调用,可以引导用户使用系统的每一个功能。菜单是系统整体功能结构的具体体现,应使得用户能够用尽可能少的操作找到所需要的功能,同时功能描述上应明确无误。随着软件技术的发展,菜单设计也更加趋于美观、方便和实用。目前,系统设计中常用的菜单设计方法主要有以下几种。

① 一般菜单。在屏幕上显示出各个选项,每个选项指定一个代号,然后根据操作者通过键盘输入的代号或单击鼠标左键,决定何种后续操作。

② 下拉菜单。它是一种二级菜单:第一级是选择栏,第二级是选择项。各个选择栏横排在屏幕的第一行上,用户可以利用光标控制键选定当前选择栏,在当前选择栏下立即显示出该栏的各项功能,以供用户进行选择。

③ 快捷菜单。选中对象后右击所出现的菜单,将鼠标移到所需的功能项目上,然后单击左键即执行相应的操作。

④ 级联菜单:若下拉菜单或快捷菜单中的某个选择项还包括多项功能,则在选中该项后使它所包含的功能显示在其附近,这被称为级联菜单。

⑤ 菜单树:以树形结构组织菜单,可灵活地对菜单内容展开与折叠。

下拉菜单和快捷菜单是目前常用的菜单形式。下拉菜单一般可令其常驻屏幕中,在整个运行过程中可随时供用户使用,而快捷菜单一般在操作某一对象时提供有针对性的服务。菜单树在系统菜单结构复杂且功能项很多时使用。在给用户提供菜单时,要注意使与当前操作无关的功能失效,以避免误操作。

(2) 填表式

填表式一般用于通过终端向系统输入数据,系统将要输入的项目显示在屏幕上,然后由用户逐项填入有关数据。另外,填表式界面设计也常用于系统的输出。如果要查询系统中的某些数据时,可以将数据的名称按一定的方式排列在屏幕上,然后由计算机将数据的内容自动填写在相应的位置上。由于这种方法简便、清晰、易读,并且不容易出错,因此它是通过屏幕进行输入输出的主要形式。

(3) 选择性问答式

当系统运行到某一阶段时,可以通过屏幕向用户提问,系统根据用户选择的结果决定下一步执行什么操作。这种方法通常可以用在提示操作人员确认输入数据的正确性或者询问用户是否继续某项处理等方面。例如,当用户输完一条记录后,可通过屏幕询问"输入是否正确(Y/N)",计算机根据用户的回答来决定是继续输入数据还是对刚输入的数据进行修改。

(4) 按钮式

在界面上用不同的按钮图标表示系统的可执行功能,单击按钮即可执行该操作。按钮的表面可写上功能的名称,也可用能反映该功能的图形加文字说明。使用按钮可使界面显得美观、漂亮,使系统看起来更简单、好用,操作更方便、灵活。

设计用户界面要充分考虑到人的因素(如用户的特点、用户如何学会与系统交互工作、用户怎样理解系统产生的输出信息以及用户对系统有什么期望等),还要考虑界面的风格、可用的软/硬件技术及应用本身产生的影响。要充分考虑用户的心理,尽量使用户界面的设计符合用户的需要。在界面设计时,要考虑系统的响应时间,时间不应过长。在界面操作过程中要为用户提供必要的帮助信息,在用户操作错误时,应能提供简明、清晰的错误提示信息并给出适当的操作建议。

5.6 数据库设计

信息系统在运行时需要存储和管理大量的数据,这些数据是存储在数据库中的。如何让数据库具有合理的结构和使系统能安全、快速、方便、准确地使用与管理数据是数据库设计的任务。

数据库设计是在选定的数据库管理系统基础上建立数据库的过程。数据库设计包括用户需求分析、概念结构设计、逻辑结构设计和物理结构设计四个阶段。

5.6.1 用户需求分析

用户需求分析在系统分析的详细调查阶段完成,其主要目的是确定用户对数据库的使用要求,它的主要内容包括下列三方面。

① 分析用户对信息的需求。即用户希望从数据库中获得哪些有用的信息,从而可以导出数据库中应该存储哪些信息。

② 分析对数据的使用要求。即要求对数据做哪些加工处理,有什么查询要求及查询响应时间要求,对数据库的安全、完整性及保密性等方面的要求。

③ 分析系统的约束条件。即分析当前系统的规模、结构、资源和地理分布等对数据的采集及使用等方面的限制条件。

5.6.2 概念结构设计

概念结构设计应在系统分析阶段进行。任务是根据用户需求设计数据库的概念数据模型(简称概念模型)。概念结构是对现实世界的一种抽象,即对实际的人、物、事和概念进行人为处理,抽取人们关心的共同特性,忽略其本质的细节,形成概念模型。概念模型是从用户角度看到的数据库,反映了系统中数据的组成及数据之间的联系。概念模型不依赖于计算机系统和具体的 DBMS(数据库管理系统),它可用 E-R 模型(实体-联系方法)表示。1976 年,P.P.S.Chen 提出了实体-联系方法(Entity-Relationship,E-R),E-R 方法是一种借助于 E-R 图描述现实世界实体、属性、联系的语义模型。

1. 实体

实体是指现实中任何可区分、可识别的对象,用矩形框表示,框内写实体名。

2. 属性

属性指实体的特性,用椭圆框表示,框内写属性名,联系也可以有属性。

3. 联系

联系是指实体之间的对应关系,它反映了现实世界事物之间的相互关系,用菱形框表示。菱形内写联系名。联系分三种类型。

① 一对一联系(1∶1)。如果对于实体集 A 中的每一个实体,实体集 B 中至多只有一个实体与之联系,反之亦然,则称实体集 A 与实体集 B 之间有一对一联系,记为 1∶1,如图 5-30(a)所示。

② 一对多联系(1∶n)。如果对于实体集 A 中的每一个实体,实体集 B 中可以有多个实体与之联系;反之,对于实体集 B 中的每一个实体,实体集 A 中至多只有一个实体与之联系,则称实体集 A 与实体集 B 之间有一对多联系,记为 1∶n,如图 5-30(b)所示。

③ 多对多联系($m∶n$)。如果对于实体集 A 中的每一个实体,实体集 B 中可以有多个实体与之联系;反之,对于实体集 B 中的每一个实体,实体集 A 中也可以有多个实体与之联系,则称实体集 A 与实体集 B 之间具有多对多联系,记为 $m∶n$,如图 5-30(c)所示。

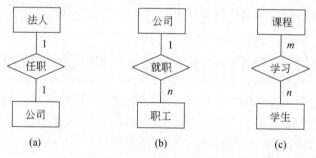

图 5-30 实体间的联系

E-R 图语义表达能力强,为概念性数据模型的绘制提供了有效的工具。E-R 图可为用户提供直观形象的实体、属性及其相互之间的关系,也可为设计人员建立数据模型进而设计数据库提供基础模型,是用户与设计人员探讨数据库设计的桥梁。例如,某材料核算系统中,生产一个产品要用到多种零件,一种零件可用于多种产品的生产,生产每种产品要用到多种材料,一种材料可用于多种零件的生产,零件保存在仓库中,一个仓库可存放多种零件。对于以上内容,可用 E-R 模型表示,如图 5-31 所示。

概念结构设计的主要步骤是,首先根据系统分析的结果(数据流图、数据字典等)对现实世界的数据进行抽象,设计各个局部视图,即局部 E-R 图,然后将局部 E-R 图合并成全局 E-R 图。

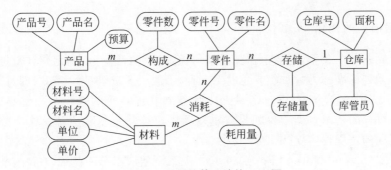

图 5-31　材料核算系统的 E-R 图

5.6.3　逻辑结构设计

逻辑结构设计的任务是将概念结构设计阶段完成的概念模型转换成能被特定的数据库管理系统支持的数据模型。这些模型在功能、性能、完整性和一致性约束及数据库可扩充性等方面均应满足用户提出的要求。

由于信息系统领域应用的大多数都是关系数据库，因此下面以关系数据库为例讲解数据库的逻辑结构设计内容。

1. 概念模型向关系数据模型的转换

数据模型可以由实体关系模型转换而来。对于信息系统来说，关系型数据库的应用是最广泛的。由 E-R 模型转换为关系数据模型的规则如下。

① 每一实体集对应于一个关系模式，其实体名作为对应关系名，实体的属性作为对应关系的属性。

② 实体间的联系一般对应一个关系，联系名作为对应的关系名，不带有属性的联系可以去掉。

对于每一个 1∶n 的联系，可将联系归并到联系中的多方并在多方中将一方的关键字作为外部关键字。

对于每一个 1∶1 的联系，可将联系归并到联系的任一方实体中，并在归并方实体中添加另一方实体的关键字作为外部关键字，不需要单独建立关系。

对于每一个 $m∶n$ 的联系，要为这些联系分别建立一个"关系"，关系中要包含双方的关键字及联系自身的属性。

实体和联系中关键字对应的属性在关系模式中仍作为关键字。

【例 5-7】　对于材料核算系统概念模型的转换。

根据这些规则，图 5-31 中的实体和联系很容易转换成对应的关系数据模型。

① 产品（产品号，产品名，预算）。
② 零件（零件号，零件名，仓库号，存储量）。
③ 仓库（仓库号，库管员，面积）。
④ 产品构成（产品号，零件号，零件数）。
⑤ 材料（材料号，材料名，单位，单价）。
⑥ 消耗（零件号，材料号，耗用量）。

2. 数据模型的优化

对于得到的各个关系,还要依据关系规范化理论进行进一步的优化。衡量关系规范化程度的一系列标准称为"范式"。总共有 6 种,一般只要求满足"3 范式"即可。

第一范式(First Normal Form,1NF):它是指在同一个关系中消除重复字段,且各字段都是不可分的基本数据项。如果有重复项则应该将重复项去掉。这个分解复合项和去掉重复项的过程称为规范化处理。

第二范式(Second Normal Form,2NF):关系模型属于第一范式,且所有非主属性都完全依赖于关键字段。

第三范式(Third Normal Form,3NF):关系模型属于第二范式,且关系中所有非主属性都直接依赖关键字段。它是指关系中的所有数据元素不但要能够唯一地被主关键字所标识,而且它们之间还必须相互独立,不存在其他函数关系。也就是说,在一个满足第二范式的数据结构中,有可能存在某些数据元素依赖于其他非关键字数据元素的现象,必须加以消除。

对于第一范式和第二范式,会存在插入异常、删除异常和修改复杂的问题,不便于数据的修改和维护,因此应进一步分解优化到第三范式。第三范式已基本不存在插入异常和删除异常,数据冗余也很小,已基本能满足处理的需要,如无特殊要求,已不必再进一步分解优化了。

例 5-7 中的 6 个关系均已满足"3 范式"的要求,如无特殊的要求,规范化工作即已完成。若考虑到同一关系中不同的数据项的使用频率、使用场合的差异,也可对其进行进一步的分解。

3. 记录格式设计

经过对数据模型的优化,已经清楚系统应设置多少个数据表。对每个要建立的数据表还要进行记录格式的设计,要结合数据字典中数据项的描述,确定每个数据表中包含的数据项的名称、数据类型、宽度、小数位数等数据项定义信息及数据项的值域。

5.6.4 物理结构设计

物理结构设计是为数据模型在设备上选定合适的存储结构和存取方法,以获得数据库的最佳存取效率。数据库物理结构依赖于给定的计算机系统,而且与具体选用的 DBMS 密切相关。

物理结构设计的主要内容包括如下几方面。

① 库文件的组织形式。如选用顺序文件组织形式、索引文件组织形式等。

② 存储介质的分配。例如将易变的、存取频繁的数据存放在高速存储器上;稳定的、存取频度小的数据存放在低速存储器上。

③ 访问方法设计。根据用户的访问要求,为文件设计适当的索引以便于访问。

④ 完整性和安全性考虑。设计相关联的数据在进行插入、修改、删除操作时的关联规则,以保证数据的完整性,设计进入数据库及对数据操作的限制条件,以最大限度地保证数据的安全性。在进行完整性和安全性考虑时,要充分利用所选用数据库管理系统所

提供的安全保密手段,以降低程序编制的难度。

⑤ 数据资源分布考虑。如果系统是在网络环境之下,还要考虑整个数据资源在网络各个节点(包括服务器)上的分配问题。一般来说,同一子系统的数据尽量放在本子系统所使用的机器上,只有需要公用的数据和最后统计汇总类数据才放在服务器上,以避免网络系统通信紧张,导致系统运行效率降低。

5.7 系统安全性与完整性设计

系统的安全性指的是 IS 的各组成部分都处于安全状态,可以安全、准确地运行。系统的完整性泛指与损坏或丢失相对的状态,如果系统是完整的,则表明系统是可靠的与准确的。安全性保护是防止机密数据被泄露,防止无权者使用、改变或有意破坏他们无权使用的数据。完整性保护是保护数据结构不受损害,保证数据的正确性、有效性和一致性。系统的安全性、完整性与系统的环境及系统本身的设计都密切相关,要从多方面多角度考虑系统的安全性与完整性。

5.7.1 影响因素分析

对系统的威胁可能来自系统内部,也可能来自系统外部;有主动的威胁,也有被动的威胁。影响系统安全的因素主要有如下几方面。

① 自然灾害或电源不正常引起的软硬件损坏与数据损失。自然灾害主要指地震、水灾、火灾、风暴、雷电等。对于这些不可抗御的自然因素,如果不采取必要的防范措施,造成的软硬件损坏与数据损失往往很难恢复。而电源的不正常也往往造成设备的损坏和数据的丢失,必须建立必要的数据备份与恢复机制。

② 人为失误导致的数据损失。人为失误导致的数据破坏主要指由于工作人员的操作失误导致数据录入错误、系统出错、数据丢失、篡改、泄露与损坏。原始数据的错误、数据的损坏势必使得信息系统提供错误的信息,而数据的泄露则可能使企业的商业机密完全暴露给竞争对手,给企业带来重大的经济损失。

③ 计算机病毒的侵扰。随着计算机和互联网的日益普及,我们在感受计算机和网络带给我们的强大功能和效益的同时,也受到计算机病毒的威胁。计算机病毒具有自我繁殖、相互传染、激活再生等特征,借助于网络,其破坏性迅速升级,轻则影响计算机的性能,降低计算机的工作效率,重则危及整个网络系统,造成系统瘫痪、死机,甚至引起设备损毁与数据破坏,严重威胁信息系统的信息安全。

④ 计算机犯罪的日趋严重。计算机犯罪又称信息犯罪,是指针对和利用计算机系统,通过非法操作或其他手段窃取计算机内部的信息,盗用通信线路等其他系统资源,非法修改或破坏系统的程序与信息,制造和传播计算机病毒及色情软件等。它具有作案时间短、隐蔽性强、可异地操作等特点,可在不知不觉中不留痕迹地对信息系统中信息的真实性、完整性和保密性造成威胁。

⑤ 信息战的严重威胁。未来国家与国家之间的对抗首先是信息技术的较量。所谓

信息战是指为国家的军事战略采取行动,保卫自己的信息和信息系统,同时干扰敌方的信息和信息系统,从而取得信息优势。在信息战不断深化的今天,随着政府和企业数字化、网络化程度的不断提高,在提高工作效率的同时,许多机密信息的安全也面临更加严峻的考验。

5.7.2 采取的措施

安全的最高境界不是产品,也不是服务,而是管理。国外权威机构的统计显示,大约有60%以上的信息安全问题是由管理方面的原因造成的。因此,解决信息安全问题既要从技术方面着手,在技术和设备上不断加强,确保系统的安全,更重要的是要加强信息安全的管理工作,通过建立正规的信息安全管理体系,以达到系统地解决信息安全问题的目的。建立良好的管理机制是保证系统安全的第一步。

在管理方面,我们应该普遍开展安全教育,以提高每个人的安全防范意识。在信息系统内部,进行安全管理要以国家有关信息安全方面的法律、法规和其他有关规定为依据,结合信息系统涉及的业务需要制定相应的安全管理制度;要建立完善的信息系统安全组织机构,明确各级人员的管理职责和权限,并且对安全管理人员进行教育培训,培养其正确的思想素质、职业道德和业务素质,使其自觉、认真地参与并承担各自的责任,要为各级各类人员建立相关的运行规程。此外,还要建立起配套的监督机制,层层监督,相互制约,保证安全管理制度的落实。

在技术方面,要从以下几方面入手提高系统的安全性与完整性。

1. 硬件方面

在硬件方面,要选用可靠性高的硬件设备,选用性能优良的服务器和工作站。服务器应具有完善的容错能力,允许带电热拔插,附带智能I/O性能。在设计上要考虑服务器的热备份和冷备份工作方式。要配备不间断电源、稳压器、防火墙等。

2. 软件方面

① 访问控制。指进入系统的控制,通常工作站或终端上采用凭"用户名"和"口令"进入系统的措施,以防范非法侵入。在口令设计上,要尽量采用长口令和字母与数字、符号的混合口令。口令要定期更换,要限制登录次数与时间并记录登录过程以备核查。

② 选择性访问控制。指对用户分级,不同级别的用户访问权限不同,不同用户可使用的功能也不同,这样可有效防止误操作。

③ 生物识别技术。指把某些对人而言是唯一的特征,其中包括指纹、声音、图像、笔迹甚至人的视网膜血管图像等识别信息用于满足各种不同要求的安全系统中。这种识别技术只用于控制访问极为重要的信息系统,用于极为仔细地识别人员。

④ 加密。指将原有的可读信息(程序与数据)进行翻译,译成密码或密文的代码形式,以保护信息的安全。解密是加密的逆过程,即把经过加密后的代码形式恢复成原来的可读信息的过程。

3. 网络方面

除采用访问控制与加密等技术外,还可采取以下措施。

① 调制解调器安全。防止对网络拨号设备的非授权访问,限制只有授权的用户才能对系统进行访问。

② 传输介质的安全。为防止传输介质受到电磁干扰或被截获窃听,应考虑防电磁泄露的防护措施和利用加密方法对抗截获窃听。

③ 防火墙。防火墙就是网络与网络之间的安全接口。它可以限制他人进入内部网络,过滤不安全的服务和非法用户,防止入侵者接近系统的防御设施,限定人们访问特殊网站。目前基于这方面的产品主要有两大类:一类是安全路由器;另一类是防火墙路由器和软件系统。可在网络中心或关键之处建成专用防火墙以防止非法人员的攻击。

④ 数字签名技术。数字签名技术是解决网络通信中发生否认、伪造、冒充、篡改等问题的安全技术。主要包括接收者能够核实发送者对报文的签名、发送者事后不能抵赖对报文的签名、接收者不能伪造对报文的签名等方面。实现数字签名的方法很多,例如利用公开密钥密码制实现的数字签名方法等。

4. 数据库方面

除前面提到的利用 DBMS 所提供的数据安全保密机制外,还可采取以下措施。

① 访问限制。设立 DBA(数据库管理员),数据库用户及其访问权限应由 DBA 根据 DBMS 所提供的功能进行控制。

② 数据加密。

③ 跟踪审查。建立监视软件,对某些保密的数据实施跟踪,记录有关数据的访问活动。一旦发现潜在的窃密企图(如重复、相似的查询),则采取相应的措施。

④ 备份。建立相关的备份程序,定期或在一定条件下对系统中数据进行备份。

⑤ 镜像技术。执行时可用逻辑镜像,也可用物理镜像。

⑥ 归档。将文件从在线存储器上复制到硬盘或光学介质上,以便长期保存。

5.8 物理配置方案设计

物理配置方案设计是指按照新系统的目标及功能要求,综合考虑环境和资源等实际情况,在总体规划阶段进行的计算机系统软硬件平台选型的基础上,从系统的目标出发,根据信息系统要求的不同处理方式(实时处理、批处理及分布式处理或混合方式的处理方式),进行具体的计算机软硬件系统及其网络系统的选择和配置,并且提交一份详细的计算机物理系统配置方案报告。

由于满足同一企业用户功能要求的不同的计算机物理系统配置,其结构可能存在较大差异,而且计算机物理系统投资较大(少则几十万元、几百万元,多则上千万元),因此选择一个合适的计算机物理系统配置方案是至关重要的。

5.8.1 设计依据

在进行系统物理配置方案设计时，通常要考虑以下几方面的内容。

① 系统的吞吐量。系统的吞吐量是指每秒钟执行的作业数。系统的吞吐量与系统硬件、软件的选择有着直接的关系，如果需要系统具有较大的吞吐量，则应当选用性能较高的计算机硬件和网络系统，选用处理速度较快的计算机编程语言。

② 系统的响应时间。从用户向系统发出一个作业请求开始，经系统处理后，到给出应答结果的时间称为系统的响应时间。如果要求较短的系统响应时间，则就要选用处理速度较快的计算机及较高传递速率的通信线路。

③ 系统的可靠性。系统的可靠性可用系统连续无故障运行的平均时间来表示。如果对系统的可靠性要求较高，则可采用双工结构方式。

④ 总体方案。根据分析的结果确定将要开发的系统是采用集中式的方案，还是分布式，或者分布和集中的混合方案。如果采用集中式，则信息系统既可以是主机系统，也可以是网络系统；如果采用分布式的，则需要采用网络系统。

⑤ 地域范围。对于分布式系统，要根据系统覆盖的范围决定采用广域网还是局域网。

⑥ 根据系统分析中所提供的数据存储容量总数，确定所要购置的机器需要配置多大的储存容量。

5.8.2 计算机网络的设计与选择

计算机网络是信息系统进行信息传输的主要载体，是现代信息系统运行的基础。而当前计算机网络类型多样，网络技术多样，要结合业务领域的特点选择合适的网络类型与技术，设计合理的网络拓扑结构。在进行网络的设计与选择时，要重点解决以下几方面问题。

① 选择网络的拓扑结构。根据应用系统的地域分布、信息流量选择网络的拓扑结构。适合于小型网络的拓扑结构主要有总线型、星型、环型和树型等类型。适用于大中型网络的拓扑结构有网状型拓扑结构和混合型拓扑结构。

② 进行网络的逻辑设计。按系统或子系统的划分配备需要的设备，如主服务器、主交换机、通讯服务器、分系统交换机、子系统集线器、中继器、网桥、网关、路由器和调制解调器、网络传输介质、工作站等。

③ 选择网络操作系统。目前，流行的网络操作系统有 Windows 系列、UNIX 系列、Linux 系列等。Windows 系列一般只是用在中低档服务器中，高端服务器通常采用 UNIX、Linux 系列。UNIX 具有多用户、多任务的特点，支持多种处理器架构。Linux 是一种自由和开放源码的类 UNIX 操作系统，可安装在各种计算机硬件设备中，如手机、平板电脑、大型机和超级计算机中。

5.8.3 计算机硬件设备的选择

计算机硬件的选择要依据数据处理方式和要运行的软件。如果数据的处理是集中式的,系统应用的目的主要是利用计算机强大的计算能力,则可以采用主机-终端系统,选用大型机或中小型机作为主机,再加若干终端设备,这种方式目前在一般信息系统应用项目中比较少见。对于一般面向企业的信息系统,其应用本身一般是分布式的,则可采用微机网络,这样更为灵活、经济。

确定了数据处理方式后,下一步是具体计算机机型的选择,选择时要考虑应用软件对计算机处理能力的要求,一般应考察以下几项指标:主存的大小;主机的处理速度;输入、输出和通信的通道数目;显示方式;外接转储设备及其类型;高速缓存器的大小;向上升级是否方便;计算机设备及其对工作环境的要求;兼容性;可维修性;标准系列性。

在满足业务需要的前提下,只要资金许可,应尽量购置技术上成熟、性能价格比高的计算机系统。由于现在微机在性能上已经有了很大的提高,甚至超出了早期大型机的水平,而价格又相对较低,因此一般企业选择微机作为硬件支撑环境较为适宜。

5.8.4 计算机软件配置的选择

计算机软件配置的选择就是要完成操作系统、数据库管理系统、开发语言、辅助工具或应用软件的选择。选择软件的考虑必须与系统开发所采用的战略和方法学结合起来。在信息系统开发过程中,开发方法以及相应软件工具的选择对系统开发是否顺利乃至能否成功都是至关重要的。软件主要从如下几方面考虑。

① 中文的使用。能否直接使用汉字?字库、字形和输入方式如何?这对于计算机在我国的应用是十分重要的。

② 操作系统。要根据实际业务情况选择适当的操作系统,如 Windows 及 UNIX 系列。

③ 数据库 DBS。根据数据的特点选用恰当的数据库产品,如层次型、网状型、关系型。数据库系统选择的原则是:支持先进的处理模式,具有分布处理数据、多线索查询、优化查询数据、联机事务处理功能;具有高性能的数据处理能力;具有良好图形界面的开发工具包;具有较高的性能价格比;具有良好的技术支持与培训。关系型是常用的数据库类型,国际国内的主导关系型数据库管理系统有 Oracle、Sybase、MySQL、SQL Server、DB2 等,这些数据库管理系统均支持客户机/服务器模式,具有较高的市场占有率,是开发大型 MIS 的首选。

④ 开发语言。开发语言发展变化速度很快,当前比较流行的开发语言有通用的 C 语言系列、Java 等;适用于系统管理、数据库和网络互联以及 WWW 程序设计的 Perl 语言;适用于 Web 开发领域的 PHP;适合 Web 和 Internet 开发、科学计算和统计、人工智能、教育、软件开发、后端开发等领域的 Python 等。可根据业务处理的特点及开发人员的情况选择恰当的程序设计语言。

⑤ 辅助软件开发工具。为一些编程语言提供集成开发环境,如 MyEclipse 应用开发

平台是 J2EE 集成开发环境,包括了完备的编码、调试、测试和发布功能,完整支持 HTML、Struts、JSF、CSS、JavaScript、SQL、Hibernate;而 Eclipse 和 NetBeans 是目前功能比较强大的 Java IDE(Java 编程软件);Microsoft Visual Studio 是一套完整的开发工具,用于生成 ASP.NET Web 应用程序、XML Web 服务、桌面应用程序和移动应用程序;还有支持移动应用端的软件开发工具,如用来开发 Android 应用程序的插件 Eclipse ADT 等。

⑥ 各种应用软件包。如统计分析软件包、多元分析软件包、数学规划软件包等。

在具体选择时,软件的功能应能满足应用的需求,各种软件应配套齐全,要尽量选用现成软件,以加速系统开发进度。要选用具有较强的适应性的软件,在与其他软件配套使用时,能满足应用要求。要选用可靠性强、容错能力好的软件,还要满足用户的安全保密要求。要选择主流产品,以便于今后的维护与升级。

5.8.5 计算机物理系统配置方案报告的具体内容

计算机物理系统配置方案报告包括以下内容。

① 计算机物理系统配置概述。介绍物理系统总体结构情况,以及选择计算机物理系统的背景、要求、原则、制约因素等。

② 计算机物理系统选择的依据。介绍选择计算机物理系统的依据。它包括功能要求、容量要求、性能要求、硬件设备配置要求、通信与网络要求、应用环境要求等。

③ 计算机物理系统配置。计算机物理系统配置包括四方面内容。

- 介绍硬件结构情况以及硬件的组成及其连接方式,还要说明硬件所能达到的功能并画出硬件结构配置图。
- 介绍硬件系统配置的选择情况,列出硬件设备清单,标明设备名称、型号、规格、性能指标、价格、数量、生产厂家等。
- 介绍通信与网络系统配置的选择情况,列出通信与网络设备清单,标明设备名称、型号、规格、性能指标、价格、数量、生产厂家等。
- 介绍软件系统配置的选择情况,列出所需软件清单,标明软件名称、来源、特点、适用范围、技术指标和价格等。

④ 指出费用情况。介绍计算机硬件、软件、机房及其他附属设施、人员培训及计算机维护等所需费用,并给出预算结果。

⑤ 具体配置方案的评价。从使用性能和价格等方面进行分析,提供多个物理系统配置方案。对各个配置方案进行评价并给出设计者倾向性的选择方案。

5.8.6 应注意的问题

1. 满足新系统的应用需求

在新系统的设计中,提出了新系统的目标、处理功能、存储容量、信息交互方式等。这就要求所选择的计算机系统能够满足它的需求,同时兼顾购置的设备能被充分地利用,并且留有扩充的余地。在进行计算机物理系统配置时要注意如下倾向。

① 以价格为依据,认为价格越高性能越好。
② 以计算机系统性能指标为依据,认为计算机性能指标越高越好。
③ 以计算机类型大小为依据,认为越大越好,外设和系统软件越多越好等。

计算机物理系统配置应该以应用的实际需求为依据,以新系统的处理功能为准则,从而减少不必要的投资。

2. 实用性能强

所选择的计算机物理系统的实用性可从以下几方面体现。

① 易于开发,方便使用。根据应用需求,要求计算机系统应用软件丰富,工具齐全,有利于用户的开发和使用,具有较强的汉字处理能力等。

② 选择的机型具有较强的生命力。尽量优先考虑选用国内外的主流机型,以便于计算机系统的维护。另外,还应考虑所选择的计算机系统尽量与本行业或本系统的机型一致和兼容,这有利于本行业、本系统的信息交换及应用软件的交流和资源的共享。

③ 有较强的通信能力。为达到系统的资源共享和信息交换的目的,所选择的计算机系统要充分考虑新系统内部的联网和通信的要求,还要考虑以系统为公用数据网的交互能力。

④ 性能价格比。选择计算机系统时应提出几种选型方案并进行认真分析比较,选取性能价格比较高的计算机系统。一般情况下,先进的新产品性能价格比较高。

3. 可扩充性

通常新系统采用"统一规划,分步实施"的方案。开始建立的系统规模不可能很大,随着应用需求的扩大,需要逐步增添设备,扩充功能。这就要求所选择的计算机系统具有灵活的扩充能力和升级能力,使得先期购置的设备和开发的应用软件不被浪费。

5.9 系统设计说明书

系统设计阶段的工作成果就是系统设计说明书,它是用于说明系统"怎么做"的物理模型。系统设计说明书是对设计阶段工作成果进行评审的依据,一旦评审通过,就成为下一阶段工作的纲领性文件。

5.9.1 系统设计说明书内容与格式

系统设计阶段的最后一项工作是编写系统设计说明书。系统设计说明书既是系统设计阶段工作成果的总结,也是系统实施阶段的重要依据。系统设计人员将设计过程中所形成的各种文档资料进行编辑整理,编写系统设计说明书,其主要内容和格式如下所述。

(1) 引言
- 摘要。说明新系统的名称、目标和功能以及系统开发的背景。
- 专门术语定义。

- 参考和引用的资料。

(2) 系统设计方案
- 系统总体结构设计。系统的模块结构图及其说明。
- 处理流程设计。包括系统流程图和模块处理过程描述。
- 代码设计。编码对象的名称、代码的结构以及校验位的设计方法。
- 输出设计。各输出设计说明书。
- 输入设计。各输入设计说明书。
- 数据库设计。说明数据库的名称、包含的数据表的名称、各数据表的结构、表中索引的设置、表间的关联关系。
- 安全保密设计。安全保密设计方案和主要规章制度。
- 物理系统设计。物理系统设计总体结构图、物理系统配置清单及费用预算。
- 系统实施方案及说明。包括系统实施方案和计划及实施方案的审批情况说明。

系统设计说明书编写完成后,交给有关部门和领导审批,并且将审批意见和参加人员附于说明书之后。系统设计说明书获得批准后则进入系统实施阶段。

5.9.2 实例——某摩托车生产厂零配件库存管理系统

零配件库存管理系统业务主要包括如下内容。
① 入库管理:对检验合格已开具入库单的零配件进行入库登记,同时修改库存信息。
② 出库管理:按领件单登记出库信息,同时修改库存信息。
③ 废品管理:对生产过程中所发生或发现的零配件废品,按质检科开具的废品单进行废品信息登记。当定期对废品进行处理时,将已处理的废品开具出库单并登记出库信息,同时修改废品库存。
④ 库存盘点:定期对库存零配件进行盘点,根据盘点清单登记盘点记录,并且与库存台账对照生成盘点表。
⑤ 报表管理:每月制作库存统计报表、废品报表、盘点表。

该系统涉及的原始单据有入库单、领件单、废品单、盘点清单,下面分别介绍。
(1) 入库单
入库单样式如图 5-32 所示。

入库单

单据号:

日期:　　　　　供货单位:　　　　　库管员:

规格型号	配件名称	单位	单价	数量	金额
⋮	⋮	⋮	⋮	⋮	⋮
金额合计					

图 5-32　入库单样式

(2) 领件单

领件单样式如图 5-33 所示。

领件单

单据号：

日期：　　　　　领件单位：　　　　　　　　　库管员：

规格型号	配件名称	单位	数量	供货单位
⋮	⋮	⋮	⋮	⋮

图 5-33　领件单样式

(3) 废品单

废品单样式如图 5-34 所示。

废品单

单据号：

日期：　　　　　质检员：　　　　　　　　　库管员：

规格型号	配件名称	单位	数量	供货单位	备注
⋮	⋮	⋮	⋮	⋮	⋮

图 5-34　废品单样式

(4) 盘点清单

盘点清单样式如图 5-35 所示。

盘点清单

清单号：

日期：　　　　　盘点员：

规格型号	配件名称	单位	数量	供货单位
⋮	⋮	⋮	⋮	⋮

图 5-35　盘点清单样式

1. 系统的功能结构

根据系统的业务情况，考虑到系统本身的管理要求及用户的查询要求，系统的功能结构如图 5-36 所示。

2. 代码设计

本系统涉及的编码对象有配件代码、供应商代码、库管员代码、部门代码。配件都有唯一的规格型号且规格型号长度一致，符合编码要求，而且用户已使用习惯，故配件代码可采用其规格型号为代码。考虑到有的配件有多个供应商，为便于区分，可在规格型号

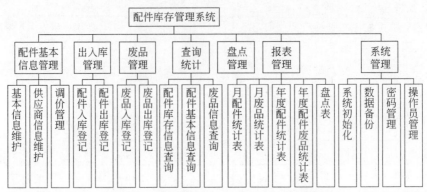

图 5-36 配件库存管理系统的功能结构图

后加一位顺序码,表示不同的生产厂家。例如前减震器,共有两家供应商,配件最后一位为 1,表示浙江减震器厂;为 2,表示上海光明减震器厂。如果只有一个供应商,则最后一位为 0。对于供应商,该单位的供应商遍布全国各地,现有 80 多家供应单位;供应商代码采用区间码,共 4 位,前 2 位采用供应商所在地邮政编码的前两位,后两位为顺序码。对于库管员代码和部门代码,均采用该公司人事管理系统中的编码。图 5-37 为供应商编码举例。

图 5-37 供应商编码

3. 数据库文件设计

通过对系统业务及原始数据的分析,本系统的数据库文件设计结果见表 5-7~表 5-14。

表 5-7 配件基本信息表

字段名称	数据类型	字段宽度	字段名称	数据类型	字段宽度
配件编号	字符型	7	单台用量	数值型	2
配件名称	字符型	20	库存数量	数值型	6
单位	字符型	2	供应商编号	字符型	4
单价	数值型	8,2			

表 5-8 入库单表

字段名称	数据类型	字段宽度	字段名称	数据类型	字段宽度
入库单编号	字符型	8	入库数量	数值型	6
配件编号	字符型	7	库管员编号	字符型	4
入库日期	日期型	8			

表 5-9 出库单表

字段名称	数据类型	字段宽度	字段名称	数据类型	字段宽度
出库单编号	字符型	8	出库数量	数值型	6
配件编号	字符型	7	领件人编号	字符型	4
出库日期	日期型	8	库管员编号	字符型	4

表 5-10 供应商信息表

字段名称	数据类型	字段宽度	字段名称	数据类型	字段宽度
供应商编号	字符型	4	地址	字符型	40
供应商名称	字符型	30	联系人	字符型	8
邮政编码	字符型	6	联系电话	字符型	13

表 5-11 废品入库单表

字段名称	数据类型	字段宽度	字段名称	数据类型	字段宽度
废品单编号	字符型	8	入库数量	数值型	6
配件编号	字符型	7	备注	备注型	4
入库日期	日期型	8	库管员编号	字符型	4

表 5-12 废品出库单表

字段名称	数据类型	字段宽度	字段名称	数据类型	字段宽度
废品出库单编号	字符型	8	出库数量	数值型	6
配件编号	字符型	7	库管员编号	字符型	4
出库日期	日期型	8	领件人编号	字符型	4

表 5-13 盘点清单表

字段名称	数据类型	字段宽度	字段名称	数据类型	字段宽度
盘点清单编号	字符型	8	数量	数值型	7
配件编号	字符型	7	盘点员编号	字符型	4

表 5-14 废品表

字段名称	数据类型	字段宽度	字段名称	数据类型	字段宽度
配件编号	字符型	7	数量	数值型	6

4. 输入/输出界面设计

本系统涉及的输入界面主要有各种入、出库单据的输入界面,输出界面主要是各种查询界面及报表。

在图 5-38 所示的输入界面中,库管员编号可直接选取,选取后库管员名自动显示。配件编号也是直接选取的,选取后配件名称、单位、单价、供货单位名称(该单位规定每张入库单上只能开具同一厂家供应的配件)自动显示,单价可以修改。当数量输入后,金额系统自动计算并显示,合计金额也是系统自动计算出来,供用户对照检查,如图 5-39 所示。

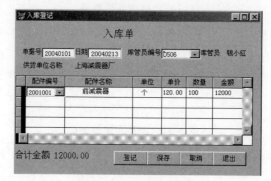

图 5-38　入库登记界面

配件库存月报表

日期　2004.04.30

配件编号	配件名称	单位	单价	入库数量	出库数量	库存数量
1001010	前刹车线	条	15	2400	2200	450
1001020	后刹车线	条	15	2400	2200	400
2001001	前减震器	个	120	2000	1800	400
2001002	前减震器	个	121	1000	1000	100
2001011	后减震器	个	100	2000	1800	400
2001012	后减震器	个	100	1000	1000	100

图 5-39　报表界面

用户可以通过查询界面查询配件的库存量(见图 5-40)。

图 5-40　查询界面

5.9.3　实例——某保险公司网络架构

某保险公司为开展各项保险窗口业务及内部管理业务,建立了相应的管理信息系统。为满足各网点业务办理的需要,该系统需要建立在网络环境中,网络要为各网点提供所有投保户的各种资料并将窗口办理的业务保存在系统中,供整个系统使用。由于系统中要存储大量图片资料,因此要求的存储容量较大,而且系统对数据的安全性要求较高。

针对该公司的业务要求,进行了网络设计,该保险公司网络架构如图 5-41 所示。

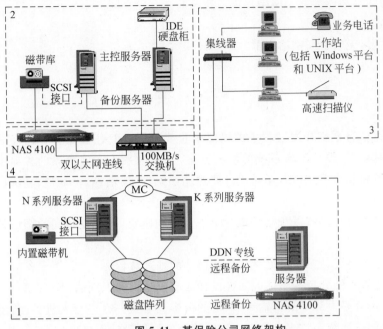

图 5-41 某保险公司网络架构

1. 说明

① 图中 1 部分为两台服务器以双机热备份形式控制磁盘阵列，保存中心数据库。此外还有一台远程备份服务器。

② 图中 2 部分为主控服务器和备份服务器（OS 为 Windows NT4），连接着一台 SCSI 磁带库和一台 IDE 硬盘柜（主要保存公司扫描的保单图片资料）。

③ 图中 3 部分为公司内部局域办公网络。

④ 图中 4 部分为 NAS 4100 利用双以太网自适应功能双重接入 100MB/s 交换机，后端使用 SCSI 接口连接磁带库。

2. 效果分析

① 节约了磁盘阵列空间，缓解了网络拥挤情况，可直接与磁带库连接。

② 容量大，可满足扫描保单图片和业务电话录音的存储要求，并且可完全脱离服务器独立运作，减轻主控服务器的负荷。

③ 跨平台性，可支持局域办公网络内不同 OS 的机器通过 NAS 实现数据共享。

④ 高速以太网接口，能够实现快速网络实时存储，可以直接代替远程备份服务器，节省了资金。

3. 更多需求上的应用特点

① 机身适合使用国际标准机架安放，性能价格比非常好，管理维护费用低，节省投资成本。

② 跨平台共享功能为整个网络提供了高速共享存储空间。
③ 安全高效，管理简单。
④ 易于扩展，无须中断网络服务。

本 章 小 结

系统设计是信息系统开发过程中的第二个重要阶段。其任务是要在已经获准的系统分析报告的基础上，设计出新系统的解决方案，并且为系统实施阶段的各项工作准备好必要的技术资料和有关文件。系统设计要遵循系统性、灵活性、可靠性、经济性和管理可接受原则。

系统总体结构设计是将系统划分成若干子系统和模块，确立模块间的调用关系和数据传递关系。

处理流程设计是设计系统的处理流程及模块的处理流程。

代码设计是将系统处理的实体或属性设计成易于处理和识别的代码形式。

输入/输出设计是设计系统中输入/输出的内容及形式。在进行人机界面设计时，要从系统角度出发，按照统一、友好、漂亮、简洁、清晰的原则设计人机界面。

数据库设计是对系统中数据进行规划，确定数据库的结构，为确保信息系统的运行安全和完整，要进行安全完整方案设计。

系统物理配置方案设计包括网络选择和设计及软、硬件的配置。

习 题

1. 简述系统设计的任务及原则。
2. 如何进行系统结构设计？
3. 模块处理流程设计的工具有哪些？
4. 为什么要设计代码？代码设计要遵循什么原则？
5. 如何做好输出显示界面？试设计某商场月商品销售统计汇总表的输出界面。
6. 输入设计的原则是什么？
7. 举例说明在输入界面中可采用何种技巧以减轻用户的输入工作量？
8. 可以用哪些方法校验输入数据中的错误？
9. 请分别用程序流程图、盒图、PAD图表达求解一元二次方程的过程。
10. 请分别用程序流程图、盒图和PAD图表示求解形如 $S=1!+2!+3!+\cdots+n!$ 表达式值的过程，n 为任意自然数。
11. 利用加权取余方法设计代码的校验位，模取9，权数用16、8、4、2，原代码为2156，则其校验位应为多少？如何对其进行校验？
12. 针对如图5-42所示的E-R图，设计符合关系型数据管理系统的数据逻辑结构。
13. 某关系模式为：教师情况（教工号，姓名，出生日期，家庭地址，电话，论文名，发表

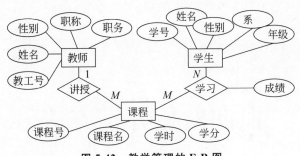

图 5-42 教学管理的 E-R 图

时间,期刊名称,ISBN 号,期刊级别,主编)。已知每名教工可在不同或相同期刊上多次发表论文,但同一期刊同期只能发表该作者一篇论文。此关系满足第三范式的要求吗?如不满足,将其规范到满足第三范式要求的关系组。

14. 图 5-43 是某商店销售商品时使用的销售小票,在小票中需要填写销售日期、销售的商品编号、商品名称、单价、数量、金额、销售员姓名及金额合计。已知数据库中存储着商品表信息,包括商品编号、商品名称、单价、库存数量等信息。销售员信息包括销售员姓名、员工编号等。现在要设计销售商品时销售数据的录入界面,界面格式与销售小票格式一致,请说一说哪些数据项是必须输入的? 不需要输入的数据如何得到? 必须输入的可采取哪些措施减少数据录入工作量?

销售小票

销售日期:

商品编号	商品名称	单价	数量	金额
销售员:		金额合计:		

图 5-43 销售小票

第6章 面向对象开发方法

结构化方法是在软件行业得到广泛接受和使用并一度成为早期占主导地位的信息系统构造与开发的方法。而面向对象方法提出后,信息系统的开发面临着从传统的结构化范型到面向对象范型的转变,对象技术作为新范型的核心技术正在得到新语言、新系统和新方法学的支持,这体现在已出现的面向对象的语言、数据库、操作系统及开发环境上。

结构化方法关心的是功能,强调以模块(即过程)为中心,采用模块化、自顶向下、逐步求精的设计过程。系统是实现模块功能的函数和过程的集合,结构清晰、可读性好,是提高软件开发质量的一种有效手段。结构化设计从系统的功能入手,按照工程标准和严格规范将系统分解为若干功能模块。然而,由于用户的需求和软、硬件技术的不断发展变化,作为系统基本成分的功能模块很容易受到影响,局部修改甚至会引起系统的根本性变化。开发过程前期入手快而后期频繁改动的现象比较常见。

面向对象方法则从所处理的数据入手,以数据为中心描述系统,数据相对于功能而言,具有更强的稳定性,这样设计出的系统模型往往能较好地映射问题域模型。对象、类、继承性、多态性、动态性等概念和设施的引入令面向对象的设计方法具有一定的优势,能为解决信息系统的复杂性问题提供一条有效的途径。面向对象的设计过程就是指通过建立一些类以及它们之间的关系解决实际问题,这要求对问题域中的对象做整体分析,类和类间关系的设计要求较高,否则设计出的并不是真正意义上的面向对象的软件系统,而只是一些类的堆砌而已,不能体现出面向对象设计方法的优势之处。

6.1 面向对象概述

面向对象方法从编程领域开始兴起。20世纪80年代,随着一大批面向对象编程语言的问世,面向对象方法走向成熟和实用。此时,面向对象方法开始向系统设计阶段延伸,出现了如GOOD(通用面向对象的开发)和OOSD(面向对象的结构设计)等一批OOD("面向对象设计"或"面向对象开发")方法。但是这些早期的OOD方法主要是基于结构化分析的。1989年之后,面向对象方法的研究重点开始转向软件生命周期的分析阶段,并且将OOA和OOD密切地联系在一起,出现了一大批面向对象的分析与设计(OOA/OOD)方法。截至1994年,公开发表并具有一定影响的OOA/OOD方法已达50余种,其中主流的方法有Booch方法、Jacobson的OOSE和Rumbaugh等人的OMT方法等。20世纪90年代,在这些面向对象分析与设计方法的基础上,形成了统一建模语言(Unified Modeling Language,UML)和统一过程(Unified Process,UP),从而统一了面向对象的建模语言和软件工程过程中的众多实践成果,在表示法和过程两方面提供了一个主导的解决方案。目前,大多数较先进的软件开发组织已经从分析、设计到编程、测试阶段全面地采用面向对象方法,这使面向对象成为当前软件领域的主流技术。

6.1.1 面向过程与面向对象

传统的软件开发方法把精力集中于设计解题算法(即处理数据的过程),因此也称为面向过程程序设计方法。这种方法中的函数/过程类似于数学公式,数据与函数/过程是分离的。为实现某个功能,参数被传入某个函数/过程,输出计算结果,程序从开始至结束顺序地执行。其实质是用计算机的观点进行程序设计工作,由于计算机的工作过程是一步一步进行的,为完成指定的功能,必须告诉它详细的解题步骤,即向计算机详细描述解题算法。设计师站在计算机的立场设计解题步骤,然后程序员用适当的程序设计语言把解题步骤描述出来。

然而人类习惯的解决问题的方法是使用"顾客-服务员"工作模式。人类社会中不同职业的人具有不同技能,需要完成一项复杂任务时,只要把具有完成这项任务所需技能的各类人员集中起来,向每个人提出具体要求。至于每个人如何完成自己承担任务的具体步骤并不需要在布置任务时详细说明,因为他们具备完成自己承担的任务所需要的技能。面向对象的模式体现了这种特点,其解决问题的过程是通过对象之间进行消息互动实现的。

面向对象程序设计方法模仿人类习惯的解题方法,从客观事物(问题域)中抽象出来一系列对象,每个对象都既有自己的数据(属性),又有处理这些数据的函数(通常称为服务或方法)。不同对象之间通过发送消息向对方提出服务要求,接收消息的对象主动完成指定功能提供所要求的服务。对象是组成面向对象程序的基本模块,程序不再被看成工作在数据上的一系列过程或函数的集合,而是被视为相互协作而又彼此独立的对象的集合。

6.1.2 面向对象的基本概念

面向对象建模技术是建立在一些基本概念基础之上的,这些概念包括对象、封装、类、实例、继承、多态和消息等。

1. 对象

对象是对问题域中某个实体的抽象,它是构成系统的一个基本单位。一个对象由三部分组成:名称、一组属性和对这组属性进行操作的一组方法。属性反映事物的内部结构,是描述对象静态特征的一个数据项。操作则反映事物的运动规律,是描述对象动态行为的一个操作序列。在应用领域中,有意义的、与所要解决的问题有关的任何事物都可以看作对象。它既可以是具体的物理实体的抽象,也可以是人为的概念,或者是任何有明确边界和意义的东西。对象一般是一个名词或一个名词性的词组,是一段事物描述中的主语或宾语,如直线、选择工具、职工、公司、表格、窗口、图书、教学计划和借款等都可以作为一个对象。

2. 封装

封装就是把对象的属性和方法结合成一个独立的系统单位并尽可能地隐藏对象的内部细节。封装使一个对象形成两个部分:接口部分和实现部分。对于用户来说,接口部分是可见的,而实现部分是不可见的。接口是一些外界可见的方法(或者说是对象可接收的消息),其他对象只能通过某个对象的接口对其内部的数据执行规定的操作。如果将洗衣机和电视机抽象成对象,则其控制面板上那些按钮的抽象就是接口。使用一个对象时,只需要知道它向外界提供的接口形式而无须知道它的数据结构细节和实现操作的算法。

3. 类和实例

类是一组属性和服务的定义,它为属于该类的全部对象提供了统一的抽象描述。同类对象具有相同的属性和方法,是指它们的定义形式相同,而不是说每个对象的属性值都相同。

实例这个概念和对象很类似,它是在一个具体应用中给某一个类的属性赋值。类是建立具体对象时使用的"样板",按照这个样板所建立的一个个具体的对象就是类的实例。例如,会员是一个类,会员张三就是一个实例;房子是一个类,人民大会堂就是一个实例;女神是一个类,雅典娜就是一个实例。在 UML 中,实例的含义更为广泛,它不仅仅与类有关,其他建模元素也有实例。如类的实例就是对象,而关联的实例就是链。

类还可以看作程序设计语言类型的延伸,可以用于定义一个变量。实例可以看作一个赋予了特定值的变量。当然,这个变量不是传统的变量,而是对象。对象与传统的变量有本质区别,它不是被动地等待外界对它施加操作,相反,对象是数据处理的主体。所谓使用对象,就是向对象发送消息,请求对象主动地执行它的某个操作,从而提供外界所需要的服务,而不能从外界直接对它的私有数据进行操作。对象响应消息的机制实际上就是调用对象内由消息名指定的那个公有的成员函数。类是静态的,类的语义和类之间的关系在程序执行前就已经定义好,而对象是动态的,它是在程序执行时被创建和删除的,程序不执行时是不存在的。

类的描述要包括如下内容。

① 属性:已被命名的类的特性,描述了该特性的实例可以取值的范围。

② 操作或方法:一个服务的实现,该服务可以由类的任何对象请求以影响其行为。

③ 属性与操作的可见性:其可见性分为三种情况。公有(public)变量:通常是一个给定的类元,任何带有可见性的外部类元都可以使用这个特性,在程序的任何位置都可见,系统中的任何对象都可以使用它,用+做前缀表示。受保护变量:类元的任何子孙都

可以使用这个特性,即仅可以由定义它的类和该类的子类中的对象使用,用♯号做前缀表示。私有变量：只有类元本身能够使用这个特性,即仅可以由定义它的类使用,用－号做前缀表示。

以洗衣机为例,上面有"电源""水位选择""洗衣选择""程序选择""启动/关闭"等按钮。"水位选择"按钮包括"高""中""低";"洗衣选择"则分为"人工智能""轻质衣料""厚重衣料""毛料"等;"程序选择"分为"洗净""洗清""脱水"等。操作洗衣机时,不需要担心电压、电流或马达的转速等问题,因为这一切都通过面向对象的方式隐藏起来,只需要根据所需的水位、放入的衣料和衣服多少按下适当的按钮就可以完成洗衣的操作。

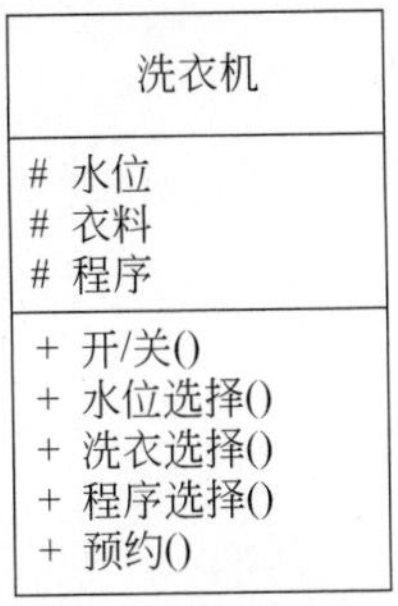

如图 6-1 所示,洗衣机类图共分为三部分。

第一部分为"类名",即"洗衣机"。

第二部分则是所谓的"属性或数据",也就是我们所称的"数据成员",代表洗衣机内部的数据。这里的属性要上锁,因为它们是"私有成员",只可以通过"成员函数"访问,外界不可以直接访问"私有成员"。

洗衣机
♯ 水位
♯ 衣料
♯ 程序
+ 开/关()
+ 水位选择()
+ 洗衣选择()
+ 程序选择()
+ 预约()

图 6-1 类的声明

第三部分则是"操作或方法"。像"水位选择""洗衣选择""程序选择"等就是洗衣机的方法,也就是所谓的"成员函数",通过成员函数可以操作这一类的属性。

4. 继承

继承是面向对象方法中的一个重要概念。利用继承,子类(派生类、特殊类)可以继承父类(基类、一般类、超类)的属性或方法。父类有的全部特征,子类通过继承可以全部获得,反过来不成立。因此,继承可以保证类之间的一致性,父类和子类之间构成一种层次结构关系,父类可以为所有子类定制规则;子类自动继承,不需重复描述这些规则,从而避免系统描述冗余。许多面向对象的程序设计语言提供了这种实现机制,如 C++ 中的虚函数、Java 中的接口等。继承具有传递性,如果类 C 继承类 B,类 B 继承类 A,则类 C 也继承类 A。一个类实际上继承了它所在的类等级中在它上层的全部父类的所有描述。继承增加了软件重用的机会,可以降低软件开发和维护的费用,可以开发更贴近现实的模型,使得模型更简洁。

如图 6-2 所示,设计一个 Drawing 类,具有的属性为 dim、color 和 pos;具有的方法为 linecoloring() 和 draw()。这些属性和方法被 Line 类和 Shape 类所继承。Line 类还具有一些特殊属性 angle 和 length;因为 Shape 类可以包括六边形等,不具有 height 和 width 属性,所以不能将这两个属性抽象到 Shape 中。Rectangle 类和 Ellipse 类继承了 Shape 类的 areacoloring 方法。由此可知,有两种方法可以重复使用一个对象类：一种方法是创建该类的实例,从而直接使用它;另一种方法是从它派生出一个满足当前需要的新类。继承性机制使得子类不仅可以重用其父类的数据结构和程序代码,而且可以在父类代码的基础上方便地修改和扩充,这种修改并不影响对原有类的使用。但是,如果子类使用从父类继承来的属性时也需要通过接口,则会明显降低效率。因此,这些属性的访问权限应该是"在本类及其子类中可以直接访问,超出该范围则不能直接访问"。

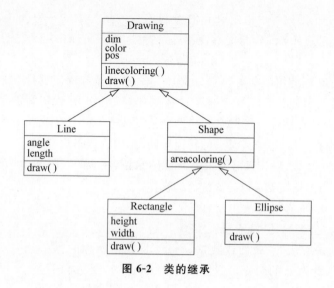

图 6-2 类的继承

5. 多态

从字面上理解,多态就是有多种形态的意思。在面向对象技术中,多态指的是不同层次中的子类可以共享父类中同一方法名称,但却可以各自按自己的需要实现不同的行为和执行不同的操作。这里涉及一个虚函数的概念,虚函数就是允许其子类重新定义的成员函数。

如图 6-2 所示,在 Line、Rectangle 和 Ellipse 这三个子类中分别出现了与父类中同名的方法 draw(),但三个子类中的 draw()方法是完全不同的方法。父类 Drawing 的 draw()方法实际上是一个虚拟方法,是为了给出一个统一的多态接口,使得其他对象可以访问任何一种子类图形对象(直线、矩形、椭圆)的 draw()方法。例如,可以声明一个 Drawing 类型的变量,在运行时,把 Line、Rectangle 或 Ellipse 类型的对象赋给该变量,即该变量所引用的对象在运行时会有不同的形态,调用 draw()方法时,则相应地调用 Line、Rectangle 或 Ellipse 类中的 draw()方法。

多态使用户可以写更加通用的过程,而在以后需要时容易派生程序。多态是保证系统具有较好适应性的一个重要手段,也是使用 OO 技术所表现出来的一个重要特征。

6. 消息

面向对象方法的一个原则就是通过消息进行对象之间的通信。消息是一次对象之间的通信,是一条完整的调用描述。如图 6-3 所示,它包含了提供服务的对象标识、服务(方法)标识、输入信息和回答信息等。一个对象通过向另一个对象发送消息激发对方的某一个方法,由发送消息的对象(sender)的使动操作产生消息传送至接收消息的对象(receiver),引发接收消息对象的一系列操作。

消息不同于函数调用。消息可以包括同步消息和异步消息;同步消息描述的是消息的发送方发送了消息后,必须收到回复消息才能进行后续的动作;异步消息描述的是消

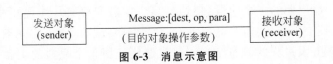

图 6-3 消息示意图

息的发送方在发送了消息后就能进行后续动作,不需要等待回复消息,而函数调用往往是同步的,消息的发送者要等待接收者返回。

6.2 统一过程概述

软件工程过程(Software Engineering Process,SEP)又称为软件开发过程,是一个将用户需求转换为软件系统所需要的活动的集合,行之有效的软件开发过程可以提高开发软件组织的生产效率、提高软件质量、降低成本并减少风险。要分析和设计软件,除了要会绘制 UML 中的图,还要能制订一个合适的软件开发过程规范,统一过程(UP)就是一个使用 UML 进行建模的软件开发过程规范。

UP 的渊源可以上溯到 1967 年的 Ericsson 方法,历经对象工厂过程 1.0～3.8(1987—1995)和 Rational 对象工厂过程 4.1(1996—1997),直至 1998 年 Rational Unified Process (RUP)发布。RUP 是 IBMUP 的商业版本,经多个版本的更迭,目前已经演化为一系列丰富的集成软件工程流程产品。这些产品使软件开发团队能够定义、配置、定制和实施常见的软件工程流程。RUP 和 UP 非常相似,虽然在一些术语和语法上有些差异,例如 UP 中的工作者(worker)在 RUP 中称为角色(role),但元素的语义仍保持一致。可以将 UP 视为开放的一般情况,将 RUP 视为扩展和覆写 UP 特征的业务子类。本书中虽采用 UP,但并不对二者做刻意区分。

6.2.1 常用术语

① 用户:代表与所开发的系统进行交互的某个人或某个系统。
② 用例:为用户提供有价值结果的一项系统功能。
③ 架构:通过接口交互的重要构件的组织和结构。
④ 工作流:在业务中执行的活动序列,如分析、设计、测试等。
⑤ 迭代与增量:迭代是指带有已建立基线的计划和评估准则产生一个(内部或外部)发布版本所进行的一组工作流;增量是指在后续迭代结束后,两个发布版本之间存在的差异。
⑥ 工作者:赋予个人或小组的职位,如分析员、测试员。
⑦ 活动:要求角色在工作流中执行的工作单元。
⑧ 制品:角色执行活动过程中得到的结果,如模型、文档、源代码和可执行文件等。

6.2.2 UP 的二维结构生命周期

在 UP 中,软件开发生命周期根据时间和核心工作流划分为二维空间结构。如图 6-4

所示,其横轴为生命周期的4个阶段(初始、细化、构造和移交),体现开发过程的动态结构。纵轴有9个核心工作流程,本书为便于学习将其裁减为5个:需求获取、分析、设计、实现和测试,体现开发过程的静态结构。每次迭代经历一个完整的生命周期,一次迭代后发布的内部版本称为次里程碑,此时经理和开发人员决定如何进行后续的迭代。n次迭代组成4个连续的阶段,每个阶段结束于一个主里程碑,此时开发团队需要做出继续或不继续前进的重大决定并确定后续阶段的进度、预算和需求。

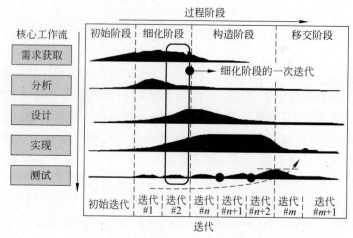

图6-4 UP的二维空间结构

1. 初始阶段

初始阶段的主要目标是确定项目的软件范围和边界条件,识别出系统的关键用例,展示系统的候选构架,估计整个项目需要的费用和时间安排和评估项目风险,并且从业务的角度表明项目的可行性。其主里程碑是为项目建立生命周期目标。这个阶段的原型通常是抛弃型的原型。

初始阶段的主要制品如下所示。

- 蓝图文档:系统的核心需求、关键特性与主要约束。
- 部分细化的用例模型(10%~20%)。
- 初始的项目术语表(可部分表达为业务模型)。
- 初始商业案例,包括商业环境、验收标准和财政预测等。
- 初始的关键风险评估。
- 细化阶段的项目计划。
- 一个或多个演示型原型。
- 初始的构架文档。

2. 细化阶段

在细化阶段要捕获大多数需求,所有用例均被识别,大多数用例描述被开发,补充捕获非功能性要求和非关联于特定用例要求的需求,主里程碑是建立生命周期架构。在这个阶段最后,能够对成本和进度进行估计并能够对构造阶段进行相当详细的规划。这个阶段的原型是进化型的原型。

细化阶段的主要制品如下所示。
- 用例模型(应完成至少80%);
- 建立合理的构架基线;
- 可执行的软件原型;
- 更新过的风险清单;
- 完整的商业案例(包含业务标书);
- 构造阶段和移交阶段的项目计划;
- 用户手册的初始版本(可选)。

3. 构造阶段

构造阶段的主要目标是在基线的体系结构上通过管理资源和控制运作开发整个系统并确保产品可以开始移交给客户,即产品达到最初的可操作能力,将对用例的识别、描述和实现扩展到全体用例。阶段主里程碑是实现初始功能。

构造阶段的主要制品如下所示。
- 移交阶段的项目计划;
- 软件的 β 版;
- 初步的用户手册;
- 当前版本的描述(更新后的系统模型、构架、商业案例)。

4. 移交阶段

移交阶段主要是进行确认测试和用户测试,然后向用户移交产品。相当大的工作量消耗在开发面向用户的文档、培训用户、在初始产品使用时支持用户并处理用户的反馈(主要限定在产品性能调整、部署安装和使用问题)上。阶段的主里程碑是产品发布。

移交阶段的主要制品如下所示。
- 对照用户期望值验证新系统的"β 测试";
- 与被替代的已有系统并轨;
- 功能性数据库的转换;
- 向市场、部署、销售队伍移交产品。

6.2.3 UP 的特点

相对于传统的结构化生命周期法的按工作内容进行的线性阶段划分,UP 是按照时间和核心工作流划分成的二维空间结构,这种二维空间结构的软件开发过程有其独特的特点。

1. 用例驱动

统一过程的目标是指导开发人员有效地实现并实施满足客户需求的系统。首先,要捕获用户的需求,即发现在实施后可以给用户带来预期价值的需求并以用户和开发人员能够达成一致理解的方式进行描述,然后设计一个能够满足这些需求的可行的方案并实现,最后测试系统以保证客户需求得以全部实现并加以实施。所有的用例与参与者合在一起构成用例模型,用例模型作为输入创建分析模型;分析模型是需求的详细规格说明,分析模型的用例与设计模型中相应的用例之间通过跟踪依赖关系相联;设计模型是实现的蓝图,在设计模型的子系统和实现模型的构件之间存在直接的映射关系;用例也是构造测试用例的基础,在测试用例和相应的用例之间也存在跟踪依赖关系。整个开发项目就是一系列的迭代,除了项目中第一次迭代外,每次迭代都是由用例驱动而经历所有工作流的,并且通过跟踪依赖关系把这些不同的工作流结合在一起,每次迭代都会确定并实现一些用例。

2. 以架构为中心

要开发一个好的系统,只依靠用例驱动是不够的,迭代不能没有主线。相关人员要对系统有一个整体上一致的理解。为降低系统的复杂度,便于开发和维护,系统要能划分为带有明确定义接口的子系统。硬件领域已实现标准化,而软件子系统可重用的关键就是要有一个好的架构和明确的接口。软件在生命周期内需要不断进化,这要求系统具有较好的柔性结构,以便适应这种变化。所有的这一切都表明,软件系统的开发需要有一个中心架构。

(1) 用例和架构的关系

如图 6-5 所示,从通用应用部分入手,分析系统约束和使能因素,然后再选取与架构相关的重点用例集合,进行迭代开发,支持所选用例。如此下去,当到细化阶段的最后,即建立了一个稳定的架构,可以通过在构造阶段实现其余的用例来实现系统的全部功能,并且通过使用例与架构保持一致(以其为中心),利用现存的资源有效地创建新的用例、子系统和类。需要注意的是,绝大多数属于子系统或服务于子系统私有操作、接口和属性的类(对于系统的其他部分是不可见的),以及作为其他子系统变体的子系统对于架构设计并不重要。对于一个系统,可能只有不到 10% 的重要用例与设计架构有关。

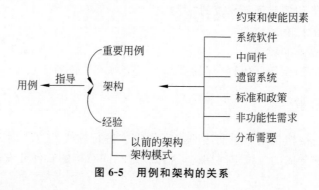

图 6-5 用例和架构的关系

(2) 架构的组成

架构主要是在细化阶段的迭代过程中发展起来的,细化阶段的最终结果(或者说是系统内部版本)是一条架构基线并以架构描述的形式保留下来。架构描述的第一个版本是对第一个生命周期中细化阶段末期的模型版本的抽取,在整个系统生命周期内,架构描述会不断更新,以反映与架构有关的变化和补充。

架构描述只是对系统模型的适当抽取,一般包括5部分:用例模型视图、分析模型视图、设计模型视图、实施模型视图和实现模型视图。架构描述还包括用例没有描述的对架构有意义的非功能性需求。

3. 迭代和增量

将项目分解成许多袖珍项目后,每一个袖珍项目(类似于瀑布模型)都作为一次迭代。早期阶段的迭代主要是关注确定项目的范围、消除关键风险和建立架构基线。后期的迭代则不断增加增量结果,直至得到一个可以对外发布的产品。在迭代过程的最后,代表系统的模型集合处于一种特定的状态,这种状态称为基线。一个增量是两个相继的基线之间的差别。

虽然每次迭代都要经历需求、分析、设计、实现和测试工作流,但不同阶段的迭代侧重点不同。在初始和细化阶段,绝大部分工作集中在捕获需求和进行初步的分析与设计上;在构造阶段,重点则转移到详细设计、实现及测试上。

虽然UP与传统的瀑布开发方法相比有许多优点,如可以在早期进行风险控制、更容易对变更进行控制和具有高度的重用性,由于迭代而不断产生内部的提交版本利于提升项目小组的信心、士气和工作效率,以及项目的总体质量等,但是没有一种方法或途径能够解决软件项目中所有的问题,因此不存在所谓的一劳永逸的终极解决方案。而且,UP本身概念繁多,有大量的图表、活动和文档模板、工作流程复杂,对人员的经验有较高的依赖性,更为适合于需求复杂的大系统开发,在实际应用时应该根据项目的实际情况对UP进行相应的定制。由于UP与UML使用配合最佳,因此实施过程中需要借助于成熟的UML建模工具,如Rational Rose、Visio、StarUML、Together、VP-UML、SmartDraw以及Delphi集成的ModelMaker等。

6.3 统一建模语言的产生与发展

统一建模语言是一种绘制软件蓝图的标准语言,可以用它对软件密集型的制品进行可视化、详述、构造和文档化。UML由面向对象领域的三位大师Grady Booch、Jim Rumbaugh和Ivar Jacobson于1996年发布,已被OMG(Object Management Group,对象管理集团)接纳为工业标准。UML仍在不断发展和完善,目前较新版本是Jude 6.7。UML仅是一种语言,独立于过程,适用于以用例为驱动、以体系结构为核心、以迭代及增量为特色的RUP统一过程中,用于捕捉系统的静态结构和动态行为信息。

6.3.1 面向对象技术的发展

利用传统程序设计语言(如COBOL语言和FORTRAN语言)的软件开发方法出现于20世纪70年代,在80年代被广泛采用,其中最重要的是结构化分析和结构化设计方法 Yourdon-79 和它的变体（实时结构化设计方法 Ward-85）等。这些方法最初由 Constantine、DeMarco、Mellor、Ward、Yourdon 和其他一些人发明和推广，在一些大型系统，特别是在和政府签约的航空和国防领域的系统中取得了一定突破。在这些系统中，主持项目的政府官员强调开发过程的有组织性和开发设计文档的完备性。但结果不总是像预料的那么好，许多计算机辅助软件工程系统（CASE）只是摘录一些已实现的系统设计的报表生成器。尽管如此，这些方法中仍包含一些好的思想，有时在一些大系统中是很有效的。商业应用软件更不愿采用大型 CASE 系统和开发方法，大部分商业企业都独立开发本企业内部使用的软件，客户和缔约人之间没有对立关系，而这种关系正是大型政府工程的特征。

人们普遍认为，诞生于 1967 年的 Simula-67 是第一个面向对象的语言。尽管这个语言对后来的许多面向对象语言的设计产生了很大的影响，但是它没有后继版本。在 20 世纪 80 年代初，Smalltalk 语言的广泛使用掀起了一场"面向对象运动"，随之诞生了 Objective C、C++、Eiffel 和 CLOS 等语言。

6.3.2 面向对象建模方法的产生

在 Smalltalk 语言成名约 5 年后，第一批介绍面向对象软件开发方法的书籍出版了，包括 Shlaer/Mellor（*Shlaer*-88）和 Coad/Yourdon（*Coad*-91），紧接着又有 Booch（*Booch*-91）、Rumbaugh/Blaha/Premerlani/Eddy/Lorensen（*Rumbaugh*-91）和 Wirfs-Brock/Wilkerson/Wiener（*Wirfs-Brock*-90）。这些著作再加上 Goldberg/Robson（*Goldberg*-83）、Cox（*Cox*-86）和 Meyer（*Meyer*-88）等有关程序语言设计的著作，开创了面向对象方法的先河。20 世纪 90 年代末，面向对象方法发展的第一阶段基本完成。随后，介绍 Objectory 方法的 Jacobson-92 出版了，它建立在以前成果的基础上，介绍了一种稍微不同的方法，即以用例和开发过程为中心，巩固了面向对象方法学第一阶段的成果。

在这大批关于面向对象方法的书籍中，都各有自己的一套概念、定义、表示法、术语和适用的开发过程。有些书提出了一些新概念，但总的来说各个作者所使用的概念大同小异。许多后继出版的书都照搬前人，自己再做一些小的扩充或修改。大部分早期的著作者也都更新了自己前期的著作，采纳了其他人一些好的思想。总之，出现了一些被广泛使用的核心概念，另外还有一大批被个别人采纳的概念。即使在被广泛接受的核心概念里，各个面向对象方法也有一些小的差异。这些面向对象方法之间的细微不同常使人觉得这些概念不知依据哪个为好，特别是对于非专业的读者更是无法选择。

6.3.3 标准化过程

在 UML 之前，已经有一些试图将各种方法中使用的概念进行统一的初期尝试，比较有名的是 Coleman 和他的同事们所创造的 Coleman-94，包括 OMT（Rumbaugh-91）、Booch（Booch-91）、CRC（Wirfs-Brock-90）方法的 Fusion 方法。由于这项工作没有这些方法的原作者参与，实际上仅形成了一种新方法，而不能替换现存的各种方法。第一次成功合并和替换现存各种方法的尝试始于 1994 年在 Rational 软件公司 Rumbaugh

与 Booch 的合作。他们开始合并 OMT 和 Booch 方法中使用的概念，于 1995 年 10 月提出 UM(Unified Method)0.8 版本。此时，Jacobson 也加入了 Rational 公司开始与 Rumbaugh 和 Booch 一同工作，将 OOSE 思想融合进来并汲取其他面向对象方法的优点，共同致力于设计统一建模语言，于 1996 年 6 月发布了 UML 0.9 版本。三位最优秀的面向对象方法学的创始人共同合作，为这项工作注入了强大的动力，打破了面向对象软件开发领域内原有的平衡。而在此之前，各种方法的拥护者觉得没有必要放弃自己已经采用的概念并接受这种统一的思想。

1996 年，OMG 发布了向外界征集关于面向对象建模标准方法的消息。UML 的三位创始人开始与来自其他公司的软件工程方法专家和开发人员一道制订一套使 OMG 感兴趣的方法，并且设计一种能被软件开发工具提供者、软件开发方法学家和开发人员这些最终用户所接受的建模语言。与此同时，其他一些人也在做这项富有竞争性的工作。

1997 年 1 月，UML 1.0 版本被提交给 OMG 组织，申请作为一种标准建模语言。在此期间，一些重要的软件开发商和系统集成商成立了一个 UML 伙伴组织，如 Digital Equipment Corporation、HP、IBM、Microsoft、Oracle、Rational 等，它们积极地使用 UML 并提出反馈意见，于 1997 年 9 月将 UML 的修改版(1.1 版本)再次提交 OMG。1997 年 11 月，UML 1.1 版本正式被 OMG 采纳作为业界标准，OMG 承担了进一步完善 UML 标准的工作。

1998 年，OMG 提交了 UML 1.2，纠正了 UML 1.1 中的一些印刷和语法错误，以及某些逻辑的不一致性。1999 年 6 月提交了 UML 1.3，2001 年 9 月提交了 UML 1.4，2003 年 3 月提交了 UML 1.5，同年 6 月提交了 UML 2.0，成为业界建模标准模板。

6.3.4 UML 的目标

UML 语言的开发有多个目标。首先，最重要的目标是使 UML 成为一个通用的建模语言，可供所有建模者使用。它并非某人专有且建立在计算机界普遍认同的基础上，即它包括了各种主要的方法并可作为它们的建模语言。人们至少希望它能够替代 OMT、Booch、Objectory 方法以及参与 UML 建议制订的其他人所使用的方法建立的模型。其次，UML 尽可能地采用源自 OMT、Booch、Objectory 及其他主要方法的表示法，即使它能够很好地支持设计工作，如封装、分块、记录模型构造思路。此外，UML 能准确表达当前软件开发中的热点问题，如大规模、分布、并发、方式和团体开发等。

UML 并不试图成为一个完整的开发方法，它不包括一步一步的开发过程。UML 和使用 UML 的软件开发过程是两回事，这一点很重要。UML 可以支持所有的至少是目前现有的大部分软件开发过程。UML 包含了所有的概念，这些概念对于支持基于一个健壮的构架解决用例驱动需求的迭代式开发过程是必要的。

UML 的最终目标是在尽可能简单的同时能够对实际需要建立系统的各个方面进行建模。UML 需要有足够的表达能力，以便可以处理现代软件系统中出现的所有概念（例如并发和分布），以及软件工程中使用的技巧（如封装和组件）。它必须是一个通用语言，像任何一种通用程序设计语言一样。然而，这样就意味着 UML 必将十分庞大，不可能像描述一个近乎玩具一样的软件系统那样简单。现代语言和操作系统比起以前要复杂得多，因为用户对它们的要求越来越多。UML 提供了多种模型，它比先前的建模语言更复杂，因为它更全面，不是在一天之内就能够掌握的。就像学习任何一种程序设计语言、操作系统或复杂的应用软件一样，这是一个循序渐进的过程。

6.4 UML 建模机制

UML 是一种离散的建模语言，适合对诸如由计算机软件、固件、数字逻辑或组织构成的离散系统建模，不适合对诸如工程和物理学领域中的连续系统建模。UML 是一种标准的图形化（即可视化）建模语言，是一些图形元素，而不是一门程序设计语言，但是使用代码生成器工具可将 UML 模型转换成编程语言代码，例如映射成 Java、C++ 和 Visual Basic 等，这叫 UML 的正向工程；同样，借助工具也可将 Java、C++ 等面向对象程序设计语言的代码转换成 UML 的模型，这叫 UML 的逆向工程。

UML 的定义包括 UML 语义和 UML 表示法两部分。UML 对语义的描述使开发者能在语义上取得一致认识，消除了因人而异的表达方法所造成的影响；UML 表示法定义 UML 符号的表示法，为开发者或开发工具使用这些图形符号和文本语法完成系统建模提供了标准。UML 就是用这两部分将系统描述为一些离散的相互作用的对象并最终为外部用户提供一定功能的模型结构，用于说明一个系统的静态结构和动态行为。静态结构定义了系统中重要对象的属性和操作以及这些对象之间的相互关系；动态行为定义了对象的时间特性和对象为完成目标而相互进行通信的机制。这两部分的有机融合就是 UML 建模机制。

目前，UML 建模机制主要用作系统的草图绘制或蓝图绘制，当然从不同但又相互联系的角度对系统建立的模型可用于不同的目的，其建模过程在不同教材中也有不同约定。但总体来看，对于 UML 建模机制的构成大都统一在事物、关系、图以及扩展机制四方面。其中，前三种称为 UML 的基本构造块，辅助以扩展机制，构成了完整的 UML 建模机制。不同的参考书中对 UML 建模机制划分方法也各有千秋，本书采用多数理论体系中所认可的 UML 建模机制，即用例建模、静态建模和动态建模三部分。

6.4.1 事物

事物是对模型中最具代表性的成分的抽象，通常分为结构事物、行为事物、分组事物和注释事物。

1. 结构事物

结构事物是 UML 模型的静态部分，描述概念或物理元素，主要由 7 部分组成。
（1）用例

用例是对一组动作序列的描述，系统执行这些动作将产生一个对特定参与者有价值且可观察的结果。用例描述系统要实现的行为，而不是说明这些行为如何实现。通过对用例的分析,可提取用户需求并可以确定测试用例。但是用例与需求还是有区别的,用例的本质是一次用户与计算机的交互活动,一个用例可分析出多个需求;而需求是一个系统必须完成的功能,可笼统地分为用户需求和实现需求。用例表示为一个椭圆,如图 6-6 所示。

图 6-6 用例

(2) 类

类是对一组具有相同属性、相同操作、相同关系和相同语义的对象的描述。一个类实现了一个或多个接口。类的表示法在本章中已讲解,声明方法如图 6-1 所示。

(3) 主动类

主动类的对象至少拥有一个进程或线程,它能够启动控制活动。主动类对象所描述的元素行为与其他元素行为并发,此外主动类与类一样。

(4) 接口

在 UML 中,用接口对系统模块的接缝建模。接口描述了一个类或构件的一个服务的操作集,描述元素的外部可见行为,而不是操作的实现。接口通常依附于实现接口的类或构件。接口没有属性,名称前通常加前缀 I。在 UML 不同工具中用于表示接口的符号也略有不同,如图 6-7 所示。

(5) 构件

构件(也称组件)是系统中物理的、可代替的部件,它遵循且提供一组接口的实现。如图 6-8 所示。

(6) 结点

结点是在运行时存在的物理元素,表示了一种可计算的资源,通常拥有记忆和处理功能。处理器和设备是结点的两种标准构造型。处理器是一个具有处理能力的结点,可执行构件。设备是没有处理能力的结点,如打印机、告警箱等。结点表示方法如图 6-9 所示。

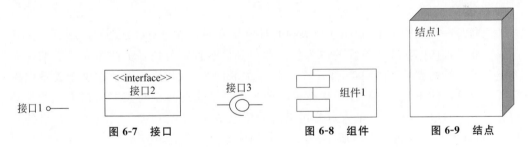

图 6-7 接口　　　　图 6-8 组件　　　　图 6-9 结点

(7) 协作

协作定义了一个交互,是由一组共同工作以提供某协作行为的角色和其他元素构成的一个群体。

2. 行为事物

行为事物主要包括交互和状态机两种。交互由在特定语境中共同完成一定任务的一组对象之间交换的消息组成。状态机描述了一个对象或一个交互在生命期内响应事件所经历的状态序列，通常表示为初始状态、最终状态和中间状态，如图6-10所示。

3. 分组事物

分组事物主要用包来表示，如图6-11所示。包是把元素组织成组的机制，有多种用途。

4. 注释事物

注释事物就是注解，是一个依附于一个或一组元素之上并对它进行约束或解释的简单符号。它通常描述需求、观察资料、评论和解释之类的事物，如图6-12所示。

(a) 初始状态　(b) 最终状态　(c) 中间状态

图 6-10　状态机　　　　图 6-11　包　　　　图 6-12　注释事物

6.4.2 关系

关系是把事物结合在一起的基本构造块，不同构造间可能存在的主要关系有依赖、关联、泛化和实现。

1. 依赖

如果按照两个事物间的语义关系，其中一个事物发生变化会影响另一个事物的语义，但反之未必，则这种关系即为依赖。通常用虚线箭头描述。

2. 关联

关联是一种结构关系，指明一个事物的对象与另一个事物的对象之间的联系。关联画成可能有方向的实线。关联的内容包括角色和多重性。角色是关联中靠近它的一端的类对另一端的类呈现的职责，当一个类处于关联的某一端时，该类就在这个关系中扮演了一个特定的角色。多重性是指在关联的另一端的类的每个对象要求在本端的类必须有多少个对象。例如，一个人对公司来讲的角色是employer，而公司对于人来讲的角色是employee；一个人只能就职于一家公司，但一家公司会有很多人。

关联的类型可以划分为双向关联、单向关联、聚集和组合。

(1) 双向关联

在类中各自生成对端类指针作为属性。例如：

```
class ClassA
{
    ClassB * the_class_b;
};
class ClassB
```

```
    {
        ClassA * the_class_a;
    };
```

(2) 单向关联

在类中单向生成类指针作为属性,例如:

```
class ClassA
    {
        ClassB * the_class_b;
    };

    class ClassB
    {
    };
```

(3) 聚集

聚集是一种强关联,它描述了整体和部分之间的结构关系,画成整体类(聚集类)端为空心菱形的实线。聚集类包含另一个类的指针,例如:

```
class ClassA {
    ClassB * the_class_b;
};
class ClassB    {
    ClassA * the_class_a;
};
```

(4) 组合

组合是一种更强形式的关联,整体与部分之间具有强的拥有关系,整体与部分的生命周期是一致的。画成整体类(组成类)端为实心菱形的实线。组合类包含另一个类实例。例如:

```
class ClassA {
    ClassB the_class_b;
};
class ClassB {
    ClassA * the_class_a;
};
```

3. 泛化

泛化是一种特殊/一般关系(父子关系),特殊元素对象可代替一般元素对象,子元素继承了父元素的结构和行为,泛化画成在父类一端带有空心箭头的实线,如图 6-13 所示。

泛化生成的代码为类的继承,例如:

```
class Animal{}
```

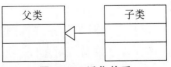

图 6-13 泛化关系

```
class Human: public Animal {}
```

4. 实现

实现描述了类元之间的语义关系,其中一个类元指定了由另一个类元保证执行的契约。实现画成带空心箭头的虚线。实现用在接口和实现它们的类与构件之间或者用例和实现它们的协作之间。实现需要与接口相连,通过实线(实现的简化形式)附在表示类的矩形上。

6.4.3 图

图聚集了相关的事物,构成 UML 建模机制的主要单元。其中用例建模机制用用例图(use case diagram)表示,静态建模用类图(class diagram)、对象图(object diagram)、组件图(component diagram)、部署图(deployment diagram)表示,动态建模用顺序图(sequence diagram)、协作图(collaboration diagram)、状态图(state diagram)、活动图(activity diagram)表示。这些图从不同侧面表述了 UML 建模的静态结构、动态行为、实现构造和模型组织形式,构成了 UML 较为完整的建模机制。

1. 静态结构

任何一个精确的模型必须首先定义所涉及的范围,即确定有关应用、内部特性及其相互关系的关键概念。UML 的静态组件称为静态视图。静态视图用类构造模型表达应用,每个类由一组包含信息和实现行为的离散对象组成。对象包含的信息被作为属性,它们执行的行为被作为操作。多个类通过泛化处理可以具有一些共同的结构。子类在继承它们共同的父类的结构和行为的基础上增加了新的结构和行为。对象与其他对象之间也具有运行时间连接,这种对象与对象之间的关系被称为类间的关联。一些元素通过依赖关系组织在一起,这些依赖关系包括在抽象级上进行模型转换、模板参数的捆绑、授予许可以及通过一种元素使用另一种元素等。另一类关系包括用例和数据流的合并。静态视图主要使用类图。静态视图可用于生成程序中用到的大多数数据结构声明。在 UML 视图中还要用到其他类型的元素,如接口、数据类型、用例和信号等,这些元素统称为类元,它们的行为很像在每种类元上具有一定限制的类。

2. 动态行为

有两种方式对行为建模。一种是根据一个对象与外界发生关系的生命历史;另一种是一系列相关对象之间相互作用实现行为时的通信方式。孤立对象的视图是状态机,即当对象基于当前状态对事件产生反应,执行作为反应的一部分的动作并从一种状态转换到另一种状态时的视图。状态机模型用状态图来描述。

相互作用对象的系统视图是一种协作,一种与语境有关的对象视图以及它们相互之间的链,通过数据链对象间存在着消息流。视图点将数据结构、控制流和数据流在一个视图中统一起来。协作和交互操作用顺序图和协作图描述。对所有行为视图起指导作用的是一组用例,每一个用例描述了一个用例参与者或系统外部用户可见的一个功能。

3. 实现构造

UML 模型既可用于逻辑分析又可用于物理实现。某些组件代表了实现项目。构件(组件)是系统中物理上可替换的部分,它按照一组接口设计并实现,可以方便地被一个具有同样规格说明的构件替换。结点是运行时存在的计算资源,资源定义了一个位置,它包括构件和对象。部署图描述了在一个实际运行的系统中结点上的资源配置和构件的排列以及构件包括的对象,并且包括结点间内容的可能迁移。

4. 模型组织

计算机能够处理大型、单调的模型,但人力不行。对于一个大型系统,建模信息必须被划分成连贯的部分,以便工作小组能够同时工作在不同部分上。即使是一个小系统,人的理解能力也要求将整个模型的内容组织成一个个适当大小的包。包是 UML 模型通用的层次组织单元,它们可以用于存储、访问控制、配置管理以及构造包含可重用的模型单元库。包之间的依赖关系是对包的组成部分之间的依赖关系的归纳。系统整个构架可以在包之间施加依赖关系。因此,包的内容必须符合包的依赖关系和有关的构架要求。

5. 建模机制

综合以上四个方面的视图表示方法,本书所提供的 UML 建模机制由三部分组成,如图 6-14 所示。

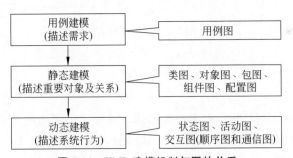

图 6-14 UML 建模机制与图的关系

这些图是 OO 方法的应用与建模工具的使用过程完美结合的体现,每一种图在 OO 方法各步骤中所起的作用也各不相同,如图 6-15 所示。因此,从面向对象分析、面向对象设计到面向对象实施的过程来讲,所用到的图工具也有所不同。需要说明的是,由于 OO 方法不严格区分各步骤,也不严格划分各种工具的应用步骤,因此从直观来看,OO 分析与设计所用的模型是同一套建模工具,只不过在 OOA 阶段,更侧重对静态结构的表述,在 OOD 阶段更侧重对动态行为的表述。

用 UML 建模的一个总体思路是:分析员对用户进行调查,画用例图捕获需求;通过活动图细化和进一步识别用例;对用例描述进行文本分析识别出系统中的对象并记录在类图中;再针对单个用例开发交互图并将从交互图中总结出来的操作和属性放到类图中;如果一个对象在交互过程中具有复杂的状态变化,可进一步用状态图对其进行描述。UML 图之间的关系如图 6-16 所示。

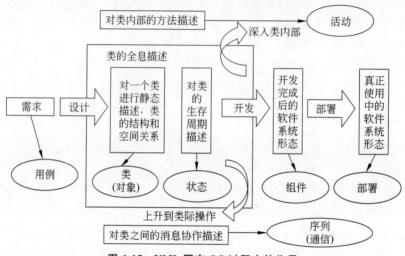

图 6-15 UML 图在 OO 过程中的作用

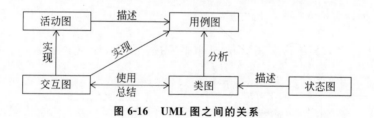

图 6-16 UML 图之间的关系

6.4.4 扩展机制

通过扩展可以在 UML 的各种图中增加细节进一步阐明图的含义。UML 包含三种主要的扩展组件:约束、标记值和构造型。这些组件提供了扩展 UML 模型元素语义的方法,同时不改变 UML 定义的元模型自身的语义。使用这些扩展组件可以组建适用于某一具体应用领域的 UML 用户定制版本。

约束是{ }中的文本字符串,它说明必须维持为真的那些建模元素的条件和规则。约束的表述可以用自然语言、编程语言或者 UML 中定义的对象约束语言(OCL)。

标记是建模者想要记录的一些特性的名字,而值是给定元素的特性的值,其表示方法和约束类似,为形如"{tag1=value1,tag2=value2,…,tagN=valueN}"的字符串,用于添加新的特性信息来扩展模型元素的说明规格。

构造型是由建模者设计的新的模型元素,但是这个模型元素的设计要建立在 UML 已定义的模型元素基础上。构造型是用《 》括起来的字符串,一个构造型可以带有多个约束、标记值。构造型可以匹配的 UML 元素主要有依赖、泛化、包、类、构件等。

类中有三种主要的构造型：边界类、控制类和实体类，它们在 UML 中已经标准化。边界类对系统中依赖于参与者的部分建模，可以是窗口、通信接口、传感器、终端、报表等的类。实体类用于保存要放进持久存储体(数据库、文件等)的信息，通常和数据库中的表相对应。控制类代表协调、事务处理和对其他对象的控制。图 6-17 和图 6-18 是三种类构造型的 Label 和 Icon 形式示例。

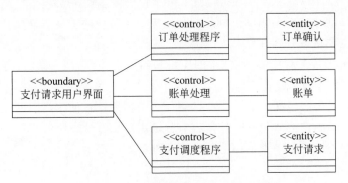

图 6-17　三种类构造型的 Label 形式示例

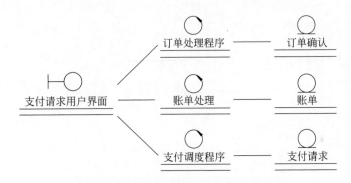

图 6-18　三种类构造型的 Icon 形式示例

本 章 小 结

本章主要介绍用面向对象方法开发信息系统的主要步骤和方法，论述了面向对象与面向过程解决问题的不同思路，它的基本概念包括对象、封装、类、实例、继承、多态和消息等。UML 和 UP 共同构成了最佳面向对象建模解决方案。统一过程生命周期包括 4 个阶段(初始、细化、构造和移交)，9 个核心工作流可裁减为 5 个(需求获取、分析、设计、实现和测试)，并且具有三个特点：用例驱动、以架构为中心、迭代和增量。

UML 建模机制是由事物、关系、图以及扩展机制四部分共同构建起来的，主要体现在三种机制(用例建模、静态建模和动态建模)的建立上。每一种机制可以用不同图表示，每种图在面向对象开发中描述了系统的不同侧面，图的组合描述了完整的系统架构。UML 包含三种主要的扩展组件：约束、标记值和构造型。

习 题

1. 面向过程开发与面向对象开发的主要区别和联系是什么？
2. 如何理解面向对象方法学的封装性、继承性和多态性特点？
3. UP 的二维结构生命周期由哪几部分组成？各阶段的主里程碑是什么？
4. UP 的主要特点有哪些？
5. 在 UML 形成过程中，哪些技术的应用起到了推动作用？哪几位专家作出了突出贡献？UML 的最终目标是什么？
6. UML 建模机制包括几部分？分别用什么图描述？各种图之间的关系如何？
7. UML 的基本构造块包括哪些内容？分别用什么符号表示？
8. UML 的扩展机制中类的构造型有哪几种？如何表示？

第 7 章

UML 建模

统一建模语言(UML)是一个通用的可视化建模语言,用于对软件进行描述、可视化处理以及构造和建立软件系统制品的文档。它记录了对必须构造的系统的决定和理解,可用于对系统的分析、设计、浏览、配置、维护和信息控制。UML 适用于各种软件开发方法、软件生命周期的各个阶段、各种应用领域以及各种开发工具,是一种总结了以往建模技术的经验并吸收当今优秀成果的标准建模方法。UML 包括概念的语义、表示法和说明,提供了静态、动态、系统环境及组织结构的模型。它可被交互的可视化建模工具所支持,这些工具提供了代码生成器和报表生成器。UML 标准并没有定义一种标准的开发过程,但它适用于迭代式的开发过程,是为支持大部分现存的面向对象开发过程而设计的。

7.1 UML 用例建模

用例图是外部用户所能观察到的系统功能的模型图。在 UML 中,一个用例模型是一个或一组用例图,还可能有额外的描述文档。用例图的主要元素是用例和参与者,用来描述系统功能并指出各个功能的操作者。有的研究者认为用例图应属于动态建模内容,也有的研究者认为用例图应属于静态建模内容。但本质上,用例分析仍是一种功能分解的技术,并未受限于面向对象的思想。用例图既描述了系统的动态行为,也体现了系统的功能结构。因此,本书采取了把用例建模从静态建模和动态建模内容中独立出来的方式。

7.1.1 提取用例

一个用例是用户与计算机系统之间的一次典型的交互作用,它代表的是系统的一个完整功能。在 UML 中把用例定义成系统执行的一系列动作,动作的结果能被外部参与者察觉到。在 UML 用例图中,连接线表示哪个参与者参与了哪些用例。用例描述的只是功能性需求,对非功能性需求(实现语言、数据库处理方式等)往往是采用附加补充文档的形式描述。用例的命名一般用动宾结构或主谓结构,确定一个系统的用例是开发 OO 系统的第一步。

图 7-1 是一个销售保险用例图,图中包含三个用例:签署保险文件、销售统计表和客户统计表。一般应通过建立术语表或注释的方式对每个用例的细节进行详细描述,为便于达成共同理解,采用自然描述语言即可。

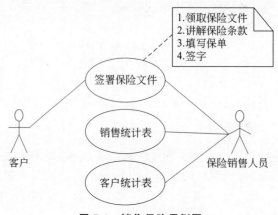

图 7-1　销售保险用例图

用例的特点如下。
① 用例代表某些用户可见的功能。
② 用例由参与者激活并提供确切的值给参与者。
③ 用例可大可小,是对一个具体用户目标的完整描述。

7.1.2　提取参与者

参与者是在系统之外,透过系统边界直接与系统进行有意义交互的任何事物,包括人、设备、与本系统交互的另一个软件系统等。一个用例必须至少与一个参与者相连,即一个参与者可以执行多个用例,一个用例也可以被多个参与者使用。参与者实际上也是类,但并不是系统的一部分。参与者和用例之间称为系统边界,在 UML 中用矩形表示,所有的用例都应该放置在系统边界以内,参与者放置到系统边界以外。确定了参与者和用例后,系统边界就随之确定,因此本书采用不画出系统边界矩形的方式。

实践表明,先确定参与者对确定用例是非常有用的。面对一个大型而复杂的系统,要列出用例清单往往很困难,这时可以先列出参与者清单,再针对每个参与者列出它的用例(即参与者所期望的系统行为),这样做可以使问题变得容易很多。

【**例 7-1**】 以下是某在线零件销售系统的处理流程。

一家公司代理销售多种零件,准备开发一个基于 Web 的在线零件销售系统,实行会员制度。其基本流程是:顾客(潜在会员)通过注册并存入一定数额的资金到内部账户成为会员,登录后可以进行零件检索并将选中的零件放入购物车,使用内部账户结账。系统根据会员提供的送货地址和订购数量,从供应商数据库中选出离会员最近的供应商并通知供应商发货。货管员不定期根据供应商系统发来的价格变动信息更新零件销售价格。经理负责开放账户及打印销售报表和会员报表,系统定时进行账户检查。

从上面的流程叙述中,可以确定如下参与者:潜在会员、会员、货管员、经理、供应商系统和时间。为简便起见，不考虑和供应商系统的交互以及折扣、配送等活动，画出用例图，如图 7-2 所示。注意避免一些画用例图常犯的错误，不要把参与者的动作当作用例，例如输入密码；也不要把系统活动当作用例，例如密码校验、扣除账户金额等。另外，用例图是从用户需求而不是从数据处理的角度考虑，因此有些基本的管理操作（如增、删、改、查）可以不必分别设为用例，统一用"管理 XX"即可，如图 7-2 中的"管理库存"。

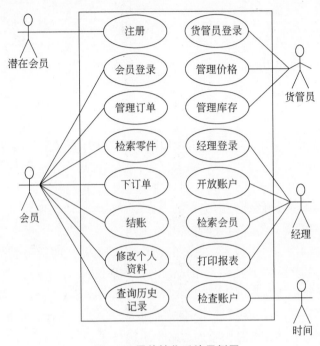

图 7-2　零件销售系统用例图

7.1.3　确定用例之间的关系

用例之间的关系主要有泛化、包含和扩展。用例与参与者之间是关联关系，包含和扩展是依赖关系的两种不同形式。本书把关联关系和依赖关系放到类图中进行介绍。

1. 泛化

继承是 OO 程序设计语言中的一个关键机制，泛化（generalization）关系可以理解为分析和设计阶段的"继承"，它描述的也是一般与特殊的关系，表示子用例继承父用例的行为和含义，子用例可以增加新的行为和含义或者覆盖父用例中的行为和含义。用例泛化关系如图 7-3 所示，参与者泛化关系如图 7-4 所示。需要说明的是，类图中类与类之间存在泛化关系，包、接口、构件等建模元素之间也存在泛化关系，读者可参照本部分内容理解，本书不再单独介绍。

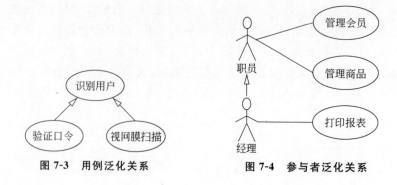

图 7-3 用例泛化关系　　　　　图 7-4 参与者泛化关系

2. 包含与扩展

由用例 A(基本用例)指向用例 B(包含用例)表示用例 A 依赖于用例 B 中的行为或功能,此时这两个用例之间就构成包含关系。包含用例描述在多个用例中都有的公共行为,如果需要重复处理两个或多个用例,则可避免重复描述。在包含关系中,如果离开包含用例,则基本用例本身的路径是不完整的。如图 7-5 所示,"签保险单"是包含用例,而"签汽车保险合同"和"签人寿保险合同"是基本用例。

向一个用例(基本用例)中加入一些新的动作后构成另一个用例(扩展用例),此时这两个用例之间的关系就是扩展关系。相对泛化关系来说,基本用例必须声明若干"扩展点",而扩展用例只能在这些扩展点上增加新的行为和含义,因此扩展关系可看作带有更多规则限制的泛化关系,箭头从扩展用例指向(依赖于)基本用例。在扩展关系中,基本用例和扩展用例自身的路径都是完整的。基本用例描述了一项基本需求,而扩展用例则描述了该基本需求的特殊情况,描述一般行为的变化。在图 7-6 中,"签保险单"是基本用例,"签汽车购置合同"为扩展用例。图 7-7 综合演示了包含关系和扩展关系。

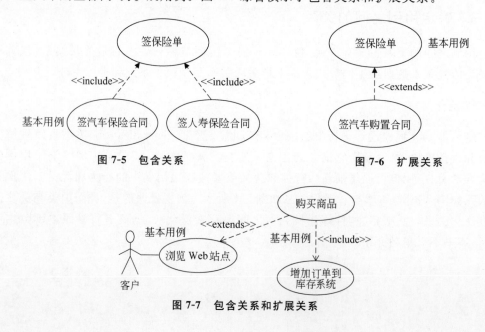

图 7-5 包含关系　　　　　图 7-6 扩展关系

图 7-7 包含关系和扩展关系

7.1.4 画用例图的主要步骤

在识别参与者和用例的基础上，进行关系的确定更为重要。在用例图中，关系可以分为参与者之间的关系、参与者与用例间的关系以及用例之间的关系。通常，对参与者之间的关系要表述时，多是继承关系。参与者与用例间的关系是典型的交互关系。因此，按照以下步骤并明确用例间的泛化、包含和扩展关系，就可以完成用例图的绘制。

① 识别系统边界和参与者。
② 列出与参与者相关的事件。
③ 从事件中识别出系统的功能性需求，即用例。
④ 识别用例之间的关系。
⑤ 画出用例图。
⑥ 撰写必要的用例细节描述文档。绘图工具中常以用例规约进行详细描述，包括简要说明、事件流、用例场景、特殊需求、前置条件和后置条件。

7.2 UML 静态建模

UML 静态建模定义了系统中重要对象的属性和操作以及这些对象之间的相互关系，主要包括类图、对象图、包图、构件图和部署图。

7.2.1 类图与对象图

类是应用领域或应用解决方案中概念的描述。类图以类为中心进行组织，类图中的其他元素属于某个类或与类相关联。类图不仅定义系统中的类，表示类与类之间的静态关系（关联、依赖、泛化等关系），也表示类的内部结构（类的属性和操作）。从理论上讲，一个类可以有无限多个属性，选取时应只考虑那些系统会用到的特征。如图 7-8 所示，在类图中，类用矩形框表示，类名、属性和操作分别列在三个分格中，也可以根据描述需要简写为两个格或只用类名表示。如果一个类出现在多个图中，其属性和操作只在一种图中列出，在其他图中可省略。

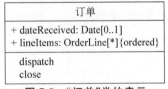

图 7-8 "订单"类的表示

类图是构建其他图的基础。类图说明系统的组成部分是什么，其他图说明系统的组成部分干什么。类图技术是 OO 方法的核心技术，应用非常广泛，其中类、对象以及它们之间的关系是最基本的建模元素。类图在系统的整个生命期内都是有效的。需要注意的是，不要为每个事物都画一个模型，应把精力放在关键领域上。画类图的最为重要的步骤是确定类以及类与类之间的关系。

1. 关联

关联是从源类到目标类的一条实线,实线的箭头表示导航。如果只在一个方向上有导航,则称为单向关联,如图 7-9 所示;如果在两个方向上都有导航,则称为双向关联;如果不带箭头,表示双向关联或未指出导航,如图 7-10 所示。

图 7-9　类之间的单向关联　　　　图 7-10　类之间的双向关联

关联的两端与类之间的接口表示该类在这个关联中的行为,称为角色。每个关联有两个角色。引出角色的类称为源,引入角色的类称为目标。例如,从订单到订单行的角色的源是订单,目标是订单行,角色可以命名为 lineItems。如果在关联上没有标出角色名,则隐含地将目标类的名称作为它的名称。例如,从订单到订单行的角色如果没有标出名称,则角色应叫作订单行。

在关联的两端均可标明重数。重数指出可以具有该关联的对象数目(一个角色可以由多个对象扮演),它指明类 A 的多少实例与类 B 的一个实例发生关联。约束特性描述对属性的约束。关联可以加上一些约束,以加强关联的含义。约束置于两个花括号之间,可以使用自然语言、编程语言或 UML 的一种基于谓词演算形式的对象约束语言(OCL)。例如,在图 7-11 中,每一个订单对象可以有零个或多个订单行对象,用重数表示就是 1 表示一个订单,* 表示零到无穷个订单行。0..1 表示没有或仅有 1 个:一个订单可以有也可以没有一个收到日期,一个收到日期可以对应多张订单。另外,每一个订单行项目都是有序的。

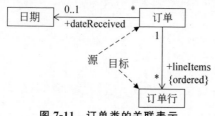

图 7-11　订单类的关联表示

2. 聚集和组合

聚集是一种特殊形式的关联,表示类之间整体与部分的关系,它用端点带有空菱形的线段表示,空菱形与聚集类相连接。

组合是更强形式的关联,表示的也是类之间整体与部分的关系,但组合关系中的整体与部分具有同样的生存期,它用一个实菱形物附在组成端表示。

如图 7-12 和图 7-13 所示,一个 Circle 可以有 Color、isFilled 这些 Style 方面的属性,可用一个 Style 对象表示这些属性。Style 对象可以用于表示别的对象,因此如果 Circle 对象不存在,不一定意味着 Style 这个对象也不存在。但是,一个圆是由半径和圆心确定的,如果圆不存在,那么表示这个圆的圆心也不存在。

图 7-12　聚集关系

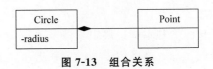
图 7-13　组合关系

3. 依赖

依赖表达的思想是：设有两个元素 X、Y，如果修改元素 X 的定义（语法的或语义的）引起对元素 Y 的定义的修改，则称元素 Y 依赖于元素 X。依赖是单向的，被依赖的元素称为目标元素，依赖元素称为源元素；当目标元素改变时，源元素也要做相应的改变。UML 中很多关系都蕴含依赖，例如关联、泛化、跟踪、调用等。依赖用一个从源元素指向目标元素的虚箭头表示，可以用一个构造型的关键字区分它的种类。

在类的关系中导致依赖性的原因主要有：一个类向另一个类发送消息；一个类是另一个类的数据成员；一个类用另一个类作为它的某个操作的参数等。

如图 7-14 所示，Schedule 类依赖于 Course 类，因为 Schedule 类中的 add 和 remove 操作都有类型为 Course 的参数。

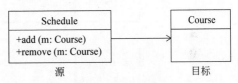
图 7-14　依赖关系

对象图是一个时间点上系统中各个对象的快照，主要用于表达数据结构的示例，以及了解系统在某个特定时刻的具体情况等。对象图可视为类图的实例，一般是在对类图定义的结构难以理解时才画对象图。图 7-15 是作者-图书的类图，图 7-16 是作者-图书的对象图。

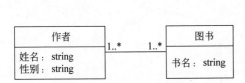
图 7-15　作者-图书的类图

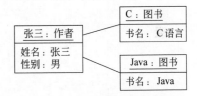
图 7-16　作者-图书的对象图

7.2.2　包图

大型系统会将问题复杂化。攻克复杂问题的经典方法是"分而治之"。结构化方法采用功能分解解决这个问题。面向对象技术解决这个问题的基本思路是将相关的类组成一个高内聚、低耦合的类的集合，UML 把这种分组机制称为包，用于描述大系统主要类之间的依赖。除类外，任何其他模型元素也都可运用包的机制，如接口、构件、用例等。本书仅介绍类的包图。

包是模型的一部分。模型是从某一个视角观察到的对系统进行完全描述的包。它从一个视点提供一个系统的封闭描述，一个包可以包含其他的包。包图是保持系统架构简明清晰的工具。经验表明,只要不能将整个系统的类图压缩到一张 A4 纸上,就应该使用包图。

包图中基本构造块定义以及可视化图符、名称及其功能简述与类图中相同。包图显示类的包以及这些包之间的依赖关系,它们都是类图中的元素,因此包图是另一种类图,只是由于有包这一元素,才被称为包图。在系统运行时并不存在包的实例,而类在运行时会有实例(即对象)存在。包可以既包含子包又包含类。

包图显示了包及其依赖,特别是要了解大型系统主要成分之间的依赖关系时,包图极为有用。包用附有标签(左上角的小方框)的矩形表示,依赖关系用虚线箭头表示。当不需要显示包的内容时,将包的名称放入主方框内;否则将包的名称放入标签中,而将内容放入主方框内。如果两个包中的任意两个类之间存在依赖关系,则这两个包之间存在依赖关系。包的依赖是不传递的。例如,在图 7-17 中,"订单获取应用"包屏蔽了"订单"包的变化对"订单获取界面"包的影响。

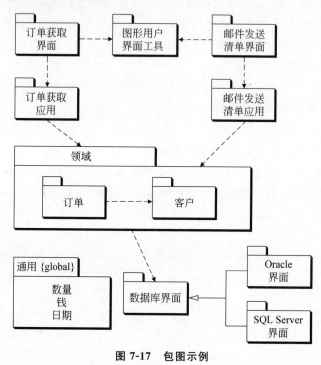

图 7-17 包图示例

标以{global}的包称为通用包,表示系统的所有其他包都依赖于该包。使用泛化概念时,把基类型包定义为一个抽象包(可以在其上标明{abstract}),而在其子类型包中定义实现体。数据库界面包包含的接口和抽象类由其他包实现。

7.2.3 构件图

构件图也称为组件图。在 UML 1.X 版本中,构件是定义了良好接口的物理实现单元,每个构件体现了系统设计中特定类的实现。构件可以是一段源程序代码或者一个文本文件、二进制文件或可执行文件。在 UML 2.X 版本中,构件一般只代表把一个系统分成若干逻辑部件,而把物理结构表示为制品结合到部署图中。

构件图用于理解和分析软件各部分之间的相互影响程度。构件用一个矩形框表示,右上角一般带构件图标。良好定义的构件不直接依赖于其他构件而依赖于构件所支持的接口。这种情况下,系统中的一个构件可以被支持正确接口的其他构件所替代。接口是被软件或硬件所支持的一个操作集。每个构件实现(支持)一些接口并使用另一些接口。构件实现的接口称为提供接口(球形),提供接口是给其他构件提供服务的;构件所需使用的接口称为请求接口(托座形曲线),通过请求接口构件向其他构件请求服务。利用接口可以避免在系统中各个构件之间直接发生依赖关系,有利于新构件的替换,实现架构的灵活性。图 7-18 演示了一个构件图例,其中接口的表示法称为球形-托座图示法。GUI 等构件完全可以被其他构件替代,只要能保证接口集不变。

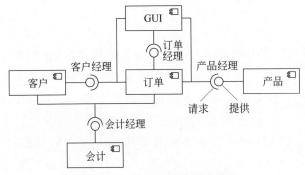

图 7-18　订单处理系统的构件图

7.2.4　部署图

部署图也称配置图或实施图,用来显示系统中计算结点的拓扑结构、通信路径和制品等。通信路径指出各部分是如何通信的,可以在上面标出通信协议的信息。制品是构件的实现,即软件的物理体现,通常是文件。结点是软件的宿主,代表可计算资源的类型,如硬件设备或操作系统等。结点可以嵌套结点。在一个结点内列出的制品表明在运行系统时该制品就部署在该结点处,所谓部署就是把制品分配给结点或者把制品实例分配给结点实例。部署图采用描述符形式或实例形式对软件系统在物理硬件上的分布进行建模,这对于软件安装工程师有重要的参考价值。图 7-19 给出了一个描述符形式的部署图。

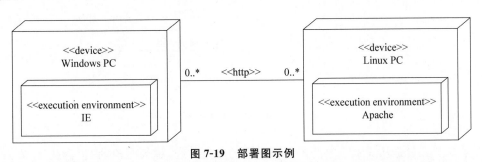

图 7-19　部署图示例

7.3 UML 动态建模

用例图不显示系统的流入、流出及其内部的信息,也就是没有信息流,这是为了确定所有需要新系统支持的功能。类图等静态模型也没有给出系统执行期间一个对象如何与其他对象进行交互的动态信息。动态建模可以进行定义信息流的工作,描述对象之间、对象与参与者之间的工作流程和消息发送关系(不同于类图描述的类之间的关系),以及对象在其生命周期内的演变过程。动态模型主要包括顺序图、通信图、状态图和活动图。

7.3.1 顺序图

顺序图显示单个用例内部若干对象间的动态协作关系,这些对象是按消息传递的时间顺序排列的。顺序图有两个坐标轴:纵坐标轴表示时间,横坐标轴表示不同的对象。时间从上到下流过,描述了参与者和对象的生命期(存在的时间),显示了消息的顺序。

如图 7-20 所示,顺序图中的第一个元素是对象,用一个矩形框表示,框内标有对象名。在 UML 1.X 中,对象的命名方式主要有三种:第一种包括对象名和类名;第二种只显示类名;第三种是只显示对象名。每种方式的名称下面需要有一条下画线,但是在 UML 2.X 中,无须再加下画线。

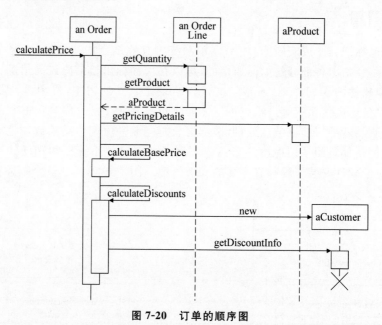

图 7-20 订单的顺序图

第二个元素是从表示对象的矩形框向下的垂直虚线,称为对象的"生命线"。在对象正在执行动作(如向其他对象发送消息)的区间,生命线的虚线会被一个矩形方块代替,用来表示此时对象处于激活状态,叫作激活生命线(激活期、控制焦点),用于表示一个对象只在某段时间内存在并执行相应的操作。例如描述一个 Web 页面,这个 Web 页面只有当它在屏幕上时才作为一个对象存在。当浏览器窗口关闭或输入另一个 URL 时,这个页面就不再处于活动状态,激活生命线结束,在对象生命线末尾用一个×标识对象生命期的结束。

第三个元素是消息,由带消息描述的方向箭头表示。消息可以用消息名及参数标识。消息可带有顺序号,但较少使用。消息还可带有条件表达式,表示分支或决定是否发送消息。如果用于表示分支,则每个分支是相互排斥的,即在某一时刻仅可发送分支中的一个消息。当一个操作直接或间接调用自身时(即发生了递归),产生递归的消息总是同步消息。返回消息描述的是从同步消息激活的动作返回到同步消息发送者的消息,用带箭头的虚线段表示;如图 7-20 所示,调用 getProduct 返回的 aProduct,即是 getPriceDetails 调用送往的对象。如果不是为了强调新增添的信息,返回信息可以省去。

7.3.2 通信图

在 UML 1.X 中,通信图称为协作图。顺序图着重体现交互的时间顺序,而通信图则着重体现交互对象间的静态链接关系。除显示对象间发送的消息外,通信图还显示对象及对象之间的关系(称为上下文相关)。与顺序图的表示法不同的是:在通信图中没有生命线(也没有控制焦点),取而代之的是链(即对象之间的连线,是关联的实例);消息显示在链的旁边,一个链上可有多个消息,而且消息必须要有消息顺序号,用来表示消息执行的时间顺序。连线本质上仅用于传递消息,可以想象为用于传输消息的电线。图 7-21 是一个订单的通信图示例。

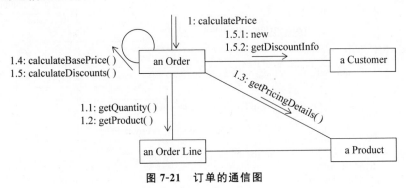

图 7-21 订单的通信图

由于顺序图和通信图都描述对象间的交互关系,因此一般情况下可以选择其中一种表示对象间的协作关系:如果需要强调消息的时间顺序,则选择顺序图;如果需要强调交互对象的组织关系(上下文相关),则选择通信图。

7.3.3 状态图

交互图(顺序图和通信图)以消息机制描述单个用例中多个对象的行为,而状态图适合于描述每个对象的内部逻辑,即描述一个对象跨多个用例的行为。一个对象在系统内以某种方式开始存在,处于某种状态,并且在某个事件的强制下会从一个状态转换到另一个状态。状态指对象在其生命周期中的某个特定阶段所处的某种情形。所有对象都具有状态,状态是对象执行一系列活动后的结果。当某个事件发生后,对象的状态将发生变化。状态图描述一个特定对象的所有可能状态以及引起状态转换(状态变化)的事件。一个状态图包括一系列状态、事件以及状态之间的转移。

在状态图中定义的状态可能有初态(初始状态)、终态(最终状态)、中间状态和复合状态。在一张状态图中只能有一个初态,而终态则可以有 0 或多个。状态用圆角的矩形表示;转换描述状态间的转移,用一个带箭头的实线段表示。可以给转换添加标注,通过标注描述引起状态转移的事件、条件和要执行的操作。标注的格式为事件名[条件]/操作,标注的每个部分都可以省略。起始状态描述对象生命周期的开始阶段,用一个黑色的圆表示,有时为表述清楚,可以省去起始状态。终止状态描述对象生命周期的终止阶段,用一个带圆形外框的黑色圆表示。一个状态图可以有多个终止状态,有时为表述清楚,可以省去终止状态。图 7-22 是一个状态图示例,描述了电梯控制器对象在上升、下降、等待楼层号和归航(在规定时间内如果没有请求,则回到底层)等用例中的行为。

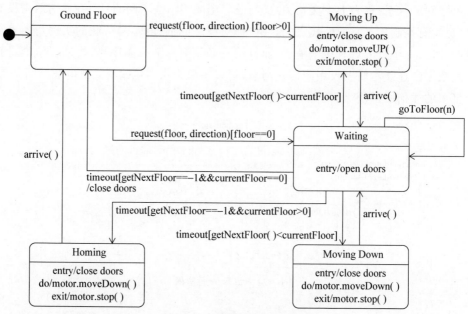

图 7-22 电梯控制器的状态图

通常,状态图是对类图的补充。实际使用时,并不需要为每个类都画状态图,仅需要为那些有多个状态且其行为在不同状态下有所不同的类画状态图。大多数面向商业的应用中不需要状态图。

7.3.4 活动图

活动图又被称为"OO流程图",与流程图表示法的主要区别是,活动图支持并行行为。活动图可以用于需求获取、分析和设计的工作流中,最常用于把用例建模为一系列的动作,从而细化用例。活动图适合描述系统中多个对象跨多个用例的活动顺序。

活动用一个圆角矩形表示并标上活动名,一项活动指的是一系列动作;初始点描述活动图的开始状态,用一个黑色的圆标识;终止点描述活动图的终止状态,用一个带圆圈的黑色圆表示;分叉有一个入流和几个并发的出流,并发动作同步执行,执行的顺序无关紧要,用一个粗实线段表示同步开始条;选定用一个带有单个入流和多个出流的菱形表示,每个出流有一个监护(置于两个方括号之间的一个布尔表达式),监护间必须互斥,以只取一个出流;合并用具有多个入流和单个出流的菱形表示,表明由选定引发的条件行为的结束。汇合指明分叉产生的并行活动必须同步完成,以便进行后续活动,即仅当其所有的入流均已到达,才能处理出流,用一个粗实线段表示同步结束条。图7-23是一个订单处理的普通活动图示例。

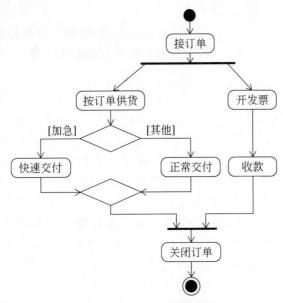

图 7-23 普通活动图示例

如果需要描述动作是由谁完成的,可以采取分划的方式,从而将不同对象和其所执行的动作分成一组,在一个区域中画出,区域之间用线段分隔。这种技术在UML 1.X中被称为泳道,但在UML 2.X中进行了拓展。图7-24是分划活动图示例。

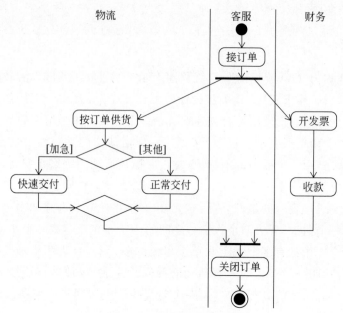

图 7-24 分划活动图示例

7.4 售票系统 UML 建模

UML 建模的目的是通过一系列有组织的 UML 图表描述一个系统。建模不是要得到一个个完美的图形，而是要在客户与开发团队之间以及在开发团队成员之间实现无歧义的沟通，这一点仅通过自然语言无法达到，需要借助于 UML 这样的形式化语言。如果不是从方法学体系而是从应用角度看，把握 UML 面向对象的实质远比钻研某些技术细节重要得多。由于项目的唯一性，一个系统可能只需要建立部分模型即可，而且模型的选择、细化程度和工作流迭代次数也都应以满足沟通和项目开发需要为准。

本节简要分析一个经典的案例，采用 StarUML 作为建模工具，对一个售票系统进行建模，目的在于进一步展示利用 UML 进行建模的基本方法。该案例意在体现基本工作流的建模框架，简化技术细节，同时未包含非功能性需求分析、测试工作流、源代码实现、客户化和维护等内容。而且，为训练读者的模型理解能力，对模型没有给出过多的文字解释。StarUML 是一个开放源码的优秀建模工具，支持 UML 2.0，可在其官方网站上免费下载使用。

7.4.1 业务简述

- 剧组排练好剧目后，售票中心对外宣传并通过多个售票终端进行售票。
- 顾客可多次买票或订票，但每一次买票或订票只能由一个顾客执行。票分两种，即个人票或团体票；前者只是一张票，后者包括一或多张票。每一张票不是个人票就是团体票中的一种，但是不能既是个人票又是团体票。

- 顾客可采用两种途径买票：一种是通过售票中心，另一种是通过自动售票机，但订票只能通过售票中心。另外，买个人票可以通过售票中心，也可以通过自动售票机，但买团体票只能通过售票中心。
- 买票和订票都支持现金和信用卡两种结账方式。
- 每场演出都有多张票可供预订，每张票对应一个唯一的座位号。
- 在票开始对外出售前，一部分票是给订票者预留的。当顾客预订票后，被预订的票处于锁定状态，此时顾客有是否确实要买这张票的选择权，故这张票可能出售给顾客，也可能因为顾客不要这张票而解除锁定状态。如果超过指定的期限顾客仍未做出选择，此票被自动解除锁定状态。订票者也可以另换其他演出的票，此时预留票可以对外出售。

7.4.2 用例建模

有效捕获用户需求是进行系统开发的前提，用例建模的目的就是捕获用户的需求，提取出用例，明确用例之间的关系，最终用用例图描绘分析结果。为了有效识别用例，需要明确系统的参与者，再进一步识别每类参与者的需求。

1. 提取参与者

- 剧组：制订演出计划和组织演出排练。
- 售票中心：售票给顾客、接受顾客订票和宣传剧目。
- 自动售票机：售票给顾客。
- 信用卡服务商：提供信用卡结算服务。

2. 提取用例

- 排练剧目：包括公演前剧组的全部准备活动。
- 宣传剧目：售票中心为顾客介绍剧目的有关信息。
- 买票：支持售票中心和自动售票机。
- 订票：支持售票中心，不支持自动售票机。
- 结账：买票和订票都必须结账。
- 信用卡结算：与信用卡服务商联网，提供买票和订票结账的信用卡支付手段。

3. 用例图

在上述工作基础上建立用例模型，如图 7-25 所示。

7.4.3 静态建模

静态模型用于描述系统的组织和结构。静态建模需要定义系统中涉及的重要对象的属性和操作以及对象之间的相互关系。本项目规模较小，业务简单，下面主要通过类图及部署图描绘系统的静态结构，在部署图中体现了系统的构件情况。

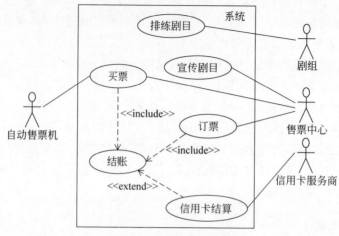

图 7-25 售票系统用例图

1. 类图

类图在开发的不同阶段的精确程度和抽象级别并不相同,是典型的需要在迭代过程中逐渐细化的制品。图 7-26 所示的模型描述了订票用例的部分类之间的关系,注意个人票和团体票二者不能同时为真。

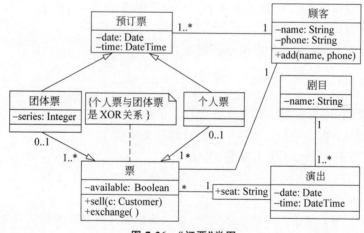

图 7-26 "订票"类图

2. 部署图

图 7-27 是售票系统的部署图,表明了系统中的各构件和每个结点包含的构件。图中引入了管理组件,通过查询票库组件的状态对售票活动进行监督。

7.4.4 动态建模

动态模型用于描述系统的行为和动作。动态建模需要描述对象的动态行为,在动态

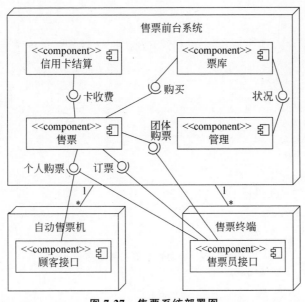

图 7-27　售票系统部署图

建模时可根据需要从不同角度来描述对象的动态行为。本项目主要采用活动图、顺序图及状态图来描述系统的动态行为。

1. 活动图

活动图非常适合于细化用例，描述用例的一组顺序的或并发的活动。这里只列出了排练剧目的活动图，如图 7-28 所示。如有必要，特别是对于复杂一些的系统，应根据活动图给出详细的用例说明文档。

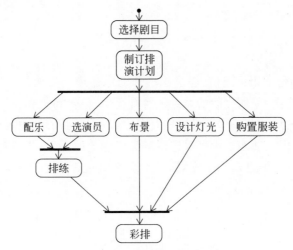

图 7-28　排练剧目活动图

2. 顺序图

图 7-29 描述了在自动售票机买票这个用例执行时对象之间传送消息的时间顺序,可相应画出通信图。

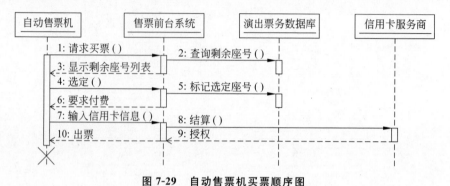

图 7-29 自动售票机买票顺序图

3. 状态图

图 7-30 描述了票对象的状态图,注意预留票超时即自动解锁,转为待售状态。

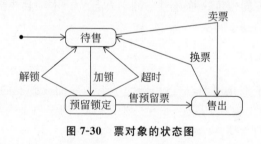

图 7-30 票对象的状态图

本 章 小 结

UML 建模机制包括用例建模、静态建模和动态建模。用例图是外部用户所能观察到的系统功能的模型图,用例之间的关系主要有泛化、包含和扩展。UML 静态建模定义了系统中重要对象的属性和操作以及这些对象之间的相互关系,主要包括类图、对象图、包图、构件图和部署图。动态建模可以进行定义信息流的工作,描述对象之间、对象与参与者之间的工作流程和消息发送关系,以及对象在其生命周期内的演变过程,主要包括顺序图、通信图、状态图和活动图。

习 题

1. 以潜在乘梯人、乘梯人和电梯维护人员为参与者,画出一个电梯控制系统的用例图。

2. 以 7.4 节中介绍的业务为背景,可适当扩充,画出通信图和包图。
3. 绘制一个图书管理系统的类图。
4. 绘制例 7-1 场景中的订单处理子系统的活动图。
5. 绘制一个典型 B2B 电子商务系统中的订单状态图。
6. 绘制一个银行自动取款机(ATM)系统的顺序图和部署图。

第 8 章 信息系统实施

信息系统的开发是从信息系统的调查分析开始的,系统分析阶段建立了新系统的逻辑模型,系统设计阶段建立了系统的物理模型,但这还只是局限在"纸上谈兵"阶段,只有通过系统实施阶段各项任务的实现,才将前述各阶段模型物理实现,才能交由用户验收、转换和使用。也就是说,系统实施阶段是继系统分析、系统设计阶段之后的系统开发工作的又一个重要阶段,是将系统设计阶段得到的设计方案转换为以计算机硬件为基础的能够实际运行的应用软件系统的过程。

8.1 系统实施阶段的任务

系统实施是投入大量的人力、物力及占用较长时间进行物理系统的实施、程序设计、程序调试和系统调试、人员培训、系统转换、系统管理等一系列工作的过程,它既是成功地实现新系统,又是取得用户对新系统信任的关键阶段。

8.1.1 主要工作任务

系统实施是一项复杂的工程,信息系统的规模越大,实施阶段的任务越复杂。一般来说,系统实施阶段主要有以下几方面的工作。

① 物理系统的实施。系统实施首先进行物理系统的实施,要根据计算机物理系统配置方案购买和安装计算机硬件、软件系统和通信网络系统(如果购买的时间太早,会带来经济上的损失),还包括计算机机房的准备和设备安装调试等一系列活动,要熟悉计算机物理系统的性能和使用方法。

② 程序设计。主要是指程序设计人员按照系统设计的要求和程序设计说明书的规定,选用某种语言实现各模块程序的编制工作。

③ 系统调试。指对系统的各项功能进行单调、分调和总调等工作。

④ 基础数据的录入。将准备好的、符合系统格式需要的数据输入计算机中。

⑤ 系统人员培训。制订系统操作规程,对系统实施与运行中所需的各类人员进行技术培训和操作培训。

⑥ 系统转换。根据系统的特点选用某一种方式进行新旧系统的转换工作。

⑦ 文档的建立与完善。对系统实施阶段的各项工作进行整理,形成各种相关文档,作为以后系统运行与维护的文档资料。

8.1.2 系统实施计划制订

与前几个阶段相比,系统实施阶段所涉及的人力和物力要多得多。在此期间,各项具体实施工作将逐步展开,大量的各类专业技术人员将陆续加入各个项目的研制中。在系统实施过程中,会遇到各种各样的实施前未曾预料到的棘手问题,这些问题会导致计划变更频繁,部门之间、单位之间以及人员之间的协调成本增加,项目严重拖期甚至失败。因此,制订一个好的实施计划对信息系统的成功实施起着决定性的作用。

1. 制订实施计划应考虑的问题

① 工作量的估计。工作量的估计是根据系统实施阶段各项工作的内容而定的。一般由系统实施的组织者根据经验并参照同类系统的工作量加以估算,单位用"人年"或"人月"表示。

② 实施进度安排。在弄清楚各项工作关系的基础上,安排好各项工作的先后顺序,根据对工作量的估算和用户对完工时间的要求,定出各项工作的开工时间和完工时间,并且由此做出系统实施各项工作的时间进度计划。实施进度计划可用甘特图或工程网络技术表示。

③ 系统人员的配备和培训。根据系统实施进度和工作量确定各类专业人员在各阶段的数量和比例,并且按照不同的层次需要做出相应的培训计划。

④ 系统实施的资金筹措和投入。由于在系统实施阶段需要投入的资金比较多,时间也较长,因此系统实施的组织者应该在系统实施预算的基础上,根据各工期工作内容和企业的经济状况,制订出相应的资金筹措计划和合理的资金投入计划,以保证系统实施工作能顺利完成,但也要注意不能过多地占用资金。

2. 实施计划的内容

① 设备采购供应计划。由于计算机类产品的市场情况变化很快,因此应根据实施的需要分批采购设备,要根据设备的市场行情制订采购计划,计划中包括所需设备的品种、型号和数量的清单,设备需要达到的技术参数,供应商的资质及设备进货来源,设备最迟进场时间等内容。

② 环境资源供应计划。对于一些大型项目,除了对系统设备有所要求外,环境资源也是一项重要的物理支持。因此,要制订好切实可行的物资、技术等环境资源供应计划,这也会关系到项目的工期和成本。

③ 变更控制计划。在信息系统实施过程中,实际情况与计划不符的情况是经常发生的,因此必须为项目变更做好充分的准备,最好是有一套比较完善的变更控制计划,规定处理变更的步骤、程序以及确定变更行动的准则等。

④ 进度控制计划。进度控制计划包括需要监督的工作、监督时间、监督部门、收集与处理信息的方法、按时检查工作进展情况的方式和调整措施,还包括控制工作所需的时

间、物资和技术资源等。

8.2 系统实施的环境建设与设备购置

信息系统的运行需要硬件系统的支持,在正式组织系统实施时必须先做好实施环境的建设。

8.2.1 设备购置

在系统分析及设计阶段已经确定了系统所需设备的种类、数量等,在实施时首先要购置设备,包括计算机硬件设备、辅助设备及所需配备的各种软件、网络设备等。购置设备时要注意以下几点。

① 质量可靠,价格合理。要选购质量可靠的产品并在保证质量的前提下尽量降低购置成本。购置设备前,要做好市场调查工作,要选择那些性能稳定、故障少的产品,产品的生产厂家要技术、经济实力强,信誉好,服务佳。

② 资料齐全,手续完整。购置设备要求供货单位提供的设备资料必须齐全、售货手续必须完整,要签订相应的买卖合同,在合同中要详细约定设备的软硬件配置情况、交货期限、交货方式、付款方式、所提供的服务等。

③ 计算机设备的兼容性和可维护性。为满足今后系统扩展及性能提高的需要,在购置计算机设备时还必须考虑它的兼容性和可维护性。兼容性好的设备能满足不同机型之间的联网、通信的要求,便于今后购买的硬件接入。要选择那些方便维护和升级的设备。对于一些易损坏的部件,应购置一些必要的备品备件以保证计算机设备的正常运行。

8.2.2 计算机机房的建设

计算机机房是指能够满足安放计算机设备所要求的各项环境指标并使其充分发挥功能的工作场地。计算机机房的建设要考虑计算机系统设备和用户人员对环境的要求,要计算好机房的面积。在建设时要依据所需容纳的计算机台数计算出机房的面积,要考虑电源的设置及今后联网布线的需求,如需要预埋何种线路、需要在哪里留有接口等。

8.2.3 设备的安装与调试

设备的安装是指将计算机系统设备按照总体设计方案中指定的位置所进行的设备组装工作。这项工作应该按照由里到外、从单机到多机的步骤循序渐进地进行。

设备的调试是指在系统设备安装完毕后对其各项硬件和软件功能的调试,如计算机的运行速度、存储容量、显示器、打印机、系统软件的配置与运行等的测试与调试。

设备安装完毕后,就可进行网络的测试,要对网络设备的通信处理能力、可靠性、可扩充性、开放性等进行测试;要测试网络的连通性、可靠性、响应时间、抗干扰能力、安全保密能力等。

系统环境的建设与系统的调试工作是密切相关的,要合理规划,使这两项工作协调进行。

8.3 程 序 设 计

系统功能的实现需要有应用软件的支持,而应用软件的获得可分为两种情况:一种是市面上有能支持用户业务功能所需的现成软件,那么系统的实现既可以购买现成软件,也可以自行开发;另一种情况是市面上没有适合的现成应用软件,则只能由程序开发人员自行编制软件。

程序设计是以程序设计说明书和数据存储结构设计为基础,选择某一种编程工具和方法实现系统功能模块的程序编制工作。

编程的目的是为了实现开发者在系统分析和系统设计中所提出的管理方法和处理构想,它不是系统开发的目的。在编程实现时,建议尽量利用已有的程序和各种开发工具,以尽快、尽好地实现系统。

8.3.1 程序设计的任务与基本要求

程序设计的任务是为新系统编写程序,即把详细设计的结果转换成某种计算机编程语言写成的程序。程序设计的好坏直接关系到能否有效地利用电子计算机圆满地达到预期目的。

高质量的程序必须符合以下基本要求。

① 程序的功能必须按照规定的要求,正确地满足预期的需要。

② 程序的内容清晰、明了,书写格式及变量的命名等都有统一的规范,便于阅读和理解。

③ 程序的结构严谨、简捷,算法和语句选用合理,执行速度快且节省机时。

④ 程序和数据的存储及调用安排得当,节省存储空间。

⑤ 程序的适应性强。程序交付使用后,若应用问题或外界环境发生变化,调整和修改程序应比较简便易行。

以上各要求并不是绝对的,允许根据系统本身以及用户环境的不同情况而有所侧重。需要说明的是,随着计算机软、硬件技术的发展,对程序设计质量的考核标准也在发生变化,现在普遍认为程序清晰、可读性好是衡量程序质量好坏的重要指标,不提倡在程序中为节省存储空间、提高运算速度或减少程序语句而使用一些繁杂的技巧,因为这样会大大降低程序的可读性,给系统测试和维护修改带来困难。

程序编制结束后,还应写出操作说明书,说明执行该程序时的具体操作步骤。

8.3.2 程序设计方法

程序设计是系统开发工作中将新系统付诸实现的主要工作之一,也是工作量非常庞大的工作,采用恰当的程序设计方法能显著提高工作效率。下面介绍当前主要的几种程序设计方法。

1. 结构化程序设计方法

结构化程序设计(Structured Programming,SP)方法由 E.Dijkstra 等人于 1972 年提出,用于详细设计和程序设计阶段,指导人们用良好的思想方法开发出正确又易于理解的程序。

Bohm 和 Jacopini 在 1966 年就证明了结构定理:任何程序结构都可以用顺序、选择和循环这三种基本结构表示。

结构化程序设计至今还没有一个统一的定义,一般认为它是一种设计程序的技术,采用自顶向下逐步求精的设计方法和单入口单出口的控制技术。结构化程序设计的基本思想是按自顶向下逐步求精的方式,由三种标准控制结构反复嵌套来构造一个程序。按照这种思想,可以对一个执行过程模糊不清的模块以顺序、选择、循环的形式加以分解,最后使整个模块都清晰起来,从而确定全部细节。

用结构化程序设计方法产生的程序由许多模块组成,每个模块只有一个入口和一个出口,程序中一般没有 GOTO 语句,因此这种程序被称为结构化程序。结构化程序易于阅读,而且可提高系统的可修改性和可维护性。

由于大多数高级语言都支持结构化程序设计方法,其语法上都含有表示三种基本结构的语句,因此用结构化程序设计方法设计的模块结构到程序的实现是直接转换的,只需要用相应的语句结构代替标准的控制结构即可,因而减轻了程序设计的工作量。

2. 原型式程序开发方法

原型式程序开发方法的工作思路如下。

第一步,将带有普遍性的、要被多个功能模块程序调用的功能模块,如菜单模块、报表模块、查询模块、统计分析和图形模块等集中。

第二步,在现有的软件库中寻找有无相应程序或可用的软件工具,若有可用的程序和软件,就可以直接采用或稍加修改后使用;如果没有,则考虑开发相应的能够适用于各功能模块的通用模块,使用这些工具生成程序模型原型。否则,可考虑开发一个能够适合各子系统情况的通用模块。

第三步,如果存在一些所开发系统特有的处理功能和模型,并且这些功能和模型是现有工具无法生成的,则考虑再编制一段新的程序实现这些处理功能或模型。

利用现有的工具和原型方法可以很快地开发出所需的程序,实现系统各功能模块的编程工作。

3. 面向对象程序设计方法

面向对象程序设计(OOP)方法一般应与面向对象设计(OOD)所设计的内容相对应。它实际上是一个简单、直接的映射过程,即将 OOD 中所定义的范式直接用面向对象的程序设计语言(如 C++、Smalltalk、Visual C 等)取代。例如,用 C++ 中的对象类型取代 OOD 中的类和对象。在系统实现阶段,OOP 的优点是其他方法所无法比拟的。

8.3.3 程序设计语言的选择

在进行程序设计之前,从系统开发的角度考虑选用哪种语言来编程是很重要的。一种合适的程序设计语言能使按照设计去实施编程时困难最少,可以减少所需的程序调试量,并且可以得到更容易阅读和维护的程序。

选择适合于信息系统的程序设计语言应该从以下 6 方面考虑。

① 语言的结构化机制与数据管理能力。选用的高级语言应该有理想的模块化机制、可读性好的控制结构和数据结构,同时具备较强的数据管理能力,例如数据库语言。

② 语言可提供的交互功能。选用的语言必须能够提供开发美观的人机交互程序的功能,例如色彩、音响、窗口等。这对用户来说是非常重要的。

③ 有较丰富的软件工具。如果有支持某种程序开发语言的软件工具可以利用,则会使系统的实现和调试变得比较容易。

④ 开发人员的熟练程度。虽然对于有经验的程序员来说,学习一种新语言并不困难,但要完全掌握一种新语言并用它编出高质量的程序却需要经过一段时间的实践。因此,应该尽量选择一种已经为程序员所熟悉的语言。

⑤ 软件的可移植性要求。如果开发出的系统软件将在不同的计算机上运行或者打算在某个部门推广使用,那么应该选择一种通用性强的语言。

⑥ 系统用户的要求。如果所开发的系统由用户负责维护,则用户通常要求用他们熟悉的语言书写程序。

8.3.4 程序设计的风格

程序的可读性对于软件尤其是对软件的质量有重要影响,因此在程序设计过程中应当充分重视。为提高程序的可读性,在程序设计风格方面应注意以下几点。

1. 适当的程序注释

在程序中适当地加上注释可以使之成为一篇"自我解释"的文章,读程序时就不必去翻阅其他说明材料。注释原则上可以出现在程序中的任何位置,但是如果将注释和程序的结构配合起来,则效果更好。注释一般分为两类:序言性注释和描述性注释。

序言性注释出现在模块的首部,内容包括:模块功能说明;界面描述(如调用语句格式、所有参数的解释和该模块需要调用的模块名等);某些重要变量的使用和限制;开发信息(如作者、复查日期、修改日期等)。

描述性注释嵌在程序中,用来说明程序段的功能或数据的状态。

书写注释时应注意以下几点。

① 注释应和程序一致,修改程序时应同时修改注释,否则会起反作用,使人更难明白其意。

② 注释应提供一些程序本身难以表达的信息。

③ 为方便用户今后维护,注释应尽量多用汉字。

2. 有规律的程序书写格式

恰当的书写格式将有助于阅读,在结构化程序设计中一般采用"阶梯式"书写程序,即把同一层次的语句行左端对齐,而下一层的语句则向右边缩进若干格书写,它能体现程序逻辑结构的深度。此外,在程序段之间安排空白行也有助于阅读。

3. 恰当选择变量名

理解程序中每个变量的含义是理解程序的关键,因此变量的名称应该适当选取,使其直观并易于理解和记忆。例如,采用有实际意义的变量名、不用过于相似的变量名、同一变量名不要具有多种意义等。此外,在编程前最好能对变量名的选取约定统一标准,这样阅读理解就会方便得多。

8.3.5 衡量编程工作的指标

从目前的技术发展来看,衡量编程工作的指标大致可分为 5 方面。

① 可靠性。可靠性是对程序最基本的要求,不仅要求程序在正常情况下能正确运行,而且在意外情况下也能检测出错误并采取有效措施,防止造成严重损失。可从程序处理结果的正确性、数据存取安全性、操作权限的安全性、通信的安全性、误操作检测及处理能力、意外情况处理能力等方面考察程序的可靠性。

② 实用性。一般从用户的角度审查,它是指系统各部分是否都非常方便实用。它是系统今后能否投入实际运行的重要保证。

③ 规范性。系统的划分、书写格式、变量的命名等都是按统一规范进行的。这对于今后程序的阅读、修改和维护都是十分必要的。

④ 可读性。程序清晰,没有太多繁杂的技巧,能够使他人容易读懂。它对于大规模过程化开发软件非常重要。

⑤ 可维护性。程序各部分相互独立,没有所调用子程序以外的其他数据关联。也就是说,不会发生那种在维护时牵一发而动全身的连锁反应。

一般来说,一个规范性、可读性和结构划分都很好的程序模块其可维护性也是比较好的。

8.4 系统调试与测试

系统测试是为发现程序中的错误而执行程序的过程,而系统调试是对系统测试发现的问题进一步诊断,找出系统内部存在的问题加以修改,使其真正达到设计要求。测试是调试的前提,也是确认调试有效性的必要手段,实际调试时是将测试和纠错结合起来的。在不严格区分的情况下,可认为调试包含了测试,二者合而为一,本章后面所说的调试即包含了测试。

在信息系统的开发过程中,面对着错综复杂的各种问题,人的主观认识不可能完全符合客观现实,开发人员之间的思想交流也不可能十分完善。因此,在信息系统开发周期的各个阶段都不可避免地会出现差错。开发人员应力求在每个阶段结束之前进行认真、严格的技术审查,尽可能早地发现并纠正错误,否则等到系统投入运行后再回头改正错误将在人力和物力上造成很大的浪费,有时甚至导致整个系统的瘫痪。然而,经验表明,单凭审查并不能发现全部差错,加之在程序设计阶段也不可避免还会产生新的错误,因此,对系统进行调试是不可缺少的,是保证系统质量的关键步骤。统计资料表明,对于一些较大规模的系统来说,系统调试的工作量往往占程序系统编制开发总工作量的40%以上。

系统调试工作开始之前,要组织主要开发人员和技术骨干制订周密的软件调试计划,确定调试目标、调试方法、调试步骤和调试进度,组建精干的系统调试小组。在系统调试工作进行的过程中,要指派专人详细做好每个项目的试验情况记录,并且做好每天的工作日记。

8.4.1 调试的策略和基本原则

调试的目的在于发现其中的错误并及时纠正,因此在调试时应想方设法使程序的各个部分都投入运行,力图找出所有错误。错误多少与程序质量有关,要想通过"彻底"的调试找出系统的全部错误是不可能的。因此,调试阶段要考虑的基本问题就是"经济性"。调试采取的策略是:在一定的开发时间和经费的限制下,设计一批调试数据,通过进行有限步操作或执行调试用例,尽可能多地发现程序中存在的问题。

调试阶段还应注意以下一些基本原则。

① 调试用例应该由"输入数据"和"预期的输出结果"组成。这就是说,在执行程序之前应该对期望的输出有很明确的描述,调试后可将程序的输出与它仔细对照检查。若不事先确定预期的输出,则可能把似乎是正确而实际是错误的结果当成正确结果。

② 不仅要选用合理的输入数据进行调试,还应选用不合理的甚至错误的输入数据。许多人往往只注意前者而忽略后一种情况,为提高程序的可靠性,应认真组织一些异常数据进行调试,并且仔细观察和分析系统的反应。

③ 除了检查程序是否做了它应该做的工作,还应检查程序是否做了它不该做的事情。例如除了检查工资管理程序是否为每个职工正确地产生一份工资单以外,还应检查它是否还产生多余的工资单。

④ 应该长期保留所有的调试用例,直至该系统被废弃不用为止。在信息系统的调试中,设计调试用例是很费时的,如果将用过的例子丢弃了,以后一旦需要再调试有关部分时(例如技术鉴定、系统维护等场合)就需要再花很多人工,而如果将所有调试用例作为系统的一部分保存下来,就可以避免这种情况的发生。

8.4.2 测试方法

系统测试的方法总体来说有静态测试法(桌前检查、代码会审)和动态测试法(黑盒法、白盒法)两种。

1. 静态测试法

静态测试法不执行被测试软件，通过对需求分析说明书、程序设计说明书以及源程序以人工方式进行分析和测试来找出错误。例如它可以检查代码和设计的一致性、代码结构的合理性、代码中逻辑表达式的正确性、变量命名是否符合规范、变量的类型是否合理等。静态测试法成效比较明显，可以查出30%～70%的逻辑错误且成本低。

2. 动态测试法

动态测试通过执行程序并分析程序来查错。其测试工作包括三方面，即设计测试用例、执行被测程序以及分析执行结果并发现错误。为进行动态测试，需要预先准备好两种数据：输入数据和预期的输出结果，即准备好测试用例。设计测试用例是开始程序测试的第一步，也是有效完成测试工作的关键。按照在设计测试用例时是否涉及程序的内部结构，动态测试方法可以分为白盒测试和黑盒测试两种方法。

进行白盒测试时，测试者对被测试程序的内部结构是清楚的。他从程序的逻辑结构和执行路径入手，按照一定的原则设计测试用例和设定测试数据。由于被测程序的结构对测试者是透明的，因此又称这类测试为玻璃盒测试或结构测试。

黑盒测试的情况正好相反。此时，测试者把被测程序看成一个黑盒，完全不用关心程序的内部结构。设计测试用例时，仅以程序的外部功能为根据。一方面检查程序能否完成一切应做的事情，另一方面要考察它能否拒绝一切不应该做的事情。由于黑盒测试着重于检查程序的功能，因此也称为功能测试。

人们常把黑盒法和白盒法联合起来进行，这被称为灰盒法。

在实际测试时，一般先静态测试，再动态测试。二者也可以重复、交替进行。

8.4.3 设计测试用例的技术

由于不可能做到穷尽测试，因此必须设法用有限次的测试获得最大的收益，用尽可能少的测试次数尽量多地找出程序中潜在的错误。设计测试用例是测试阶段的关键技术问题。所谓测试用例就是以发现程序错误为目的而精心设计的一组测试数据，包括预定要测试的功能、应该输入的测试数据和预期的结果。可以将其写成

$$测试用例＝\{输入数据＋期望结果\}$$

设计测试用例最困难的问题是设计测试的输入数据。不同的测试数据发现程序错误的能力差别很大，为提高测试效果和降低测试成本，应该选用少量、高效的测试数据，做到尽可能完备的测试。因此，设计测试用例的基本目标就是确定一组最可能发现多个错误或多类错误的测试数据。

人们已经研究出许多设计测试数据的技术，这些技术各有优缺点，没有哪一种是最好的，更没有哪一种可以代替其余所有技术。同一种技术在不同应用场合效果可能相差很大，因此通常需要联合使用多种测试数据。

常用的设计测试数据的技术有适用于黑盒测试的等价类划分、边界值分析及错误推测法等；适用于白盒测试的逻辑覆盖法等。

通常设计测试数据的做法是：用黑盒法设计基本的测试用例，再用白盒法补充一些方案。

1. 等价类划分

等价类划分是黑盒测试的一种技术。这种方法是把被测试程序的所有可能的输入数据（有效的和无效的）划分成若干等价类，把无限的随机测试变成有针对性的等价类测试。按这种方法可以合理地做出下列假定：每类中的一个典型值在测试中的作用与这一类中所有其他值的作用相同。因此，可以从每个等价类中只取一组数据作为测试数据。这样可选取少量有"代表性"的测试数据来代替大量相类似的测试，从而大大减少总的测试次数。

设计等价类的测试用例一般分为两步进行。

① 划分等价类并给出定义。

② 选择测试用例。

选择的原则是：有效等价类的测试用例尽量公用，以期进一步减少测试的次数；无效等价类必须每类一例，以防漏掉本来可能发现的错误。

划分等价类时，需要研究程序的功能说明，以确定输入数据的有效等价类和无效等价类。在确定输入数据的等价类时常常还需要分析输出数据的等价类，以便根据输出数据的等价类导出对应的输入数据等价类。

划分等价类需要经验，下述几条启发式规则可能有助于等价类的划分。

① 如果规定了输入值的范围，则可划分出一个有效的等价类（输入值在此范围内）和两个无效的等价类（输入值小于最小值和大于最大值）。

② 如果规定了输入数据的个数，则类似地可以划分出一个有效的等价类和两个无效的等价类。

③ 如果规定了输入数据的一组值，而且程序对不同输入值做不同处理，则每个允许的输入值是一个有效的等价类，此外还有一个无效的等价类（任一个不允许的输入值）。

④ 如果规定了输入数据必须遵循的规则，则可以划分出一个有效的等价类（符合规则）和若干无效的等价类（从各种不同角度违反规则）。

⑤ 如果规定了输入数据为整型，则可以划分出正整数、零和负整数等三个有效类。

⑥ 如果程序的处理对象是表格，则应该使用空表以及一项或多项的表。

以上列出的启发式规则只是测试时可能遇到的情况中的很小一部分，实际情况千变万化，根本无法一一列出。为正确划分等价类，一是要注意积累经验，二是要正确分析被测程序的功能。此外，在划分无效等价类时，还必须考虑编译程序的检错功能，一般说来，不需要设计测试数据用来发现编译程序肯定能发现的错误。最后说明一点，上面列出的启发式规则虽然都是针对输入数据的，但是其中绝大部分也同样适用于输出数据。

划分出等价类后，根据等价类设计测试用例时主要使用下面两个步骤。

① 设计一个新的测试用例以尽可能多地覆盖尚未覆盖的有效等价类，重复这一步骤直到所有有效等价类都被覆盖为止。

② 设计一个新的测试用例,使它覆盖一个而且只覆盖一个尚未覆盖的无效等价类,重复这一步骤直到所有无效等价类都被覆盖为止。

【例 8-1】 用等价类划分法为某城市的电话号码设计测试用例。

某城市的电话号码由三部分组成。这三部分的名称和内容分别如下。
- 升位码:数字 8。
- 地区码:非 0 或 1 开头的三位数。
- 后缀:四位数字。

假定被调试的程序能接受一切符合上述规定的电话号码,拒绝所有不符合规定的号码,则可用等价分类法设计它的调试用例。

第一步:划分等价类,包括 3 个有效等价类和 12 个无效等价类。表 8-1 列出了划分的结果。在每一等价类之前加有编号,以便识别。

表 8-1 电话号码程序的等价划分

输入条件	有效等价类	无效等价类
升位码	1-数字 8	4-有非数字字符,5-少于 1 位数字,6-多于 1 位数字,7-非 8 的数字
地区码	2-200～999 的 3 位数字	8-有非数字字符,9-起始位为 0,10-起始位为 1,11-少于 3 位数字,12-多于 3 位数字
后缀	3-4 位数字	13-有非数字字符,14-少于 4 位数字,15-多于 4 位数字

第二步:确定调试用例。表 8-2 中有 3 个有效等价类,可以共用 1 个测试用例。

表 8-2 覆盖有效等价类的测试用例

调试数据	覆盖范围	期望结果
82116655	等价类(1,2,3)	有效

对于 12 个无效等价类,要选择 12 个调试用例,选取的调试数据可以不同,关键是与调试内容相符,如表 8-3 所示。

表 8-3 覆盖无效等价类的测试用例

调试数据	范围	期望结果	调试数据	范围	期望结果
A 234 5675	无效等价类(4)	无效	8 1454784	无效等价类(10)	无效
345 6788	无效等价类(5)	无效	8 23 6789	无效等价类(11)	无效
88 364 6675	无效等价类(6)	无效	8 2355 6784	无效等价类(12)	无效
4 748 5994	无效等价类(7)	无效	8 456 6H78	无效等价类(13)	无效
8 F90 7899	无效等价类(8)	无效	8 677 567	无效等价类(14)	无效
8 079 6788	无效等价类(9)	无效	8 677 56788	无效等价类(15)	无效

2. 边界值分析

经验表明,处理边界情况时程序最容易发生错误。例如,许多程序错误出现在分支和循环中条件值的边界附近。因此,如果设计使程序运行在边界情况附近的测试方案,则暴露出错误的可能性更大一些。

使用边界值分析方法设计测试用例首先应该确定边界情况,这需要经验和创造性,通常输入等价类和输出等价类的边界应该就是着重测试的程序边界情况。选取的测试数据应该刚好等于、刚刚小于和刚刚大于边界值。也就是说,按照边界值分析法,应该选取刚好等于、稍小于和稍大于等价类边界值的数据作为测试数据,而不是选取每个等价类内的典型值作为测试数据。

通常设计测试用例时总是联合使用等价划分和边界值分析两种技术。例如,税法规定个人的收入所得税从超过 5000 元开始征收。如果用一个程序计算税款,则"收入≤5000"就是一个判定条件,满足条件的人免税,否则对超出 5000 元的部分征税。在选择测试用例时,可以用 3000、11000 两个测试数据分别代表免税和征税两个等价类,还可以将 5000 这个边界值及 4999.99 和 5000.99 这两个稍小于和稍大于 5000 的数作为测试数据。

3. 错误推测

错误推测法在很大程度上靠直觉和经验进行。它的基本想法是列举出程序中可能有的错误和容易发生错误的特殊情况,并且根据它们选择测试用例。对于程序中容易出错的情况,人们也总结了一些经验,例如输入数据为零或输出数据为零往往容易发生错误;如果输入或输出的数目允许变化(例如被检索的或生成的表的项数),则输入或输出的数目为 0 和 1 的情况(例如表为空或只有一项)是容易出错的情况。我们还应该仔细分析程序规格说明书,注意找出其中遗漏或省略的部分,以便设计相应的测试用例,检测程序员对这些部分的处理是否正确。

此外,经验说明,在一段程序中已经发现的错误数目往往和尚未发现的错误数目成正比。因此,在进一步测试时要着重测试那些已发现较多错误的程序段。

4. 输入组合

等价划分法和边界值分析法都只孤立地考虑各个输入数据的测试功效,而没有考虑多个输入数据的组合效应,可能会遗漏输入数据易于出错的组合情况。选择输入组合的一个有效途径是利用判定表为工具,列出输入数据各种组合与程序应做的动作(即相应的输出结果)之间的对应关系,然后为判定表的每一列至少设计一个测试用例。

选择输入组合的另一个有效途径是把计算机测试和人工检查代码结合起来。例如,人工检查程序中两个模块使用并修改某些共享变量的情形,如果一个模块对这些变量的修改不正确,则会引起另一个模块出错,因此这是程序发生错误的一个可能原因。应该设计测试用例,在程序的一次运行中同时检测这两个模块,特别要着重检测一个模块修改了共享变量后另一个模块能否像预期的那样正常使用这些变量。反之,如果两个模块相互独立,则没有必要测试它们的输入组合情况。

5. 逻辑覆盖(白箱测试技术)

有选择地执行程序中某些最有代表性的通路是穷尽测试的唯一可行的替代方案。

所谓逻辑覆盖是对一系列测试过程的总称,这组测试过程逐步进行越来越完整的通路测试。

从覆盖源程序的语句的详尽程度考虑,逻辑覆盖有以下一些不同的覆盖标准。

(1) 语句覆盖

语句覆盖的含义是:选择足够多的测试数据,使被测试程序中的每个语句至少执行一次。例如,一个被测模块的流程图如图 8-1 所示。

它的源程序(用 Pascal 语言编写)如下所示。

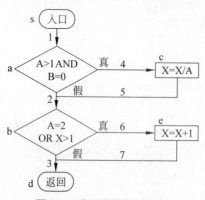

图 8-1 被测模块的流程图

```
PROCEDURE EXAMPLE (A,B:REAL; VAR X :REAL)
    BEGIN
        IF (A>1) AND (B=0)
            THEN X:=X/A
        IF (A=2) OR (X>1)
            THEN X:=X+1
    END;
```

为了使每个语句都执行一次,程序的执行路径应该是 sacbed,为此只需要输入下面的测试数据(实际上 X 可以是任意实数):A=2,B=0,X=4。

语句覆盖对程序的逻辑覆盖很少,例子中两个判定条件都只测试了被测模块流程图上面的条件为真的情况,如果条件为假时处理有错误,则显然不能被发现。此外,语句覆盖只关心判定表达式的值,而没有分别测试判定表达式中每个条件取不同值时的情况。在上面的例子中,为执行 sacbed 路径,以测试每个语句,只需要两个判定表达式(A>1) AND (B=0)和(A=2) OR (X>1)都取真值,因此使用上述一组测试数据就够了。但是,如果程序中把第一个判定表达式中的逻辑运算符 AND 错写成 OR,或者把第二个判定表达式中的条件"X>1"误写成"X<1",则使用上面的测试数据并不能查出这些错误。

综上所述,可以看出语句覆盖是很弱的逻辑覆盖标准,为更充分地测试程序,可以采用下述的逻辑覆盖标准。

(2) 判定覆盖

判定覆盖的含义是:不仅每个语句必须至少执行一次,而且每个判定的可能结果都应该至少执行一次,也就是每个判定的每个分支都至少执行一次。

对于上述例子来说,能够分别覆盖路径 sacbed 和 sabd 的两组测试数据或者可以分别覆盖路径 sacbd 和 sabed 的两组测试数据都满足判定覆盖标准。例如,用下面两组测试数据就可以做到判定覆盖。

① A=3,B=0,X=3 (覆盖 sacbd);

② A=2,B=1,X=1 (覆盖 sabed)。

判定覆盖比语句覆盖强,但是对程序逻辑的覆盖程度仍然不高,例如上面的测试数据只覆盖了程序全部路径的一半。

(3) 条件覆盖

条件覆盖的含义是:不仅每个语句至少执行一次,而且使判定表达式中的每个条件都取到各种可能的结果。

图 8-1 的例子中共有两个判定表达式,每个表达式中有两个条件。为做到条件覆盖,应该选取测试数据使得在 a 点有下述各种结果出现。

$$A>1, \quad A\leqslant 1, \quad B=0, \quad B\neq 0$$

而在 b 点有下述各种结果出现。

$$A=2, \quad A\neq 2, \quad X>1, \quad X\leqslant 1$$

只需要使用下面两组测试数据就可以达到上述覆盖标准。

① $A=2, B=0, X=4$(满足 $A>1, B=0, A=2$ 和 $X>1$ 的条件,执行路径 sacbed);
② $A=1, B=1, X=1$(满足 $A\leqslant 1, B\neq 0, A\neq 2$ 和 $X\leqslant 1$ 的条件,执行路径 sabd)。

条件覆盖通常比判定覆盖强,因为它使判定表达式中每个条件都取到了两个不同的结果,而判定覆盖只关心整个判定表达式的值。例如,上面两组测试数据也同时满足判定覆盖标准。但是,也可能有相反的情况,虽然每个条件都取到了两个不同的结果,判定表达式却始终只取一个值。例如,如果使用下面两组测试数据,则只满足条件覆盖标准并不满足判定覆盖标准(第二个判定表达式的值总是为真)。

① $A=2, B=0, X=1$(满足 $A>1, B=0, A=2$ 和 $X\leqslant 1$ 的条件,执行路径 sacbed);
② $A=1, B=1, X=2$(满足 $A\leqslant 1, B\neq 0, A\neq 2$ 和 $X>1$ 的条件,执行路径 sabed)。

(4) 判定/条件覆盖

既然判定覆盖不一定包含条件覆盖,条件覆盖也不一定包含判定覆盖,人们自然会提出一种能同时满足这两种覆盖标准的逻辑覆盖,这就是判定/条件覆盖。它的含义是:选取足够多的测试数据,使得判定表达式中的每个条件都取到各种可能的值,而且每个判定表达式也都取到各种可能的结果。

对于图 8-1 的例子而言,下述两组测试数据满足判定/条件覆盖标准。

① $A=2, B=0, X=4$;
② $A=1, B=1, X=1$。

但是,这两组测试数据就是为满足条件覆盖标准而最初选取的两组数据,因此有时判定/条件覆盖并不比条件覆盖更强。

(5) 条件组合覆盖

条件组合覆盖是更强的逻辑覆盖标准,它要求选取足够多的测试数据,使得每个判定表达式中条件的各种可能组合都至少出现一次。对于图 8-1 的例子,共有 8 种可能的条件组合。

① $A>1, B=0$;
② $A>1, B\neq 0$;
③ $A\leqslant 1, B=0$;
④ $A\leqslant 1, B\neq 0$;
⑤ $A=2, X>1$;
⑥ $A=2, X\leqslant 1$;
⑦ $A\neq 2, X>1$;
⑧ $A\neq 2, X\leqslant 1$。

与其他逻辑覆盖标准中的测试数据一样,条件组合⑤~⑧中的 X 值是指程序流程图中第二个判定框(b 点)的 X 值。

下面的 4 组测试数据可以使上面列出的 8 种组合每种至少出现一次。

① A＝2,B＝0,X＝4(针对①、⑤两种组合,执行路径 sacbed);
② A＝2,B＝1,X＝1(针对②、⑥两种组合,执行路径 sabed);
③ A＝1,B＝0,X＝2(针对③、⑦两种组合,执行路径 sabed);
④ A＝1,B＝1,X＝1(针对④、⑧两种组合,执行路径 sabd)。

显然,满足条件组合覆盖标准的测试数据也一定满足判定覆盖、条件覆盖和判定/条件覆盖标准。因此,条件组合覆盖是前述几种覆盖标准中最强的。但是,满足条件组合覆盖标准的测试数据并不一定能使程序中的每条路径都执行到,例如上述 4 组测试数据都没有测试到路径 sacbd。

以上根据测试数据对源程序语句检测的详尽程度简单讨论了几种逻辑覆盖标准。在上面的分析过程中常常谈到测试数据执行的程序路径,显然测试数据可以检测的程序路径的多少也反映了对程序测试的详尽程度。为更好地覆盖程序路径,可提出下面的逻辑覆盖要求。

6. 路径覆盖(白箱测试技术)

路径覆盖要求选取足够多的测试数据,使程序的每条可能执行路径都至少执行一次。图 8-1 可能的执行路径有 4 条：sacbed、sacbd、sabed 和 sabd。下面的 4 组测试数据可满足路径覆盖的要求。

① A＝2,B＝0,X＝4（覆盖 sacbed）;
② A＝3,B＝0,X＝3（覆盖 sacbd）;
③ A＝2,B＝1,X＝1（覆盖 sabed）;
④ A＝1,B＝1,X＝1（覆盖 sabd）。

路径覆盖检错能力较强,但它只考虑每个判定表达式的取值,并不考虑表达式中条件的各种可能的组合情况。若把路径覆盖和条件组合覆盖相结合,则可以设计出更完善的测试方案。

对软件系统进行实际测试时,应该联合使用各种设计测试用例的方法,形成一种综合策略。通常的做法是,用黑盒法设计基本的测试用例,再用白盒法补充一些必要的测试用例。具体地说,可以使用下述策略结合各种方法。

① 在任何情况下都应该使用边界值分析方法。经验表明,用这种设计方法设计出的测试用例暴露程序错误的能力最强。注意,应该既包括输入数据的边界情况又包括输出数据的边界情况。

② 必要时用等价划分法补充测试用例。

③ 必要时用错误推测法补充测试用例。

④ 对照程序逻辑,检查已经设计出的测试用例。可以根据对程序可靠性的要求采用不同的逻辑覆盖标准,如果现有测试用例的逻辑覆盖程度没有达到要求的覆盖标准,则应再补充一些测试用例。

应该强调指出,即使使用上述综合策略设计测试用例,仍然不能保证测试会发现一切程序错误;但是,这个策略确实是测试成本和测试效果之间的一个合理折中。通过前面的叙述可以看出,软件测试确实是一件十分艰巨繁重的工作。

8.4.4 调试步骤

一个信息系统通常由若干子系统组成,每个子系统又由若干模块(程序)组成。因此,可把调试工作分为模块(程序)调试、分调(子系统调试)和总调(系统调试)三个层次,调试过程依次是模块调试、分调、总调。下面具体讨论信息系统调试的三个步骤。

1. 模块调试

模块调试也称为程序调试。模块调试的目的是保证每个模块本身能正常运行,在该步调试中发现的问题大多是程序设计或详细设计中的错误。对于模块调试,要进行正确性调试、运行速度与存储空间的调试以及使用简便性的调试。一般分成人工检错和上机调试两步进行。

人工检错就是打印出源程序,然后参照设计说明书(包括程序框图)的要求把程序在纸上"走"一遍。程序的错误可分成语法错误和逻辑错误两种情况,一般只要认真检查就可以发现绝大部分的语法错误和部分逻辑错误。而用计算机进行交互调试时,每发现一个错误后要先改正错误才能继续调试,速度要明显降低。因此,决不要一开始就将源程序输入计算机而忙于立即执行,而应先在纸上检错。

当人工走通以后,就可以进行上机调试。总的来看,语法错误比较容易发现和修改,因为高级语言都具备语法检查功能,但是检查的全面性不尽相同。为有效地发现并改正逻辑错误,一方面可认真设计调试用例,另一方面要充分利用所用高级语言提供的调试机制或软件工具。

2. 分调

分调也称子系统调试,就是把经过调试的模块放在一起形成一个子系统进行调试。主要是调试各模块之间的协调和通信,即重点调试子系统内各模块的接口。例如,数据穿过接口时可能丢失;一个模块对另一个模块可能存在因疏忽而造成的有害影响;下层模块出现错误,错误信息可能对上层模块产生不良影响,同时调用多个模块时可能会出现锁机情况;把若干子功能结合起来可能不产生预期的主功能等。

3. 总调

经过分调,已经把一个个模块装配成若干子系统并经过充分调试。接着的任务是总调,也称为系统调试,它是把经过调试的子系统装配成一个完整的系统来调试,用于发现系统设计和程序设计中的错误,包括对子系统之间的接口、数据通信、处理功能、资源共享以及系统遭到破坏后能否按要求恢复等问题的调试,验证系统的功能是否达到设计说明书的要求。

在总调的开始阶段,可用精心设计的较少的测试数据对子系统之间的接口、数据通信、处理功能、资源共享等进行测试,以提高测试的效率。完成上述调试工作后,下一步就可将原始系统手动作业方式得出的结果正确的数据作为新系统的输入数据进行"真实"运行,用于将结果与手动作业进行校核,同时考察系统的有效性、可靠性和效率。为此,最好请用户一起参加系统调试工作。系统调试的关键是真实和全面。

为了使用户能有效地使用该系统,通常在总调之前由开发部门对用户进行培训。在总调阶段发现的问题往往和系统分析阶段的差错有关,涉及面较广且解决起来也较困难,这时需要和用户充分协商解决。

4. 特殊测试

除了上述常规测试外,还有一些必要的性能测试。这些测试往往不是针对程序在正常情况下运行正确与否,而是根据系统需求选择进行的,主要有峰值负载测试、容量测试、响应时间测试、恢复能力测试等。

8.4.5 面向对象软件测试

对于面向对象的软件来说,上面所讲的软件测试方法和技术基本上仍然适用。但是,由于面向对象方法学中继承、多态、消息传递等机制的存在,也使面向对象的测试具有一些与传统软件测试不同的特点。

面向对象软件测试也分静态测试和动态测试两种。静态测试主要对面向对象分析、设计的结果进行检查,找出模型中存在的问题。例如,利用用例模型和用例的规格说明检查功能上是否已经覆盖了所有需求以及其他不符合之处,检查类图中类、关系、包、操作等是否合理,检查分析和设计结果是否一致等。面向对象的动态测试也需要执行程序来查错,前面讲的设计测试用例的方法依然适用。

面向对象测试步骤分为单元测试、集成测试和系统测试,大体上分别与传统测试的模块调试、分调及总调相对应。

1. 面向对象的单元测试

面向对象的基本单元是类,单元测试实际就是对类的测试。类测试的目的主要是确保一个类的代码能够完全满足类的说明所描述的要求。单元测试分为算法层和类层测试,算法层测试类的每个服务,类层测试封装在同一类中的所有服务与属性之间的相互作用。传统的针对模块的设计测试用例的技术,如等价划分、边界值分析、逻辑覆盖、路径覆盖等依然是测试类中每个方法的主要技术。对于类层的测试可以采用分割测试的方法,用于减少用完全相同的方法检查类测试用例的数目,这与传统软件测试中的等价类划分相类似。分割测试可分为三种:基于状态的分割(按类操作是否改变类的状态分割)、基于属性的分割(按类操作所用到的属性分割)及基于类型的分割(按完成的功能分割)。对类的测试要覆盖类中所有操作、类中所有属性的设置和访问、类的对象的所有可能的状态转换及触发状态转换的所有事件。

2. 面向对象的集成测试

在面向对象程序中,系统的各项功能是散布在不同类中的,类之间通过消息传递相互申请和提供服务。我们把一组相互有影响的类看作一个整体,称其为类簇。对类簇的测试就是集成测试,主要依据系统中相关类的层次关系,检查类之间相互作用的正确性。测试时可以基于线程进行测试,就是集成响应系统的一个输入或事件所需的一组类,每个线程分别进行集成和测试;也可以基于使用进行测试,从分析类之间的依赖关系出发,通过从对其他类依赖最少的类开始测试,逐步扩大到有依赖关系的类,最后集成到整个系统。由于面向对象程序具有动态特性,程序的控制流无法确定,因此多采用黑盒法进行集成测试。

3. 面向对象的系统测试

系统测试是在集成测试的基础上进行的,主要以用户需求为测试标准,测试整个软件系统是否能满足用户的要求。它要针对系统功能、性能、强度、安全性、恢复能力等进行测试。进行系统测试时要尽量搭建与用户实际使用环境相同的测试平台,以保证测试结果的真实性。系统测试不仅是确认系统在实际运行时能否满足用户的需要,也是对软件开发设计的再确认。

在面向对象程序中,对象是属性和方法(操作)的封装体,对象间通过发送消息启动相应的服务,但对象并没有明显地规定用什么次序启动它的操作才是合法的。因此,在测试类的实现时,要基于场景、线索等进行测试,应该从各种可能的启动操作的次序组合中选出最可能发现属性和操作错误的若干情况,着重进行测试。

面向对象的继承与多态机制虽然为软件重用提供了方便,但却给面向对象的软件测试带来了新的问题。对于子类往往需要展开来进行测试,当子类中对继承过来的成员函数做了改动或成员函数调用了改动过的成员函数时都需要重新测试;如果继承的层次比较深,虽然能提高编程的效率,但却会加大测试的工作量和难度。

8.4.6 调试的排错方法

通过测试能发现系统中存在错误,但产生错误的具体位置并不能确定。为了纠错,首先就要进行错误定位。排错就是确定错误发生的确切位置和错误的原因并且改正错误。这是一项非常难做的工作。为更快、更准确的定位错误所在位置,可采取以下一些方法。

1. 试探法

调试人员分析错误征兆,猜想故障的可能位置,然后使用输出中间变量的方法获取程序中被怀疑的地方附近的信息。这种方法要求调试人员要有丰富的经验。

2. 对分查找法

如果已经知道每个变量在程序内若干关键点的正确值,则可以用赋值语句或输入语句在程序中点附近"注入"这些变量的正确值,然后检查程序的输出。如果输出结果是正确的,则故障在程序的前半部分;反之,故障在程序的后半部分。然后对有故障部分反复用这个方法,直到把故障范围缩小到容易诊断的程度为止。

3. 跟踪法

跟踪法分为正向跟踪和反向跟踪。正向跟踪是沿着程序的控制流从头开始跟踪,逐步检查中间结果,找到最先出错的地方。反向跟踪是从最先发现问题的地方开始,人工沿程序的控制流往回追踪源程序代码,直到找出错误原因为止。跟踪法对于调试小程序非常有效。

4. 归纳法

从错误征兆的线索出发,分析这些线索之间的关系,确定错误的位置。首先要收集、整理程序运行的有关数据,分析出错的规律,在此基础上提出关于错误的假设。若假设能解释原始测试结果,说明假设得到证实;否则要重新分析,提出新的假设,直到最终发现错误为止。

5. 演绎法

分析已有的测试结果,设想所有可能的错误原因,排除其中不可能的、互相矛盾的原因。然后将剩下的原因按可能性大小逐个作为假设解释测试结果,直至找到错误原因。必要时,对列出的原因要加以补充修正。

在排错时,将一些变量的中间结果输出(打印或显示)或者给某些变量在关键点位置赋正确的值是常用的排错技巧,对缩小错误范围非常有效。

8.5 系统转换

系统转换是指运用某一种方式由现行系统的工作方式向所开发的信息系统工作方式转换的过程,也是系统的设备、数据、人员等的转换过程。我们必须协调新旧系统之间的关系,否则将造成紊乱与中断,损害经济效益。

8.5.1 系统转换的条件准备

系统转换不是简单地启用新系统,而是要事先做好充分的准备工作。要准备新系统运行所需要的软硬件环境,还要对新系统所需工作人员做好充分的培训。具体来说,要包括以下几方面的条件准备工作。

1. 数据准备

新系统运行前要进行数据准备。准备系统基础数据所需的时间很大程度上根据系统切换的类型确定。

若原有系统存在一部分电子数据,对已有计算机系统上的文件转换可通过合并和更新来增添和扩展文件。若是将一个普通的数据文件转换到数据库中,往往需要改组或重建文件,较为费时,因此要尽量利用各种工具将原有数据导到新系统中。将手动处理的数据录入计算机系统的外存上是最费时间的数据准备。

数据的录入是将新系统运行所需的原始数据按照所要求的格式输入计算机内的工作。一个信息系统的运行需要大量基础数据,如某企业库存管理系统中的零件基础信息、储存的定额标准等,这些数据很大一部分是在旧系统中已经存在的基础数据,因而在系统的切换过程中首先要对这些基础信息进行收集,并对这些数据进行重新核对和整理,然后按需要的格式录入系统数据库中。在信息系统的开发工作中,这是一项重要的、细致的、工作量很大的工作,它是系统调试运行的基础,必须引起足够的重视。

数据的录入一般可分为以下三个步骤。

(1) 数据的收集整理

数据的收集整理是指对原系统中的原始数据进行收集和整理的工作。在一般手动处理信息系统中,经常会出现原始记录不全、信息缺少或记录与实际不符的情况,这就需要有经验的管理人员进行补充或修改。有些情况下,还要进行清查和盘点工作,以做到账物相符。数据的收集和整理工作量非常大,因此在系统分析阶段的后期就应该逐步开始。

(2) 数据转换

数据转换是指将整理好的原始数据按照数据库或文件的要求编辑转换为新系统所需格式的工作。这项工作应该由了解系统设计方案以及系统转换原则和方法的人员承担。

(3) 数据录入

数据录入是一项将已按照一定格式编辑好的数据输入计算机中的工作。这项工作应由熟悉计算机功能与操作的人员完成,以确保录入的正确。数据的录入工作是系统调试与运行的基础,必须充分估计其工作量和可能遇到的困难,安排好足够且合适的人力,包括让一些有经验的管理人员集中精力去做好这一工作。

在数据录入过程中还必须重视输入数据的正确性问题。为保证系统数据的正确录入,可重点考虑以下两个因素。

- 提高录入人员的素质。为提高录入人员的素质,要求对录入人员进行技术和思想的专门培训,不但要使他们具有有关的专业知识和实际操作的经验与技能,还要培养他们认真负责的工作态度和较强的事业心及责任感。
- 设置严格的数据录入检验程序。为保证输入数据的正确性,要对数据从收集整理一直到录入计算机中为止的整个过程进行检查,包括人工检查和计算机自动检查等多种方式,以确保数据录入的正确性。

2. 系统文档准备

系统调试完以后应有详细的说明文档供人阅读。该文档应使用通用的语言说明系统各部分如何工作、维护和修改。系统说明文件大致可分以下四类。

① 系统一般性说明文件，它包括用户手册、系统规程和特殊说明。
- 用户手册：给用户介绍系统的全面情况，包括目标和有关人员情况。
- 系统规程：为系统的操作和编程等人员提供的总规程，包括计算机操作规程、监理规程、编程规程和技术标准。
- 特殊说明：随着外部环境的变化而使系统做出相应调整等，这些是不断进行补充和发表的。

② 系统开发报告，它由以下几部分组成。
- 系统分析说明书：包括系统分析建议、系统分析执行报告和系统分析结果文件。
- 系统设计说明书：涉及输入、输出、数据库组织、处理程序、系统监控等方面。
- 系统实施说明：主要涉及系统分调、总调过程中某些重要问题的回顾和说明；人员培训、系统转换的计划及执行情况。
- 系统利益分析报告：主要涉及对系统的管理工作和职工所产生的影响以及系统的费用、效益分析等方面。

③ 系统说明书，它包括以下几部分。
- 整个系统程序包的说明；
- 系统流程图和程序流程图；
- 作业控制语句说明；
- 程序清单；
- 程序实验过程说明；
- 输入输出样本；
- 程序所有检测点设置说明；
- 各个操作指令和控制台指令；
- 操作人员指示书；
- 修改程序的手续，包括要求填表的手续和样单。

④ 操作说明，它包括系统的操作顺序、各种参数输入条件、数据的备份和恢复操作方法以及系统维护的有关注意事项。

3. 人员培训

为了使新系统能够按预期目标正常运行，对用户人员进行必要的培训是在系统转换之前不可忽视的一项工作。

信息系统是一个人机系统，它的正常运行需要很多人参与工作，将有许多人承担系统所需输入信息的人工处理过程以及计算机操作过程。这些人通常来自现行系统，他们熟悉或精通原来的人工处理过程，但缺乏计算机处理的有关知识，为保证新系统的顺利使用，必须提前培训有关人员。

需要进行培训的人员主要有以下三类。

(1) 事务管理人员

新系统能否顺利运行并获得预期目标在很大程度上与这些第一线的事务管理人员（或主管人员）有关系。因此，可以通过讲座、报告会的形式向他们说明新系统的目标和功能、系统的结构及运行过程,以及对企业组织机构、工作方式等产生的影响。对事务管理人员进行培训时,必须做到通俗、具体,尽量不采用与实际业务领域无关的计算机专业术语。例如,可以就他们最关心的问题展开对话。

① 计算机信息系统能为我们做些什么?
② 采用新系统后,我们和我们的职工必须学会什么新技术?
③ 采用新系统后,我们的机构和人员将发生什么变动?
④ 今后如何衡量我们的任务完成情况?
⑤ 我们如何使用新系统?

大量事实证明,许多信息系统之所以不能正常发挥预期作用,其原因之一就是没有注意对有关事务管理人员的培训,因而没有得到他们的理解和支持。因此,今后在进行新系统开发时必须注意这一点。

(2) 系统操作员

系统操作员是信息系统的直接使用者。统计资料表明,信息系统在运行期间发生的故障大多数是由于使用方法错误而造成的,如图 8-2 所示。因此,系统操作员的培训应该是人员培训工作的重点。

对系统操作员的培训应该提供比较充分的时间,除了学习必要的计算机硬件、软件知识,以及键盘指法、汉字输入等训练外,还必须向他们传授新系统的工作原理、使用方法以及简单出错的处置等知识。一般来说,在系统开发阶

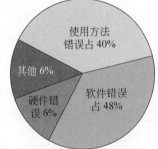

图 8-2 软件故障的原因

段就可以让系统操作员一起参加。例如录入程序和初始数据、在调试时进行试操作等,这对他们熟悉新系统的使用无疑是有好处的。

(3) 系统维护人员

对于系统维护人员来说,要求其具有一定的计算机硬件、软件知识并对新系统的原理和维护知识有较深刻的理解。在较大的企业和部门中,系统维护人员一般由计算机中心和计算机室的计算机专业技术人员担任。我们要让系统维护人员了解系统整体结构和概貌,系统分析设计思想和每一步的考虑,计算机系统的操作与应用,系统操作方式和输入方式,可能出现的故障及故障排除,文档资料的分类及检索方式,数据收集、数据规范、统计渠道、统计口径等运行的注意事项。

有条件时,应该请系统维护人员和系统操作员或其他今后与新系统有直接接触的人员参加一个或几个确定新系统开发方针的讨论会,因为他们今后的工作将与新系统有直接联系,参加这样的会议有助于他们了解整个系统的全貌并将给他们打好今后工作的基础。

对于大、中型企业或部门用户,人员培训工作应列入该企业或部门的教育计划中,在系统开发单位配合下共同实施。

4. 设备安装

系统的安装地点应考虑系统对电缆、电话或数据通信服务、工作空间、存储、噪音和通信条件及交通情况的要求。计算机系统的安装应满足两个要求。

① 使用专门的地板,让电缆通过地板孔道连接中央处理机及各设备,保证安全。
② 提供不间断电源,以免丢失数据。

除此之外,系统转换的准备工作还应包括机房电力、照明、系统消耗品和备品备件等的准备。

系统设备在系统实施的初期就已购置和安装完毕,并且在调试阶段已做了调试。在此基础上,还应该对系统进行一次全面的调试和模拟运行,以确保系统转换工作的顺利进行。

8.5.2 系统试运行

系统试运行是指在系统没有正式转换之前所进行的试验运行。它是系统正式转换的前期准备工作,是系统调试工作的延续。系统试运行要输入各种原始数据,记录系统运行状况和产生的数据,核对现行系统与目标系统输出的结果,同时对目标系统的操作方式进行考察(方便性、效率、安全可靠性、误操作保护等),测试系统运行及响应速度(运算、传递、查询、输出速度等)。

8.5.3 系统转换方式

为保证原有系统有条不紊地顺利转换到新系统,在进行系统转换前应仔细拟订方案和措施,确定具体的步骤。

系统转换方式通常有三种,如图 8-3 所示。

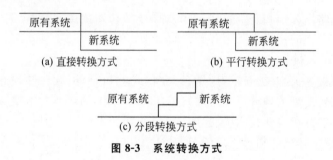

图 8-3　系统转换方式

1. 直接转换

直接转换就是在原有系统停止运行的某一时刻让新系统立即投入运行,中间没有过渡阶段。这种方式简单,人力和费用最省,但风险大。它适用于新系统不太复杂或原有系统完全不能使用的场合,但新系统在切换之前必须经过充分调试并经严格测试。同时,转换时应做好准备,当新系统不能达到预期目的时,须有应急预案。直接转换的示意图如图 8-3(a)所示。

2. 平行转换

平行转换就是新系统和原系统平行工作一段时间,经过这段时间的并行运行后,再用新系统正式替换原有系统。在平行工作期间,手动处理和计算机处理系统并存(或者老系统和新系统并行),一旦新系统有问题,就可以暂时停止而不会影响原有系统的正常工作。平行转换过程如图 8-3(b)所示。

平行转换通常可分两步走。首先以原有系统的作业为正式作业,新系统的处理结果作为校核用;经过一段时间运行,在验证新系统处理准确可靠后,原有系统退出运行。根据系统的复杂程度和规模大小不同,平行运行的时间一般在两三个月到 1 年。

平行转换方式安排了一个新旧系统的并存期,这样不但可以保持系统业务的不间断,减轻管理人员的心理压力,而且可以不断地修正新系统出现的问题,使得系统转换的风险较小,安全性好。在转换期间还可同时比较新旧两个系统的性能,让系统操作员和其他有关人员得到全面培训。因此,对于一些较大的信息系统或处理过程复杂、数据重要的系统,平行转换是一种最常用的转换方式。

由于在平行运行期间要两套系统同时运行,因而人力和费用消耗大,转换的周期长。这就要求做好转换计划并加强管理,在新旧系统验证吻合后及时停止旧系统。

3. 分段转换

分段转换方式是上述两种方式的结合,即在新系统正式运行前分期分批逐步替换老系统,如图 8-3(c)所示。一般来说,在切换过程中没有正式转换的那部分可以在一个模拟环境中进行测试。这种方式既保证了可靠性,又不至于费用太大,一般比较大的系统采用这种方式较为适宜。但这种分段转换方式对系统的设计和实现都有一定的要求。

采用分段转换时,各子系统的转换次序及具体步骤均应根据具体情况灵活考虑。通常可采用如下策略。

① 按功能分阶段逐步转换。首先确定该系统中的一个主要业务功能,如将财务管理率先投入使用,在该功能运行正常后再逐步增加其他功能。

② 按部门分阶段逐步转换。先选择系统中的一个合适部门,在该部门设置终端,获得成功后再逐步扩大到其他部门。这个首先设置终端的部门可以是业务量较少的,这样比较安全可靠;也可以是业务最繁忙的,这样见效大,但风险也大。

③ 按机器设备分阶段逐步切换。先从简单的设备开始切换,再推广到整个系统。例如,对于联机系统,可先用单机进行批处理,然后用终端实现联机系统;对于分布式系统,可以先用两台微机联网,以后再逐步扩大范围,最终实现分布式系统。

总之,系统切换的工作量较大,情况十分复杂。据国外统计资料表明,软件系统的故障大部分发生在系统切换阶段,如图 8-4 所示。这就要求开发人员切实做好准备工作,拟定周密的计划,使系统切换不至于影响正常的工作。

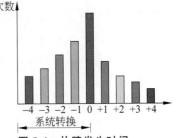

图 8-4 故障发生时间

此外,在拟定系统切换计划时应着重考虑以下问题。

① 系统说明文件必须完整。

② 要防止系统切换时数据的丢失。

③ 要充分估计输入初始数据所需的时间。对信息系统而言,首次运行前需要花费大量人力和时间输入初始数据,对此应有充分准备,以免措手不及。

本 章 小 结

在系统实施阶段,需要投入大量的人力、物力、财力。在实施过程中,经常会遇到各种各样的实施前未曾预料到的棘手问题,这些问题导致了计划变更频繁,部门之间、单位之间、人员之间的协调成本增加,项目严重拖期甚至失败。因此,制定一个好的实施计划对信息系统的成功实施起着决定性的作用。

在正式组织系统实施时必须先做好实施环境的建设。要进行计算机机房的建设,购置所需设备,进行设备的安装与调试。

程序设计是进行程序编制工作。选择合适的编程语言及开发工具、养成良好的程序设计风格、采用结构化程序设计方法等有助于提高系统的质量,衡量编程工作质量的指标有可靠性、实用性、规范性、可读性及可维护性。

系统测试与调试是找出系统中存在的错误并加以改正的重要阶段,工作量很大,要采取有效的方法与策略。系统测试的方法总体来说有静态测试法和动态测试法两种。动态测试方法可以分为白盒测试和黑盒测试两种方法。人们常把黑盒法和白盒法联合起来进行,这被称为灰盒法。设计测试数据的技术主要有:适用于黑盒测试的等价类划分、边界值分析及错误推测法等;适用于白盒测试的逻辑覆盖法等。

系统转换是指运用某一种方式由现行系统的工作方式向所开发的信息系统工作方式转换的过程。系统转换前要进行数据准备和系统文档准备并进行人员培训及设备安装,在正式转换前要进行系统试运行。

系统转换方式通常有三种:直接转换、平行转换和分段转换。

习 题

1. 系统实施的工作任务是什么?
2. 为何要制订系统实施计划?系统实施计划包括哪些内容?
3. 系统实施环境的建设包括哪几方面的工作?
4. 对高质量的程序有哪些基本要求?
5. 衡量编程工作的指标有哪些?
6. 请列举你所钟爱的编程语言并说明它有什么特点。
7. 系统测试的方法有哪几种?
8. 适用于黑盒法的设计测试用例的技术有哪几种?适用于白盒法的设计测试用例的技术有哪几种?
9. 对下面用 PDL 表示的程序进行测试,用逻辑覆盖法及路径覆盖法设计测试用例。

```
Begin
    If (A=3) OR (B>1)
Then x=A*B
    If (A>2) AND (B=0)
Then x=A-3
End
```

10. 系统转换前要进行哪些条件准备？

11. 试比较三种转换方式，说明为何直接转换方式在实际转换过程中用得较少。

12. 用等价类划分法为某医院病床编号设计测试用例。

病床编号由三部分组成。

① 疗区编号：2位数字，第一位为0~4的任意数，第二位为0~9的任意数。

② 病房编号：2位数字，第一位为0~6的任意数，第二位为0~9的任意数。

③ 床位号：1位数字，1~5的任意数。

第9章 信息系统运行、维护与管理

信息系统运行阶段的管理目标就是使信息系统在其生命周期内保持良好的运行状态,为用户提供需要的服务。为此,除了要加强对系统日常运行工作的管理外,还要重视对系统的维护与修改,这一工作在整个系统生命周期中所占比重可能大于60%,是一项长期性的工作。

9.1 系统运行管理与维护

在信息系统的日常运行阶段,为保证系统正常有效地工作,需要建立规章制度,加强日常的运行管理。对于不可避免的系统维护,为避免维护的副作用,也要加强对维护的管理。

9.1.1 系统运行管理

系统转换完成后即进入系统运行阶段。这个阶段是信息系统为用户服务并给用户带来效益的阶段,也是信息系统生命周期中时间最长的一个阶段。而系统能否发挥应有的作用并达到设计的目的,一方面取决于系统开发的质量,另一个更重要的方面是取决于对系统运行过程的管理。任何一个系统都不是一开始就很好,总是经过反复的开发、运行、再开发和再运行的循环不断完善的。为了让IS长期高效地工作,必须加强对运行的日常管理工作。

1. 系统运行的管理机构与人员设置

(1) 系统运行的管理机构

为确保信息系统正常运行,为组织提供信息服务,要加强系统运行的组织管理工作,明确系统运行的管理机构及管理职责。当前国内组织中负责信息系统运行的机构一般是信息中心、计算中心、信息处、信息部等信息管理职能部门。信息系统管理机构的形式、规模和组织地位与信息系统在组织中的地位和作用有关,也与组织的规模有关。一个小企业可能没有专门的信息管理部门,托管服务器业务及丰富的现成商品软件都使小企业即使没有专门的信息管理部门,也可以进行信息系统的运行,只要有人负责与软件供应商及托管服务商联系即可。而对于一个大型企业来说，企业中可能设有规模庞大的信息组织机构，例如大型零售企业沃尔玛，其总部设有信息中心，中心有员工近 3000 名，分别从事项目管理、应用软件开发、系统维护等工作。在早期，信息管理机构往往归属于组织的其他部门之下，而随着人们对信息战略地位认识的提高，信息管理机构在组织中的地位也逐步提高，出现了与其他部门平行的信息管理机构，甚至出现了在企业最高管理部门领导之下而高于其他部门的信息管理机构。

不管如何设置信息管理机构，都要明确机构的职责。信息管理机构的职责包括：企业信息化建设规划的制订和实施，信息系统日常运行工作的管理，各项信息系统规章制度的制订与监管，评价信息系统的运行效果，信息系统维护的组织、管理与协调等。对于大型企业来说，一般信息管理机构规模较大，人员较多，各类专业技术人才全面，实力较强，并且承担的职责较全面。而中小企业的信息部门一般规模较小，不具有维护系统的能力，只负责系统日常运行管理的例行监管、简单的故障处理、系统初始化、备份等系统管理工作及系统维护的协调管理工作。

(2) 人员构成

信息管理机构包括的人员可以分为三类。

① 信息主管。美国 CIO 杂志对信息主管（CIO）的定义是：CIO 是负责一个公司信息技术和系统所有领域的高级官员。他们通过指导对信息技术的利用来支持公司的目标。他们具备技术和业务过程两方面的知识，具有多功能的概念，常常是将组织技术调配战略与业务战略紧密结合在一起的最佳人选。他们通过沟通、集成和组织实现信息资源整合并给企业带来平衡和利益。

从 CIO 的定义可以看出，CIO 可以说是信息部门中的灵魂人物，在组织中有着重要地位。CIO 的职责应该是负责管理组织的信息，在组织目标的实现与信息化建设之间架起桥梁。CIO 的工作重点是信息资源的获取与利用，而不是管理信息技术或信息系统，后者只是前者的工具或手段。具体来说，CIO 的职责应该包括以下几方面。

- 进行信息资源规划。挖掘企业的信息资源，制订企业信息化战略。
- 制订系统规划。结合组织内外部条件及发展需要，制订组织信息化建设方案，包括技术、资金、时间、流程整合等的计划与安排。
- 负责信息系统开发的组织与管理。结合组织的具体条件，选择系统开发方法（自行开发、请专业软件开发公司开发或购买现成软件），对整个系统开发建设实施全过程进行组织与管理。
- 负责企业信息化基础工作。协助企业完成业务流程重组，规范工作流程，明确定额与标准，运用信息管理技术重建企业的决策体系和执行体系，制订系统开发规范，如信息编码、文件管理等的统一标准。
- 负责系统运行的组织管理工作。安排企业信息化培训，制订系统运行的各项规章制度，对系统维护工作进行组织管理与协调，组织人力进行系统评价。
- 负责信息部门的组建与管理。CIO 应结合企业实际情况，合理组建信息管理部门人员队伍，划分部门组织结构，明确规定部门岗位及岗位职责，合理分配各项任务。

② 系统运行管理人员。这大致包括系统维护管理人员、管理人员和操作人员。系统维护管理人员主要负责硬件维护、软件维护、数据库维护、网络维护等工作。管理人员主要负责耗材、资料、培训规划、值班管理等日常管理工作。操作人员指的是具体业务岗位上的工作人员，他们往往分属于各业务部门，而不属于信息管理部门，是信息管理部门服务的对象。

③ 系统开发人员。这包括系统分析员、系统设计员、程序员、测试人员等，负责系统开发、维护工作。

信息管理部门的人员设置在不同规模的企业中差别很大。一般来说，大企业和特别重视信息系统新技术快速应用的企业信息管理部门的人员设置比较全面，基本可以负责企业全面的信息化建设工作。而对于一些中小企业来说，受自身实力影响，由于信息系统开发的分工越来越细，专业化程度越来越高，而且商品化软件越来越丰富，企业独自开发系统的情况越来越少，因此系统开发方面的人员很少甚至没有。由于现在服务器托管、主机托管业务的出现，企业中的系统维护管理人员可以大大缩减甚至不设，各企业要结合自身情况合理设置信息管理部门的人员构成。在当今这个信息时代，无论何种规模的企业都要有担负整个企业信息化建设工作总指挥的CIO或有对信息化建设工作非常了解的高层领导。

2. 建立系统运行的规章制度

系统的运行必须遵守诸如《中华人民共和国计算机信息网络国际联网管理暂行规定》《中华人民共和国计算机信息系统安全保护条例》等国家法律、法规。此外，为保证系统能够正常、有效、安全地运行，还必须建立起系统的、完善的企业内部规章制度。这些规章制度可归纳为以下几方面。

① 系统运行管理制度。包括系统运行操作规程、系统定期维护制度、用户使用规范、系统修改规程、系统日志的填写规定、系统信息的安全保密制度、系统安全制度等。

② 文档资料管理制度。包括系统开发过程的各类文档、系统使用说明类文档、系统维护文档等的保管使用制度。

③ 基础数据管理制度。包括各类数据收集、整理、原始数据出错处理、存档等的规定。

④ 日常监管制度。包括日常对各部门和岗位监管的内容、监管周期、衡量标准等方面的规定。

光有制度是不够的，必须有制度的实施和监察手段，要对系统人员进行教育和督促，从思想上和制度上保证各种规章制度的执行。

3. 日常运行的管理

信息系统投入使用后，日常运行的管理工作需要完成的任务主要有以下几项。

① 数据的收录：数据收集、数据校验及数据录入。

② 完成例行的信息处理及信息服务工作。常见的工作包括例行的数据维护、统计分析、报表生成、数据的复制及保存、与外界的定期数据交流、计算机设备的日常修理与维

护等。

③ 临时性的信息服务。这包括临时性的查询检索并生成某些一次性的报表,进行某种预测或方案的预算工作。

④ 系统运行情况的记录。记录各工作站点的日常运行情况,包括如下 5 方面的内容。

- 工作数量:包括开机的时间,每天、每周、每月录入数据的数量,积累的数据总量,数据使用的频率,满足用户临时性要求的数量等。
- 工作效率:记录完成每项工作的时间及人力物力,如完成一次报表的编制及打印花费的系统时间和人力。
- 系统服务质量:记录用户对系统提供信息的方式是否满意,所提供的信息在内容及时间上是否符合用户要求,对临时提出的信息需求是否满足等。
- 系统维护的记录:包括维护工作的内容、维护时间、维护人员及维护的验收情况等。
- 系统的故障情况:对系统中出现的故障(无论大小)都要记录,例如运行中出了什么问题或故障,什么情况下出现的问题,采取了哪些措施及其效果。这些内容应记录在正规的值班日志上,这对以后系统的维护有重大的参考价值。

对整个系统运行情况的记录能够反映出系统在大多数情况下的状态和工作效率,对于系统的评价与改进具有重要的参考价值。但这项工作比较烦琐,在实际中往往会流于形式,因此应考虑在系统中设置自动记录功能,尽量减轻工作人员的负担,但对于不适合用机器记录的内容,应作为一种责任与制度,明确由相关人员作书面记录。

9.1.2 系统维护

系统在运行过程中会暴露出系统开发时未曾发现的问题,计算机软硬件技术的快速发展变化也会对系统产生影响,而用户业务的变化要求信息系统能与之适应,这些问题都要求对信息系统进行维护,系统维护在信息系统运行过程中是不可避免的。通过系统维护能有效地延长系统生命周期中系统发挥作用的运行阶段,因此要对系统维护工作有充分的认识。

1. 系统维护的定义

系统维护是指在信息系统交付使用后,为改正错误或满足新的需要而修改系统的过程。

无论经过多么充分的调试,一个系统在运行期间都会不可避免地暴露出某些隐含的错误,而且系统的内外环境以及各种人为的、机器的因素都不断地在变化着。为了使系统能够正常运转,适应变化,就要进行系统维护的工作。对系统的维护工作贯穿于系统整个运行期间,维护工作的质量将直接影响到系统的使用效果。

维护是信息系统生命周期中花钱最多、延续时间最长的活动。有人把维护比成"墙"或"冰山",以形容它给软件生产所造成的障碍。近年来,从软件的维护费用看,其已经远远超过系统的软件开发费用,占系统硬/软件总投资的60%以上。典型的情况是,软件维护费用与开发费用的比例为2∶1,一些大型软件的维护费用甚至达到了开发费用的40~50倍。因此,企业的领导者一定要对维护所需费用有充分的估计和准备,否则会造成系统生命过早结束。

2. 系统的可维护性

系统的可维护性对系统维护工作有着直接的影响,系统开发人员应对系统的可维护性有清醒的认识,以便在整个开发过程中注重系统的可维护性工作。

软件可维护性可以定性地定义为维护人员理解、改正、改动和改进软件的难易程度。要了解系统是否能被很好地维护,可用系统的可维护性这一指标衡量。

系统的可维护性可通过以下几方面衡量。

① 可理解性。这指别人能理解系统的结构、界面功能和内部过程的难易程度。例如模块化、结构化设计或面向对象设计,良好的高级程序设计语言及良好的编码风格,与源程序一致并且完整、正确、详尽的设计文档等,这些都有助于提高系统的可理解性。

② 可测试性。诊断和测试的容易程度取决于易理解的程度。好的文档资料有利于诊断和测试。同时,程序的结构、高性能的调试工具以及周密计划的测试工序也至关重要。系统调试与测试阶段所保留的各种测试用例对可测试性有很大的帮助。

③ 可修改性。诊断和测试的容易程度与系统设计所制定的设计原则有直接关系。模块的耦合、内聚以及作用范围与控制范围的关系等都对可修改性有影响。独立性高的模块的可修改性好。

④ 软件文档。文档是软件可维护性的决定因素。由于长期使用的大型软件系统在使用过程中必然会经受多次修改,因此完善的文档比程序代码更重要。

3. 系统维护的类型

按维护活动的目的不同,可把系统维护分成以下4种类型。

① 改正性维护。系统测试不可能发现一个大型系统中所有潜藏的错误。因此,在大型软件系统运行期间,用户难免会发现程序中的错误,这就需要对错误进行诊断和改正。改正性维护就是改正在系统开发阶段已发生的而系统调试阶段尚未发现的错误。

② 适应性维护。由于计算机科学技术的迅速发展,新的硬件和软件不断推出,使得系统的外部环境发生变化。这里的外部环境不仅包括计算机硬件和软件的配置,而且包括数据库、数据存储方式等"数据环境"。为适应变化的系统外部环境,就需要对系统进行相应的修改,这种修改就是适应性维护。

③ 完善性维护。在系统的使用过程中,由于业务处理方式和人们对信息系统功能需求的提高,用户往往会提出增加新功能或修改已有功能的要求,例如修改输入格式以及调整数据结构使操作更简单、界面更漂亮等。为满足用户所提出的增加新功能或修改已有功能以完善其性能的需求而对系统所做的修改就是完善性维护。

④ 预防性维护。为进一步提高软件的可维护性和可靠性以给改进创造条件而需要

对软件进行的其他维护称为预防性维护。

综上所述,系统维护应包括对系统的改正、改变和改进这三方面,而不只是局限于改正错误。

4. 系统维护活动的内容

系统维护一般包括对以下几方面的维护。

① 程序的维护。信息系统的功能是在程序中实现的,因此环境的变化、问题和错误的出现、完善功能要求的提出等只有借助于程序修改才能应付和解决。程序的维护指改写一部分或全部程序,通常都会充分利用源程序。在进行程序维护时,要注意维护副作用的问题。一般来说,信息系统的维护工作造成的影响往往是局部的,但也有可能涉及整个系统。因此,程序维护应三思而后行。出现问题后,维护人员要查阅有关的系统设计资料并仔细核对有关源程序,确实找出故障原因后,提出维护要求,填写维护申请表。申请表必须简明清楚,应注明修改要求及可能带来的影响。申请表经主管领导批准后,维护工作才能进行,以免造成系统的混乱。在程序修改完成后,还应该利用以前调试中使用的调试用例进行回归测试。回归测试可以最大限度地避免由程序修改而可能带入的新错误。若是增加功能,则应设计新的调试用例调试新增功能。调试完成后,需要修改或补充有关文档资料,然后方可交付使用。程序维护不一定要在条件变化或运行过程中出现问题时才进行,效率不高、不太完善的程序也需要改进。一般说来,信息系统的主要维护工作量是对程序的维护。

② 数据的维护。系统业务处理对数据的需求是不断变化的,因此需要不定期地对数据文件进行修改和调整(这里仅指非正常更新)。数据文件的维护包括数据维护、结构维护、数据文件的增设和删除等内容。其中,数据维护可通过专门的维护程序实现。结构维护和数据文件的增设往往是出于功能增加和完善的需要,因此数据文件维护很可能伴随有程序维护。

③ 代码的维护。随着用户环境的变化,原有的代码已经不能继续适应新的要求,这时就必须对代码进行变更。代码的变更(即维护)包括订正、新设计、添加和删除等内容。代码维护的困难不在于代码本身的变更,而在于新代码的贯彻使用。当有必要变更代码时,应由现场业务经办人和计算机有关人员组成专门的小组进行讨论决定,用书面报告明确并事先组织有关使用者学习,然后输入计算机并开始实施新的代码体系。

④ 设备的维护。信息系统正常运行的基本条件之一就是保持计算机及外部设备的良好运行状态。设备的维护包括机器、设备的日常维护与管理以及发生故障时的紧急维护。要建立相应的规章制度,有关人员要定期地对设备进行检查、保养和查杀病毒工作,应设立专门的设备故障登记表和检修登记表,做好相关的记录。信息系统应有专门人员负责对机器设备的保养和定期检修,并且保证在机器出现故障后能及时修复,避免因硬件故障而造成对软件系统和数据的破坏。

⑤ 机构和人员的变动。信息系统是人机系统,人在系统中占有重要地位。为使信息系统的流程更加合理,有时会涉及机构和人员的变动。另外,原有人员的人事变更(如工作调动等)也要求其岗位立即得到补充。人员的变化会在一定程度上影响系统的正常工

作。为减少影响,系统主管部门应积极听取现有人员的意见,选拔和任用责任心强、工作认真细致、熟悉业务的人员接替工作。如果接替人员对业务不是很熟悉,则应对其全面培训,提出要求,到期考核,使系统尽快恢复正常运行。

5. 系统维护的步骤

系统维护通常会影响局部甚至整个系统的正常运行,在进行系统维护时,尤其是涉及程序维护时,由于系统本身的内在联系,系统各功能模块间的相互耦合关系,往往可能造成"牵一发而动全身"的不可收拾的后果。因此,系统维护工作必须采取严格的管理程序,有准备、有计划地进行。系统维护的内容名目繁多,每项工作都应由专人负责,通过一定手续并得到批准后才能进行。通常,对于一些重大的修改内容还要填写变更申请表,由审批人员正式批准后才能开展维护工作。维护工作的审批人员要对系统非常熟悉,能够判断各种变更的必要性、影响范围和产生的后果。有时在运行过程中发生中断后,也许会由当时在场的操作人员及时修改并排除了故障,但是事后也应填写修改记录,注明事故发生的原因和解决的措施,以便有据可查。

综上所述,系统维护一般要经过以下步骤。

① 提出修改申请。由从事系统操作的各类人员或业务领导提出对某项处理的修改要求,申请形式可采用报告形式,也可填写专门的申请表。

② 领导审批。系统维护小组的领导负责审批各项申请。审批之前,要进行一定的调查研究,在取得比较充分的第一手资料后,根据系统的情况和工作人员的情况,做出是否修改和何时修改的批示。

③ 分配维护任务。根据维护的内容向程序员或系统的硬件、软件人员分配任务,并且说明具体要求,规定任务完成期限。

④ 验收维护成果。当有关人员完成维护修改任务后,系统操作人员验收所修改部分及与修改部分相关联的部分。验收通过后,将修改部分正式投入使用。

⑤ 修改有关文档。维护工作完成后,应及时修改或补充有关文档,使其与维护后的系统一致。如果是增加新的功能,则应与开发系统一样将有关资料都补充到原有文件中,确保系统资料的完整性。

需要强调的是,系统的维护工作要使用很多资源,维护工作量可能会很大,对于某些重要的修改,其工作量甚至类似于一个小型系统的开发。因此,也应按照系统开发的步骤进行。在某个维护目标确定后,维护人员必须先理解要维护的系统;然后建立一个维护方案,在维护方案中要考虑修改的影响范围和波及面的大小;接着按预定维护方案修改程序。此外还要对程序和系统的有关部分进行重新测试,若测试发现较大问题,则要重复上述步骤;若通过,则可修改相应文档并交付使用,结束本次维护工作。

必须强调的是,维护是对整个系统而言的。因此,除了修改程序、数据、代码等部分外,必须同时修改涉及的所有文档。对文档的维护也是软件维护中的重要工作。

系统维护和系统开发有许多共同之处,因此前几章介绍的开发技术和工具在这里都可以使用。

6. 系统维护的组织和管理

(1) 维护的组织和管理

从本质上讲，维护工作可以看成开发工作的一个缩影。为有效地进行维护工作，首先必须建立一个维护组织，由这个维护组织审批维护申请、确定维护报告、进行维护工作的组织与评价，而且必须为每个维护要求规定一个标准化的事件序列。此外，还应该建立一个适用于维护活动的记录保管过程，并且规定复审标准。

在企业中，应在专门负责信息系统的机构中设立系统维护小组，专门负责接受用户的维护申请及维护工作的组织。维护组织成员应对整个系统有清晰的理解。管理的内容应包括对申请的审查与批准、维护活动的计划与安排、人力资源的分配、批准并向用户提供维护的结果（例如软件的新版本），以及对维护工作进行评价与分析等。

维护组织应在维护活动开始之前就明确维护责任，这样做可以大大减少维护过程中可能出现的混乱。要根据对维护工作定量度量的结果，做出关于开发技术、语言选择、维护工作量规划、资源分配及其他许多方面的规定，确保维护工作有效地进行；而且可以利用这些数据分析评价维护工作的质量。

(2) 维护文件

维护要有书面文件：用户填写维护申请表，维护管理员填写维护报告，维护人员填写维护记录。

① 维护申请表。软件维护人员通常给用户提供空白的维护申请表——有时称为软件问题报告表，这个表格由要求进行维护活动的用户填写。该表必须完整描述导致出现错误的环境（包括输入数据、全部输出数据以及其他有关信息）。对于适应性和完善性的维护要求，应该提出一个简短的需求说明书。

② 软件维护报告。维护组织在接到用户的维护申请后，维护组织内部应该编制一个软件维护报告，给出下述信息。

- 满足维护申请表中提出的要求所需的工作量。
- 维护申请要求的性质。
- 这项申请与其他申请相比的优先次序。
- 预计软件维护后的状况。

在拟订进一步的维护计划之前，把维护报告提交给维护授权人审查批准。

③ 维护记录。维护记录是维护管理员评价维护工作有效性的主要依据。一般维护记录主要应包括以下三方面的内容。

- 维护前程序的情况，例如程序的名称、语句或指令条数、所用的语言、安装启用日期以及启用以来运行的次数和其中运行失效的次数等。
- 维护中对程序修改的情况，例如修改程序的层次和标识、因程序变动而增加和删除的源语句行数、修改日期与修改人以及每一项改动耗费的人时数。
- 其他的重要数据，如维护申请单的编号、维护的类型、维护起止日期、耗用的总人时数、维护完成后产生的净收益等。

维护记录在每次维护完成后填写，它是软件配置的组成部分，应该为每项维护工作收集上述数据。维护记录是维护评价的基础。

（3）评价维护活动

根据维护记录,至少可以从 7 个方面度量维护工作。

① 每次程序运行的平均失效次数。

② 用于每一类维护活动的总人时数。

③ 平均每个程序、每种语言、每种维护类型所做的程序变动数。

④ 维护过程中增加或删除一个源语句平均花费的人时数。

⑤ 维护每种语言平均花费的人时数。

⑥ 处理一张维护申请表的平均时间。

⑦ 各类维护申请的比例。

在上述评价活动的基础上,可以做出有关开发技术、语言选择、维护工作计划、资源分配等方面的决定,这对于以后的维护具有重要的指导意义。

9.2 系统监理与审计

信息系统的开发工作非常复杂,单纯依靠开发方人员及用户很难保证系统的质量。为保证系统的质量,需要引进系统监理与审计机制,由第三方人员就系统开发过程的各项工作及运行后的质量进行监理与审计。

9.2.1 系统监理

信息系统工程涉及面广,具有投资大、周期长、高风险的特点,其科技含量、复杂程度和隐蔽性远远高于工业工程,而信息技术的发展又日新月异,单纯依靠建设方人员很难保证项目的规范化和合理化。要使信息系统充分发挥作用,必须保证工程质量。据有关资料统计,约有 70% 的 IT 项目超出预定的开发周期;20%～50% 的大型项目超出计划交付时间;90% 以上的软件项目开发费用超出预算,不仅严重损害双方利益,也给国家造成不应有的损失。要确保信息系统工程质量,行之有效的手段是引入工程监理机制,"信息化监理"应运而生。

1. 信息系统工程监理

信息产业部在 2002 年颁布了《信息系统工程监理暂行规定》。《信息系统工程监理暂行规定》的第五条规定:信息系统工程监理是指依法设立且具备相应资质的信息系统工程监理单位(以下简称"监理单位"),受业主单位委托,依据国家有关法律法规、技术标准和信息系统工程监理合同,对信息系统工程项目实施的监督管理。

信息系统工程监理的目标就是促使双方在系统建设开发行为方面符合国家法律、法规及有关政策和相关技术标准的规定,制止开发行为的随意性和盲目性,促使开发进度和质量按计划(合同)实现,力求开发行为合法、科学、合理、经济。

2. 信息系统工程监理的内容

信息系统工程监理的内容包括工程咨询、招标、设计、实施、验收、评测等,涵盖整个信息系统工程事前、事中、事后的全过程。信息系统工程监理的内容可以用"三控两管一协调"概括。

① 质量控制。在监理工作的各个阶段必须严格依照承建合同的要求,审查关键性过程和阶段性成果,检查其是否符合预定的质量要求,而且整个监理工作中应强调对项目质量的事前控制、事中监管和事后评估。

② 进度控制。在项目实施过程中,监理工程师严格按照招标文件、合同、项目进度计划的要求,对项目进度进行跟进,确保整体建设工作有序进行。

③ 投资控制。在建设前期协助业主单位正确地进行投资决策;在设计阶段对设计方案、设计标准和总预算进行审查;在建设准备阶段协助确定标底和合同造价;在实施阶段审核设计变更,核实已完成的工程量,进行项目进度款签证和索赔控制;在项目竣工阶段审核项目结算。

④ 合同管理。有效解决用户单位和承建单位在项目建设过程中的合同争议,保障项目各方权益。合同管理是进行"三控"的手段,是监理单位站在公正立场采取各种控制、协调与监督措施履行监理职责的依据,是实施"三控"的出发点和归宿。

⑤ 信息管理。规范信息组织与管理工作,确保项目信息沟通交流渠道畅通,科学地记录项目建设过程,保证项目信息的准确性、完整性和时效性,为项目建设过程的管理、检查和决策提供依据,为系统后期维护提供文档保障。

⑥ "协调"是指监理人员要建立一套科学的协调机制,在项目实施过程中协调建设方和承建方的关系,妥善解决出现的问题。

3. 引入监理机制的作用

监理是站在中立第三方,按照法律、法规、规范和标准实施监理。依据国家通用的技术标准、技术规范、行业规范实施监理,不仅规范了承建方,也规范了建设方。监理人员从项目规划咨询、招投标咨询、中标方技术方案审核等方面对项目实施监理,加大了项目管理力度,确保了项目的合理性和规范性,保证了项目实施计划的可行性以及项目实施的进度和质量。

对于建设方,监理人员可进行技术咨询和技术把关,从可行性研究、需求调研、需求分析到方案设计、项目预算,从立项到项目招标以及从项目实施、项目验收到项目评测,做到有依据、有规范和有步骤。通过监理日志、监理周报、监理月报、监理专项报告等监理文件,做到对项目进度、质量、投资等情况了如指掌。

对于承建方,监理人员可运用项目管理体系审核项目建设方案和项目组织安排,可通过质量管理体系检查评估产品质量和工程质量,验收设备与系统。这样既可以提高开发效率,还可以优化技术方案。

通过在信息系统工程项目建设中引入监理机制,对项目进行全程监理,以及监理方的"三控两管一协调",可有效解决出现的问题,降低建设方和承建方的风险,保证项目的进度和质量。同时,监理方承担监理风险和监理责任,在项目实施、验收、质保过程中,一旦出现工期或质量问题,监理方应负相应责任。

4. 如何选择信息系统工程监理公司

如何选择信息系统工程监理公司是实施信息系统工程监理的首要问题。信息系统工程比较复杂,涉及的问题很多,对信息系统工程监理公司的要求比较高。应从信息系统工程监理公司的技术实力、工程监理的实践经验等方面加以比较和选择。监理公司的选择方式一般有两种:①建设方单位直接委托;②采用招标方式选择。监理公司的资质级别、专家资源情况、监理案例的多少、监理项目所属行业等方面是要考虑的重要因素。监理公司应具备较高的技术能力、较强的管理能力、丰富的实践经验,应熟悉本行业业务,掌握本行业应用技术。选定监理公司后,应签订监理合同,在监理合同中明确建设方和监理方各自的责任、权利和义务。合同内容包括下列几点。

① 监理业务内容。
② 双方的权利和义务。
③ 监理费用的计取和支付方式。
④ 违约责任及争议的解决办法。
⑤ 双方约定的其他事项。

9.2.2 系统审计

关于信息系统审计,目前还没有固定通用的定义。Ron Weber 在《信息系统审计与控制》一书中指出:"信息系统审计是一个获取并评价证据,以判断信息系统是否能保证资产的安全、数据的完整以及有效地利用组织的资源并实现组织目标的过程。"日本通产省情报协会对信息系统审计定义如下:为了信息系统的安全、可靠与有效,由独立于审计对象的信息系统审计师以第三方的客观立场对以计算机为核心的信息系统进行综合的检查与评价,向信息系统审计对象的最高领导提出问题与建议的一连串的活动。从上面的定义可以看出:从过程角度来看,审计对象存在于信息系统的整个生命周期之中,是指各类以计算机为核心的信息系统及其相关的技术和管理活动。信息系统审计是指根据公认的标准和指导规范对信息系统及其业务应用的效能、效率和安全性进行监测、评估和控制的过程,以确定预定的业务目标是否得以实现。审计不仅是项目完成时验收的需要,而且在信息系统运行和维护过程中更为重要,这就要求定期或不定期地进行审计,发现和解决问题,以适应新的环境变化或业务需求。

1. 信息系统审计的内容

一般来说,信息系统审计应包括以下 9 方面的内容。
① 系统开发审计。这包括开发过程和开发方法的审计,以及为 IT 筹划指导委员会及变革控制委员会提供咨询服务。
② 物理和环境审核。这包括物理安全、电力供应、空气调节、湿度控制和其他的环境因素。

③ 系统管理审核。评价信息系统的管理与组织方面的策略、政策、标准、程序和相关实务的完备性和合理性。

④ 应用软件审核。应用软件的审核包括访问控制和授权，确认、错误和例外处理，应用软件内的业务程序流和辅助人工控制，程序和软件满足用户需求的程度。

⑤ 网络安全审核。系统内部和外部连接审核、边界安全和防火墙审核、路由器访问控制列表和入侵检测是其所涉及的一些典型的审核领域。

⑥ 业务持续性审核。包括容错，冗余硬件、备份程序的存在、维护和存储，归档和灾难恢复计划及业务持续计划。

⑦ 数据完整性审核。其目的是仔细检查实时数据以确认控制的充分性和在上述审核中注意到的弱点的影响。

⑧ 软件及硬件供应商及外包服务商提供的产品及服务质量是否与合同相符的审核。

⑨ 系统运行管理工作的审核。包括对各种系统运行日志及维护资料的审核。

2. 信息系统审计所依赖的证据

信息系统审计所依赖的证据主要有以下几部分。

① 系统建设投资成本和系统收入所凝结而成的会计凭证、收据及合同书；

② 验收清单；

③ 系统分析设计说明书；

④ 用户反馈意见的记录档案；

⑤ 用户使用的总次数和频次以及同行业其他信息系统类似的数据；

⑥ 同行业类似规模信息系统的成本、收入数据、系统分析说明书、技术交流会议记录；

⑦ 组织内部规章制度和文件、领导工作计划或年度述职报告、会议记录；

⑧ 用户培训教案等。

值得注意的是，在采纳和引用以上证据时，应把握好地域跨度和时间间隔上的可比性。企业信息系统的审计需要综合应用经济学、管理学、信息技术等多种方法进行跨学科研究。常用的具体方法有调查法、面谈法、审阅法、横向比较法、量本利分析法、线性回归分析法、价值工程、软件工程几种。同时，加强对企业信息系统审计的研究会促进经济学、管理学和信息技术这三个领域理论体系的拓展和相互融合，并且延伸审计工作的范畴空间。

3. 信息系统审计的工作流程

审计的工作流程如图 9-1 所示。

① 综观系统。审计人员首先要对系统的硬件、软件、组织体制、与用户联系情况等有全面的认识和了解。要充分了解系统的管理状况，工作人员的数量、职责和工作表现，用户各部门的使用范围。对计算机设备的内外存容量、操作系统、终端、通信设备的性能指标及计算机每天/每月处理负荷都要有具体数据。

② 获取资料。审计所需资料一部分来源于系统开发过程所形成的各种开发文档，一

部分来源于系统运行过程中所记录的运行资料及信息系统人员和用户的意见或体会。可以根据所需资料拟定调查表,分发给相关人员。信息系统人员和用户是审计材料的主要来源,审计人员不能只调查少数管理人员,而应该花更多的精力了解系统操作人员、观察操作情况并查看系统是否真正符合要求。

③ 评价监理系统。为保证系统的安全可靠性,应建立企业内部或系统内部的监理系统。建立监理系统主要是系统管理员的责任。审计人员要在全面了解系统的基础上,对监理系统是否按计划执行以及监理系统的缺点做出判断。

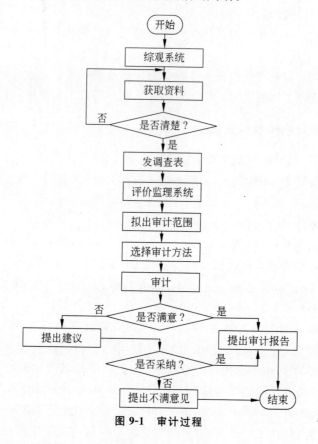

图 9-1 审计过程

④ 制订审计范围和方针。在对系统及其运行情况有一定认识后,审计人员应制订出审计范围和方针,要针对审计范围作各种测试。审计测试包括一致性测试和真实性测试。一致性测试是查看系统是否严格按计划执行;真实性测试是指审计员通过测试一批记录查看是否与真实情况相符。

⑤ 选择审计方法。审计人员的工作要通过观察、了解、调查、监察、测试、取样、确定和比较等手段完成,为此要用一系列的审计方法。

⑥ 审计。按照选定的审计方法,以计算机为手段或人工进行审计处理。

⑦ 分析结果。审计处理工作结束后,审计人员应对系统的管理、操作的整体性、安全性以及信息的准确性提出意见。

⑧ 提出改进工作意见。在提出分析结果的基础上,审计人员应进一步明确系统的弱

点和缺陷,并且提出改进的建议。

⑨ 提出不满意意见。如果积极建议未被采纳,审计人员只能提出"不满意"意见书。

⑩ 提出审计报告。审计人员根据审计的范围和采用的技术,给系统做出一个关于审计结果的说明。

9.3 系统评价

系统评价是指在系统正式运行一段时间后,对它在功能、技术和经济上所进行的审核评价。评价的目的是检查系统是否达到预期目标,技术性能是否达到设计要求,系统功能是否全面可靠,系统的各种资源是否得到充分利用以及经济效益是否理想。系统评价工作通常由开发人员和用户共同进行。

9.3.1 系统评价的内容和指标

对信息系统的评价主要是从技术、经济以及系统管理水平等方面进行。

1. 技术评价

技术评价主要是从技术角度对系统的功能、性能和质量进行评价,具体来说可从以下几方面对系统进行考察。

① 系统对用户业务需求的覆盖程度;
② 预定系统开发目标的实现程度;
③ 系统响应时间、处理速度和吞吐量;
④ 系统操作的灵活性和方便性;
⑤ 系统的平均无故障时间;
⑥ 系统利用率;
⑦ 系统的安全性和保密性;
⑧ 系统加工数据的准确性;
⑨ 系统功能的先进性;
⑩ 系统文档资料的规范、完备与正确程度。

系统技术评价的主要内容是对系统性能进行评价,系统性能指标由以下几方面组成。

① 系统的平均无故障时间;
② 系统响应时间、处理速度和吞吐量;
③ 系统操作的灵活性和方便性;
④ 系统利用率;
⑤ 系统的安全性和保密性;
⑥ 系统加工数据的准确性;
⑦ 系统的可维护性;

⑧ 系统文档资料的规范、完备与正确程度。

2. 经济效益评价

经济效益评价是对系统使用后产生的经济效益所进行的评价,对经济效益的评价包括直接经济效益与间接经济效益两方面。

(1) 直接经济效益评价

系统的直接经济效益是指可以定量计算的效益,通常可通过以下指标反映。

① 系统投资额。包括机房建设费,系统硬件及软件的购置、安装费,系统开发或购置费用,还包括企业内部为开发系统投入的人力、材料等费用。

② 运行费用。包括材料费用、系统折旧、维护费用、电费、人员费用等。材料费用包括打印纸、油墨、磁盘或磁带等。运行费用是使新系统正常运行的基本费用。

③ 机时成本。计算机的机时成本可用下式计算:

$$C_P = (s + m + d + p)(1 + h\%)/(t \cdot k)$$

式中 s 表示工作人员的工资,m 表示材料费,d 表示设备折旧费,p 表示电力费用,h 表示间接费率,t 表示机器正常工作时间,k 表示机器利用系数。

从上式可见,降低机时成本的一个重要途径就是设法降低各项费用和增大机器利用系数。

④ 年生产费用节约额。使用新系统后,年生产费用节约额可用下式求得:

$$U = \sum C_i - C_a + E(\sum K_j - K_a) + U_n$$

式中 C_i 表示应用计算机后节约的费用,C_a 表示应用计算机后增加的费用,E 表示投资效益系数,K_j 表示采用计算机后节约的投资,K_a 表示建立计算机管理信息系统所用的投资,U_n 表示本部门以外其他部门所获得的年度节约额。

年生产费用节约额是一个综合的货币指标。事实上,只有在能够节约年生产费用时,使用计算机管理信息系统才是合理的,否则说明使用计算机的条件还未成熟。

需要指出的是,上述年生产费用节约额的计算公式只是一个理想化的公式,尤其是投资效益系数 E 的选取,目前还没有统一的方法,国外曾有人建议取 $E=0.25$。如何选择符合我国国情的效益系数还有待于进一步的探索。

(2) 间接经济效益评价

间接效益是无法定量计算的,主要表现在企业管理水平和管理效率的提高程度上。这是综合性的效益,可以通过许多方面体现,但很难用某一指标来反映。它主要体现在以下几方面。

① 提高管理效率。例如用计算机代替人工处理信息,提高了工作效率,减轻了管理人员的劳动强度,使他们有更多时间从事调查研究和决策工作;由于采用计算机网络等手段,因此加强了各部门之间的联系,提高了管理效率等。

② 提高管理水平。由于信息处理的效率提高,从而使事后管理变为实时管理,管理工作的精细化程度提高,使管理工作逐步走向定量化。

③ 提高企业对市场的适应能力。由于用计算机提供辅助决策方案,因此当市场情况变化时,企业可及时进行相应决策以适应市场。

④ 改善企业形象,提高在客户心目中的信任度,在企业组织内部提高全体员工的自信心与自豪感,增强组织的行业竞争力。

⑤ 对企业的规章制度、工作规范、定额与标准、计算与代码等的基础管理产生很大的促进作用,为其他管理工作提供有利条件。

3. 系统管理水平的评价

系统管理水平的评价是指对系统认识和管理工作的检查,评价内容包括下列几点。
① 领导和各级管理人员对系统的认识水平;
② 使用者对系统的态度;
③ 管理机构是否健全;
④ 与系统相适应的规章制度的建立和执行情况;
⑤ 外部环境对系统的评价;
⑥ 系统文档的完整性。

9.3.2 系统评价报告

系统评价结束后应形成正式书面文件即系统评价报告。系统评价报告既是对新系统开发工作的评定和总结,也是今后进行系统维护工作的依据。因此,必须认真、客观地编写。

系统评价报告通常由以下内容组成。
(1) 引言
① 摘要:系统名称、功能。
② 背景:系统开发者、用户。
③ 参考资料:设计任务书、合同、文件资料等。
(2) 系统评价的内容
① 技术指标评价;
② 经济指标评价;
③ 系统管理水平评价。

本 章 小 结

系统运行阶段是信息系统生命周期中时间最长的一个阶段。为使系统能安全、稳定地运行,应加强系统运行过程的管理。

系统运行管理工作包括系统运行的组织、建立系统运行的规章制度及系统日常运行的管理工作。

系统维护是指在信息系统交付使用后,为改正错误或满足新的需要而修改系统的过程。系统维护是不可避免的工作,它应包括对系统的改正、改变和改进这三方面,而不只是局限于改正错误。系统的可维护性对系统维护工作有着直接的影响,它由系统的可理解性、可测试性、可修改性及软件文档的完善程度决定。根据维护活动的目的不同,可把系统维护分成4种类型:改正性维护、适应性维护、完善性维护和预防性维护。系统维护一般包括对程序、数据、代码、设备及人员的维护。维护会对系统产生很大影响,应有严格的组织和管理制度。

为确保信息系统工程质量,应引入工程监理机制,"信息化监理"应运而生。信息系统工程监理的总体目标就是支持与保证信息系统工程的成功,监理的内容可以用"三控两管一协调"概括。

信息系统审计也是保证信息系统质量的手段,审计的内容有系统开发审计、物理和环境审核、系统管理审核、应用软件审核、网络安全审核、业务持续性审核、数据完整性审核、软件及硬件供应商及外包服务商提供的产品及服务质量是否与合同相符的审核、系统运行管理工作的审核9个方面。

系统评价是指在系统正式运行一段时间后,对它在功能上、技术上和经济上所进行的审核评价。

习　　题

1. 系统运行应建立哪些方面的规章制度?
2. 系统日常运行管理的内容是什么?
3. 试说明系统维护的意义。
4. 系统维护包括哪些内容?它分为哪几种类型?
5. 什么是系统监理?系统监理包括哪些内容?
6. 系统审计包括哪些内容?
7. 系统评价的内容及指标是什么?

第 10 章
高校医院师生健康管理信息系统开发

10.1 系统调研

在系统调研部分主要针对问题领域进行调研，了解系统的开发背景，组织的任务分工与工作关系，进而评估系统开发必要性，明确系统开发目标及论证系统开发的可行性等。

10.1.1 系统开发背景

随着科学技术的日益发展，人民的生活发生着巨大的变化，各个领域的管理已经由人工转变为智能管理。当然不排除各类型医院的管理，就各大学学校的医院来说也是如此。本章从长春工业大学校医院（以下简称"校医院"）的管理出发，对校医院的系统提出改进方案。校医院是大学校园的一个组成部分，同时也是各个高校不可缺失的机构之一，它能够为大学师生的健康做出贡献。例如学生平常生病都是可以通过校医院治疗的，并且校医院还会宣传相应季节容易发生的疾病，提醒师生注意预防。长春工业大学分为北湖和南湖两个校区，全日制在校学生一共有 21 806 名，教职员工 1754 名。校医院除为全校师生提供基本的医疗服务外，还承担每年的师生体检工作。校医院每年要为数以万计的师生进行体检，体检项目数量很多且流程烦琐，对于医务人员少的校医院来说是一项巨大的工作。

在体检时，由医务人员手动填写并管理体检数据。不便于对体检结果进行统计分析，无法反映在校师生的整体健康情况。因此校医院在管理师生健康信息方面的工作有待改进。

10.1.2 长春工业大学校医院简介

长春工业大学校医院目前是一所一级甲等综合性医院，可以进行日常门诊、诊治、预防、急诊、社区服务以及急救服务。该医院已从最初的只服务于在校师生的校医院发展为一所综合性医院。

校医院目前有职工 52 人，专业医护人员 36 人，在 2001 年被定为吉林省省直机关事业单位基本医疗保险定点医疗机构，内设有内科、外科、五官科、口腔科、妇科、放射科、理疗电诊科、检验科、药剂科、预防保健科、住院部、消毒供应室等 10 多个临床科室和医技科室,在各校区分别设立医疗卫生所。

多年来,校医院努力培养一批批的医疗骨干,在对在校 2 万多名学生、近两千名教职员工及周边社区人员常见病及多发病的诊断和治疗上取得了显著的成果。此外,校医院还承担全校师生的预防保健和健康教育工作,其中包括新生入学体检、在校师生、退休人员的体检以及传染病的预防和疫情的报告统计工作。

10.1.3 系统开发的必要性

近年来,长春工业大学发展很快,师生人数急剧增长。校医院的工作量增加很多,但校医院的规模并没有按比例扩大,而且校医院目前还采取用体检报告、医疗本等纸质文件记录、管理师生体检数据及日常医疗数据。这种管理方式不便于对大量数据的分析处理。因此,校医院很难提供反映师生健康总体情况的统计分析报告,更不便于进行历年数据的对比分析,医院无法提供更有针对性的医疗服务。医院目前挂号、划价、收费等工作仍由工作人员人工查找病例、计算金额、收取现金,工作方式落后,工作效率低下,无法与当前医保系统及校园一卡通系统衔接收费。

以上问题的存在并不是通过增加人手就可以解决的。人的运算能力是有限的,通过机器才能更快、更便捷地处理问题。除了以上体检问题外,日常的门诊也存在不同的缺陷,例如看病需要医疗本和收费需要现金等问题。

利用现代先进的科学技术开发管理信息系统,可以实现很多人工不能实现的操作。例如可以便捷地记录和收集数据,数据的提取和筛选方便了学生健康问题跟踪、分析和研究。充分地利用数据反映大学生身体健康状况,并且有针对性地采取相关措施提高学生身心健康。系统可以解决校医院的日常门诊管理业务问题。通过识别技术可以判断学生的医疗本是否有效,不再使用纸质医疗本。医疗的开销也可以通过二维码、校园一卡通等方式进行结算,方便没有携带现金的学生。该系统还可以实现在线智能服务、收费的可视化,检查的便捷性以及功能的简洁性。总而言之,研究开发并使用师生健康信息管理系统对于该医院的日常诊疗及师生体检的管理是十分必要的。

10.1.4 系统所要达到的目标

高校医院师生健康管理信息系统应能对大学生的各项体检工作进行分析和研究,利用现代先进信息技术和相应的硬件技术解决体检和日常医疗遇到的问题,其所要达到的主要目标总结如下。

1. 管理体检数据

采用计算机系统进行体检数据管理,最大限量地收集保存数据,提供对数据的各种查询、统计、分析操作。通过分析得到不同的报告,跟踪大学生的健康情况,将之前烦琐的工作变得轻松,提高工作的效率。

2. 强化系统功能

实现数据的整合分析、数据保管、健康状况查询、个性化的运动计划推送及跟踪管理等。系统界面简单易操作，功能清晰明确，灵活性和扩展性得到一定的提升。

3. 便捷化呈现医疗数据

由系统长时间保管医疗信息，使医疗信息、患者信息查询和管理更加方便。例如对患者病例的管理实行系统记录，不再人工管理，保存时间长久且便于查询；保存学生医疗报销票据，避免因为人工管理而出现票据丢失、数据核对不准确的情况。

10.1.5 可行性分析

我们可从经济、技术及管理三方面考虑系统开发可行性。

1. 经济可行性

开发一个系统包括前期的投入以及后期对系统更新、维护的费用两部分。总成本主要由以下几项组成。

① 设备成本：包括台式计算机设备、打印机设备和读取信息设备等固定资产。在校医院的不同部门需要配置微型计算机，1台为4000元，10台需要花费40 000元；安装Microsoft SQL Server、Microsoft Visual Studio以及相关的开发软件来设计系统，这方面花费需要1~2万元；打印设备2台为4000元；读取信息设备2台为2000元。设备花费6.6万元。

② 人员成本：由于系统开发人员为学生，因此不需要这方面的费用，只需要担负系统后期维护人员的工资和技术培训费用即可。维护人员需要两个轮班管理，一个人的月薪为4000元，一年4.8万元，两个人是9.6万元，10年就是96万元。起初需要给医务人员培训，经费大概500元。人员成本为96.05万元。

③ 材料成本：包括系统开发所用的材料与消耗品所需的费用。例如校医院门诊收费票据的复印、打印纸和用电所需的费用等，一年花费约2万元，10年为20万元。

④ 其他成本：包括新系统带来工作方式的改变而需要的其他开支，系统正常运行期间的设备维修与保养费等。一年维修需要花费约2万元，10年为20万元。

开发校医院管理信息系统耗费的总费用为1 426 500元。

校医院属于非营利性单位，其收入主要包括挂号费收入、医药收费、住院费等。从医院目前状况来看，这些收入完全能负担系统开发及运行维护的费用。通过使用本系统，可以在不增加工作人员的情况下更好地完成医院的各项工作，节省了人力成本。利用系统保存电子数据节省了管理费用，采用信息系统工作方式提高了医院的管理水平，系统提供高效、灵活的服务能为医院赢得更好的声誉，从而为医院带来了更多的收入。综上，开发本系统在经济上是可行的。

2. 技术可行性

开发师生健康信息管理系统使用的软件有 Microsoft SQL Server 和 Microsoft Visual Studio。它们在信息系统的开发、运行中应用很广泛,是成熟的技术,对硬件的要求也不高。当前市场上一般的微机都能满足其安装及运行的需要。另外,系统需要的一些终端,如一卡通读取设备、社保卡读取设备都是市面上的成熟产品。所以,在技术方面具有可行性。

3. 管理可行性

使用师生健康信息管理系统,能极大改变工作人员的工作方式,减轻他们的劳动强度,提高工作效率,并能提供便捷、丰富的数据分析服务。各级各类工作人员对新系统是期待的,领导是非常支持开发本系统的。从业务本身来看,虽然工作量很大,工作中需处理的各项数据多,但医院目前规章制度完善,各项工作流程清晰明确,数据处理本身并不复杂,非常适合用计算机进行管理。所以,从医院业务方面看是适合使用信息系统的。本系统的功能并不复杂,提供的各项功能都会有明确的操作界面,使用非常简单,并且医务人员都具有较高学历,经过简单培训就可以使用本系统。学校有专门的计算机中心,中心工作人员完全具有维护管理本系统的能力。从以上各方面来看,开发本系统在管理上是可行的。

10.2 系统分析

本节从新系统分析设计方面出发,利用结构化方法进行系统分析。分析过程中采用文字与图形结合方式展示系统的每个模块功能。

10.2.1 组织结构分析

组织结构分析可以帮助开发人员了解信息需求的环境和动因。组织结构是组织的全体成员为实现组织目标,在管理工作中进行分工协作,在职责范围、权利方面所形成的结构体系。下面将从组织结构的组成框架及职责范围进行介绍。

1. 校医院组织结构调查

在开发建设师生健康信息管理系统之前,首先需要进行企业组织机构的调查,了解各部门之间的联系。在长春工业大学校医院师生健康信息管理系统中,组织结构调查的主要内容包括:校医院总共包含几个部门、各个部门的主要职能、每个科室如何与其他科室联系以及健康服务中产生的资金流和信息流等。除了这些,还应当详细了解各个部门之间存在的问题以及对新系统的要求等。

2. 校医院组织结构图

校医院结构分析是将各个部门的职能划分清楚。长春工业大学校医院主要分为以下10个部门，分别是院长、挂号收费室、医务科、办公室、护理科、医技科、住院部、预防保健科（感染科）、财务室和北湖校区卫生所，其主要负责的工作分别如下。

① 院长：管理校医院的正常工作并解决相关的问题。

② 挂号收费室：主要提供门诊患者预约、挂号、医疗收费服务。

③ 医务科：主要负责日常门诊病人常规接待治疗工作，负责校内社区医疗服务工作，同时根据情况定期对教工、学生、离退休人员进行体检，包括新生入学体检及复查、在校生和毕业生的体检工作，并建立健康病历档案。该医务科下设有内科、外科、口腔科、五官科以及妇科。

④ 办公室：主要负责制订校医院工作计划和有关规章制度，定期向领导汇报工作。同时根据教育部学籍管理规定，负责学生因病休、复学的审核工作，并且帮助解决存在的学生就诊问题、健康跟踪问题等，治疗还要负责医务人员医德教育和业务学习的组织工作。

⑤ 护理部：主要配合主治医生安排任务，帮助患者取药、打点滴等；同时帮助学校爱卫会做好除害灭病指导工作，把好"病从口入"关，并负责全院各科室器械消毒工作。

⑥ 医技科：负责管理药房，帮助患者抽血化验、放射治疗、电诊治疗等。医技科下设药房、化验室、注射科以及电诊室。

⑦ 住院部：主要负责管理学生住/转院问题，医务人员进行轮流值班，可以帮助患者治疗消化系统、泌尿系统、呼吸系统、心脑血管和神经系统等方面的多发病及常见病。

⑧ 预防保健科（感染科）：主要完成上级防疫部门布置的各项预防接种和预防服药工作，认真做好传染病管理、隔离及消毒工作，及时上报疫情；同时利用校报、广播、宣传栏和网络等多种形式，开展对常见病、多发病和季节性疾病防治常识及青年青春期卫生常识的宣传工作。

⑨ 财务室：负责管理校医院的财务支出，包括药品的进货支出、医务人员的工资分配、各卫生所的日常开销等。

⑩ 北湖校区卫生所：目前有10名工作人员，其中主治医师2人，副主任医师2人。该卫生所设有门诊室、药房室和输液室三个部门，开展内科、外科、皮肤科及理疗科等常见疾病的诊断及治疗工作，并开展静点、肌肉注射、外伤处理等工作。

根据上述各个部门职能的具体描述，长春工业大学校医院的组织结构图如图10-1所示。

10.2.2 业务流程分析

业务流程分析即对设计开发的新系统的业务操作流程进行详细分析，了解校医院的业务范围和处理的顺序过程。为分析方便，采用了业务流程图描述业务处理流程。

在描述新系统的业务时，首先要找到系统的内部、外部实体，将它们分别标出，再找出它们之间的业务联系，从而对系统的各个业务流程详细分析。业务流程图中不必描述处理过程，也不应该出现资金流和物流。

根据吉林省吉政发〔2009〕54号文件精神，长春工业大学新生入学后必须参加大学生医保，因此以下讨论的大学生均为参加了医保的人员。在新系统的设计背景下，长春工

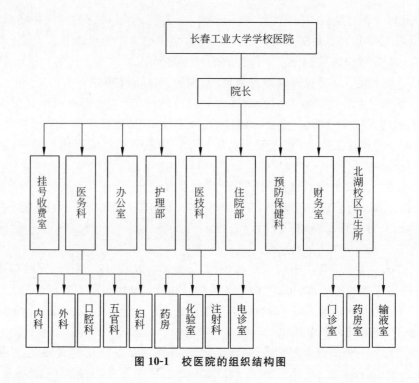

图 10-1 校医院的组织结构图

业大学校医院师生健康管理信息系统的基本职能分为师生体检、校医院日常门诊及医药报销三个方面。通过调查可知这些业务的处理过程如下。

1. 师生体检管理

① 学生在体检收费处通过手机支付或以现金方式交纳体检费用,然后领取一次性学生体检项目表,表内项目包括属于一般项目的内科、外科及五官科,属于体质测试项目的血压、身高、体重、胸围及辨色力,其他项目的胸透及视力检查,最后学生在所有体检项目检查结束后将表交给资料室即可。

② 资料室整理学生体检项目表,形成体检数据表交给系统管理人员。系统管理人员将信息识别录入长春工业大学校医院师生健康管理信息系统中并对数据进行统计分析,得出体检相关报表,送到医务研究人员手中进行研究,分析数据及结论共享到健康公众号,实现数据的共享。

③ 教师按照性别免费领取一次性男、女教师体检项目表,其中女教师体检项目有:内科项目有心率、血压;化验项目有血糖、血常规、血脂、肝功能、肾功能、两对半、血流变、血沉和尿常规;超声项目有甲状腺、乳腺、肝、脾、胆囊、胰腺、双侧肾脏和子宫附件以及胸透、心电图、身高和体重。男教师体检项目增加前列腺功能。教师检查完所有项目后统一将体检表交给资料室。

④ 资料室整理教师体检项目表,形成体检数据表,并将信息识别录入长春工业大学校医院师生健康管理信息系统中并对数据进行统计分析,得出体检相关报表,送到医务研究人员手中进行研究,分析数据及结论共享到健康公众号,实现数据的共享。

2. 校医院日常门诊管理

① 学生持校园一卡通和病历本到挂号收费处进行一卡通信息识别并挂号，省医保患者通过医保卡及病历本到挂号收费处挂号，自费患者通过身份证进行挂号。学生挂号费用可以选择用校园一卡通、手机或现金结算；省医保患者采用医保卡、手机或现金方式进行结算；自费患者使用手机或现金方式结算。领取挂号票据后根据导诊牌去对应诊室就诊。

② 门诊结束后如果需要拿药，由诊治医生开出药品清单交给患者并到挂号收费处进行结算。领取药品清单票据后去药房服务窗口取药，库房管理人员将患者取药信息录入系统，形成相关统计报表交到医务人员手中进行研究，分析结论共享到健康公众号。

③ 患者如果需要住院治疗，由医生填写住院通知单。根据患者类型分为省医保患者、学生患者及自费患者。省医保患者持省医保住院通知单到医保服务窗口交纳医保卡和住院押金，学生及自费患者拿着住院通知单到财务室交住院押金。患者将住院押金票据交给值班护士并由护士填写住院床位信息表，交代住院须知，后续由主治医生接诊和治疗。

④ 患者病情好转或治愈后，由主治医生决定是否可以出院。若可以出院，患者与病房医嘱护士一起办理出院手续。省医保患者到医保服务窗口办理结算手续，之后持出院结算单到财务室退余额；学生及自费患者需要携带住院押金收据到财务室结算并办理出院手续。

⑤ 财务室整理患者的住院清单票据并交给系统管理人员，系统管理人员统计相关报表上交给医务研究人员，形成相关统计报表交到医务人员手中进行研究，分析结论共享到健康公众号。

⑥ 以下情况只能由参保学生享有。假如有学生的病情在校医院中不能够得到更好的诊治，那么由主治医生转告学生进行转院诊疗。通过转院诊疗申请后，学生需要提交审批单到校医院进行存档。

3. 医药报销管理

① 学生患者必须持有学校规定的就医医院的病历本、正式收据、医疗手册和转诊单才可以报销。其他医院的票据一律不予报销，而且如果无病历本或病历本无字，也不能报销。

② 学生申请医疗报销时本人需要持有效学生证、医疗手册及本人建行卡到各校区办理地点报销。审核人员审核通过并且填写医疗报销票据，上交到财务室；财务室出具医疗报销收款票据并将款项直接打入学生建行卡中。

根据以上业务描述，绘制出的业务流程图如图10-2所示。

10.2.3　数据流程分析

由于数据流程图遵循"逐层细化"原则，因此要首先完成数据流程图的顶层图。顶层图就是将系统的外部实体和系统分开，再画出外部实体的输入输出端，不需要表示数据

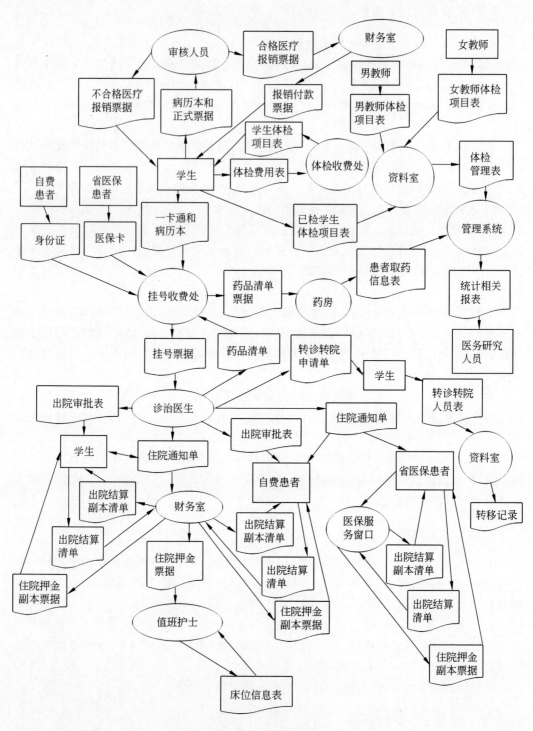

图 10-2　业务流程图

存储。数据流程图的顶层图如图 10-3 所示,一层图如图 10-4 所示。图 10-5 表示学生体检数据流程图的二层图,图 10-6 为门诊管理数据流程图的二层图。

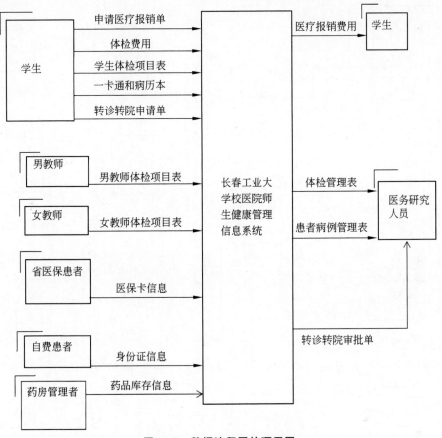

图 10-3　数据流程图的顶层图

10.2.4　数据字典

数据字典是对新设计开发的系统处理流程进行分析的工具,可以具体到每一个小的字段,是实现开发系统的重要工具,也是开发设计系统的参照工具。前面详细讲述的数据流程图与数据字典是密切联系的,二者结合就构成了系统的"需求说明书"。因此,这里主要对新系统中各个表的字段、组成表的结构字段、处理流程的信息流、业务处理的逻辑、系统存储的数据以及系统的外部实体进行详细说明。

1. 数据项

系统中每个模块都有需要存储的数据信息,数据信息都以数据项的方式进行存储。数据项是存储数据中的最小字段,主要是数据库设计字段的编号、名称、类型、宽度及说明。长春工业大学校医院师生健康管理信息系统的部分数据项描述如表 10-1 所示。

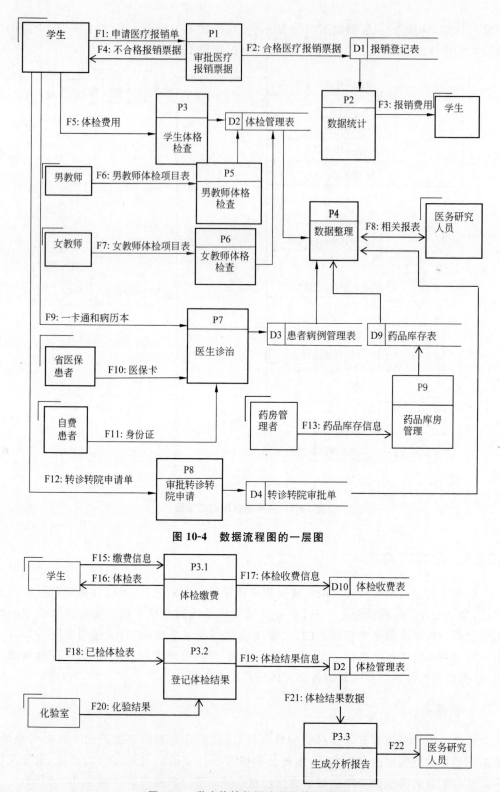

图 10-4　数据流程图的一层图

图 10-5　学生体检数据流程图的二层图

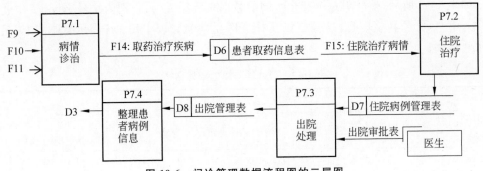

图 10-6　门诊管理数据流程图的二层图

表 10-1　数据项的描述

数据项编号	数据项名称	类型	宽度	说　　明
H01	学号	数值型	8	识别学生的编号
H02	报销编号	字符型	6	医药报销的号码
H03	合计	数值型	10	报销费用的总金额
H04	备注	字符型	50	对报销事件的审核结果说明
H05	实报金额	数值型	10	经计算应该报销的费用
H06	建行卡号	数值型	20	学校用于收书费的学生个人建设银行卡的号码
H07	体检编号	数值型	8	收取体检费用的编号
H08	教师编号	数值型	8	教师在校用的编号
H09	流水号	数值型	10	挂号收费的编号
H10	处方号	数值型	20	用于识别不同处方的号码
H11	挂号费	数值型	3	挂医生号收取的费用
H12	单位	字符型	8	取药诊所名称
H13	药材编号	字符型	20	识别不同药材的编码
H14	药品名称	字符型	14	药品的名称
H15	零售价	数值型	4	药品的售卖价格
H16	剩余数量	数值型	4	医用器材剩余的数量
H17	医保卡/医疗证号	数值型	20	医保卡/医疗编号
H18	药品出库编号	字符型	30	患者取药时药品出库的编码
H19	员工编号	数值型	8	识别校医院工作人员的号码
H20	床位	字符型	4	患者住院治疗分配的床位号

2. 数据结构

数据结构是对数据库中表的各个数据项之间关系的表示，组成部分可以是几个数据项或几个数据结构，也可以是几个数据项与数据结构。数据字典中对数据结构的定义包括数据结构的名称和编号、简述、数据结构的组成三部分。

如表 10-2 所示，挂号单是由五个不同的数据来源组成的，分别为挂号单标识、挂号患者个人信息、挂号科室信息、挂号费以及挂号医生信息。表中用 DS 表示数据结构，用 I 表示数据项。

表 10-2 门诊挂号单的数据结构

DS1-01：门诊挂号单				
DS1-02：挂号单标识	DS1-03：患者情况	DS1-04：科室情况	DS1-05：人员情况	DS1-06：资金情况
I1：流水号	I3：患者类型	I7：校区	I9：医生	I10：病历本
I2：挂号时间	I4：姓名	I8：挂号科室		I11：挂号总费
	I5：性别			
	I6：年龄			

从表 10-2 中可以看出，门诊挂号单这个数据结构又是由多个数据结构组成的，对每个数据结构都要在数据字典中描述，数据结构在数据字典中的描述示例见表 10-3。

表 10-3 数据结构的描述

数据结构编号	数据结构名称	简 述	数据结构组成
DS1-01	门诊挂号单	记录门诊挂号信息的单据	DS1－02＋DS1－03＋DS1－04＋DS1－05
DS1-02	挂号单标志	区分挂号单的标志信息	流水号＋挂号时间
DS1-03	患者情况	记录患者基本信息	患者类型＋姓名＋性别＋年龄

3. 数据流

系统的业务流程都是通过数据的流动表达出来的，这种数据的流动形成了数据流，需要说明它是由哪些具体的数据元素组成的，还要描述编号、来源、去向等。数据流描述的示例见表 10-4。

表 10-4 数据流的描述

项 目	描 述
数据流编号	F15
数据流名称	缴费信息
简述	学生体检缴费时提供的信息
数据流来源	外部实体学生
数据流去向	P3.1 体检缴费处理
数据流组成	H01 学号＋H17 医保卡号＋H28 一卡通编号|现金数额
数据流量	每年 20 000～30 000 次
高峰流量	500 份/天

4. 数据处理

数据处理就是对系统中的数据进行分析和整理。在数据字典中，通常只对最基本的数据处理进行相应的定义，它通常是一个具体的处理动作、函数、方法或者是一个具体的过程。数据处理描述的示例见表 10-5。

表 10-5 数据处理的描述

项 目	描 述
数据处理编号	P3.2
数据处理名称	登记体检结果
简述	将学生体检结果录入体检管理表
输入的数据流	F18 已检体检表，F20 化验结果
处理过程	将已检体检表上体检结果录入文件体检管理表，再根据化验单上的体检编号找到对应的体检记录，将化验结果录入体检管理表对应人员记录处
输出的数据流	F19 体检结果信息流去数据存储 D2 体检管理表
处理频率	约 0～1000 份/天

5. 数据存储

数据存储在数据字典中只是描述数据的逻辑存储结构，需指明数据存储编号、名称、简述、组成部分和相关的数据处理。示例见表 10-6。

表 10-6 数据存储的描述

项 目	描 述
数据存储编号	D1
数据存储名称	报销登记表
简述	记录报销信息
数据存储组成	H01 学号＋H02 报销编号＋H03 合计＋H05 实报金额＋H35 报销日期
关键字	报销编号
相关联的处理	P1，P2

6. 外部实体

一般将不参与系统操作范围之内的对象称为外部实体，主要表示编号、名称、简述、流入数据流和接收数据流等。示例见表 10-7。

表 10-7 外部实体的描述

项 目	描 述
外部实体编号	S1
外部实体名称	学生

续表

项 目	描 述
简述	本校学生
输入的数据流	F1,F5,F9,F12
接收的数据流	F3,F4

10.2.5 处理逻辑说明

处理逻辑说明是对数据字典中有复杂处理逻辑的数据处理的补充,是系统设计的依据。通过判定树或判定表都可以表示,每种工具都有自己的优缺点,针对不同的业务复杂程度而采用不同的工具。图10-7是采用判定树对新系统中校医院挂号收费政策所做

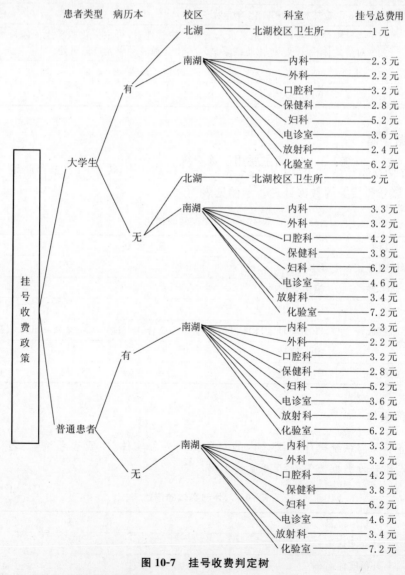

图 10-7 挂号收费判定树

的处理逻辑说明。

10.3 系统设计

系统设计是系统分析的进一步细化。本节运用结构化开发方法，给出新系统设计的过程。系统设计内容包括系统的功能结构设计、程序处理流程设计、代码设计、数据库设计、输入输出设计等。

10.3.1 系统功能结构设计

对于系统功能结构设计的好坏将直接影响系统的质量和整体效果，要注重系统的整体最优性而不是局部性更优。

1. 功能结构说明

功能结构设计是将系统中实现的功能表示出来。长春工业大学校医院师生健康管理信息系统主要分为以下几个功能模块。

① 登录：用于验证登录系统的用户身份，只有具有系统使用权限的用户才允许登录系统，以此增加系统的安全性。

② 主页导航系统：主页界面主要用于该系统功能的分类导航，展示系统实现的全部功能。展示的主要功能模块有学生基本信息管理、教师基本信息管理、员工基本信息管理、医院门诊挂号收费数据管理、药品库存管理和住院信息管理。

③ 学生管理：管理学生相关信息，包括学生基本信息管理、学生体检收费管理、学生体检数据管理和学生医疗报销管理。

④ 教师信息管理系统：实现教师基本信息和体检分析数据的管理。

⑤ 员工管理系统：主要实现校医院人员的管理，包括医生、护士及急救服务人员的信息录入、删除、修改、查询。

⑥ 门诊管理系统：主要负责校医院的挂号、收费管理；门诊患者可以完成挂号预约医生服务申请。

⑦ 药房管理系统：实现医疗药品的管理，包括药品的进货和患者取药信息的及时更新。

⑧ 住院管理系统：主要对患者的住院治疗信息以及出院信息进行记录。

2. 功能结构图

根据以上描述，可以画出新系统功能结构图（如图10-8所示）。

10.3.2 程序处理流程设计

程序处理流程设计是对系统程序内部处理过程的一种表述。由于这个系统当中所涉及的处理模块较多，这里只对主要处理模块间关系进行描述。图10-9是系统登录判断

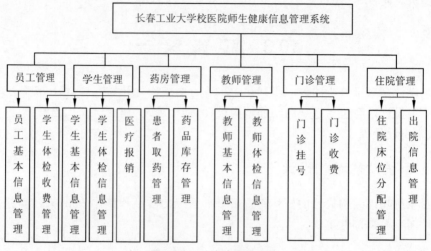

图 10-8　系统功能结构图

运行流程图,通过判断登录人员所输入的用户名和密码是否正确,从而决定登录者是否可以操作系统。当输入正确时进入系统的主页面,否则弹出错误提示窗体。图 10-10 是统计体检人数模块的处理流程设计,使用 i、j、k 和 w 四个变量统计一年级到四年级的体检人数。当录入不同年级的学生体检收费信息时,系统的数据库会自动计算累加人数并更新数据库。图 10-11 表示的是患者取药时计算药品价格的功能,通过判断患者的不同类型而对药品价格进行不同的折扣,例如患者是大学生,则药品的价格会降低 10%。

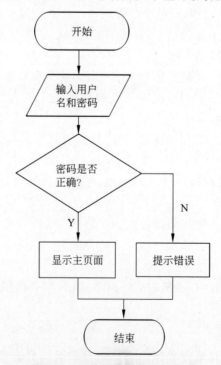

图 10-9　系统登录判断运行流程

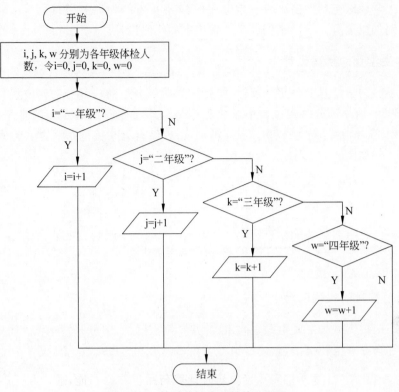

图 10-10 统计体检人数模块流程图

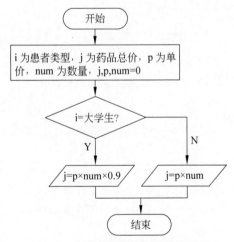

图 10-11 患者取药价格计算流程图

10.3.3 代码设计

在信息管理系统中需要用到各种不同的数据,程序运行时需要对不同数据进行识别,识别依据就是代码。代码有很多种类,包括顺序码、层次码、归组分类码和助记码。

长春工业大学校医院师生健康管理信息系统涉及实体的种类多、数量大,需要对每个实体编制代码加以区分。下面举例说明本系统中的代码设计。

1. 学生学号的代码设计

学生学号的设计具有一定的规律,主要分为两部分。前一部分的四位数是学生入学年份,如2020;后一部分的四位数由学校根据每届学生在学院和年级的排序进行定义。若排序为第2756,则号码为2756。以此类推,二者结合起来就是完整的学生学号。

具体代码如图10-12所示。

图 10-12 学生学号的代码

2. 报销编号的代码设计

学生医药报销编号主要由顺序码组成,共6位,首位为字母R(表示报销的意思)。学校每学期都会办理医药报销,因此报销学生数量不会超过99 999个,设计为5位数较合理。若第10 048位学生提交报销申请,则为R10048,以此类推。二者加起来就是完整的报销编号。

具体代码如图10-13所示。

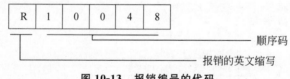

图 10-13 报销编号的代码

其他代码设计的内容略。

10.3.4 数据库设计

长春工业大学校医院师生健康管理信息系统的数据库管理系统采用的是Microsoft SQL Server,数据库名称为Hospital。以下是新系统数据库Hospital的两个表的详细设计。其他表设计略。

1. 登录表

该数据表被命名为tb_login,用于保存系统管理人员的登录信息。字段主要有两项,分别是username和pwd,表示用户名和密码(如表10-8所示)。

表 10-8　登录表设计

字 段 代 码	字 段 名 称	类　　型	宽　　度
username	用户名	字符型	10
pwd	密码	字符型	10

2. 学生信息表

该表主要实现对学生个人信息的管理,在数据库中被命名为 tb_student。它包含的数据列一共有 10 列,分别表示为 studnum、name、sex、age、class、major、nation、phone、opentime 和 birthdate,表示的意思分别是学号、姓名、性别、年龄、班级、专业、民族、联系电话、入学时间及出生日期(如表 10-9 所示)。

表 10-9　学生信息表设计

字 段 代 码	字 段 名 称	类　　型	宽　　度
studnum	学号	字符型	8
name	姓名	字符型	20
sex	性别	字符型	2
age	年龄	整型	3
class	班级	字符型	4
major	专业	字符型	10
nation	民族	字符型	10
phone	联系电话	字符型	11
opentime	入学时间	日期型	8
birthdate	出生日期	日期型	8

教师信息表等略。

10.3.5　输入输出设计

长春工业大学师生健康管理信息系统一共设计了 16 个交互界面,分别是登录界面、系统导航主界面、学生基本信息管理界面、学生体检收费界面、学生体检信息识别录入界面、医疗报销交互界面、教师基本信息管理界面、教师体检信息界面、员工基本信息界面、员工职位调整界面、药品库存管理界面、患者取药信息界面、门诊挂号界面、门诊收费信息界面、患者住院界面、出院管理界面。

10.4　系统实现

在对新系统进行整体分析和设计后,接下来就是让系统实现所需的功能。这个过程就是将系统分析和设计的文档部分落实到实际中,使系统能够在当前环境中运行。在系统测试时如果发现问题,可以及时修改。只有经过多次修改和调整,开发的系统才会更加符合总体设计目标。

本系统的开发是在 Windows 10 系统上进行的,使用 Microsoft Visual Studio 进行系统的 UI 界面设计,在 Microsoft SQL Server 软件上进行数据库设计,使用 Microsoft Visual Studio 作为软件的集成开发环境。系统的程序设计包括各个窗体实现的功能、设计的属性等。源代码的详情略。

第11章 远程毕业设计指导与答辩系统

2022年,新冠疫情的反复让人们的工作方式以远程办公为主。各高校在党中央、教育部"停课不停教、停课不停学"的号召下,充分运用网络平台开展网上授课、网上答辩工作。为了更加方便、全面地对学院毕业生的毕业设计工作进行管理,开发了长春工业大学经济管理学院毕业设计远程指导与答辩系统。

11.1 系统调研与规划

本节主要针对问题领域进行调研,了解系统的开发背景、组织的任务分工与工作关系,进而评估系统开发必要性,明确系统开发范围及论证系统开发的可行性。

11.1.1 开发背景

长春工业大学是一所以工为主,工、管、文、理、经、法、教育、艺术等多学科相互支撑、协调发展的省属重点大学,是吉林省高层次人才培养、应用技术研发、高新技术产品研制、高水平社会服务的重要基地。1992年被吉林省政府确定为首批三所省属重点高校之一,在2004年全国本科教学工作水平评估中获得优秀等级。2014年,学校作为全国首批、吉林省首家高校,顺利通过了教育部本科教学审核评估,赢得专家组高度评价。

长春工业大学经济管理学院设有管理科学与工程系、经济系、会计系、管理系,学院有教职工100多人,在册硕士研究生、本科生3000多人,是学校本科学生规模最大的学院。学科门类较多,毕业设计指导的流程相对复杂,教师在毕业指导环节面临的工作负担大,毕业指导答辩系统的实施会减轻专业教师的工作强度,显著提高工作效率。

11.1.2 开发必要性

随着信息技术的发展,办公自动化日益普及。在学院毕业设计环节中,仍旧采用传统的记录和考核方式。这种考核方式效率很低,对教育资源分配不合理,落后于时代发展。在毕业设计指导的环节中,学生大多处于外地,与教师的面对面沟通较为困难。教学秘书发布的通知和教师共享的资料需要多次转发才能传达到学生的手中。

在毕业答辩环节,教师和教学秘书需要制作题目申报表、答辩审核表、答辩考核记录表、题目汇总表和成绩汇总表等表格。传统的手工统计费时、费力，而且需要耗费时间进行人工计算，计算的误差率很高。因此，有必要采用办公自动化的方式进行管理和控制。

毕业答辩环节中，教学秘书需要收集、汇总学生的题目和论文情况，以及监督、提醒和纠正答辩情况。教学院长需要实时监控进度，下发学校的通知、公告。在答辩结束后，教学院长需要第一时间了解学生的成绩状况，汇总学生的总成绩，对成绩进行分析。根据最终成绩评定校优秀毕业生和院优秀毕业生，所以系统应具有学生答辩环节监控和成绩分析的功能。

当毕业设计答辩结束后，学校图书馆需要对毕业设计相关文件进行存档，答辩秘书在答辩结束后填写系列考核成绩报表，手工填写整理工作量巨大。因此需要自动化处理相关文档整理和归并功能的系统。

综上所述，长春工业大学经济管理学院有必要开发远程毕业设计指导与答辩系统。

11.1.3 可行性分析

可行性分析是项目在开始阶段必须完成的一项工作。运用相应准则，在经济、技术、社会等方面进行可行性论证，得出项目是否可行的结论。此环节是分析与设计的基础。只有通过可行性论证的项目才能进入分析与设计阶段。

1. 技术方面的可行性

系统的开发语言采用Java。之所以选择Java语言是因为它相对比较成熟，具有安全、跨平台、开源等特性。它拥有大量的工具、类库及框架等可供选择。本系统采用的是JEE，JEE的优势在于它的成熟、稳定、健壮，而且它可以处理大并发量访问，能够全面满足本系统的开发需要。在硬件配置方面，考虑的因素如下。

（1）系统服务器软硬件环境

系统采用基于Java以及依赖于本地Office软件的JACOB组件，在服务器上安装的软件有Java JDK，Tomcat服务器，MySQL数据库，Word、Excel、Access 2003以上版本软件和一些组件。服务器运行环境详情如表11-1所示。

表11-1 服务器运行环境要求

序 号	部 件	要 求
1	CPU	Intel Xeon E5-2620
2	内存	8GB
3	硬盘	1TB 以上
4	网络带宽	10Mb/s 以上
5	操作系统	Windows Server 2008 R2 64 位
6	运行平台	JDK 1.7 + Tomcat 7.0
7	数据库	MySQL 5.2

（2）系统服务器软件部署

系统采用BootStrap作为前端页面框架，以MySQL作为后端数据库，利用Tomcat

作为中间件，集成开发环境为 My Eclipse 8.5。本系统主要提供了基于 JACOB 和 FlexPaper 的无损论文在线评阅功能，基于 POI-3.8 的报表文档生成与打印功能，基于 commons-fileupload 的文件资料共享功能，基于逆波兰表达式实现答辩成绩核算功能。

（3）客户端配置

系统采用 B/S 架构，对客户端无配置要求，只需安装浏览器并拥有连接服务器的网络环境即可。系统采用分布式处理。客户端和服务器之间的数据通信由网络完成。软件配置采用汉化多用户操作系统，客户端运行环境最低配置参数如表 11-2 所示。

表 11-2 客户端运行环境要求

序 号	部 件	要 求
1	浏览器版本	Internet Explorer 9.0＋/Google Chrome/FireFox 以及所有以 IE 或 Chrome 为内核的 360 浏览器、QQ 浏览器等
2	CPU	1.0GHz 或更高级别的处理器
3	内存	2GB
4	操作系统	Windows 7 及以上
5	显示器分辨率	1024×768 及以上
6	网络带宽	1Mb/s 以上

综上所述，通过对系统实施的技术要求及配置硬件所需具备的条件分析，在开发技术方面及硬件、软件配置方面都是可行的，因此系统在技术上是可行的。

2. 经济可行性

本系统是一个小型的信息管理系统，它对软件和硬件的投资费用要求不高。而且系统运行后，只需使用者拥有可以连接校园网的计算机或者手机端（系统在手机端做了相应适配），便可保证网络系统的正常访问。学校方面已经为本系统配置了云服务器，在校内即可进行远程部署。软件开发采用毕业设计和创新创业项目支持，软件开发成本较低。因此系统在经济上是可行的。

3. 社会可行性

本系统主要服务于学院，学院在毕业设计答辩过程中实现了无纸化办公。在节约人力与物力的同时，提升了教师、教学秘书、管理者的工作效率。使用系统后，可以更好地提高资源利用率，提升毕业设计答辩流程的时效，降低教职人员工作强度和加班频率。

综上所述，毕业设计指导答辩系统在技术方面、经济方面和社会方面是可行的。

11.2 需 求 分 析

需求分析是对捕获的需求进行分析，对关键的概念、问题及开发重点难点进行明确的说明与归纳，防止需求信息失真和丢失，为系统分析与设计打下良好的基础。

11.2.1 获取需求

业务需求是根据业务主角访谈结果确定的。业务主角是直接与系统交互的用户。主角对系统有明确的要求并从系统获得明确的结果。确定的业务主角有学生、教师、管理者、答辩委员会成员。业务主角的需求直接影响系统业务模型的构建。各业务主角的需求如下。

（1）学生

学生在毕业设计和毕业论文撰写过程中首先涉及论文题目的确立。之后，学生开始撰写毕业论文。传统方式中，学生写好论文初稿，将论文打印后交付指导教师。通常学生的论文需要修改的次数为五六次，每次都需要打印，直接导致资源的浪费。同时，教师每次提出指导意见后都需要整理和记录，很可能因为学生的原因导致论文修改不全面，学生可能需要综合以往历史论文数据，但由于缺乏存档意识导致论文历史丢失。因此系统针对学生需求开发论文上传、论文指导意见查看、论文历史回顾等功能。

（2）教师

教师需要在毕业论文指导的各阶段，留下论文的批改意见与修改建议。在论文终稿阶段，教师需要给自己指导学生的论文和外文翻译写评语与评分，并参与其他学生论文的评阅，给出评阅意见和评分。在操作过程中，教师的输入并不总是有意义的，应用应该细察所有的输入，防止所有可预知的错误，尽可能排除人为的错误。

（3）学院管理者

学院管理者需从整体上快速掌握任务的布置及执行情况。因此，该系统实现根据制订的任务计划，采用图示化表示方法显示任务间的关系。管理者可以快捷准确地掌握工作的整体进度情况，迅速地做出决策，提高整体工作效率。

（4）答辩委员会

答辩委员会采用多评委打分的平均分作为学生的毕业论文最终成绩，并且在答辩过程中，记录评委与学生的问答情况与内容。因此，答辩评委需要评委打分与问题记录功能。百分制的成绩要折合为等级分数，并导出 Excel 文件。

11.2.2 规划目标

系统目标是系统业务范围规划结果。在衡量项目周期、项目成本等因素后，项目可以容纳的业务范围和非功能性系统目标如下。

（1）系统具有良好的人机界面

由于系统参与者的计算机水平有限，因此要求系统具有良好的人机界面，简单易用，有清晰明确的导航系统，有操作提示。

（2）系统对用户输入的数据进行严格的校验

系统的大多数应用都需要从用户处收集数据。这些输入可能来自于非常灵活的文本字段或者 GUI 元素，比如菜单列表、单选按钮或者复选框。系统细察所有的输入，防止可预知的错误，尽量排除人为的错误。

(3) 提高管理者的工作效率

系统的交互过程需要简单高效,能选择的不输入,能拖曳的不键入,减少操作人员手动录入,从而提升系统的准确性和效率。

(4) 使用与传统流程一致的文档和表格

系统人员在操作过程中,可能习惯了传统的毕业设计指导答辩的流程,对操作本系统尚存顾虑,因此本系统需要将传统的表格和文档继承下来,与传统流程一致,减少操作人员的不适应感。

(5) 系统需要采用统一的授权登录中心

由于本系统参与角色较多,功能划分可能相对模糊。各种角色的职责可能随时变动。如果采用静态的角色菜单将会产生很大的局限性。同时,系统对安全性有很高的要求,不同角色的功能严禁随意使用。所以系统需要统一的授权登录中心来满足系统多种角色的需求,系统需要有权限配置的功能,以便日后维护各角色的功能。

11.2.3 业务需求

通过和经济管理学院教师、学生、教学秘书、评委等人员的沟通,规划新系统具有以下功能。

(1) 学生角色

学生角色功能有学生修改密码、学生定题、学生上传论文、学生查看指导教师意见、学生查看历史上传记录、学生上传外文翻译、学生查看外文意见、学生查看历史上传记录、学生撰写工作记录和查看通知公告等。具体功能描述如表 11-3 所示。

表 11-3 学生角色功能描述

功 能 名	功 能 描 述
修改密码	学生修改自己的密码
学生定题	学生将自己的论文题目信息录入到系统中
学生上传论文	学生将自己写完的论文文档(Word 格式)上传到系统中,待教师评阅
学生查看指导教师意见	学生查看教师评阅论文的指导意见
学生查看历史上传记录	学生查看论文的历史记录,提供下载的功能
学生上传外文翻译	学生上传自己的外文翻译文档
学生查看外文意见	学生查看教师评阅外文翻译的指导意见
学生查看历史上传记录	学生查看外文翻译的上传历史记录,系统提供下载的功能
学生撰写工作记录	学生在线撰写工作记录
查看通知公告	学生查看教师、主任下发的通知公告

(2) 指导教师角色

指导教师角色功能有填写题目申报表、预览题目申报表、生成题目申报表、查看学生动态、学生动态批复、论文评阅、外文翻译评阅、上传通知公告、学生表现评分/评语、上传签名图片以及设置基本信息/密码。具体功能描述如表 11-4 所示。

表 11-4 指导教师功能描述

功 能 名	功 能 描 述
写题目申报表	教师根据学生提交的论文题目撰写题目申报表
预览题目申报表	教师写好题目申报表后预览题目申报表
生成题目申报表	教师写好题目申报表后生成题目申报表（Word 文档）
查看学生动态	教师查看学生的当前论文进度
学生动态批复	教师对学生的论文进度进行批复
论文评阅	教师对学生上传的论文进行在线评阅或下载
外文翻译评阅	教师对学生上传的外文翻译进行在线评阅或下载
上传通知公告	教师上传通知公告
学生表现评分/评语	教师对学生的表现评分，并给出评语，此项用于论文答辩
上传签名图片	教师上传自己的签名图片，此项用于自动填写文档
设置基本信息/密码	教师设置自己的基本信息和密码

(3) 评阅人角色

评阅人角色功能有给学生表现评分/评语以及查看学生外文翻译和论文。具体功能描述如表 11-5 所示。

表 11-5 评阅人功能描述

功 能 名	功 能 描 述
评阅人学生表现评分/评语	评阅人对学生的表现评分，给出评语，此项用于毕业答辩
查看学生外文翻译	评阅人查看学生外文翻译
查看学生论文	评阅人查看学生论文

(4) 答辩委员会成员角色

答辩委员会成员角色功能有给学生打分、提问、下载答辩记录表。具体功能描述如表 11-6 所示。

表 11-6 答辩委员会成员功能描述

功 能 名	功 能 描 述
给学生打分	答辩评委根据学生的答辩情况给学生打分
提问	答辩评委对学生进行提问并记录
下载答辩记录表	答辩评委下载生成好的答辩记录表

(5) 答辩委员会秘书角色

秘书角色功能有给学生评定成绩、下载答辩记录考核表及下载学生成绩总表。具体功能描述如表 11-7 所示。

表 11-7　答辩委员会秘书功能描述

功　能　名	功　能　描　述
给学生评定成绩	答辩委员会秘书根据学生得分给学生上传成绩
下载答辩记录考核表	答辩委员会秘书下载答辩考核记录表
下载学生成绩总表	答辩委员会秘书下载学生成绩总表

（6）管理员角色

管理员角色功能有系统功能管理、设置系统权限和菜单、创建用户身份、学生/教师信息导入、设置封题日期、设置学生基本信息、人员密码重置、题目汇总表生成、学生进度查看、分配评阅人、上传通知公告、确定答辩评委以及答辩预置问题登记。具体功能描述如表 11-8 所示。

表 11-8　管理员功能描述

功　能　名	功　能　描　述
系统功能管理	管理员将系统中所有的功能统一描述，可以增加功能和删除功能。该功能的结果是配置系统权限的来源
设置系统权限和菜单	管理员设置不同人员角色的菜单和权限
创建用户身份	管理员创建一个新的用户角色
学生/教师信息导入	管理员将学生教师的信息导入，此项信息来自于毕业指导分配系统
设置封题日期	管理员设置论文定题的结束日期
设置学生基本信息	管理员设置学生基本信息
人员密码重置	管理员将某角色密码进行重置
题目汇总表生成	管理员生成题目汇总表
学生进度查看	管理员查看学生进度
分配评阅人	管理员为学生分配评阅人
上传通知公告	管理员上传通知公告
确定答辩评委	管理员确定谁是答辩评委
答辩预置问题登记	管理员登记答辩预置问题

11.3　系统分析

系统分析任务是根据需求分析结果抽象出系统类，确定类间的关系，分析组建系统的整体框架。分析过程采用面向对象方法，使用 UML 工具表述，主要包括三部分：用例建模、静态建模和动态建模。

11.3.1 用例建模

用例图是外部用户所能观察到的系统功能模型图。在 UML 中,一个用例模型是一个或一组用例图及其描述文档。用例图的主要元素有参与者和用例。通过对系统的分析可以确定系统中有六个参与者:学生、指导教师、答辩评委、评阅人、答辩秘书、系统管理员。下面详细介绍各个用户所使用的系统用例。

1. 系统用例图

学生使用的系统用例有学生修改密码、学生定题、学生上传论文、学生查看指导教师意见、学生查看历史上传记录、学生上传外文翻译、学生查看外文意见、学生查看历史上传记录、查看通知公告以及写工作记录等。

指导教师使用的系统用例有生成题目申报表、预览题目申报表、生成题目申报表、查看学生动态、学生动态批复、论文评阅、外文翻译评阅、上传通知公告、学生表现评分/评语、上传签名图片及设置基本信息/密码等。

答辩评委是指导教师的泛化,使用的系统用例有给学生打分/提问、下载答辩记录表等用例。评阅人是指导教师的泛化,可以使用学生表现评分/评语,查看学生外文和论文。

管理员使用的系统用例有系统功能管理、设置系统权限和菜单、创建用户身份、学生/教师信息导入、设置封题日期、设置学生基本信息、人员密码重置、题目汇总表生成、学生进度查看、分配评阅人、上传通知公告、确定答辩评委、答辩预置问题登记等。

根据业务需求,绘制的系统用例图有毕业指导子系统用例图、毕业答辩子系统用例图、管理员用例图。毕业指导系统用例图如图 11-1 所示,毕业答辩子系统用例如图 11-2 所示,管理员系统用例如图 11-3 所示。

2. 用例描述文档

用例模型充分反映了角色与系统之间的关系,作为角色和系统交互的模型,显然缺乏行为的细节描述。因此需要一份书面的说明文档,把双方都要遵守的规则写进去。下面对本系统的用例进行详细说明。

(1) 论文定题用例文档

学生录入论文题目相关信息,前端对此校验后,系统将学生的题目录入到数据库。学生论文定题用例文档略。

(2) 上传论文用例文档

学生完成论文后,将论文的 Office 文档进行上传。学生预留论文上传备注信息。上传论文用例文档如表 11-9 所示。

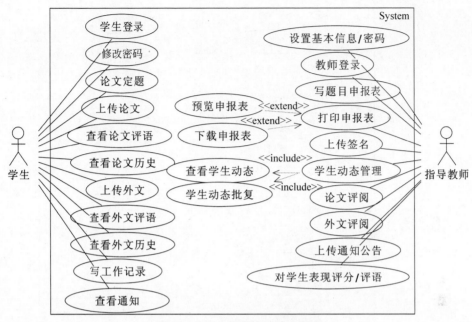

图 11-1　毕业指导子系统用例图

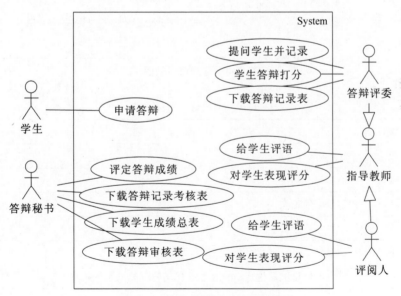

图 11-2　毕业答辩子系统用例图

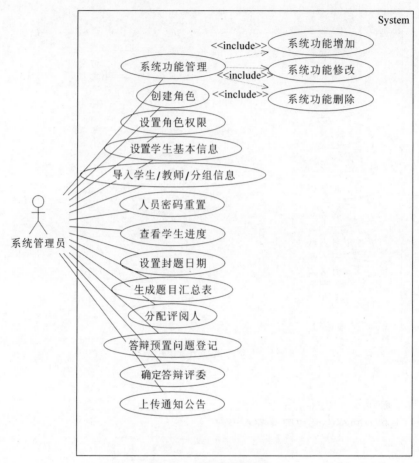

图 11-3 管理员用例图

表 11-9 上传论文用例文档

名称	描述
用例编号	std_upload_paper
用例名称	上传论文用例
简要说明	学生上传论文
参与者	学生
前置条件	学生登录系统,学生完成论文 Office 文档
后置条件	学生上传论文后生成适合在线预览的论文格式
基本流程	① 学生登录到学生操作面板 ② 学生选择论文上传功能,学生选择论文文档进行上传,编写论文备注 ③ 论文文件流和论文备注上传到系统中,系统将文件流进行文件转换,转换为适合在线预览的格式,后台存储生成文件的路径
扩展点	系统采用 JACOB 和 FlexPaper 对文件转码,转为 PDF 和 HTML 格式的文件

（3）查看论文历史用例文档

学生每次上传论文后，系统会自动记录学生每次上传的历史记录，并方便学生回顾论文的各个版本。系统抽取论文记录表中的数据呈现给学生。查看论文历史用例文档如表 11-10 所示。

表 11-10　查看论文历史用例文档

名　　称	描　　述
用例编号	std_check_history
用例名称	学生查看论文历史
简要说明	学生回顾查看自己论文上传历史和论文评阅历史
参与者	学生
前置条件	学生登录系统，学生多次完成论文 Office 文档的上传
后置条件	系统自动从论文记录表中抽取相应的记录进行显示
基本流程	① 学生登录到学生操作面板 ② 学生选择查看论文历史功能，系统根据当前学生 ID 检索出当前学生的论文的记录，包含论文的评阅内容和论文的服务器地址 ③ 系统将上述信息呈现给学生
扩展点	无

（4）上传通知公告用例文档

系统中上传通知公告的权限分配在教师、管理员角色中。可以采用编写 Word 文档的方式和使用 HTML 文档在线编辑的方式。Word 上传方式采用学生论文上传的 JACOB 的解决方案，前端 HTML 在线编辑采用百度的 HTML 解决方案。上传通知公告用例文档如表 11-11 所示。

表 11-11　上传通知公告用例文档

名　　称	描　　述
用例编号	notice_upload
用例名称	上传通知公告
简要说明	用户上传通知公告
参与者	教师
前置条件	教师登录系统，教师完成论文 Office 文档
后置条件	学生可查看通知公告
基本流程	① 教师或管理员登录到操作面板，进入通知公告上传功能 ② 若采用上传文档方式上传，需上传 Word 文件，系统自动调用 JACOB 进行解析 ③ 如果采用在线编辑方式，系统初始化百度 HTML 编辑器，用户保存后系统将编辑器内容存为 HTML 格式的文件
扩展点	系统采用 JACOB 文件转码，使用百度 HTML 编辑器编辑 HTML 文档

(5) 查看通知公告用例文档

教师或管理员上传完通知公告后,学生可以在主页面查看到公告信息。查看通知公告用例文档略。

(6) 写工作记录用例文档

学生编写工作记录,将工作记录上传到系统中,系统提供工作记录回顾和修改的功能。写工作记录用例文档略。

(7) 指导教师设置基本信息用例文档

教师首次登录系统,可以选择修改教师基本信息。此项信息在生成答辩审核表时提取教师信息时使用。指导教师设置基本信息用例文档略。

(8) 写题目申报表用例文档

学生完成论文定题后,教师根据学生的定题以及实习情况填写题目申报表,填写题目申报表用例文档略。

(9) 打印题目申报表用例文档

在学生确定题目并生成题目申报表后,教师可以选择打印或预览题目申报表。系统会提取数据库中的信息按照题目申报表格式呈现给教师,完成题目申报表的预览功能。同时系统提供基于 POI Word 自动填写功能,教师可以下载系统生成的题目申报表进行微调和打印。打印题目申报表用例文档如表 11-12 所示。

表 11-12　打印题目申报表用例文档

名　称	描　述
用例编号	tch_print_title
用例名称	打印题目申报表用例
简要说明	教师打印和预览题目申报表
参与者	教师
前置条件	学生完成定题,教师填写好题目申报表
后置条件	系统生成题目申报表的预览和题目申报表的 Word 文档
基本流程	① 教师登录到教师操作面板,选择打印某位学生的题目申报表 ② 系统自动检索当前学生的题目及相关信息,将信息按照一定的格式呈现在前台完成预览的功能 ③ 教师下载题目申报表,系统调用 POI 自动填写系统预置的文档,同时将生成好的文档发送给教师下载打印
扩展点	系统通过 POI 完成文档的自动填写和生成

(10) 上传签名用例文档

教师上传自己的签名图片,用于系统自动填写答辩审核表、答辩考核记录表和题目申报表。上传签名用例文档略。

(11) 论文评阅用例文档

学生上传完论文,教师根据学生上传的论文进行在线评阅。论文评阅用例文档如

表 11-13 所示。

表 11-13 论文评阅用例文档

名　　称	描　　述
用例编号	tch_check_paper
用例名称	论文评阅用例
简要说明	用户上传论文
参与者	教师
前置条件	学生完成论文上传
后置条件	教师形成论文的评阅意见供学生查看
基本流程	① 教师登录到教师操作面板，选择论文评阅功能，选定一个学生进行论文评阅 ② 系统检索出学生上传的论文记录，将系统由 JACOB 生成的 HTML 文件和 SWF 文件提取到页面中，供教师评阅 ③ 教师根据学生论文情况给出对该学生论文的评语并选择是否通过，系统自动更新学生论文的相关信息
扩展点	系统将生成的 HTML 和 SWF 文件呈现到教师页面

（12）对学生表现评分用例文档

答辩环节中，指导教师需要对学生进行评分操作，所得成绩计入答辩考核记录表。指导教师对学生表现评分用例文档略。

（13）申请答辩用例文档

学生完成题目上传，并且指导老师通过最终论文审核后，学生可申请答辩。系统自动更新学生的状态值。申请答辩用例文档略。

（14）评定答辩成绩用例文档

在答辩流程结束后，系统已记录所有学生的评分信息，答辩秘书根据所有成绩的汇总情况对学生评定等级分数，同时系统自动下载答辩成绩考核表。评定答辩成绩用例文档略。

（15）下载答辩考核记录表用例文档

答辩秘书评定好成绩后，系统会将最终答辩得分、评阅人评分、指导教师评分以及答辩提问情况汇总至答辩考核记录表中。下载答辩考核记录表用例文档略。

（16）下载学生成绩总表用例文档

答辩评委给学生评分后，系统按照算法自动合成学生成绩总表 Excel 文件。下载学生成绩总表用例文档略。

（17）设置角色权限用例文档

系统采用权限分配的策略来保证安全问题。每个角色都拥有自己单独的菜单，单独维护和管理。设置角色权限用例文档略。

（18）分配评阅人用例文档

评阅人需要对学生进行评分和撰写评语，但评阅人不可以是指导教师，系统可以按组和按学生安排评阅人。分配评阅人用例文档略。

(19) 答辩预置问题登记用例文档

答辩评委需要在答辩环节中选择答辩问题及回答情况评价。答辩环节中预置的答辩问题来源为此功能结果,因此在答辩前需要管理员预先设置答辩问题。答辩预置问题登记用例文档略。

(20) 确定答辩评委用例文档

管理员根据学院答辩安排的实际情况选择答辩评委。每组答辩评委人数限制为5人。确定答辩评委用例文档略。

11.3.2 静态建模

静态模型是依据系统结构从静态观点描述系统的视图,它定义系统中的对象和类以及类之间的关系和类的内部结构,即类的属性和操作。系统的静态建模主要用类图来描述。类图是问题领域对象结构化、抽象化的表现。本节中的类图展示了实体类间关系。本节从实体类的抽取以及类间关系的确定角度进行阐述。

1. 识别类

根据业务需求,系统抽取出13个实体类,分别是学生类、教师类、评阅人类、评委类、答辩秘书类、论文题目类、论文类、外文翻译类、工作记录类、题目申报表类、答辩考核记录表类、答辩审核表类、答辩成绩类。

2. 确定类间关系

系统以学生类与教师类的多对一的关联关系为主线,其中教师类泛化出评阅人和答辩评委两个类。在论文答辩过程中,每个学生的答辩审核表是由指导教师、评阅人、评委以及答辩秘书共同完成。因此,教师、评阅人、答辩秘书与答辩审核表类构成一对多的关联关系。答辩评委完成答辩考核记录表,并与答辩考核记录表类形成一对多的关联关系。答辩秘书与评委构成一对多的关联关系,评委与答辩成绩表构成一对一的关联关系。

在毕业指导系统中,学生需要独立完成毕业论文及外文翻译。在本系统中,学生需要多次上传论文和外文翻译进行修改,因此学生的论文类、外文翻译类与学生形成多对一的关联关系。在论文定题过程中,学生一人一题,所以学生与论文题目构成一对一的关系。教师接收到学生题目后需要填写题目申报表,因此题目申报表类与论文题目类形成一对一的关联关系。系统通过不同类的关联关系,将系统的权限和角色功能清晰划分。具体的系统类图如图11-4所示。

11.3.3 动态建模

动态建模显示了系统内部信息的流入流出,以信息流的方式显示系统的功能。动态模型展示系统在运行期间对象与对象之间是如何进行动态交互的。动态建模对信息流进行了定义,把对象与对象之间、对象与参与者之间的执行顺序和交互操作进行详细描

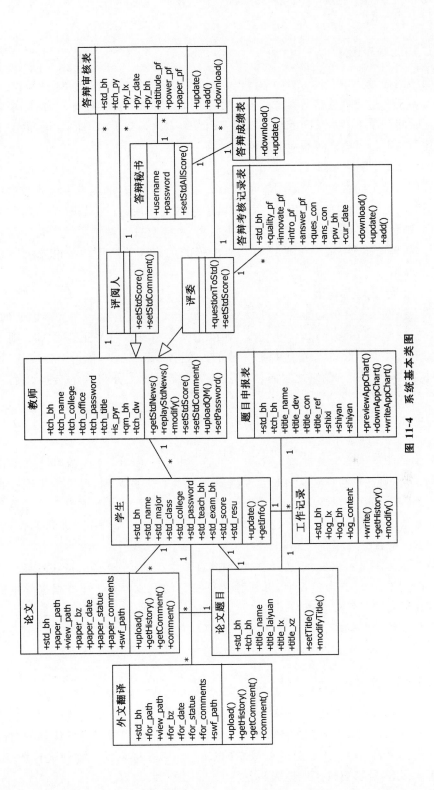

图 11-4 系统基本类图

述。动态模型图描述了系统动态行为的各个方面,包括顺序图、协作图、活动图和状态图。

1. 构建顺序图

顺序图描述在一定时间顺序下各个角色在系统中的行为,显示单个用例与多个对象的动态关系。整个过程是通过二维空间显示的,X 轴方向表示对象,Y 轴方向表示时间。它是在时间顺序下的一系列消息。其中生命线表示的是系统参与的对象,以 Y 轴时间顺序描述参与者与对象之间的生命周期。

（1）论文定题顺序图

管理员设定的封题日期限制着学生论文题目上传的日期,因此在录入数据库前需要将当前时间与设置日期进行比较。如果早于封题日期,题目可以正常上传;如果晚于封题日期,则题目上传失败。学生进入定题页面,系统会自动调用数据库判断用户是否上传题目,如果已上传,将表单设置为已经上传的内容并禁用上传。论文定题顺序图如图 11-5 所示。

（2）上传论文顺序图

学生在论文不合格的前提下可以多次上传论文,直至合格。在上传论文的流程中,系统首先判断学生是否可以上传论文,如果论文合格或者论文正在评阅中则不可以上传。如果可以上传论文,学生选择已完成的论文（Word 格式）,单击上传按钮后,系统调用文件流读取文件,开始对文件进行网页端在线评阅文件格式的转换。第一次转为 HTML 文件并存储文件和路径,第二次转换为 PDF 格式的无损文件,存储并记录路径。最终将转换后的路径存入数据库。具体顺序图如图 11-6 所示。

（3）论文评阅顺序图

教师评阅学生的论文,首先检查学生的论文状态。如果学生论文状态为首次上传或者重新上传,则教师可以进行评阅。系统调取学生论文的数据,提取学生论文在线预览的文件返回教师视图供教师进行在线评阅。教师在评阅后可以提交评阅意见和论文是否通过标志。提交后该数据进入到学生论文的数据库。具体顺序图如图 11-7 所示。

（4）答辩考核顺序图

教师进入答辩考核页面,选择学生,系统调取学生的评分信息（指导教师和评阅人评分）。评分信息反映在考核页面,并作为核算总分的组成要素。评委根据学生的论文和外文翻译质量以及答辩自述和回答情况进行打分。教师单击核算总分会提示生成当前学生的打分情况,同时系统在后台核算当前学生的成绩。提交的答辩问题记录和分数录入到数据库,同时这部分数据用于生成答辩考核记录表和答辩审核表。

2. 构建活动图

活动图表示在处理某个活动时,两个或者更多类对象之间的过程控制流。活动图可用于在业务单元的级别上对更高级别的业务过程进行建模,或者对低级别的内部类操作进行建模。活动图适合用于对较高级别的过程建模,描述当前在如何运作业务,或者业务如何运作等,能够更快速地理解业务逻辑。

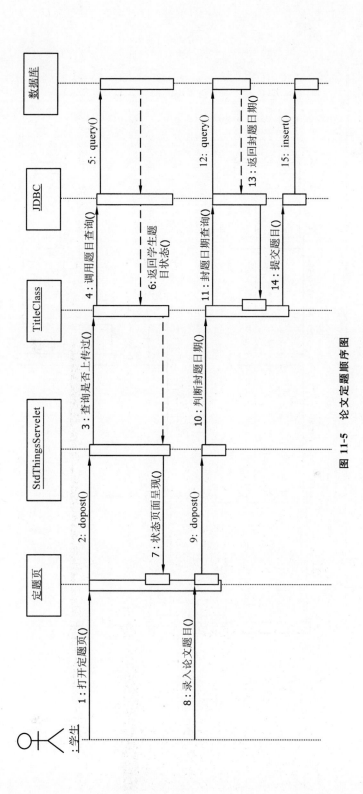

图 11-5 论文定题顺序图

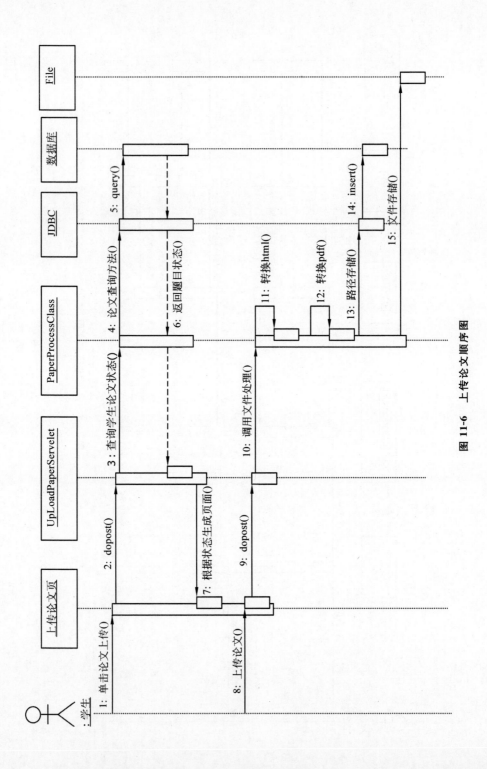

图 11-6 上传论文顺序图

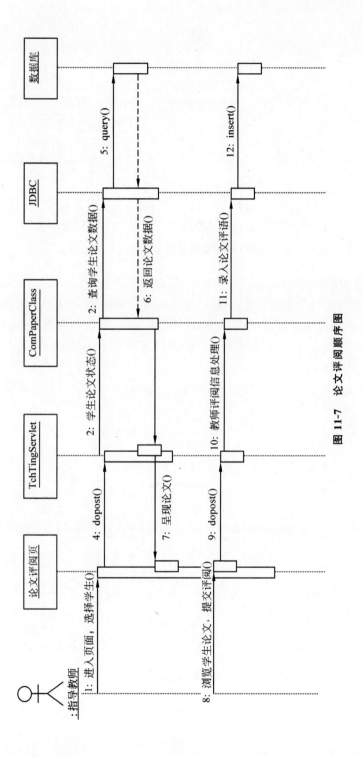

图 11-7 论文评阅顺序图

(1) 管理员后台模块活动图

管理员可以执行的活动过程如图 11-8 所示。

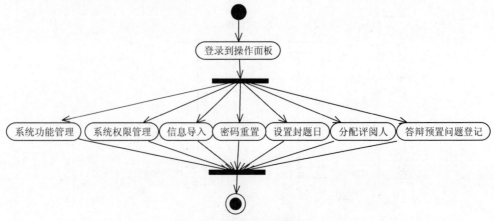

图 11-8　管理员后台活动图

(2) 教师模块活动图

教师登录系统按照所指导学生是否定题和是否上传论文进行不同的业务处理。如果学生已定题,教师可填写题目申报表;如果学生未定题,则教师需要等待。如果学生已上传论文,则教师可以进行论文评阅,否则教师需要等待。教师执行的活动过程如图 11-9 所示。

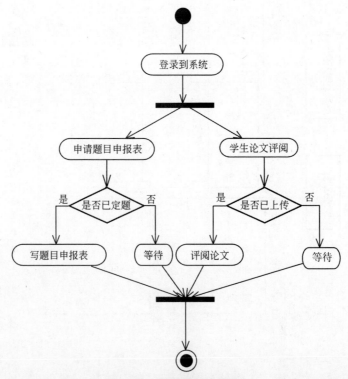

图 11-9　教师模块活动图

(3) 评阅人模块活动图

评阅人主要完成对相关学生的评分和撰写评语操作。评阅人可以在线查看相关学生的论文和外文翻译情况,了解情况后评阅人对学生进行评分。评阅人的活动过程如图 11-10 所示。

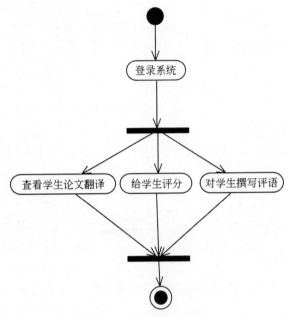

图 11-10　评阅人活动图

(4) 学生模块活动图

当学生执行论文定题功能时,系统自动捕捉学生的定题状态。如果学生已定题,提示学生进行修改操作;如果学生未定题,学生可以填写题目信息。学生提交题目信息后,系统会根据管理员设定的封题日期来判断当前日期是否满足条件。如果满足,则定题成功;若不满足,则定题失败。当学生使用论文上传功能时,若系统捕捉到学生未上传论文,则系统提醒用户进行上传。若系统中发现学生上传的论文,若论文评阅未通过,提醒学生重新上传;若未评阅则提醒学生等待。学生模块的活动过程如图 11-11 所示。

(5) 答辩评委模块活动图

答辩评委进入答辩考核的过程中,评委可以通过在线查看的方式预览学生论文和外文翻译的电子稿。指导教师和评阅人的分数显示在页面上供参考。在答辩问题记录环节,评委可以选择预置问题或者手动录入问题和答案的方式,记录答辩情况。各项提交后系统自动生成答辩结果。答辩评委的活动过程如图 11-12 所示。

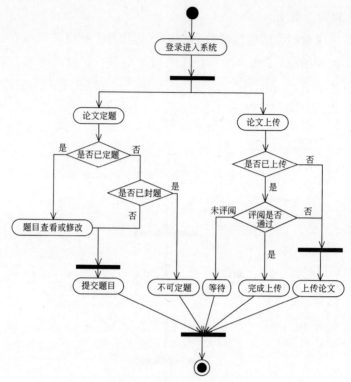

图 11-11 学生活动图

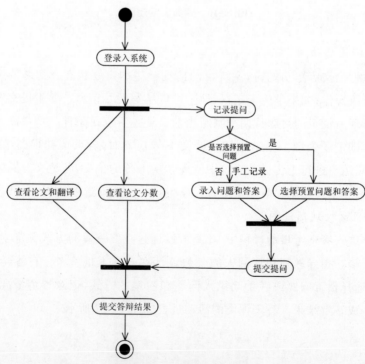

图 11-12 答辩评委活动图

11.4 系统实现

本节的主要内容包括开发工具简介、伪代码形式的核心代码设计、系统所采用的测试方法、项目部署过程中需要注意的组件安装与部署配置细节等。

11.4.1 开发工具简介

本系统是在 Windows 7 下使用集成开发工具 MyEclipse 设计开发的,数据库系统采用 MySQL。下面对以上工具和环境进行简要介绍。

1. MyEclipse

MyEclipse 为企业级开发平台(MyEclipse Enterprise WorkBench ,MyEclipse),它是对 Eclipse IDE 的扩展,利用它可以在数据库和 J2EE 的开发、发布以及在应用程序服务器的整合方面极大地提高工作效率。它是功能丰富的 J2EE 集成开发环境,包括完备的编码、调试、测试和发布功能,完整支持 HTML、Struts、JSF、CSS、JavaScript、SQL 和 HiBernate。

简单而言,MyEclipse 是 Eclipse 的插件,充分利用目前最需要用到的 Java EE 技术优势。它是一款功能强大的 J2EE 集成开发环境,支持代码编写、配置、测试等功能。

2. MySQL

MySQL 数据库是开源的,是为迅速提供可伸缩性电子商务、企业及数据仓库解决方案而开发的完整数据库软件产品。MySQL 定位于 Internet 背景下的数据库应用,它为用户的 Web 应用提供完善的数据管理和数据分析解决方案。

3. Tomcat

Tomcat 是一个免费的开放源代码的 Web 应用服务器。由于 Tomcat 技术先进、性能稳定,而且免费,因而深受 Java 爱好者的喜爱并得到了部分软件开发商的认可,成为目前比较流行的 Web 应用服务器。

4. JDK

JDK(Java 开发工具集)是针对 Java 程序员的产品。自从 Java 推出以来,JDK 已经成为使用最广泛的 Java SDK(Software development kit)。JDK 是整个 Java 的核心,包括 Java 运行环境(Java Runtime Environment)、丰富的 Java 工具和 Java 基础的类库。

11.4.2 程序设计

本系统的主要设计思想是依据毕业设计的指导答辩流程,将传统的手工记录环节转变为无纸化办公的信息系统。在转变的同时,注重教师和学生的用户体验,以系统中各类人员的操作流程为主线规划和设计系统。下面围绕着这一主线,截取重要的功能实现进行程序设计的说明。

1. 学生论文上传

该功能主要实现的是,学生选择撰写好的论文上传到系统,系统自动根据论文格式进行转码,生成指导教师可以在线预览的文档格式。

算法描述伪代码如表 11-14 所示。

表 11-14 学生论文上传伪代码

输入数据	学生撰写完成的论文
相关变量	学生论文格式,学生论文相关路径

过程	① 根据系统 session 获取当前的学生 ID
	② 获取当前学生上传的论文,对论文进行转码,并同时记录转码后的路径
	    过程描述:
	        获取上传文件的服务器路径
	        将该路径文件进行第一次转码,调用 JACOB 转为 HTML
	        将该路径文件进行第二次转码,转为 PDF 后继续转为 SWF
	        存储这两次转换完成生成文件的服务器物理路径
	③ 将转换后的路径和学生所写备注存储到数据库的一条记录中

输出	转码后的 HTML 和 SWF 文件的物理路径

2. 教师生成与打印题目申报表

该功能主要实现的是教师生成题目申报表并下载题目申报表供打印。

算法描述伪代码如表 11-15 所示。

表 11-15 教师生成与打印题目申报表伪代码

输入数据	教师和学生填写的题目数据
相关变量	源文档

过程	① 系统获取学生的题目申报信息
	② 系统获取教师填写的题目申报表信息
	过程描述:
	    系统获取这些信息后首先将信息按照一定的页面布局显示到页面上,按照规定的 CSS 排版供教师预览
	    系统根据源文档调用 POI 自动填写 Word 文档。生成完成后提供给教师下载

输出	题目申报表预览文件和 Word 文件

3. 教师评阅论文

该功能主要实现教师评阅学生论文,产生论文评阅意见。

算法描述伪代码如表 11-16 所示。

表 11-16 教师评阅伪代码

输入数据	学生上传的论文
相关变量	学生上传论文生成文档的相关服务器地址数据
过程	① 获取学生上传论文的记录行 ② 提取论文由系统生成的 HTML 文件和 SWF 文件路径,分别对应着论文预览和论文无损格式预览,经前台路径转化呈现给教师 ③ 提取论文的服务器路径,生成下载地址供教师下载 ④ 教师评阅完成论文,填写论文评语,系统更改论文状态为通过状态,更新数据库
输出	产生论文评语和论文通过状态

4. 答辩秘书评定学生成绩

该功能主要实现的是系统根据答辩评委所给出的成绩,自动核算形成表格显示在答辩秘书评定成绩页面。系统核算学生成绩形成最终成绩并自动核算优、良、中、及格等级供教学秘书参考。教学秘书根据学生成绩给定学生优、良、中、及格等成绩。成绩给定后,系统自动生成并下载答辩考核记录表。

算法描述伪代码如表 11-17 所示。

表 11-17 答辩秘书评定成绩伪代码

输入数据	答辩环节答辩评委形成的成绩信息
相关变量	答辩成绩
过程	① 系统获取答辩评委获取的成绩 ② 以所有学生为循环变量 　　提取指导教师给分 　　提取评阅人给分 　　循环获取五个评委给分 　　汇总上述得分形成每个学生成绩的记录行 ③ 调用 POI 接口形成 Excel 成绩表 ④ 通知教师下载成绩表
输出	答辩成绩表

11.4.3 系统测试

在本系统开发过程中采用了多种措施保证软件质量,但是在实际开发过程中还是不可避免地会产生差错。为了找到系统中通常可能隐藏着的错误和缺陷,本系统的测试计划分为单元测试、组合测试和确认测试。测试对象是分阶段而异的,最基本、最初的测试是单元测试,后面的集成测试、确认测试都是以被测过的模块作为测试对象的。

1. 单元调试

单元测试也称模块测试或程序测试,单元测试是对每个模块单独进行的,验证模块接口与设计说明书是否一致,对模块的所有主要处理路径进行测试且与预期的结构进行对照,还要对所有错误处理路径进行测试。对源码进行审查,对照设计说明书,检查源程序是否符合功能的逻辑要求,这些是进行单元测试前的重要工作。单元测试一般由程序员完成,也称程序调试。

2. 集成测试

集成测试是单元测试的逻辑扩展。它的最简单的形式是:两个已经测试过的单元组合成一个组件,并且测试它们之间的接口。从这一层意义上讲,组件是指多个单元的集成聚合。在现实方案中,许多单元组合成组件,而这些组件又聚合成程序的更大部分。依据概要设计规格说明的要求对测试片段进行组合,并最终扩展至进程,对构成进程的所有模块一起测试。

3. 确认测试

确认测试是对通过集成测试的软件进行的,这些软件已经存于系统目标设备的介质中,确认测试的目的是表明软件是可以工作的,并且符合软件需求说明书中规定的全部功能和性能要求。确认测试是按照这些要求制订的确认测试计划进行的。测试工作由一个独立的组织进行,而且测试要从用户的角度出发。

11.4.4 系统部署

系统采用 BootStrap 作为前端页面框架,以 MySQL 作为后端数据库,利用 Tomcat 作为中间件,在 MyEclipse 8.5 开发环境上进行开发。本系统主要提供了基于 JACOB 和 FlexPaper 无损的论文在线评阅功能,基于 POI-3.8 的报表文档生成与打印功能,基于 commons-fileupload 的文件资料共享功能,基于逆波兰表达式的答辩成绩核算功能。系统运行软件平台关键部署细节如下。

1. BootStrap 的引入与构建

采用 BootStrap 的解决方案,在 JSP 页面调用 BootStrap 的引用包即可完成 BootStrap 的加载。

此外,为了应对 Internet Explorer 9 以下浏览器对 HTML5 和 CSS3 页面的不兼容性,采用了 html5shiv 兼容包,使视图层可以在不同浏览器下稳定兼容。

2. JACOB 部署

JACOB 是 JAVA-COM Bridge 的缩写,提供自动化访问 COM 的功能,通过 JNI 功能访问 Windows 平台下的 COM 组件或者 Win32 系统库。系统中采用 JACOB 的方案将学生上传的 Office 格式的文件,调用本地 Office 软件转换为 HTML 格式的文件供教师进行评阅。

3. FlexPaper 部署

FlexPaper 是一个开源轻量级的在浏览器上显示各种文档的组件，被设计用来与 SWFTools 一起使用，使在浏览器中显示 PDF 文件成为可能，而这个过程并不需要 PDF 软件环境的支持。系统中采用该组件来实现论文的无损格式在线评阅，组件的部署过程如下。

安装 Office 2007 插件 SaveAsPDFandXPS.exe。这个插件的作用是将学生上传的论文或者外文翻译的 Word 文件转换为 PDF 格式，供 SWFTools 工具使用。

安装 SWFTools 到 C 盘，SWFTools 是将 Office 2007 插件形成的 PDF 文件进行转码，转为 SWF 格式的文件，供 FlexPaper 组件调用。

4. POI-3.8 部署

系统采用 POI-3.8 生成各种表格和文档。由于 POI-3.8 版本较新，因此只能采用高版本的 Office 文件，如 Office Word 的 docx 格式。

系统中生成 Word 文件的原理是将教务处下发的规范文件进行修改，找出计算机应该填写的空位，用特殊符号进行标注，方便程序以正则表达式进行匹配读写。程序目前可以读写 Word 中的表格、段落和图片，所以完全可以满足自动化办公的需求。

5. 逆波兰表达式工具类的引入

在本系统研发前期采用逆波兰表达式解析的方案，系统成熟之后更换逆波兰表达式为自主研发的纯循环解析表达式。这种方式的好处是摒弃了波兰表达式的递归操作，采用纯循环对表达式进行解析。算法的时间复杂度和空间复杂度远低于前者。该工具类已引入系统中的 com.ccut.tools 包中，在成绩核算功能中起到重要作用。

第 12 章
海底捞火锅门店管理系统的设计与实现

扫描下面二维码,阅读本章。

第 13 章
品牌旧衣物换购与回收系统的设计与实现

扫描下面二维码,阅读本章。

参考文献

[1] 陈国青,郭迅华. 信息系统管理[M]. 北京:中国人民大学出版社,2005.
[2] 蔡淑琴. 管理信息系统[M]. 北京:科学出版社,2004.
[3] 戴伟辉,孙海,黄丽华. 信息系统分析与设计[M]. 北京:高等教育出版社,2004.
[4] 董兰芳,刘振安. UML课程设计[M]. 北京:机械工业出版社,2005.
[5] 甘仞初. 信息系统分析与设计[M]. 北京:高等教育出版社,2003.
[6] 黄梯云. 管理信息系统[M]. 3版. 北京:高等教育出版社,2005.
[7] 冀振燕. UML系统分析设计与应用案例[M]. 北京:人民邮电出版社,2003.
[8] 姜同强. 信息系统分析与设计教程[M]. 北京:科学出版社,2004.
[9] 靖继鹏,张海涛. 企业信息化规划与管理[M]. 北京:机械工业出版社,2006.
[10] 邝孔武,王晓敏. 信息系统分析与设计[M]. 北京:清华大学出版社,2006.
[11] 李代平. 信息系统分析与设计[M]. 北京:冶金工业出版社,2006.
[12] 李平. 管理信息系统[M]. 北京:清华大学出版社,2006.
[13] 李雁翎. Visual FoxPro应用基础与面向对象程序设计教程[M]. 北京:高等教育出版社,2002.
[14] 林杰斌. 管理信息系统[M]. 北京:清华大学出版社,2006.
[15] 刘兰娟. 信息系统分析与设计[M]. 北京:电子工业出版社,2002.
[16] 刘鹏. 管理信息系统[M]. 上海:上海财经大学出版社,2003.
[17] 刘艺. Delphi面向对象编程思想[M]. 北京:机械工业出版社,2003.
[18] 刘仲英. 管理信息系统[M]. 北京:高等教育出版社,2006.
[19] 龙虹. 管理信息系统[M]. 北京:北京理工大学出版社,2007.
[20] 罗鸿. ERP原理—设计—实施[M]. 北京:电子工业出版社,2002.
[21] 陆惠恩. 实用软件工程[M]. 北京:清华大学出版社,2006.
[22] 邵培基. 管理信息系统[M]. 北京:电子科技大学出版社,2001.
[23] 邵洋,谷宇,何旭洪. Visual FoxPro 6.0数据库系统开发实例导航[M]. 北京:人民邮电出版社,2002.
[24] 史济民,汤观全. Visual FoxPro及其应用系统开发[M]. 北京:清华大学出版社,2000.
[25] 滕佳东. 管理信息系统[M]. 大连:东北财经大学出版社,2003.
[26] 王少锋. 面向对象技术UML教程[M]. 北京:清华大学出版社,2004.
[27] 韦沛文,陈婉玲. 企业信息化教程[M]. 北京:清华大学出版社,2006.
[28] 吴联银. 金字塔下的IT蓝图——制鞋集团型企业的信息系统规划案例[J]. AMT前沿论丛,2006.
[29] 薛华成. 管理信息系统[M]. 4版. 北京:清华大学出版社. 2004.
[30] 于立,王忠吉. 管理信息系统简明教程[M]. 长春:吉林省教育音像出版社,2001.
[31] 张宽海,匡松. 管理信息系统概论[M]. 北京:高等教育出版社,2006.
[32] 张基温,曹渠江. 信息系统开发案例(第四辑)[M]. 北京:清华大学出版社,2003.
[33] 郑会颂,白玫,刘影. 系统分析与设计[M]. 南京:东南大学出版社,2005.
[34] 朱顺泉,姜灵敏. 管理信息系统理论与实务[M]. 北京:人民邮电出版社,2001.
[35] 张龙祥. UML与系统分析与设计[M]. 北京:人民邮电出版社,2001.
[36] Adrian Specker. 信息系统建模[M]. 北京:清华大学出版社,2007.

[37] Carig Larman. UML 和模式应用面向对象分析与设计导论[M]. 北京：机械工业出版社,2002.

[38] Curtis HK Tsang, Clarence SW Lau, Ying K Leung. 面向对象技术-使用 UP-UML 实现图到代码的转换[M]. 北京：清华大学出版社,2007.

[39] Delisle N. Tools for Supporting Structured Analysis. Automated Tools for Information Systems Design[M]. North-Holland Publishing Company,1982.

[40] Futamura Y. Interactive System for Structured Program Production[J]. Proceedings of 7th ICSE,1984.

[41] Ivar Jacobson, Grady Booch, James Rumbaugh. 统一软件开发过程[M]. 北京：机械工业出版社,2002.

[42] Jeffrey L. Whitten, Lonnie D. Bentley, Kevin C. Dittman. 系统分析与设计方法[M]. 5 版. 北京：高等教育出版社,2001.

[43] John W Satzinger, Robert B Jackson, Stephen D Burd. 系统分析与设计[M]. 3 版. 北京：电子工业出版社,2006.

[44] Joseph S Valacich, Joey F George, Jeffrey A Hoffer. Essentials of Systems Analysis and Design[M]. 北京：高等教育出版社,2003.

[45] Kendall E, Julie E Kendall. 系统分析与设计[M]. 6 版. 北京：清华大学出版社,2006.

[46] Martin Fowler. UML 精粹标准对象建模语言简明指南[M]. 3 版. 北京：清华大学出版社,2005.

[47] Hammer M, Champy J. Reengineering the Corporation. A Manifesto for Business Revolution[M],1993.

[48] Miller E. Software Testing and Validation Techniques[J]. 2nd ed. IEEE,1981.

[49] Raymond Mcleod. Jr George Schell. 管理信息系统[M]. 北京：电子工业出版社,2002.

[50] Ross A Malaga. 信息系统技术[M]. 北京：清华大学出版社,2006.

[51] Sheed H. Automated Software Quality Assurance[J]. Software Engineering. 1985.

[52] Stephen R Schach. 面向对象与传统软件工程[M]. 北京：机械工业出版社,2003.

[53] Stucki L. Concepts and Prototypes for ARGUS—An Advanced Software Engineering Environment[J]. Software Engineering Environment. North-Holland Publishing Company, 1981.

[54] Teichroew D. PSL/PSA. A Computer-Aided Technique for Structured Documentation and Analysis of Information Processing Systems[J]. IEEE Tram on Software Engineering, 1977.

[55] Willis R. AIDES. Computer Aided Design of Software System[J]. Software Engineering Environments. North-Holland Publishing Company,1981.

图书资源支持

感谢您一直以来对清华版图书的支持和爱护。为了配合本书的使用,本书提供配套的资源,有需求的读者请扫描下方的"书圈"微信公众号二维码,在图书专区下载,也可以拨打电话或发送电子邮件咨询。

如果您在使用本书的过程中遇到了什么问题,或者有相关图书出版计划,也请您发邮件告诉我们,以便我们更好地为您服务。

我们的联系方式:

地　　址:北京市海淀区双清路学研大厦A座714

邮　　编:100084

电　　话:010-83470236　010-83470237

客服邮箱:2301891038@qq.com

QQ:2301891038(请写明您的单位和姓名)

资源下载:关注公众号"书圈"下载配套资源。

书圈

清华计算机学堂

观看课程直播